Core Approaches in Counselling and Psychotherapy

심리치료와 상담의 핵심접근

Fay Short & Phil Thomas 공저
신성만 · 남지혜 · 신정미 공역

박영story

역자 서문

디지털 시대의 지식전달과 관련한 가장 큰 덕목은 간결함과 명확함이다. 그런데 심리치료나 상담이론들에 대한 교과서만큼 간명하게 쓰기 어려운 주제도 많지 않을 것이다. 줄잡아 500여 개 가까이 되는 심리치료와 상담의 이론들도 그 자체로 방대하지만 이와 관련하여 해마다 쏟아져 나오는 새로운 연구들과 그로 인해 확장된 이해들은 필연적으로 관련 텍스트들의 양을 감당하기 어려울 만큼 늘려가고 있다. 결국 간명하지 않은 교과서와 만연체로 쓰인 문헌들이 교육 장면에서 학생들로부터 빠르게 외면 받을 수밖에 없는 오늘날의 현실과 좀 더 깊이 있고 많은 양의 지식을 전달하고자 하는 교육자로서의 욕심이 점차 갈등을 빚게 되었다. 해가 갈수록 그 부대낌이 심해져 오던 차에 마치 샘물처럼 발견한 것이 바로 이 책 Fay Short와 Phil Thomas가 쓴 Core Approaches in Counselling and Psychotherapy였다. 작년 미국 심리학회에 참석하던 중 신간 코너에서 처음 접한 이 책은 살짝 충격적이기까지 하였다. 마치 저자들의 강의노트를 옮겨 놓은 듯 질서 정연하면서도 전체적 구조와 세부 내용이 잘 짜여 있는 책은 간결하고 명확하면서도 깊이와 내용의 방대함이 충분히 확보되는 텍스트였다. 심리치료나 상담이론과 실제 분야에 너무나 많은 기존의 훌륭한 교과서들이 있어서 더 이상의 텍스트는 필요 없을 것이라고 생각하고 있었던 역자의 마음이 이 책을 접하자마자 꼭 번역하여 동료 선배 후학들에게 소개하고 싶다는 열망으로 바뀌었다. 이 책의 장점을 몇 가지 꼽아 보면 다음과 같다.

첫째, 방대하고 깊이 있는 최신의 내용을 간명한 틀에 맞추어 소개하였다. 이 책이 담고 있는 내용들을 기존 방식으로 풀어 썼다면 책의 두께가 두 배는 더 커졌을 것이다. 디지털 세대의 요구에 부합하는 간명함이 있다.

둘째, 이 분야를 처음 시작하는 사람들에게는 심리치료와 상담 전반에 대해 그리고 역사적 흐름과 구성개념에 대해 전체적 틀을 잡을 수 있도록 돕고 전문가들에게는 기존의 지식을 다시 정리하고 요약해 볼 수 있도록 돕는 책이다.

셋째, 국내에 소개된 이 분야의 교과서들이 주로 미국의 학자와 연구자들에 의해 쓰여진 것들이었는데 이 책은 영국의 교수들에 의해 색다른 관점으로 저술되었다는 장점이 있다. 유럽을 중심으로 더욱 발전했던 이론들 특히 정신 역동 이론이나 대상관계 분야, 그리고 실존치료 등에 대해 대단히 풍성한 정보를 담고 있고 기존에 잘 알려져 있지 않았던 인물사적 내용들도 다루고 있어 더욱 흥미롭다.

넷째, 기존의 교과서들이 각 이론과 접근들의 독특성과 개별성을 중시하면서 서술되었다면 이 책은 접근, 치료, 모델 등의 관점을 적용한 유기적 틀로 구성되어 있어서 독자들로 하여금 각각의 이론들을 연결시키고 통합하는 관점을 가질 수 있도록 도움을 주었다.

이 책의 번역과정에서 중요한 도움을 준 한동대학교 심리학과의 상담심리 및 임상심리 대학원생들에게 고마움을 전하고 싶다. 또한 좋은 책을 만들어 내기 위해 전문성과 인내로 큰 도움을 주신 박영사 편집부와 회장님께도 감사의 말씀을 전한다. 항상 일을 마무리 할 때는 아쉬움이 남고 부족함이 더 크게 보이지만 끝은 항상 새로운 여정의 시작이라 생각하고자 한다. 또한 권의 책을 세상에 내보내며 아무쪼록 이 책이 우리나라 심리치료와 상담분야에 미력이나마 보탬이 되기를 간절히 바라는 마음으로 역자 서문을 맺는다.

2017년 가을

포항 한동대학교 연구실에서

역자 대표 신성만

머리말

상담 및 심리치료는 우울증, 불안, 정신병 등에 대해 약물이 아닌 대화를 통한 성공적인 치료를 제공해왔다. 그러나 이를 단순히 정신건강이 염려되는 사람들에게 버팀목이 되거나 문제를 치료하는 정도로 생각하면 이 놀라운 과정 안에 있는 진정한 가치를 놓치게 된다. 상담 및 심리치료의 진가는 인간 본성에 대한 고유한 통찰력을 제공하고 다른 사람과 교류하는 방법에 대한 깊은 이해를 제공하는 데 있다. 상담 및 심리치료에 대한 핵심 접근법의 이해는 치료 환경을 포함한 모든 상호작용에 대하여 정보를 제공한다.

의료 분야에 종사하는 사람뿐만 아니라, 비즈니스, 교육, 엔지니어링 분야와 같이 다른 사람들과 상호작용이 필요한 직종에 종사하는 사람들에게도 이러한 인간관을 이해하는 것은 큰 도움이 된다. 더욱이, 이런 이론들을 대인관계에 적용하는 것은 전문적 관계와 개인적 관계에 상당한 도움을 제공한다. 다른 어떤 학문적 영역도 상담 및 심리치료 이론처럼 우리의 삶 속에 깊고 광범위하게 적용될 수 없을 것이다.

승 인

아론 벡(Aaron Beck)의 사진은 벡의 인지행동 치료 기관, www.beckinstitute.org의 허가로 제공된다.

도널드 마이켄바움(Donald Meichenbaum)의 사진은 그의 허가로 제공된다.

울릭 나이서(Ulric Neisser)의 사진은 코넬 대학교(Cornell University)의 허가로 제공된다.

관련 웹사이트 안내

www.routledge.com/cw/Short

강의 및 학습을 위하여 더 많은 자료를 제공받고자 하는 학생과 교육자는 위 웹사이트를 방문하기 바란다.

위 웹사이트에서 본 책의 자료를 찾아볼 수 있다.

교육자용 자료

- 각 장 PPT 자료
- 학생들에게 제공할 수 있는 서술형, 단답형, 객관식 문제 은행

학생용 자료

- 각 장마다 제공되는 마인드맵, 서술 및 단답형 문제, 용어 정리
- 내용의 이해를 점검해볼 수 있는 객관식 문제
- 깊이 있는 논의를 위한 자료 및 웹사이트 주소
- 주요 용어 사전
- 실습－치료 세션 비디오 자료 4개와 평가 형식 및 자막 제공

차 례

서 론

이 책의 목표는 4가지의 주요 심리학적 접근법(인본주의적, 정신역동적, 행동적, 인지적)을 안내하고, 현재 광범위하게 사용되고 있는 치료접근들(인간중심 치료, 정신분석 치료, 행동 치료, 인지 치료, 게슈탈트 치료, 교류분석, 정서행동 치료, 인지행동 치료, 중다양식 치료, 신경언어프로그래밍)을 소개하는 것이다. 이 책은 학부생이나 대학원생 수준에서 공부하는 사람들을 위해 각 주제에 대한 안내를 제공한다. 그리고 이 책은 주요 접근에 대한 핵심 개념의 설명을 충분히 제공하고 있으며 주요 치료에 관한 자세한 정보도 충분히 깊게 제공하고 있다. 또한, 내용이 명확하게 설명되어 있어, 흥미로운 주제에 대해 배우기를 원하는 사람들이 쉽게 이해할 수 있다.

책을 들여다 보면 책의 스타일과 형식이 꽤 독특하다는 것을 발견할 수 있다. 본문의 각 단락은 길지 않고, 모든 정보를 이해하기 쉽도록 간략하게 제시했다. 인지심리학에서는 사람들이 어려운 주제를 다룰 때 오랜 시간 동안 그 주제에 지속적으로 집중하는 것이 어렵다고 말한다. 어떤 핵심 개념에 관한 글을 읽는다고 생각해보라. 줄줄이 이어진 문단들로 꽉 찬 장은 거의 이해가 불가능하다. 또한 이러한 내용들은 표절의 문제 없이 인용하는 것도 쉽지 않다. 간결하고 압축적으로 핵심적인 부분을 강조하고 있는 글이 이해하기에 훨씬 더 용이할 것이며, 그러한 글은 이후 자신의 연구 작업의 기초로 이용하기에도 좋다. 이 책은 특정한 사실들과 그에 대한 간략한 설명, 그리고 각 개념 간의 관계와 이 모든 내용들을 빠르게 이해할 수 있는 기회를 제공하여 앞으로 당신이 에세이 혹은 보고서를 쓰거나, 시험을 치거나, 혹은 다른 사람과의 소통을 할 때에 활용할 수 있게 하려는 목적으로 쓰였다.

이 책을 더 잘 활용하기 위해 추가적인 정보를 얻고 싶다면, 자주 묻는 다음의 질문을 참조하라.

이 책은 어떻게 읽는가?

이 책은 상담 및 심리치료에 관한 4가지 주요 접근법의 포괄적인 개관을 제공한다. 여기에는 상당한 깊이의 분석적인 내용이 포함되어 있는데, 이러한 세부적인 내용들은 단번에 이해하는 것이 쉽지 않다. 우리는 당신에게 소설보다는 잡지처럼 이 책을 읽으라고 추천하고 싶다. 처음부터 시작해서 끝까지 읽는 것보다 본인의 필요에 따라 다양한 장Chapter을 앞뒤로 오고 가면서 책 전체의 내용을 찾아보기를 제안한다.

이 책을 읽을 때 먼저 차례를 보고 각 장의 주요 초점에 대해 간략하게 파악하는 것이 좋다. 이것은 잡지의 내용을 살펴보는 것과 유사한 방법이다. 각 부분에서 다루고 있는 내용을 이해하기 위해 전체를 쭉 훑어 볼 것을 권한다. 즉, 잡지에서 각각의 기사들이 무슨 내용을 담고 있는지 대략적으로 이해를 하기 위해 훑어보는 것과 유사하다. 특히 각 장의 주제와 부제에 집중해서 읽는다면 그 장에서 다루고 있는 핵심 주제가 무엇인지 파악할 수 있을 것이다. 각 장의 마무리 부분에서 스스로에게 '이 장에서 나에게 말하는 것이 무엇인가?'라고 질문하는 것은 좋은 방법이다. 만약 질문에 답할 수 있다면, 다음 장을 빠르게 훑고, 답할 수 없다면 다시 그 장을 훑어라.

책 내용에 대한 전반적인 지식을 가지게 된 후에는 당신에게 더 흥미로운 장을 더 깊이 있게 읽어라. 각 장의 도입부의 '학습목표'란에서는 각 장을 학습한 후에 얻게 되는 지식에 대해 언급한다. 한 장을 다 읽은 후에 '학습목표'에 언급된 내용들을 다 습득하였는지 스스로 점검해보고, 그렇지 않다면 학습목표의 내용을 염두에 두고 그 장을 다시 읽어라.

꼭 책을 처음부터 끝까지 읽지는 않아도 되지만, 처음부터 읽더라도 책의 각 장은 학습을 돕기 위한 특정한 순서로 구성되어 있기 때문에 유용하다. 첫 장은 치료적 접근의 기본적인 이해를 제공하고, 다음 4개의 장에서는 각각 핵심 접근법과 그와 관련된 치료법에 초점을 맞추며, 마지막 장에서는 통합적이고 절충적인 치료법들을 제시한다. 책은 전체를 다 훑어본 후에, 첫 장부터 철저하게 읽어 나가는 것이 좋다. 이 장은 독자들이 치료에 대한 전반적이고 기본적인 이해를 할 수 있도록 도울 것이다. 또한 6장에서 통합적, 절충적인 치료를 살펴보기 전에 2장부터 5장까지의 4가지 핵심 치료에 근거한 내용들을 읽어보는 것을 추천한다. 하지만 앞서 언급한 바와 같이 책을 읽는 데에 '올바른' 순서는 없으므로 각자가 원하는 대로 훑어보거나, 가볍게 읽고 넘어가거나, 돌아가서 다시 읽거나, 재독하거나, 원하는 정보에 따라 일부를 건너 뛰어도 된다.

각각의 장은 서로 독립적으로 되어있기 때문에 개별적으로 읽어도 쉽게 이해할 수 있을 것이다. 하지만 동시에 각 장은 서로를 뒷받침해주기 때문에, 앞 장에 대한 정보를 가지고 다음 장을 읽을 때 더욱 깊이 이해할 수 있을 것이다. 그렇기 때문에 한 장을 읽다가 앞서 등장한 핵심 개념에 대한 이해를 위해 앞 장으로 다시 돌아가는 것도 매우 추천하는 바이다.

예를 들어, 마지막 장의 통합적, 절충적 치료법을 읽기 전에 첫 장 마지막 섹션의 '통합'과 '절충'의 개념에 관하여 읽는 것이 도움이 될 수 있다.

책 전체를 읽고 난 후, 각 장의 '요약' 표를 읽으면 전체 책의 내용을 돌아보는 데 도움이 될 것이다. 각 섹션의 마지막 부분에는 핵심어들로 그 섹션의 전체 내용을 담아낸 요약 표가 기재되어 있다. 책을 한 번 다 읽은 후, 요약 표를 읽으며 다음의 사항들을 점검하여 보라.

정보확인(모든 핵심어에 대하여 설명하고, 추가적인 설명도 덧붙일 수 있는가?)
연관성 이해(서로 다른 주제 간의 연관성을 이해하고 있는가?)
내용 복습(이러한 단어들을 기억을 돕기 위해 사용할 수 있는가?)

접근과 치료의 차이는 무엇인가?

접근과 치료에는 실제로 차이가 있으며, 이에 관해서는 1장에서 더 자세히 다룰 것이다. 하지만 본격적으로 책을 읽어 나가기 전에 둘의 차이에 대한 기본적인 이해를 하고 있는 것이 좋다.

'접근'은 유사한 원칙들로 수렴되는 모든 이론과 개념을 포괄하는 용어라고 설명될 수 있다. 예를 들어, 인본주의적 접근은 인간의 긍정적인 본성, 자기실현 경향성과 개인의 문제에 대한 전문가로서 개인을 보는 것의 중요성과 관련되는 몇 가지 이론들을 포함한다. 이론과 초점의 방향은 접근방식에 따라 각각의 이론가들 사이에서 다를 수도 있지만 주요 원칙은 비슷하다. 예를 들어 '인본주의'라는 포괄적인 관점 아래에서 로저스Rogers는 실제 자기과 자아개념의 일치성이라는 개념에 초점을 맞추는 한편, 매슬로우Maslow는 욕구위계에서 상위 단계에 도달하는 것에 초점을 둔다. 그러나 두 학자들은 모두 자아실현의 기본적인 원칙에 동의한다.

'치료'는 각 접근들의 실제적인 적용이라고 설명할 수 있다. 몇 가지의 다른 치료가 하나의 접근방식으로 운용될 수 있고, 각각의 치료를 다른 방식으로 적용할 수도 있다. 하지만 단일한 접근 아래에 있는 모든 치료들은 인간 본성에 대한 공통적인 철학을 공유할 것이다. 예를 들어 인간중심 치료와 실존 치료는 인간중심적 접근 체제에 속한다고 간주되는데, 그 이유는 두 치료 모두 인간 본성에 대한 핵심 가정이 인본주의적인 성격을 띠기 때문이다.

이 책은 모든 종류의 접근 방법과 치료를 포함하는가?

모든 접근과 치료를 한 권의 책에 담아 내기에는 그 양이 너무나도 방대하다. 치료자들은 지속적으로 새로운 치료 방법을 개발하고 있기 때문에 심지어 지금 이 서론을 쓰는 시점과 이 책이 완성되어 출판되는 시점 사이에도 새로운 치료법들이 실천가들에 의해 끊임없이 개발되고 있다.

따라서 이 책에서는 4가지 심리학의 핵심 접근과, 10가지 치료법들에 초점을 맞추기로 하였다. 4가지 접근은 심리학에서 가장 중요한 관점이라고 일반적으로 인정되기 때문에 선택하였다. 각각의 접근과 연관된 치료는 접근의 전형적인 예로 간주되기 때문에 선택하였다. 마지막 장에서 제시하는 나머지 치료는 통합과 절충에 관한 예가 될 수 있는 흥미로운 치료들을 소개한다.

4가지 핵심 접근은 무엇인가?

책에서는 심리학의 3가지 기존 세력과 하나의 새로운 움직임을 4가지 핵심 접근으로 제시하고 있다. 3가지 세력은 심리학에 끼친 영향에 따라 번호를 붙였다. 처음 두 세력은 행동주의와 정신역동 이론으로, 이들은 인본주의 관점이 세 번째 세력으로 등장하기 전까지 심리학 분야를 지배하던 두 세력이었다. 하지만 이 책에서는 역순으로 3가지 세력을 제시한다(인본주의적, 정신역동적, 행동주의적). 이러한 순서로 접근법을 다루는 3가지 이유가 있다.

첫째로, 현재 가장 인기 있는 치료 중 하나는 행동적 접근과 인지적 접근이 합쳐진 인지–행동치료이다. 이 두 치료는 일반적으로 함께 실시되지만, 이론적인 측면에서는 각각 독립적인 배경과 발달을 지닌 별개의 접근이다. 인지–행동치료를 공부하기 전에 인지주의와 행동주의를 뒷받침하는 이론과 개념들을 통해 각각에 대한 이해의 기반을 탄탄히 다지고 가는 것이 중요하다.(인지행동 치료는 6장에서 다룰 것이다.)

두 가지 접근이 통합되는 방식을 완전하게 이해하기 위해서는, 두 가지 접근을 연속적으로 이해하는 것이 합리적이다. 따라서 3가지 세력을 역순으로 제시하여 행동주의에 관한 장이 인지 혁명에 관한 장보다 선행되게 하였다.

두 번째로 인본주의적 접근은 모든 치료의 기초를 형성한다. 어떤 심리치료적 접근을 택하느냐에 관계없이 대부분의 실천가들은 치료적 관계의 중요성을 이해한다. 오늘날의 모든 치료는 치료자가 내담자에 대해 비판단적 태도를 취할 것과, 내담자가 자신의 인생에 대해 책임감을 갖도록 하는 것을 강조한다. 그리고 이는 모두 인본주의적 접근의 핵심 가정들이기 때문에, 다른 치료들에 대해 학습하기 전에 인본주의 접근의 기본 원리들을 이해하는 것이 합리적이다.

세 번째로 인본주의적 접근은 학생 독자들에게 훌륭한 치료적 기초를 제공한다. 인본주의적 접근이 가장 쉬운 접근이기 때문에 이 접근에서 시작해야 한다고 제안하는 것이 아니다. 사실, 인본주의적 접근은 주장하건대 가장 어려운 형식의 치료로 간주된다. 왜냐하면 치료자들은 시간을 채울만한 다른 활동에 의존하지 않고, 단순히 내담자와 함께 있어야 하기 때문이다. 하지만, 그럼에도 불구하고 인본주의적 접근은 가장 덜 위협적이다. 많은 실용적인 기술을 통해 효과적으로 상담하는 법을 배우기 위해서는 실제로 치료 활동에 참여해 보아야만 한다. 하지만 불행히도 이러한 학습 과정에는 순환적인 문제가 있다: 훈련되지 않은 치료자로 인해 내담자의 안녕이 위협을 받지 않아야 하지만, 모든 치료자들은 훈련받기 위해서 치료에 참여를 해야만 한다는 것이다.

아직 배우는 과정 중에 있는 치료자들은 특정한 접근을 채택하기 전에 인간중심 관점으로부터 시작하기를 권장한다. 해석(정신분석)이나 공포 노출(행동 치료)을 포함하는 치료들과 달리, 비판단적이고 비조언적인 인간중심 치료는 내담자에게 해를 끼칠 가능성이 매우 낮다. 이런 이유로, 독자들에게 훈련의 시작으로 인본주의 접근을 소개하는 것은 합리적이라고 판단하였다.

이 책은 왜 주요인물의 전기에 초점을 두었나?

우리는 치료 장면에서 일을 하고자 하는 사람은 타인의 삶에 관심을 가져야 한다고 주장한다. 치료자들은 자주 타인의 전기를 접하며, 인생의 핵심 사건들의 중요성을 탐험하게 된다. 따라서 그들은 어떻게 믿음과 가치들이 삶의 역사로부터 영향을 받는지 그 중요성을 이해할 필요가 있다고 가정하는 것이 타당하다. 그리고 이러한 이해는 심리치료의 핵심 접근들에 대한 이해를 돕는다. 한 접근을 발전시킨 인물의 전기와 그 사람의 관점을 연결하는 것은 역사적인 문맥에서 그 접근의 발달을 이해하는 데에 도움이 된다. 개념의 출처에 대한 정확한 인식 없이 한 접근의 느낌을 제대로 이해하는 것은 매우 어려운 일이다. 예를 들어, 지그문트 프로이트Sigmund Freud의 유년시절과 연관된 전기적 세부사항은 프로이트와 어머니의 관계에 있어서 중요한 이해를 제공하고, 이러한 문맥은 오이디푸스 갈등Oedipus conflict에 관한 그의 이론을 이해하는 것을 돕는다. 그렇게 함으로써 우리는 프로이트의 이론이 난데없이 나타난 괴이한 생각이 아니라, 인간 본성을 설명하기 위해 프로이트 자신의 어렸을 적 감정들을 반영하고 분석하여 생겨난 결과물임을 이해할 수 있다. 이와 같이 주요 인물들의 전기를 살펴봄으로써 우리는 그들 인생에서의 핵심 사건이 이론의 발전과 어떻게 상호작용하는지를 볼 수 있다.

우리는 치료적 접근에 핵심적인 영향을 미친 인물들의 전기를 선정하였다. 물론 우리는 치료의 새로운 측면을 형성해 나가고 있는 현대 이론가들의 공헌에 대해서도 인정하며, 실제로 이 책에도 그들의 이론과 개념들을 많이 포함시켰다. 하지만, 전기를 다루는 부분에서는 접근의 창시자로 여겨지는 사람들에게 초점을 맞추었다. 그렇게 함으로써 독자들이 적절한 역사적, 개인적 문맥 속에서 이론의 근원에 대한 통찰을 얻을 수 있도록 하였다.

이 책은 왜 각각의 접근에 대한 사례연구를 포함하는가?

이 책은 각 장의 마지막 부분에 그 장에서 다룬 특정한 치료법을 이용한 치료 사례를 제시하고 있다. 각 치료는 특정한 유형의 문제에 가장 적합하기 때문에, 각 장의 사례 연구는 저마다 다른 예시들로 제공된다. 치료자의 업무에 대한 독자의 이해를 돕기 위해, 사례 연구는 이력history과 증상symptom을 포함한 내담자의 자기보고식 이야기로 시작할 것이다. 그런 다음 회기에 대한 설명과 더불어 상호작용의 중요한 부분과 관련된 일련의 질문들을 제공한다. 치료 회기와 연관된 내용의 비디오 자료를 시청할 수 있고, 온라인 상에서 세션 내용을 글로 옮긴 자료를 열람하는 것도 가능하다. 비록 영상 제작을 목적으로 회기가 시작되었고, 녹화가 끝난 후에 더 이상 회기가 진행되지는 않겠지만 회기 내의 상호작용은 진실된 내용이다. 영상 속의 치료자는 실제로 특정 유형의 치료에 정통한 실천가이며, 내담자는 자신의 실제 경험과 감정으로 반응한다. 두 사람은 연기를 하고 있는 것이 아님을 기억하라. 사례 연구는 내담자의 관점에서 작성된 회기 보고서로 마무리되는데, 이는 각 치료 유형에 대한 내담자의 경험을 이해하도록 돕는다.

사례 연구의 목표는 실제 치료의 실생활 예시를 독자들에게 제공하는 것이다. 심리학의 다른 분야들과는 달리, 상담과 심리치료는 학문적이기만 한 분야가 아니다. 치료적인 접근과 방법을 완전히 이해하기 위해서, 독자들은 치료에서 제시되는 개념들이 내담자들의 상호작용에 어떻게 적용될 수 있는지 이해해야 한다. 이러한 상호작용을 나타내는 최선의 방법은 사례 연구의 형태이고, 우리는 독자들이 상담 및 심리치료에 대한 더 나은 이해와 실천을 위해 이 사례들을 사용할 수 있기를 바란다.

지금까지 서론을 행복한 마음으로 읽었기를 바란다. 또한 우리는 당신이 인간 본성이라는 흥미로운 주제를 탐험하는 데에 이 책이 유용한 지침이 되기를 바란다. 그리고 무엇보다도, 우리는 당신이 이 책에서 배운 것들을 다른 이를 지지하고, 격려하고, 돕는 데 사용하여 당신의 학습 경험을 확장시켜 나가기를 바란다.

존경하는 Carl Rogers 선생의 말을 굳이 인용하자면, 교육은 종착점이 아니라 방향이다.

Chapter 01

상담 및 심리치료

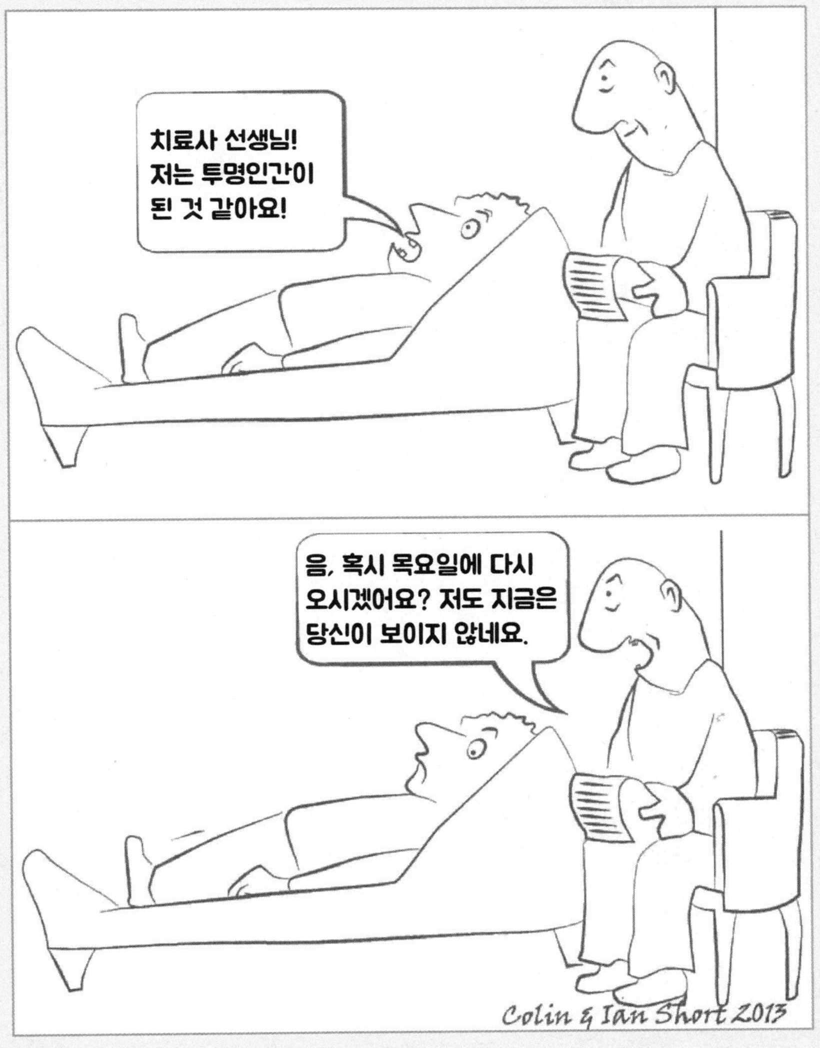

CHAPTER 01 Contents

- 상담 및 심리치료의 소개
- 상담 및 심리치료의 정의
  - 상담 및 심리치료의 정의
  - 상담과 심리치료의 차이점
- 치료적 관계에서 치료자와 내담자의 역할
  - 조력과 치료의 차이점
  - 치료에서 내담자의 역할
  - 치료에서 치료자의 역할
  - 치료자와 내담자의 관계
  - 현대사회에서의 심리치료
- 치료적 관계의 경계와 윤리
  - 치료관계에서의 경계설정
  - 치료 계약
  - 윤리 지침
- 치료적 관계의 다양성 인정하기
  - 주류 치료접근에서의 문화적 가정들
  - 치료적 관계에서 다문화주의
  - 편견과 선입견을 인식하는 자기성찰
  - 다문화적 치료에 대한 비판
  - 통합적 접근
- 접근, 치료와 모델들
  - 접근, 치료, 모델의 정의
  - 순수주의 대 비순수주의 관점
  - 통합과 절충주의 대 혼합주의
  - 통합과 절충주의의 유형

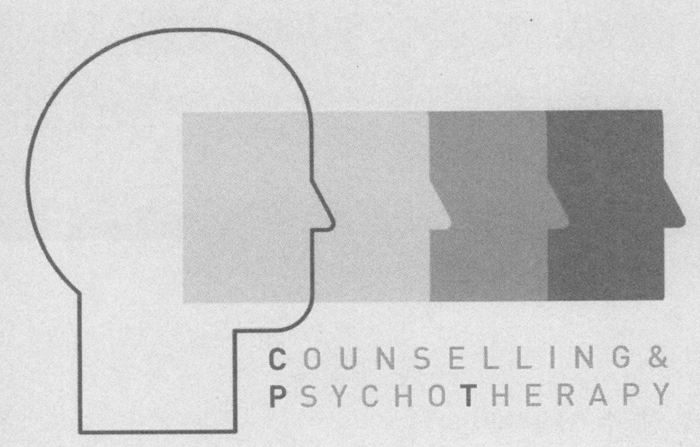

Chapter 01

상담 및 심리치료

상담 및 심리치료의 소개

이 장은 독자들에게 상담 및 심리치료의 개념을 소개하는 것을 목표로 한다. 이 장에서는 윤리적 이슈 및 사회문화적 다양성과 같은 주요 개념들을 다룬다.
또한 상담 및 심리치료를 진로로 선택하는 것에 대해 이야기하고, 영국에서 치료자가 될 수 있는 명확한 길을 제시할 것이다. 마지막으로, 현장에 대한 전반적인 이해 없이 특정 치료법에 대해 잘 이해하기는 어렵다. 따라서, 이 도입 장에서는 상담과 심리치료라는 매력적인 분야에 대한 전반적인 개요를 제공할 것이다.

학습목표

이 장을 읽고 당신은 다음과 같은 것들을 할 수 있을 것이다:

- 상담, 심리치료, 심리학 분야 간 차이점과 유사점 인식
- 치료관계에서 치료자와 내담자의 역할 차이에 대해 설명
- 경계 유지의 중요성 인식 및 치료와 관련된 윤리적 이슈에 대한 윤곽을 그림
- 접근, 치료, 모델 간 차이 인식 및 실천가practitioner에 의해 채택된 여러 가지 방법들을 고려하여 이들 각각에 대해 토의

상담 및 심리치료의 정의

학습목표

이 섹션을 읽고 당신은 다음과 같은 것들을 할 수 있을 것이다:
- 상담의 정의 설명
- 상담과 심리치료의 차이점 이해
- 상담 및 심리치료 분야에서 진로 가능성 인식

상담 및 심리치료의 정의

영국 vs 미국

미국식 표기: Counseling
영국식 표기: Counselling

용어 통일

이 책에서 '상담'이라는 단어를 사용할 때에는 'counselling'(영국식 표기)에 초점을 맞추는 것으로 한다. 그러나 이 책에서는 모든 치료적 만남에 대해 언급할 때 '치료' 및 '치료자'라는 용어를 사용할 것이다.

상담 및 심리치료란 무엇인가?

'상담 및 심리치료의 영국 협회BACP(British Association for Counselling and Psychotherapy)'에서 내리는 상담 및 심리치료의 정의

> 상담 및 심리치료는 대화를 통한 치료의 다양한 범위를 포함하는 포괄적인 용어다. 이는 숙련된 치료자에 의해 이루어지며 단기간 혹은 장기간에 걸쳐 내담자들에게 효과적인 변화나 안녕감의 향상을 일으킨다(BACP, 2013).

'영국심리학회BPS(British Psychological Society)'에서 내리는 상담의 정의

> 상담은 심리적 원리와 그것이 적용되는 상담과정의 상호작용인데 실제 장면과 연구가 상호 반영되면서 발전한다. 이러한 과정은 심리학적 연구결과와 상담자와 내담자 간의 관계를 통해 구현될 수 있다.

'미국심리학회APA(American Psychological Association)'에서 내리는 상담의 정의

상담 심리는 개인, 가족, 그룹, 시스템 그리고 유기적 관점에서 오는 인간의 경험에 적용되기 때문에 이례적인 사례나 발달 장애뿐 아니라 전형적이고 정상적인 발달 이슈에도 초점을 둔다. 상담 심리학자들은 사람들을 육체적, 정서적으로 돕는다. 그리고 정신장애인의 안녕을 향상시키고 고통과 부적응을 경감시키며 위기를 해결한다. 또한 이 전문 분야의 실천가들은 정신병리를 평가하고 진단하며 치료를 제공한다(APA, 2013).

'세계보건기구WHO(World Health Organization)'에서 내리는 상담의 정의

상담은 사람들이 자신의 문제에 대해 이야기하고 더 만족스러운 삶의 방향을 탐구하는 것을 돕기 위해 지지적이고 비판단적인 대화 환경을 제공하는 것이다(WHO, 2013).

BACP, BPS, APA, WHO의 상담 및 심리치료에 대한 정의를 요약하면 다음과 같다.

치료자와 내담자 간의 협력적 관계

내담자는 자신의 정서적, 심리적인 안녕을 향상시키기를 추구

치료자는 내담자가 정서적, 심리적 안녕을 증진시키는 활동을 할 수 있도록 지지적인 환경을 제공

치료자는 무엇을 하는가?

본질적으로, 치료자는 내담자가 자신의 이슈를 탐색할 수 있는 안전하고 비판단적인 환경을 제공하여 도움이 필요한 사람들에게 지지를 제공하는 역할을 한다.

구체적으로 말하자면 치료자는 특정 내담자 혹은 특정 문제에 대한 지지를 제공할 수 있다.

내담자 집단은 다음을 포함한다:

개인

그룹

가족

배우자/파트너

아동

청소년

성인

노인

직원

학생

내담자의 문제는 다음을 포함한다:

우울증
스트레스
불안
낮은 수준의 자존감
낮은 수준의 자신감
분노조절 문제
불면증
섭식장애
중독
결혼/인간관계에서(의) 어려움
성적 역기능
취업문제
재정 문제
과거의 외상적traumatic 경험이나 학대
사별

현대 대중 인식은 치료에 관해서 더 긍정적이다

영국 상담 및 심리치료 협회(2010a)는 상담 및 심리치료에 관한 대중의 태도에 대해 광범위한 검토를 시행했다.
영국의 성인 1440명을 대상으로 한 전화 조사에 따른 최근 연구들을 메타분석한 결과, 대중들이 긍정적인 관점을 가지고 있는 것이 확인되었다.

응답자들 중 21%는 과거에 상담을 받은 경험이 있었다.
응답자들 중 88%는 상담사에게 상담을 받는 것이 사람들을 더 행복하게 만들어준다는 의견에 동의했다.

상담 및 심리치료에서 무엇을 하는가?

치료는 치료자의 이론적 배경이나 내담자의 이슈, 요구받은 서비스의 종류에 따라 달라진다. 하지만 일반적으로 대부분의 치료는 다음과 같은 패턴을 따른다.

의뢰인 또는 내담자에 의한 초기 접촉
초기서면평가(주로 설문지의 형식으로 이루어짐)
내담자의 요구를 평가하기 위한 접수면접(이 때 위기 평가도 이루어지며, 만약 내담자가 특정 치료 기법에 적합하지 않다면 다른 상담 서비스에 위탁할 수 있다.)

내담자를 적절한 치료자에게 배정(접수면접 때 만난 치료자일 수도 있음) **혹은 대기명단에 추가**(상담이 특히 바쁜 경우)

내담자는 치료자와의 첫 상담회기session에 참여

첫 회기는 전형적으로 정보수집과 계약으로 이루어진다(내담자가 자신의 이야기를 할 수 있는 분위기를 만들고, 비밀보장을 포함한 기관의 정책과 상담 절차에 대해서 개략적으로 설명하며, 상담관계에서의 경계선을 확립).

내담자가 자신의 이슈를 다루기 위해 계속해서 치료회기에 참석

전형적으로, 각 회기는 '치료 시간'(50분) 동안 이루어지며 회기는 1주일에 한 번 합의된 시간에 이루어진다.

단기치료는 6주 가량, 장기치료는 몇 년 동안 이루어질 수 있다.

가능하다면, 마지막 회기 전에 상담종결에 대해 미리 이야기를 해주어 치료관계가 만족스럽게 정리될 수 있도록 해야 한다.

내담자가 치료자와의 마지막 상담회기에 참여

마지막 회기는 일반적으로 상담 성과와 관계의 종결에 대해 논의

치료를 받으면서 내담자가 어떻게 바뀌었는지 말하게 하고, 치료적 관계 이후에 어떠한 삶을 이어갈 것인지 생각하게 한다.

치료자와 내담자 모두 치료적 관계의 종결에 대한 감정을 표현

치료의 효과를 알아보기 위해 내담자에게 평가지(질문지)**를 작성하게 하여, 상담 서비스를 평가**

치료적 관계에서 종결은 쉽지 않은 과정일 수 있다.

만약 더 이상 치료적인 혜택이 제공되지 않는다고 느껴진다면 내담자와 치료자 모두 언제든 관계를 끝맺을 권리가 있다.

이상적으로는 내담자와 치료자가 미리 회기의 수를 정해 놓고, 할당된 회기 내에서 치료적 과정을 완료한 후에, 긍정적인 종결로 마무리하는 것이 좋다.

그러나 치료는 종종 덜 이상적인 상황으로 끝나기도 한다.

내담자가 아직 자신의 이슈를 다룰 준비가 되어있지 않을 경우에도 내담자는 치료를 종결하려 할 것이다. — 치료를 그만두게 되면 자신이 정서적으로 어려움을 겪고 있는 부분을 피할 수 있기 때문

치료자는 내담자가 더 이상 치료를 통해 혜택을 얻고 있지 못하다고 느끼지만, 내담자는 스스로 완전히 독립하기를 꺼려할 수 있다.

두 경우 모두, 치료자는 관계의 종결을 조심스럽게 다루어 긍정적으로 끝맺을 수 있도록 해야 한다. 그리고 치료자는 내담자가 원한다면 미래에 치료를 다시 받을 수 있음을 분명하게 알려주어야 한다.

내담자는 치료자에게 어떻게 다가갈 수 있는가?

개인이 상담 지원을 받을 수 있는 방법은 여러 가지가 있다.

지역 보건의나 다른 건강 전문가에 의한 소개

정신적인 어려움을 겪는 사람들은 주로 지역보건의를 가장 먼저 찾아간다.

BACP(2010a)에 의하면 치료를 받는 사람들의 65%가 건강관련 전문가나 지역 보건의에 의해 소개받았다.

개인교사, 교사, 강사, 고용인에 의한 소개

교사나 상급자가 당사자를 대신하여 의뢰하는 것이 가능하다. — 예를 들어, 개인교사Tutor는 학생을 학생 상담 서비스에 보낼 수 있다.

이는 대부분의 치료 기관에서 제3자보다 당사자가 초기의뢰를 해야 한다는 주장을 고려할 때 그리 흔한 일은 아니다.

BACP(2010a)에 의하면 치료를 받은 사람들의 7%만이 고용주에 의해 의뢰되었다.

자발적 의뢰(self-referral)

정신적 안녕을 얻으려는 사람은 누구나 웹사이트나 전화번호부의 광고 등을 통해 개별 상담 기관에 도움을 구할 수 있다.

자발적 의뢰과정에서 생길 수 있는 문제는 개인이 부적절하거나 불법적인 기관을 찾아가는 위험이 있을 수 있다는 것이다. 그러므로 그 조직이 적절한 기관에 의해 감독받고 있는지 확인할 필요가 있다. 또한 전문적으로 훈련 받고 관련 전문가 자격을 소지하고 있으며, 상담관련 보험에 들어있는 기관인지를 확인해볼 필요가 있다.

BACP(2010a)에 따르면 치료를 받는 이들 중 9%가 자기 스스로 전화번호부를 통해 치료자를 찾았다.

치료자들은 어디서 일하는가?

슬프게도, 현재 치료자 자격을 갖춘 이들에게 취업기회가 부족한 실정이다.

많은 학생들이 특정한 직업을 염두에 두고 그와 관련한 치료 경력을 쌓기를 원한다.

하지만 그들이 지원할 곳이 어딘지 정확하게 알지 못하거나, 누가 이 일에 투자하는지 알지 못한다면, 그들이 생각하는 직업이 실제로는 존재하지 않는 허구의 직업일 수도 있다는 사실을 기억해야 한다.

예를 들어, 어떤 학생들은 섭식 장애로 고통 받는 10대 소녀들을 돕는 직업을 가지고 싶어 하지만 언젠가 그들이 치료자로서 자격을 갖추었을 때, 그들이 하려고 하는 일에 자금을 지원하는 단체가 없다는 것을 깨닫게 될 수 있다.

당신이 전임제 치료자로 근무하고자 한다면 '누가 이 일을 위해 돈을 지불할 것인가?'를 고려해야 한다.

영국에서 전문적인 상담이나 심리치료와 관련된 직업을 얻기 위한 주된 방법 5가지(다른 방법들도 존재하지만 흔하지 않음).

보호기관(Care agencies)

대부분의 치료자들이 물질 남용이나 사별과 같은 특정한 어려움을 겪는 사람들에게 돌봄을 제공하는 기관에서 유급이나 무급의 봉사자로 일한다.

수습 치료자들이나 치료자 자격을 얻은 지 얼마 되지 않아 전문기관으로부터 완전한 인가를 받기 위해 노력하는 많은 사람들이 보호 기관에서 무료 봉사를 한다(인가를 얻기 위해 특정 기간의 봉사시간이 필요).

건강관련 서비스 기관(Healthcare providers)

많은 치료자들이 병원이나 일반 의원, 지역보건 센터에 기반을 둔 의료기관을 통해 내담자와 만난다.

영국 성인 1440명을 대상으로 한 전화 설문에서 88%의 응답자들이 상담을 받을 때 국민건강보험을 이용할 수 있게 되어야 한다고 응답했다(BACP, 2010a).

교육현장(Education settings)

학생 상담사들은 대학에서 흔히 찾아볼 수 있고, 많은 학교들이 한 명이나 두 명의 치료자들을 고용하는 소규모 서비스에 투자하곤 한다.

직장(Workplaces)

많은 대형 회사들은 사내에서 보안이 유지되는 상담 서비스를 제공한다. BACP(2010a)에서 실시한 설문조사에서는 취직한 응답자의 53%가 그들의 직업 때문에 스트레스를 받고 있고, 54%는 회사가 사내 상담 서비스를 제공해야만 한다고 응답했다. 이러한 동향은 치료를 향한 긍정적인 움직임이라 할 수 있다.

개인 상담기관(Private practice)

몇몇 치료자들은 개인적으로 상담기관을 운영하기도 한다.

BACP(2010a)의 설문조사결과 65%의 응답자들이 치료를 위해 돈을 지불할 의사가 있는 것으로 나타났다.

한편, 자격이나 승인에 관계없이 누구나 개인상담소를 열 수 있다는 현실은 현재 영국 법률상의 허점들을 보여준다.

그러므로 내담자는 선택한 치료자가 자격(적어도 상담이나 심리치료에 관련된 졸업장이나, 학사 혹은 석사 학위)이나 전문적 기관(BPS, BACP, UKCP 등)의 승인을 받았으며, 치료자 종합보험에 들어있다는 확신을 가질 수 있어야 한다.

상담과 심리치료의 차이점

심리학, 상담, 그리고 심리치료

임상심리학자

임상심리학자들은 주로 심각한 신체장애나 정신장애로 고통 받는 사람들을 대상으로 일한다.

임상심리학자들은 '임상'이라는 개념에 집중함으로 정의되며, 이는 주로 임상현장의 환자들에 대한 치료를 포함한다.

임상심리학자들은 종종 의료보건시설이나 사회복지시설에서 환자집단을 치료하기 위해 의사나 신경학자들과 함께 일한다(주로 NHS－국민의료보험).

상담심리학자

상담심리학자들은 정신건강에 대한 우려를 가진 개인, 커플이나 가족을 대상으로 일한다.

상담심리학자들은 의료보건, 교도소, 산업, 교육 등 많은 분야에서 환자나 비환자non-patients들을 돕는다.

상담심리사와 임상심리사 간의 차이는 이미 최소화 되었고, 많은 센터들은 두 유형 중 어느 유형이든지 상관없이 선발한다.

상담자 혹은 심리치료자

두 유형 사이에는 특별한 구분이 없다. 둘 다 직업적으로 같은 역할을 하고, 같은 인증과정을 거친다.

상담자와 심리치료자들은 불안과 걱정, 혹은 그들의 생각과 감정을 탐색하는 것이 필요한 개인, 커플이나 가족을 대상으로 일한다.

상담심리학자는 중요한 정신건강문제를 다루는 반면에 상담자/심리치료자들은 '쉽게 불안해하는' 이들을 다룬다는 차이가 있지만, 직업적인 역할의 측면에서 상담자/심리치료자와 상담심리학자 사이의 차이는 거의 없다.

정신과 의사

정신 의학은 심리학, 상담, 심리치료와는 상당히 다르다.

정신과 의사들은 의료 모델에 기반을 둔다.

정신과 의사들은 정신 건강을 전공한 의사들이다.

정신과 의사들은 공공의료 서비스 내에서 환자와 작업한다.

정신과 의사들은 환자를 진단하고, 치료하고, 환자에게 약물을 투여할 수 있다.

그림 1.1 내담자에서부터 상담자로

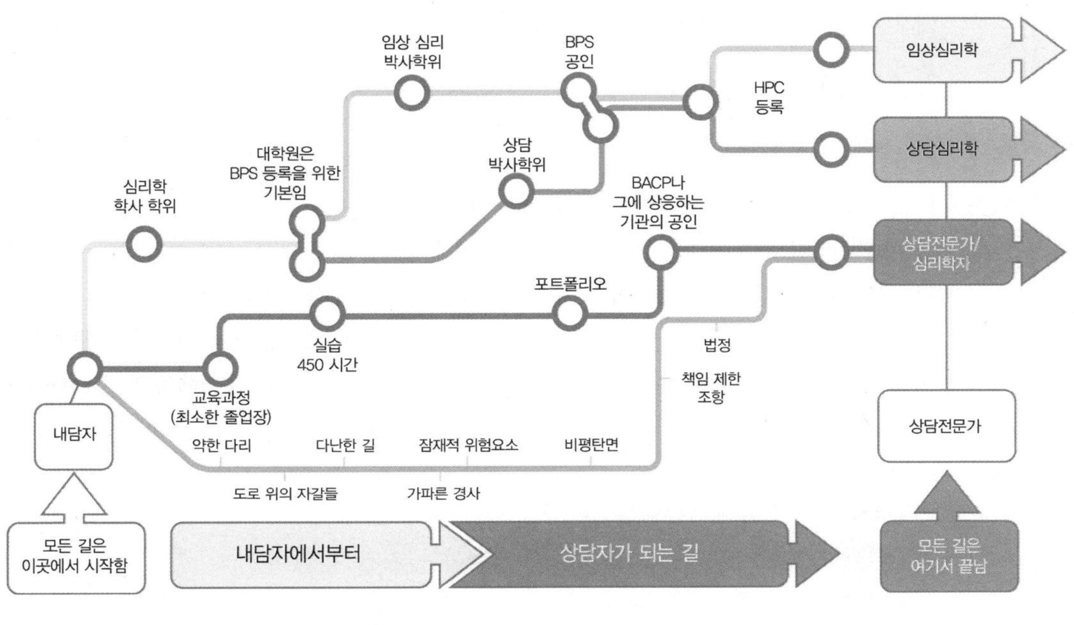

유의사항

이 장에서 다루는 정보들은 2012년 영국의 규정에 따른 것임에 유의하라 — 가장 최근의 정보는 관련 승인기관의 웹사이트를 확인하라.

임상심리학자

의료전문직 위원회(Health Professions Council - HPC)

임상심리학자로 공인받기 위해서는 HPC에 등록해야 한다.

의료전문직 위원회HPC는 모든 법적으로 보장되는 자격을 관리하는 정부기관

'임상심리학자'라는 법적으로 보장되는 자격을 얻기 위해서는 HPC에 등록해야만 한다.

HPC에 등록하기 위해서는 인증된 과정을 수료했다는 증거를 제출해야 한다(임상심리 박사학위).

영국심리학회(BPS)

임상심리학자로 공인받기 위해서는 BPS에 등록해야 한다.

영국심리학회는 영국의 심리학자들을 관리하는 기관

영국심리학회에 등록하기 위해서는 임상 심리학 박사 학위(BPS에 의해 공인된)를 끝마쳐야 한다.

매우 경쟁이 치열한 프로그램 — 대개 BPS에 의해 승인된 1급 학위와 심리학 석사 학위가 필요하다.

상담심리학자

의료전문직 위원회(Health Professions Council - HPC)

상담심리학자로 공인받기 위해서는 HPC에 등록해야 한다.

의료전문직 위원회는 모든 법적으로 보장되는 자격을 관리하는 정부기관

'상담심리학자'라는 법적으로 보장되는 자격을 얻기 위해서는 HPC에 등록해야만 함

HPC에 등록하기 위해서는 인증된 과정을 수료했다는 증거를 제출해야 한다(상담심리 박사학위).

영국심리학회(BPS)

상담심리학자로 공인받기 위해서는 BPS에 등록해야 한다.

영국심리학회는 영국의 심리학자들을 관리하는 기관

영국심리학회에 등록하기 위해서는 임상 심리학 박사 학위(BPS에 의해 공인된)나 BPS 상담심리자격과정(QCoP)을 완수해야 한다.

매우 경쟁이 치열한 프로그램 — 대개 BPS에 의해 승인된 1급 학위와 심리학 석사 학위가 필요하다.

상담자 혹은 심리치료자

의료전문직 위원회(Health Professions Council - HPC)

상담자는 영국에서 법적으로 자격이 보장되지 않기 때문에 HPC에 반드시 등록할 필요는 없다.

자격 혹은 전문 기관에 소속되어 있는지 여부와는 상관없이 누구든지 상담사로 일할 수 있다.

2011년 2월에 영국 정부는 자발적인 등록 시스템을 권장했고, 자격에 대한 법적 규제는 자발적인 등록자가 위험을 다루기에 충분하지 않을 경우에만 고려될 것을 권장했다.

2011년 3월, 영국 정부는 그것이 심리치료자와 상담자들에 대한 법적 규제를 지속하려는 의도가 아님을 확정하였다.

그러나,

HPC로부터 자격을 얻는 것이 강제적인 사항은 아니지만, 상담자와 정신 치료사들은 적절한 자격을 얻을 것과, 전문 기관에 등록하기 위해 자원 봉사할 것이 권장된다. 보험적용이 안 되는 경우,

비용을 받을 수 없거나 잘못된 상담으로 인해 내담자가 위험에 처했을 때 의료사고와 관련하여 보험으로부터 보호를 못 받아 위험해질 수 있다.

영국 상담 및 심리치료 협회

공인된 상담자가 되기 위해서는 BACP에 등록해야 한다.

영국 상담 및 심리치료 협회는 영국의 상담자와 심리치료자(구분 없음)들을 관리하는 기관이다.

영국 상담 및 심리치료 협회에 등록하기 위해서는 공인된 혹은 그에 상응하는 과정 완수(최소 학위수준), 450시간의 현장 실습, 자기 성찰과 앞으로의 지속적인 전문가적 발전을 보여줄 수 있는 구체적인 포트폴리오를 제출해야 한다.

이는 공인된 상담자가 되기 위한 가장 일반적인 방식이다.

혹은

상담 및 심리치료를 위한 다른 전문적인 기관

몇몇 특정한 치료들은 그 치료접근과 관련한 인가를 내줄 수 있는 전문기관이 있다. 그 예로, 인간중심접근 영국협회 혹은 행동·인지 심리치료 영국협회가 있다.

이런 방법들은 일반적인 상담 및 심리치료 과정이 아닌 해당 치료에 집중한 특정 과정을 따른다.

학생들은 전문적 기관을 찾을 때, 국가 또는 공적으로 인가를 받고 전문가를 위한 윤리적 지침을 따르고 있는 곳을 찾아야 한다.

결정, 결정들

어떤 진로를 선택할 것인지 결정하는 것은 어려운 일이다. 특히, 임상심리학, 상담심리학, 그리고 상담 및 심리치료는 모두 비슷해 보임에도 매우 다른 훈련 과정을 요구한다.

적합한 진로를 찾기 위해 해당 전문가가 되는 과정을 거꾸로 따라가 보기를 추천한다. 진로 계획을 세우기 위해 이 과정들을 따라 가보라.

1. 마치 오늘 지원할 준비가 다 되어 있는 것처럼 희망 직업을 탐색하라. 웹사이트와 신문 등을 참고하라.
2. 자신의 필요에 부합하는 직업인지 확인하라 — 직무 분석표를 보라. 그리고 고용인에게 연락하여 실제 하는 일에 대한 정보를 얻어라.
3. 희망 직업 관련광고에 있는 업무 설명서를 읽어라.
4. 자격 요건을 확인하라 — 그들이 상담학회의 공인을 받은 상담자를 원하는가? 상담심리학회의 공인을 받은 상담심리학자를 원하는가? 임상심리학회의 공인을 받은 임상심리학자를 원하는가? 이러한 자격요건을 충족하기 위해 관련된 자격증과 공인을 얻기 위한 계획을 작성하라.

5. 직업에 필요한 기술들을 확인하라 — 그들이 원하는 것이 협동 능력, 의사소통 능력, 혹은 정보 통신 기술 능력인가? 지금까지의 경험들을 되돌아보고 당신이 이러한 기술들에서 탁월한 능력을 보여주었던 사례를 찾으라. 만약 관련된 어떠한 경험도 발견하지 못한다면, 그런 경험을 얻을 예정이라는 계획서를 제출하라. 직업을 찾기 전까지 이런 기술들을 배우는 것을 경시했던 사람들은 관련 경험들을 탐색하는 데 어려움을 겪는 경우가 많다 — 당신의 약점을 개선시키기 위해 이에 대해 미리 생각해 놓는 것이 도움이 될 것이다.
6. 희망하는 직업을 얻기 위해 계획들을 정리하고 실행에 옮겨라.

특정 직업과 관련된 모든 기술과 자격증을 취득했을 때, 이 직업의 미래가 불투명한 것처럼 보일지라도, 비슷한 역할의 좋은 직업을 구할 수 있을 것이다.

요약

상담과 정신치료의 정의: BACP, BPS, APA, WHO; 협력적, 지지적, 정서적 혹은 정신적 안녕감을 높임; 치료자는 개인의 문제를 탐색하기 위해 비판단적이고 안전한 환경을 제공함; 내담자는 건강 전문가나, 선생님/고용인 혹은 자발적 의뢰의 방식으로 접근함; 주로 한시적인 기간 동안 1주일에 1번, 50분의 회기로 구성됨; 치료자는 의료기관, 교육기관, 일터, 개인상담소, 치료단체에서 일함.

차이: 임상심리학자(정신 장애, 신체 장애를 가진 환자), 상담심리학자(정신건강 장애를 가진 환자와 내담자), 상담자/심리치료자(걱정이 많은 내담자들), 정신과 의사(정신건강을 전공한 의사)

경력: 임상, 상담 심리학자들은 반드시 HPC(법적으로 보장되는 자격)에 등록해야만 하며, BPS(박사 학위)로부터 공인을 받아야 한다. 상담자/심리치료자들은 HPC(법적으로 보장받지 못함)에 등록하지 않아도 되지만 BACP같은 전문적 기관에 등록해야만 함(졸업장, 450시간의 실습, 포트폴리오).

치료적 관계에서 치료자와 내담자의 역할

학습목표

이 섹션을 읽고 당신은 다음과 같은 것들을 할 수 있을 것이다:

- 조력과 치료를 구분
- 내담자의 역할에 대한 윤곽을 그림
- 치료자의 역할에 대한 윤곽을 그림
- 내담자와 치료자 간의 관계의 본질에 대하여 설명
- 현대적 관점에서 치료의 가치와 본질에 대하여 토론

조력과 치료의 차이점

치료와 조력은 다음의 핵심적인 면에서 차이가 있다:

계약contract
경계boundaries
방향성direction
조언advise
비판criticism
평등equality
결과outcome

계약

치료는 내담자와 치료자 간의 단기적인 치료적 합의agreement이다.
개인적인 도움을 주기 위한 다른 형태의 조력 행위에는 계약이 꼭 필요하지 않을 수 있다.
예를 들어, 한 친구가 다른 친구의 걱정을 들어 줌으로써 도움을 줄 수 있지만, 이들은 특정 치료 계약에 합의한 것이 아니다.

경계

치료는 엄격한 경계와 윤리 규정에 의해 이루어진 독특한 형태의 관계이다.
다른 형태의 조력 행위는 엄격한 경계나 정형화된 윤리 규정이 없을 수도 있다.

예를 들어, 미용사가 손님의 고민을 들어줄 수 있지만, 미용사가 전문적 윤리 규정을 따르지는 않는다.

방향성

치료는 보통 비지시적이며(특히 인간중심 상담의 경우), 지시적이라 할지라도(인지-행동 치료의 경우) 가능한 한 내담자가 주도성을 가질 수 있게 돕는다.
다른 형태의 조력행위는 보통 개인을 특정한 행동, 목표, 목적 등으로 이끌려고 한다.
예를 들어 채무 상담자는 전체 채무를 관리한다manageable는 특정한 목적을 달성하기 위해 고객에게 이자율이 낮은 대출을 이용하라고 말할 것이다.

조언

치료에서는 일반적으로 조언을 하지 않는다. 많은 사람들이 치료자를 특정한 조언이나 지도를 해주는 전문가로 기대했다가 혼란에 빠지기도 하지만, 치료적 관계에서 조언을 해주는 경우는 매우 드물다.
다른 형태의 조력행위에서는 타인이 문제를 해결하고 목표를 달성하기 위한 가장 효과적인 방식을 조언해주거나 지도한다.
예를 들어, 교사는 학생이 좋은 성적으로 시험을 통과하게 돕기 위해 어떻게 글을 고쳐 쓸 것인지 조언한다.

비판

내담자에게 변화를 위한 도전이 될 수 있다 하더라도, 치료에서는 일반적으로 비판을 하지 않는다.
다른 형태의 조력 행위에서는 행동을 이끌어내고 발전improvement시키기 위해 건설적인 비판을 하는 경우도 있다.
예를 들어, 체육관에서 고객이 더 열심히 운동하도록 만들기 위해 개인 트레이너가 고객을 비판하기도 한다.

평등

치료에서는 치료자와 내담자 간 평등을 유지하려 한다. 치료적 과정에서 치료자와 내담자 간에 평등한 위치를 유지하는 것은 내담자가 자신의 성장과 발전에 주체성을 갖게 하는 것이기 때문에 매우 중요하다.
다른 형태의 조력행위에서는 조력자가 피조력자보다 더 큰 전문가적 권력을 가짐으로써 권력의 불균형을 띨 수도 있다.

예를 들어, 강사는 학생들을 여러 방면으로 도와주지만, 좋은 성적이나 나쁜 성적을 줄 수 있기 때문에 항상 그 관계는 권력 불균형 상태에 있다.

결과

치료는 그 결과를 보장할 수 없다. 상담은 많은 경우에 최종 목적지보다 자기 탐색과정에 초점을 두며, 처음 세웠던 목표와 치료 과정이 끝날 때 얻은 결과는 서로 다를 수 있다.

다른 형태의 조력 행위는 시작할 때 특정한 목표를 설정해 둘 수 있으며, 그 목표가 달성되지 않았을 때에는 그 관계가 실패한 것으로 여기기도 한다.

예를 들어, 영양사가 알레르기를 완화시킬 목적으로 밀 성분이 들어있지 않은 식단을 실시하기를 지시할 수 있는데, 고객이 그 조언을 따른다면 성공적인 결과를 얻을 수 있을 것이다.

치료, 지도, 조언의 차이점(Sutton & Stewart, 2002)

조언(advice)

조언자가 일방적인 의견제시, 판단, 제안을 통해 상대방을 설득하는 것

지도(guidance)

지도자가 상대방에게 특정한 방법을 알려주거나, 교육하거나, 영향을 주고 훈계하여 무언가를 하게 하는 것

치료(therapy)

내담자로 하여금 자신의 문제를 탐색하고, 이해하고, 해결하거나 받아들일 수 있도록 하는 촉진적인 쌍방향의 의사소통이자 협력적이고 지지적인 관계

조언은 내담자가 자신의 삶을 통제하는 법을 배우게 되는 것이 아니라 치료자가 내담자의 삶을 통제하게 되는 결과를 낳으므로 지양해야 함.

조력 대 치료(Helping versus therapy)

아래의 문학작품과 영화 속 인물들을 고려해보라 — 각 인물들은 다양한 모양이나 형태로 '조력자'의 역할을 취했다. 이 캐릭터들이 '치료자'로 분류될 수 있다고 생각하는가?

*죽은 시인의 사회*의 John Keating
*엠마*의 Emma Woodhouse
*스타워즈*의 Yoda
*배트맨*의 Alfred Pennyworth
*미라클 워커*의 Sullivan
*패치 아담스*의 Patch Admas

*멋진 인생*의 Clarence
*아밀리에*의 Amelie
*이상한 나라의 앨리스*의 애벌레

치료에서 내담자의 역할

치료 받으러 오는 이유

사람들은 각기 다양한 이유로 치료자를 찾는다.

내담자는 우울증과 같은 정신장애를 겪고 있거나, 최근에 이혼을 하였거나, 사별과 같은 과거의 외상경험과 씨름하고 있거나, 단순히 자신의 삶을 잘 살아가기 위해 도움이 필요하다고 생각하여 상담을 받으러 온다.

대부분의 내담자들은 정신질환이 없으며, 특정 정신과적 진단을 받은 사람들이 아니다.

치료자들은 '내담자client'라는 용어를 쓰는데, 이는 이들이 서비스를 받으러 왔다는 의미를 갖기 때문이다. '환자patient'라는 용어는 이들이 정신장애가 있다는 것을 암시하기 때문에 사용하지 않는다.

단순히 자기감정을 안전하게 털어놓을 수 있는 곳이 필요한 것일 수도 있다.

비밀을 지켜주는 동시에 판단하지 않고 이야기를 들어주는 사람을 찾는 것은 매우 어렵다.

많은 사람들은 자신의 친구나 가족이 자신의 좋은 모습만을 기대하고 있다는 것을 알기 때문에 자신의 생각을 공유했을 때 원치 않는 조언이나 의견도 들어야 한다고 생각한다.

대부분의 사람들이 자신의 문제 때문에 다른 사람, 특히 자신의 문제만으로도 이미 어려움을 겪고 있는 사람에게 더 짐을 지우고 싶어 하지 않는다.

대부분의 사람들은 자신이 완전히 솔직하게 말하고 행동하면 다른 사람들이 자신을 손가락질할 것이라 생각하는데, 실제로 자신의 부정적인 측면을 조심성 없이 개방할 경우 그렇게 될 확률이 높다.

대부분의 사람들은 타인이 자신의 이야기를 들어줄 시간이 없다고 생각하며, 많은 경우 실제로도 그렇다.

치료는 판단 받는다는 두려움과 자기 개방으로 인한 부정적인 결과에 대한 걱정 없이 한 시간 동안 온전히 내담자의 문제에만 초점을 맞추는 시간이다.

'상담은 20세기가 낳은 아름다운 발명품이다. 우리는 복잡하고, 바쁘고, 힘든 세계를 살아가고 있다. 이 세상에는 우리가 대처하기 어려운 갖가지 경험들이 도사리고 있다. 대개 우리는 삶을 잘 살아가지만, 어떤 때에는 우리가 풀어낼 여력이 없는 사건으로 인해 삶의 길에서 멈춰 서게 된다. 그럴 때 우리는 대부분의 경우 가족, 친구, 이웃, 성직자, 주치의와 대화하여 그러한 문제를 풀어낸다. 하지만 가끔은 이들의 조언만으로는 부족함을 느끼고, 자신을 고통스럽게 하는 일을 말한다는 것이 너무나도 당혹스럽고 부끄러우며, 혹은 정말 기댈 만한 적당한 사람이 없다고 느껴지기도 한다. 그럴 때 상담은 정말로 유용한 방법이다.'

칼 융의 손자가 융에게 치료자들이 없던 시절엔 사람들이 어떻게 문제를 해결해 냈느냐고 물어봤다. 융은 '그땐 친구들이 있었단다.'라고 말했다.

고위험군 내담자

새로운 내담자들은 대부분 접수 면접 회기introductory therapy session에서나 적어도 첫 번째 치료 회기에 오기 전에 초기 평가지initial assessment를 작성한다.

'핵심 상담 성과 도구CORE-OM'는 흔히 쓰이는 치료 평가 척도로 평가의 목적은 다음과 같다.

- 내담자의 현재 상황을 개략적으로 알려주어 치료자에게 내담자의 정신적 상태에 대한 예비적 이해를 제공
- 치료 결과를 평가할 수 있는 척도를 제공. 치료의 효과를 판단하기 위해 치료관계가 종결된 후, 같은 평가지를 한 번 더 작성
- 잠재적 위험 요인을 판별

가능한 위험 요인은 다음과 같은 것들이 있다.

- 자해 혹은 자살시도
- 타인에 의해 고통을 겪고 있거나 그렇게 될 수 있는 가능성
- 타인을 해치려는 시도(특히 아동과 같이 취약한 타인을 대상으로)
- 타인을 위해하고 있다는 사실이나 그럴 가능성을 인지하고 있는 경우(특히 아동과 같이 취약한 타인을 대상으로)

내담자가 위험한 상태인지 판별하는 것은 어려운 일이다.

- 표현과 행동이 정말로 위험 징후인지를 나타내고 있는지 판단하는 것은 쉽지 않은 일이다.
- 내담자가 '그 사람이 날 너무 화나게 해서 죽이고 싶을 정도예요'라고 말했을 때
  - 진정으로 남을 해칠 의도는 없지만 자신이 느끼는 분노를 과장하여 표현하기 위해 생각없이 내뱉은 말로 받아들일 수도 있지만 진정으로 살해하고 싶은 마음을 담아서 한 표현으로 볼 수도 있다.
- 내담자는 자신의 몸을 때리거나 칼로 팔에 작은 상처를 내는 등 자해를 할 수 있는데 이러한 행동은 보다 심각한 자해의 첫 단계일 수 있다.
  - 이런 종류의 행동은 목숨을 위협하지 않는 한도 내에서 어려움에 대처하는 방식으로 볼 수 있으며 이는 내담자가 보다 격정적인 감정 상태에 빠지거나 더 심각한 자해를

하지 않게 방지하는 행동일 수 있다.

앞서 두 가지 사례 모두에서 상담자는 모든 요소를 고려하여 내담자가 매우 위험한 상태인지 판단해야 한다.

만약 내담자가 매우 위험한 상태라고 판단되면 치료자는 이와 관련된 기관의 해당 정책과 절차를 실시해야 한다.

치료자는 다른 전문가와 사례에 대해 논의하여 적절한 행동절차가 무엇인지를 결정해야 한다.

치료자는 혼자서 내담자와 상담하지 않는 등의 안전실행지침을 확립해야 한다.

치료자는 비밀유지를 포기하고 적절한 기관에 보고해야 한다.

내담자의 기대

내담자의 기대를 살펴보는 것은 내담자가 치료에서 얻을 수 있는 것들에 대해 이해하고 얻을 수 없는 것들에 대해 기대하지 않게 하므로 매우 중요하다.

내담자가 상담에 대해 만족하지 못하는 이유는 대부분 치료에 대한 이해가 부족하기 때문인데 이는 첫 회기에서 내담자의 기대를 탐색해 봄으로써 해결될 수 있다.

내담자가 갖는 부적절한 기대로는 다음과 같은 것들이 있다:

'치료가 나를 고쳐주고 회복시켜 줄 것이다'

치료는 요술 지팡이가 아니다.

치료는 내담자가 자신의 문제를 해결하도록 돕는 데 매우 효과적인 방법일 수 있지만, 결과를 보장하지는 못한다.

치료는 순식간에 손쉽게 일어나는 해결책이 아니다.

이러한 부적절한 기대로 인해 자신의 문제가 바로 '해결될' 수 없다는 것을 알게 되면 치료를 그만두는 경우가 많다.

내담자가 의사와 가족 및 친구의 권유나 법원의 명령 등을 통해 자신의 문제를 단번에 손쉽게 해결할 수 있으리라는 잘못된 기대를 갖고 의뢰하는 문제도 있다.

'내 치료자는 내 문제를 해결해줄 책임이 있다'

치료자에게 많은 부분 책임이 있는 것은 사실이지만(예를 들어, 안전하고 비판단적인 환경의 제공), 내담자는 자기발전self-development을 도모할 책임이 있다.

내담자는 치료에 적극적으로 참여해야 하며 상담실 밖에서 치료자가 내준 과제를 하는 것도 치료에 포함된다는 것을 인식해야 한다.

강제로 치료를 받아야 하는 경우(예를 들어, 법원의 명령으로 치료받는 경우)에는 자신의 의지로 치료를 받는 것이 아니기 때문에 치료 과정에 전념하려 하지 않아서 문제가 생길 수 있다.

'치료는 한담을 나누는 시간이다'

치료는 고된 작업이다.

내담자들은 자신의 문제를 해결하기 위해 분투해야 하며 이는 어렵고 고통스런 과정이다.

회기 중에 치료자가 내담자에게 도전challenging을 할 수 있는데 내담자는 이를 받아들이기 힘들 수 있다.

치료는 내담자의 기분을 좋게 만들려고 하는 친구끼리의 잡담 같은 것이 아니다. 오히려 난해한 문제를 탐색하고 해결하려는 과정에서 내담자와 상담자 모두 어려움을 느낄 수 있다.

'치료자는 내담자가 위급한 상황일 때 언제나 연락을 받아야 한다'

치료적 관계를 시작할 때 내담자가 언제든 연락할 수 있다고 오해하지 않도록 경계를 확립해야 한다.

현실적으로 모든 위급한 상황에서 치료자가 항상 도움을 줄 수는 없다.

한밤중에 통제할 수 없는 상태의 내담자로부터 이메일을 받는다면 이는 치료자로서는 매우 심란해질 수 있는 상황이나 그렇다고 내담자에게 급히 만나자는 식으로 대응하게 된다면 비슷한 이메일을 계속해서 받게 된다(만약 내담자가 임박한 위험에 처해 있다면 치료자는 즉시 긴급 구조대에 연락하여 그 상황에 대한 책임을 넘겨주어야 함).

'치료를 받으면 나는 더 나은 사람이 될 것이고, 더 이상의 나쁜 일들은 절대 내게 일어나지 않을 것이다'

반복해서 말하지만 치료는 요술 지팡이가 아니다

치료는 어떤 이를 더 나은 사람으로 만들어 준다거나 불행한 일이 다시 일어나지 않게 해줄 것이라고 보장할 수 없다.

그러나 치료는 자기 자신을 이해하고 받아들이도록 도와주며 자신의 문제에 대한 해결책을 탐색할 수 있도록 도와준다.

'나를 그토록 완전히 이해하는 것으로 보아 치료자는 나의 친구이며 나를 사랑하며 나를 원하고 있다'

치료자가 자신의 삶에 대해 진정한 관심을 표현할 때 내담자는 어떤 강렬한 감정을 경험할 수 있으며 이로 인해 어떤 치료적 관계에서든 이성적 감정이 발생할 위험이 있다.

언제나 치료적 관계는 전문가적professional 성격을 유지해야 한다. 치료자는 절대 전문가적 권위를 이용하여 사적 목적을 추구해선 안되며 내담자와의 전문가적 경계를 계속해서 유지해야 한다.

초기 회기에서 내담자의 기대를 알아보는 것이 중요하다.

내담자가 치료 회기에서 자신의 역할이 무엇이며 무엇을 얻을 수 있다고 생각하는지 탐색해야 한다.

치료적 관계를 시작할 때 혼란을 불러일으키거나 부적절한 기대를 가질 수 있는 부분을 다룸으로써 미래에 문제가 일어날 위험을 최소화 시킬 수 있다.

치료에서 치료자의 역할

성공적인 치료자의 특징

치료에 대한 수백 편의 연구를 검토하여 Wampold는 미국심리학회APA 학술대회에서 효과적인 상담자와 관련된 중요한 특징들을 발표했다(Whitbourne, 2011).

세련된 대인관계 기술

섬세한 문화적 인식

치료자에 대한 신뢰와 치료에 대한 긍정적 기대를 불러일으키는 능력

증상의 원인에 대해 설명하고 합의된 치료 계획을 수립하여 내담자와 동맹을 형성하려는 의지

치료에 대한 자신감과 치료의 진전에 대해 주의를 기울이는 것

내담자의 상황에 적합하도록 치료법을 조정하는 유연성

경계에 관한 문제를 피할 수 있는 자기통찰력

근거-기반 치료evidence-based practice를 적용하고 전문가로서 성장을 지속하려는 노력

BACP(2010b)는 치료자가 다음과 같은 개인적 자질을 갖추려 노력해야 한다고 권고한다.

공감empathy: 당사자의 관점에서 타인의 경험에 대해 이해하고 소통할 수 있는 능력

진정성sincerity: 말과 행동의 일관성을 유지하려 하는 것

신실성integrity: 타인을 윤리적으로 대하려 최대한 노력하는 것. 솔직하며straightforward, 정직하고 일관성이 있는 것

탄력성resilience: 타인의 문제에 압도되지 않고 그 문제를 다루는 것

존중respect: 내담자와 내담자의 자기이해에 대해 적절한 존중을 표현하는 것

겸손humility: 자신의 강점과 약점을 정확하게 파악하고 인식할 수 있는 능력

유능함competence: 요구된 것을 수행하기 위해 필요한 기술과 지식을 효과적으로 사용하는 것

공정함fairness: 결정하고 행동하는 데 있어서 적절한 기준을 일관적으로 적용하는 것

지혜wisdom: 치료에 영향을 미치는 올바른 판단력을 가지는 것

용기courage: 두려움, 위험, 불확실성을 알고도 행동할 수 있는 능력

필요한 것은 열망이지 완벽이 아니다.

위의 자질과 특성 목록은 좋은 상담자가 되기 위해 부단히 노력하라는 의미이지, 자책하는 잣대로 여겨서는 안 된다.

위의 자질을 개발하기 위해 노력해야 하지만, 동시에 모든 자질을 매 순간 드러내는 것은 사실상 불가능하다는 것도 인식해야 한다.

치료에서 추구하는 가치

치료자는 자신의 가치, 신념, 편견, 선입견 등에 대해 인식해야 한다.

모든 사람은 가치, 신념, 편견, 선입견, 고정관념을 가지고 있다.

어느 한 사회와 문화에 속하여 존재하면 자연스럽게 이런 경향성을 가지게 된다.

긍정적인 측면은 이러한 경향성이 생각을 단순화해주는 신속하고 유용한 어림법heuristics이 될 수 있다는 점이다.

부정적인 측면은 이러한 경향성이 잘못된 추측, 부정확한 결론을 내리게 하거나 사람들을 불공평하게 대하도록 이끈다는 점이다.

완벽하게 중립적인 입장에서 상담하는 것은 불가능하므로 자신의 가치관이 치료에 영향을 미치고 있는지, 언제 영향을 주는지 알아야 한다.

타인에 대한 관용과 존중은 효과적인 치료의 핵심 요소이다.

치료자가 이런 모습을 보여준다면 치료자는 내담자가 긍정적인 삶의 습관을 기를 수 있게 하는 모범이 될 수 있다.

만일 치료자가 특정 내담자 혹은 특정 문제를 다룰 수 없다면 이를 인식하고 자신이 상담할 수 있는 내담자 범위를 넘어서는 것으로 받아들여야 한다. 치료자 자신을 불편하게 하는 내담자들을 억지로 상담하려 하면 안 된다(예를 들어, 특정 범죄를 저지른 사람들).

치료자는 자기를 잘 보살필 줄 알아야 한다.

완벽한 치료자가 될 필요는 없다. 자신을 위한 시간을 가져라. 내담자를 책임지려 하지 마라. 내담자의 문제에 휘둘리지 마라. 내담자에게 자신을 드러내야 한다는 부담감을 갖지 마라. 언제나 당신은 내담자만큼이나 중요하다는 사실을 기억하라.

슈퍼비전

모든 치료자는 자신의 치료작업에 도움이 되는 슈퍼비전을 정기적으로 받아야 한다.

BPS와 BACP의 권고안은 상담자에게 담당하는 내담자 당 월 1.5시간의 슈퍼비전을 받을 것을 권하고 있다(BPS는 사례 수에 따라 슈퍼비전 시간이 늘어나야 할 것을 제안).

치료적 슈퍼비전은 치료자들을 돕는 것을 목적으로 하는 특별한 관계이다.

슈퍼바이저는 일선 관리자의 역할을 하는 것이 아니다. 즉, 슈퍼바이저는 치료자가 잘 하고 있는지 확인하려 하는 것이 아니다.

슈퍼바이저는 치료자를 위한 치료자가 아니다. 즉, 슈퍼바이저는 치료자에 대해서 개인적인 치료를 제공하는 사람이 아니다.

슈퍼바이저는 치료자로서의 직업을 유지하도록 돕는 전문가이다.

슈퍼비전은 다음과 같은 이유로 매우 중요하다.

다루기 힘든 내담자에 대한 경험을 나눌 수 있다.

내담자와의 관계에서 촉발된 치료자의 감정적 및 심리적 반응을 탐색할 수 있다.

내담자의 호소문제에 대한 다른 접근 방법을 상의할 수 있다.

내담자의 이슈에 대한 다른 관점을 얻을 수 있다.

전문가로서 앞으로 어느 방향으로 발전해 나갈 것인가에 대해 탐색할 수 있다.

치료 일지

치료자는 자신의 내담자에 대해 계속해서 치료 일지therapeutic notes를 작성해야 한다.

일지는 이어지는 회기에서 내담자와의 관계를 회상하는 데 도움을 주는 명확한 기록을 제공하며 시간이 지남에 따라 변화하는 추이를 볼 수 있게 도와준다.

'치료자practitioners는 기록을 남기지 않아야 할 적절한 사유가 없는 한 자기 내담자와의 적절한 작업 기록을 작성해야 한다. 모든 기록은 정확해야 하고 내담자와 동료에 대한 존중이 있어야 하며 허가없이unauthorised 유출되지 않아야 한다'(BACP, 2010b)

그러나 치료 일지 작성은 법적으로 강제하는 것이 아니며 어느 정도로 상세하게 기술해야 하는지는 계속 논의해야 할 문제이다.

어떤 치료자들은 내담자에 대해 세부적인 기록을 하기도 한다.

치료 일지는 내담자의 인생사, 내담자가 이야기한 중요한 사건, 치료자와의 관계에서 중요한 사건, 내담자가 이야기한 생각과 감정, 치료자가 경험한 생각과 감정을 드러낸다.

그러나 세부적인 내담자 기록client note을 남기는 것에는 위험이 따른다.

특정 개인이나 기관이 열람을 요청할 수 있으므로 내담자 기록은 완전히 기밀사항은 아니다.

내담자 기록은 항상 전문적이고 적절하게 기록해야 하며 위험을 최소화하기 위해 가능한 한 비밀 유지를 해야 한다.

개인적인 모욕이나 무시, 내담자에 대해 입증되지 않은 의혹이나 신념, 내담자의 행동에 대해 근거 없는 주장을 기록해서는 안 된다.

사실에 입각하여 서술해야 하며 가능하다면 내담자의 행동, 생각, 감정을 내담자가 말한 그대로 적고 내담자가 그렇게 보고하였다고 기록하는 것이 좋다.

내담자에 대한 모든 기록을 열람할 권한이 있는 특정 인물·기관이 있다.

내담자는 정보 보호법(1998)과 정보 공개법(2000)에 따라 자신에 대한 기록을 열람할 수 있는 권한이 있다.

그러나 치료자는 내담자에게 기록을 열람하기 위한 요구를 정식으로 해줄 것과 특정한 열람 절차를 따라 줄 것을 요청할 수 있다.

법원은 모든 가용한 증거물에 접근할 수 있는 권한이 있으므로 민·형사절차상 변호 및 기소의 목적으로 모든 내담자 기록을 공개하도록 요청할 수 있다.

그러나 내담자 기록 중 사건과 관련이 없는 부분이 있다고 판단될 경우, 치료자는 기록의 일부만 공개하도록 요청할 수 있다.

법원은 치료자로 하여금 보고서나 진술서를 제출하도록 요청할 수 있으며 '문서 지참 증언 소환 영장'을 발부하여 내담자 기록 원본자료를 가지고 법원에 출두하여 증거물을 제출하라는 요청을 할 수도 있다.

경찰이 특정 사건을 수사하기 위해 내담자 기록 열람을 요청할 수 있다.

하지만 경찰은 판사에 의해 발부된 영장이 없이는 치료 기록therapeutic records에 접근할 권한이 없다. 치료 기록은 경찰의 압수 수색 권한power밖에 있다.

이런 경우, 비밀을 유지하고 내담자에게 접근 권한과 경찰에게만 개인적으로 공개하도록 접근 권한을 줄 것을 요청하거나 공개에 대한 법원 명령을 요청하는 것이 좋다.

법무사가 법정 채권legal claim을 입증하기 위해 내담자 기록 접근을 요청할 수도 있다.

그러나 법무사는 내담자의 명시적인 허가 없이는 치료 기록을 볼 권한이 없다.

이런 경우, 비밀을 유지하면서 내담자에게 법무사에게만 개인적으로 공개하도록 접근 권한을 줄 것을 요청하거나 공개에 대한 법원 명령을 요청하는 것이 좋다.

적절한 기록 공개에 대한 자세한 내용은 Bond와 Jenkins(2007)를 참조

과정 기록과 슈퍼비전 기록

어떤 치료자들은 내담자 기록에 더해 개인적 목적 혹은 슈퍼비전을 위해 기록을 남긴다.

과정 기록process notes은 내담자와의 치료적 과정에 초점을 둔다.

과정 기록은 완전한 익명의 기록으로서, 내담자를 식별할 수 있는 세부정보나 내담자와 명백하게 관련이 있는 내용이 전혀 포함되지 않아야 한다.

과정 기록은 상담 회기와 관련한 치료자의 개인적인 생각이나 감정, 전반적인 치료적 교류therapeutic exchange 과정에 초점을 맞춘다.

이런 맥락에서, 과정 기록은 내담자 기록과 같은 공개 규정 대상에 속하지 않기 위해 내담자보다 치료자에 대해 다룬다.

슈퍼비전 기록은 슈퍼비전 경험에 대해 다룬다.

내담자와의 치료 회기에 대한 기록이지만 슈퍼비전 기록은 내담자에 대한 특정 세부

사항을 포함하지 않으며 대부분 치료자의 성장에 대해 다룬다.

슈퍼비전 기록은 내담자 접근기록과 다르게 공개에 대한 제한이 없다.

비밀보장의 한계

내담자는 안전하고 비판단적이며 비밀이 보장되는 환경을 제공받아야 한다.

비밀보장confidentiality은 내담자가 자신의 삶을 여과 없이 이야기 할 수 있도록 필수적으로 보장되어야 한다.

비밀보장이 되지 않는다면 내담자가 거짓말을 하거나 정보를 다 이야기하지 않을 가능성이 있고 이는 효과적인 상담을 제공하는 데 있어 큰 장애물이 된다.

그러나 내담자의 비밀보장은 한계가 있으며 상담자는 모든 내담자에게 비밀보장을 지킬 수 없는 경우들에 대해 알려주어야 한다.

특정 개인보다는 특정 기관에 대해 비밀보장을 지킬 수 없는 경우가 있음

이는 특정 기관의 구성원이 내담자 기록에 접근할 수 있으며 내담자의 사례에 대해 치료자와 논의할 수 있다는 의미

이는 치료자가 일시적으로 혹은 영구적으로 치료를 그만 두게 되어 내담자를 자연스럽게 타 기관에 의뢰하려는smooth transfer 경우에 빈번히 나타난다.

슈퍼비전을 받는 동안에는 비밀보장이 지켜지지 않을 가능성이 있다.

대부분의 치료자가 슈퍼바이저와 사례를 논의하는 동안 내담자를 식별할 수 있는 세부정보에 대해 언급하지는 않겠지만 슈퍼비전 회기 동안 논의를 위해서 상당한 세부 정보를 드러낼 수도 있다.

그러나 정보가 더 퍼지는 것을 막기 위해 슈퍼바이저도 비밀 유지 권고안을 따름

법원 명령에 의해 비밀보장이 지켜지지 않을 수 있다.

앞서 언급하였듯, 법원은 재판과 관련이 있을 경우 치료자로 하여금 내담자에 대한 세부 정보를 공개할 것을 요구할 수 있다.

내담자가 큰 위험에 처해있다고 판단될 경우 비밀보장이 지켜지지 않을 수 있다.

고위험군high-risk 내담자의 식별에 대해 앞에서 설명한 내용을 참고

만약 초기 평가나 추후 내담자와의 논의를 통해 내담자가 매우 위험한 상태에 있다고 판단되면, 부정적인 윤리적·법적 결과를 피하기 위해 적절한 방식으로 현 상황을 외부에 알리는 것이 중요하다.

치료자는 내담자가 내담자 자신 혹은 타인을 해칠 위험이 있거나 아동 학대의 의혹이 있거나 내담자가 피해자이든 가해자이든 상관없이 테러 행위와 관련된 것으로 보이는 경우 보고해야 할 법적 의무가 있다.

만일 내담자가 자신이나 타인(치료자일 수도 있음)을 즉각적인 위험에 빠뜨릴 수 있거나 흉

분한 상태이거나 이미 자해를 시도하였다면 치료자는 응급 서비스emergency service에 즉시 전화하여 상황을 설명해야 한다. 부상이 있는 경우 구급차가 출동하며 경찰은 내담자를 안전한 곳(지역 정신 보건 병동mental health ward인 경우가 많음)으로 호송한다.

만약 당장은 아니지만 내담자가 자신이나 타인을 곧 해할 의도를 내비쳤다면 치료자는 치료 기관 책임자와 경찰에게 가능한 한 빨리 보고해야 함

만약 내담자가 미래에 자신이나 타인을 해할 의도를 내비쳤다면 치료자는 치료 기관 책임자와 연락하여 경찰에게 이 사실을 공개할지 여부를 결정하기 위해 위험 정도를 논의해야 한다(판단하기 어렵다면, 경찰에 보고하는 것이 나음).

만약 내담자가 현재 혹은 미래에 아동과 같이 취약한 타인vulnerable others을 해치는 데 가담한 사실을 내비쳤거나 해친 사실을 치료자가 알게 되었다면 치료 기관 책임자, 사회 서비스social service, 경찰에 즉각 보고하여 공개해야 한다.

만약 내담자가 매우 위험한 상태는 아니지만 법적·윤리적으로 문제가 될 수 있는 내용을 말했을 때 치료자가 이를 외부에 보고해야 하는가에 대한 지침은 명확하지 않다.

Walfish와 동료 연구자들(2010)은 치료자들이 내담자가 기소되지 않은 과거의 범법 사실을 얘기한 것을 듣게 되는 경우가 많다고 밝혔다.

13%는 내담자의 살인에 대해서 들음

33%는 내담자의 성폭행에 대해 들음

69%는 내담자의 신체적 폭행에 대해 들음

만일 앞으로 자신이나 타인을 해칠 위험이 없는 것으로 보인다면 치료자는 내담자의 과거 범법 행동에 대해 보고해야 할 법적 의무는 없다.

법원에서 치료자에게 공개를 강요한다고 하더라도, 위 사례의 어떤 경우에는 내담자에 대한 비밀보장을 계속해서 유지할 수 있다.

그런 경우 치료자는 반드시 전문가 집단의 윤리적·도덕적 지침을 고려해야 한다.

만일 내담자가 저지른 것이 아니라고 과거에 확인되었던 심각한 범죄 사실(살인, 폭행, 강도 등)에 대해 내담자가 자신이 한 행동임을 털어놓는다면 치료자는 내담자에 의해 또다시 범죄가 일어날 가능성을 보다 신중하게 평가해야 한다.

만일 내담자가 다시 범죄를 일으킬 것 같다면 치료자는 해당 기관에 보고하여 알려야 한다.

만일 내담자가 다시 범죄를 일으킬 것 같지 않다면 치료자는 자신이 보고하여 알리는 것이 옳은지 아닌지 결정해야 한다.

내담자의 정보를 공개하는 모든 경우에 있어서 치료자는 공개하기 전에 그 의도에 대해 설명하는 것이 좋다.

치료자는 치료적 관계를 시작할 때, 처음에 내담자에게 치료기관의 비밀보장 정책에 대해

설명해야 하며 내담자가 중요한 내용을 드러내고자 하는 것으로 보일 때에 이 내용에 대해 다시 설명해주어야 한다.

만약 내담자가 계속해서 비밀스런 내용을 드러낸다면 내담자는 달가워하지 않을 수도 있지만 스스로 자신이 얘기한 내용이 퍼질 수도 있다는 사실을 알고 있다고 가정할 수 있다.

내담자의 정보를 공개했다면 치료자는 그 정보가 보고될 것이라는 점을 친절하게 설명해야 하며 치료자가 누구에게 연락할 것인지 얘기해주고 보고가 이뤄지고 나면 어떤 결과가 있을지 안내해 주어야 한다(치료자가 할 수 있는 범위 내에서만 해야 함).

내담자의 정보를 공개할 의도를 내비치기 전에 내담자가 보일 수 있는 반응을 신중하게 헤아려 보는 것이 중요하다.

상술한 방법이 권장되는 정보 공개의 방식이지만 내담자가 공격성을 보이거나 폭력을 행사할 것으로 보이는 경우, 치료자는 이 절차를 따르지 않아도 된다.

정보를 공개하는 경우 혹은 공개해야 하는지 확실하지 않은 경우, 이 문제를 슈퍼바이저에게 가져가 앞으로 어떻게 할 것인지 상의하는 것이 좋다(슈퍼비전에 대한 상세한 내용은 다음 섹션을 참조).

상술한 일반적 지침은 모든 경우를 포괄하는 것이 아니며 불변하는 것이 아니다.

만일 치료자가 비밀보장의 법적 한계에 대해 고민한다면 반드시 자신이 속한 전문가 집단에 문의하여 현행 지침을 알아봐야 한다.

치료자와 내담자의 관계

안전

치료적 관계는 안전secure해야 한다.

따뜻하고 친근한 의사소통이 이뤄져야 한다.

내담자와 치료자 간의 라포rapport가 핵심

만약 내담자나 치료자가 상대방을 불편하게 여기거나 싫어한다면 성공적인 치료는 어렵다.

내담자는 치료자에게 자신의 내면을 털어놓으면서 안전함을 느껴야 한다.

내담자는 치료자가 비밀보장을 유지하고 자신이 털어놓는 이야기의 내용에 관계없이 비판단적인 자세를 보일 것이라고 믿을 수 있어야 한다.

내담자는 자신의 문제를 탐색하기 위해 치료자에게 자신을 공개하고 정직할 수 있어야 하며 치료자 또한 내담자에게 정직하고 일관성이 있어야 한다.

작업

치료적 관계는 함께 일working하는 관계여야 한다.

치료회기는 잡담 시간이어서는 안 되며 자기에 대한 이해를 증진하고 보다 건강한 심리 상태를 지향하는 구조화된 자기 탐색 작업이어야 한다.

구조화structure와 명확한 경계는 치료적 관계의 성격이 작업에서 친목 수준으로 바뀌지 않도록 해준다.

시간이 지날수록 내담자가 독립성을 가질 수 있게 도와야 하며 치료자나 치료 회기에 의존적으로 변해서는 안 된다.

현대사회에서의 심리치료

심리치료의 다양성

현대적 심리 치료법에는 수천 가지가 있다.

각각의 치료는 인간 본성에 대한 새로운 통찰과 정신건강을 증진시키는 일련의 기술을 제공한다.

독서 치료biblio therapy, 영화 치료cinema therapy, 천사 치료angel therapy와 같은 비교적 덜 전형적인 몇몇 방법들이 현재 인기를 얻고 있다.

이 세 접근법은 심리치료의 수많은 접근법 중 일부에 불과하며, 여기서는 현대의 심리치료가 어떻게 자조self-help, 매체media, 영적 개념spiritual concepts과 접목됐는지를 나타내는 예시로서 선택하였다.

독서 치료

내담자는 자신의 문제를 다루기 위한 책을 '처방'받는다.

추천되는 도서들은 대부분 내담자가 경험하고 있는 정신장애identified disorder에 대한 정보를 다루고 있으며 자기 탐색을 촉진하고 대처 기술coping skills을 증진시키기 위해 고안된 지침이나 활동을 제공한다.

도서 처방 웨일스Book Prescription Wales는 국립보건서비스National Health Service가 도입한 제도로 치료 서적을 처방하여 경미한mild 수준에서 중간moderate 수준의 정서적 문제가 있는 사람들을 돕는다.

정신보건 전문가들은 추천 도서를 처방하며 환자들은 처방된 책을 지역 도서관에서 빌릴 수 있다.

정신보건 서비스 영역에서 독서 치료의 효과성에 대해 체계적으로 검토한 결과 다양한 환경에서 독서 치료가 효과적이었다는 사실이 밝혀졌다(Fanner & Urquhart, 2008).

영화 치료

Wolz(2013)는 영화 치료가 '회복과 성장의 강력한 촉매제'가 될 수 있다고 주장했다.

영화 치료는 치료에서 사용되는 영화가 자조 서적처럼 정서적 문제를 치료하기 위해 특별히 고안된 것이 아니라 오락을 위해 제작된 주류 영화라는 점에서 독서 치료와 다르다.

이 영화들은 어떻게 정서적 문제를 해결할 것인가에 대한 구체적인 방안을 제시해 주지는 않지만 생각과 감정 등 표현의 자유를 촉진하는 창의적 경험을 제공한다.

내담자들의 문제 혹은 정서 상태와 관련이 있는 특정 영화를 '처방'한다.

예를 들어, 이혼 문제로 어려움을 겪고 있는 내담자들에게 *'크레이머 대 크레이머kramer versus Kramer'*를 보라고 권해줄 수 있다.

영화는 자신의 문제를 객관적인 시각에서 탐색할 수 있는 기회를 제공한다.

예를 들어, '크레이머 대 크레이머'를 시청한 내담자는 영화의 플롯과 자신의 경험을 유사한 것으로 볼 수 있으며 이 유사성을 통해 자신이 처한 상황을 보다 객관적인 관점(주인공들에게 조언하기 위해서는 두 주인공의 관점을 모두 알아야 하기 때문)에서 논의할 수 있게 된다.

또한 영화는 정서 정화cathartic release of emotion의 기회가 된다.

예를 들어, 이혼이라는 큰 일에 맞서서 강하게 버텨왔으며 자신의 감정도 드러내지 않았던 내담자라면 영화 내에서 일어나는 사건을 보고 반응하는 과정에서 감정을 발산하고 수용할 수 있을 것이다.

천사 치료

천사 치료는 전통적인 치료법과 특정 기독교 교파에 속하지 않은 영적 치유를 혼합한 것이다.

Virtue(2010)는 모든 사람에게는 그 사람에게 주어진 영적 여정으로 인도하려는 수호천사guardian angel가 있다고 제안했다.

치료자들은 내담자의 문제를 다루는 치료적 관계를 이용해 내담자의 수호천사와 접촉하여 치유, 화합harmonization, 도움을 요청한다.

이 치료법은 유사과학으로(혹은 완전히 비과학적으로) 치부되며 대부분의 과학 문헌에서 배제된다.

Norcross et al.(2006)은 기저율 base rate, 위약효과 혹은 시간에 따른 기대효과 time expectancy 이상의 치료 결과를 지속적으로 내놓지 못하는 심리학적 개입법을 알아보기 위해 델파이 여론조사Delphi poll(101명의 전문가의 합의)를 수행했다.

그 결과, 천사 치료는 수정 요법crystal healing, 재탄생 치료rebirthing therapy, 전두엽 절제술과 함께 근거가 확인되지 않은 '명백하게 불명예스러운' 심리학적 치료법으로 인식되었다.

관심을 가져주는 타인

치료적 관계의 중요성은 치료 내에서의 특수한 활동과 상관없이 어느 치료법에서든지 강조하는 주제이다.

Stiles et al.(2008)은 모든 치료법이 대략적으로 동일한 결과를 나타내므로 치료자와 내담자 간의 관계가 사실 효과적인 치료의 핵심이라고 제안하였다.

모든 전통적(혹은 덜 전통적인)인 치료법에서 공통적인 것은 관심을 가져주는 타인Interested other이 존재한다는 점이다.

내담자의 상황과 상응하는 영화를 찾아주려 하든 내담자를 대신해서 천사와 상의하든 내담자에게 관심을 가져주는 타인이 존재한다.

관심을 가져주는 타인은 내담자의 인생사를 들어주고 내담자가 겪은 문제의 심각성을 알아주고 어떤 방법으로든지 내담자를 도와주려고 한다.

기술과 심리치료의 만남

컴퓨터 기술의 새로운 진보와 인터넷의 도입은 심리치료 영역에 매우 큰 영향을 주었다.

현대의 심리치료는 전통적인 환경을 벗어나 다양한 환경에서 이뤄질 수 있으며 치료자는 이러한 새로운 기회를 받아들여 보다 다양한 종류의 내담자들과 접촉할 수 있게 되었다.

온라인 심리치료(online therapy)

사이버 치료cybertherapy는 채팅방이나 스카이프Skype를 통해서 실시간으로 일어나거나 이메일과 같이 시간 간격을 두고 이루어질 수 있다.

많은 치료자들은 온라인 지원이라는 추가적인 차원을 더함으로써 전통적인 방식의 치료관계를 보충하고 있다.

예를 들어, 국외에 있는 관계로 치료시간에 찾아올 수 없는 내담자의 경우 채팅 프로그램을 통해 회기를 진행할 수 있다.

어떤 치료자들은 온라인 플랫폼platform으로 모든 회기를 제공하기도 한다.

예를 들어, 온라인 상담·심리치료 협회Association for Counselling and Therapy Online, ACTO는 영국 내에서 사이버 치료로 우울증을 다루는 42명의 치료자 목록을 제공하였다.

사이버 치료에는 많은 장점이 있다.

치료에 드는 비용이 적고(치료자는 비싼 장소를 마련할 필요가 없음), 보다 편리하다는 면에서(치료자는 먼 거리에 있는 내담자를 하루 중 어느 시간대에라도 만날 수 있음) 심리치료의 접근성 문제를 감소시켰다.

내담자와 상담자의 거리가 내담자의 탈억제disinhibition를 증가시켜(억제를 감소시켜) 심리치료를 꺼리는 내담자로 하여금 보다 개방적일 수 있게 하였다.

그러나 사이버 치료에는 무시할 수 없는 여러 단점과 한계도 있다.

상담 회기 중에 발생하는 기술적 문제가 매우 방해될 수 있으며 내담자로 하여금 오해하게 할 수도 있다. 내담자가 매우 중요한 내용에 대해서 이야기했는데 갑자기 인터넷 연결이 끊겼을 경우를 생각해 보라.

Grohol(2011)은 사람들이 온라인 서비스를 무료로 사용하는 데 익숙하여 온라인 심리치료에 대해 비용을 지불하는 것을 꺼려할 수 있다고 지적했다. 인터넷에서 무료로 지지 정보 support information를 얻을 수 있는데도 치료자와 이메일을 주고받는데 시간 당 10만원이 넘는 돈을(100유로) 지불하려 할지 의문스럽다고 언급하였음.

내담자가 치료자에게 아무 시간에나 이메일을 보낼 수 있고 휴일이나 주말, 밤에 상담 약속을 요청할 수 있다는 점에서 경계boundary 유지가 보다 어려울 수 있다.

만일 치료자가 새벽 3시에 내담자가 자해하겠다는 내용의 이메일을 받으면 정말로 경계 boundary를 유지하는 것이 어려울 것이다.

Herwitz(Hoffman, 2011에서 인용)는 사이버 상담이 '낮은 수준의 비뚤어진 친밀감'을 형성할 것이라고 주장하였다. 내담자는 컴퓨터 뒤로 숨어버리고 치료자와 진정한 치료적 관계를 맺는 것을 회피할 수 있다.

인터넷을 적용한다는 측면은 새로운 것이지만 원거리 치료라는 개념이 없던 것은 아니라는 점은 관심을 가질 만한 부분이다.

프로이트나 융과 같은 역사상 많은 치료자들이 편지나 전화 등을 통해 내담자와 비대면 방식으로 치료적 의사소통을 해왔다.

치료자가 없는 치료

온라인을 기반으로 형성되어가는 현대의 움직임은 치료자의 물리적인 도움이 필요 없는 다양한 형태의 치료법에 대한 새로운 성장가능성을 제시하고 있다.

온라인을 통해 자조적인 정보를 얻었던 전통적 방식과 함께, 현재는 휴대폰과 컴퓨터 앱application을 통해 치료를 제공하는 상호적 방식도 등장하고 있다.

이러한 앱은 사용자가 탐색적 활동을 통해 자기인식을 증진하고 목표를 성취하도록 안내하는 역할을 한다.

인지-행동치료는 전산화된 앱을 통해 가장 흔히 사용되는 치료법

여러 치료자들은 실제 치료 장면에서 앱의 사용을 접목하고자 노력을 기울이고 있으며 보다 상호작용적인 자조적 가이드self-help guide 혹은 과제 형태의 새로운 기술이라는 점에서 앱의 도입을 수용하고 있다.

그러나 앱은 내담자로 하여금 전통적인 치료 대신 대안적인 치료를 경험하도록 한다.

더 극단적인 수준에서 말하자면 챗봇chatbot이 발전함으로써 완전히 자동화된 카운슬러봇counsellorbot 탄생의 가능성이 생겼다.

챗봇chatbot 형식의 인공지능은 인간들의 대화법을 어느 정도 흉내 낼 수 있으며 가상 환경 속 최첨단 챗봇chatbot은 인간의 반응과 매우 유사한 것으로 나타났다.

이러한 기술의 발전은 비-인간 치료자의 등장 가능성을 시사한다.

iTherapy(2005)는 인간 상담자에게 정보를 제공하기 전 단계에서 초기검사를 실시하고 내담자의 배경에 대해 그려나가는 작업을 수행하고자 챗봇chatbot을 도입하고 있다.

Abel(Genesis Interactive, 2009)이라는 기계는 상담 장면 속에서 10대들의 언어를 흉내내는 챗봇chatbot을 사용하여 10대들에게 상담서비스를 제공한다. 기계 제작자는 '대부분의 10대들이 인터넷 가상공간을 배회하고 있다. 적합한 사회집단의 지지와 관심을 통해 우리는 10대의 성격과 유사하고 그들의 언어로 말하고(사투리), 그들과 비슷하다는 인상을 주는 ABEL을 탄생시킬 수 있었다. 결국, 10대들이 자신들의 감정을 털어 놓기 시작할 것이다—비록 기계에 불과하지만 굉장히 똑똑한 녀석이다(Genesis Interactive, 2009).'라고 말했다.

카운슬러봇Counsellorbot은 비판단적인 프로그래밍이 장착되어 무조건적인 긍정적 태도를 제공하지만 카운슬러봇으로부터 진실된 공감이나 따뜻한 마음을 느끼기는 힘들 수 있다.

이러한 치료 유형은 치료적 관계의 중요성에 대한 새로운 화두를 던져준다.

치료적 효과는 관계 속에서 경험하는 다른 사람의 진심 어린 관심에 영향을 받는가?

아니면, 감정을 받아줄 수용자의 부재상황에서도 자기탐색과 감정을 표출하는 출구를 제공하는 것만으로도 치료적 효과를 기대할 수 있는가?

가상현실과 아바타 치료

아바타를 통한 가상현실 치료는 현대의 새로운 치료적 개입 방안으로 제시되고 있다.

행동치료에서는 가상현실이 공포-유발의 안전한 단계적 노출자극으로 사용되기도 한다(체계적 둔감화).

예를 들어, 가상현실 노출치료 후, 공포장애의 불안수준이 큰 폭으로 감소하였다(Parson & Rizzo, 2008).

모의환경simulated environments 또한 특수한 환자집단에 접근하는 다양한 방법을 제시하고 있다.

예를 들어, 온라인 가상세계 'Second Life'를 통한 치료는 다양한 집단에게 적용 가능하며 사회불안장애 감소에도 효과적이다.

아바타 치료법은 자아의 다양한 측면을 탐구하게 함으로써 상호적 구조를 제공하고 있다.

예를 들어, 조현병의 피해망상 환각을 치료하는 새로운 접근법으로써 환자가 악독한 표상의 아바타를 만들게 한 다음, 환자 자신의 통제 아래 아바타를 천천히 제어하도록 하는 방법이 있다.

요약

치료 대 조력: 계약, 경계, 방향성, 조언, 비판, 평등, 결과; 조언과 지침 그리고 치료의 차이

내담자: 치료를 받는 이유는 대부분 단지 정신질환 때문만이 아니라 이야기를 터놓을만한 안전한 장소가 필요하기 때문이다. 초기 평가를 통해 고위험군의 내담자를 알 수 있는데 CORE-OM, 고위험군이란 자신이나 타인을 해칠 위험성이 있는 사람들의 집단을 의미한다. 평가는 주관적이며 내담자가 밝힌 특정부분에 대해서는 비밀보장이 지켜지지 않을 수 있다. 내담자의 기대치는 초기 관계형성 단계에서 다루어져야 한다.

치료자: Wampold는 유능한 치료자의 특성에 대해 기술하였다(대인관계 기술, 문화적 인식, 신뢰가 가는 분위기, 동맹 형태, 치료에 대한 자신감, 치료과정에서의 유연성, 자기통찰력, 근거-중심치료 CPD). BACP는 유능한 치료자의 특성에 대해 기술하였다(공감, 진정성, 신실성, 탄력성, 존중, 겸손, 유능함, 공정성, 지혜, 용기). 완벽이 아닌 열망, 가치, 편견을 인식하기, 모범적인 자기관리, 한 달에 1.5시간 정기적으로 슈퍼비전 받기(직속 상사나 개인상담자 제외), 치료노트 보관하기(내담자, 슈퍼비전, 상담내용), 법적기관과 내담자만 치료노트 열람 가능, 비밀보장은 필수사항이지만 일부 제한사항이 있음, 기관이나 슈퍼바이저와 정보 공유하기, 비밀보장의 원칙은 법정 명령이나 내담자가 위험한 상황에 처했을 경우 위반될 수 있고 아동이 위험에 처하거나 테러의 위험이 있을 경우 합법적으로 정보를 공개해야 할 의무가 있음 — 이 외의 경우는 치료자의 재량에 따른다.

관계: 안전한, 정직한, 개방적인, 따뜻한, 친근한; 일하는, 잡담하지 않는, 구조화된, 정의된, 독립하도록 격려하기

현대사회의 치료: 수천 가지의 다양한 치료법이 존재한다. 독서 치료는 자조적인 내용의 책 처방이 있어야 하고(자조) 영화 치료는 영화 처방이 있어야 하며(미디어) 천사 치료는 수호천사로부터의 지침이 있어야 함(영적) — 이들은 유사과학(혹은 비과학적)이라고 여겨진다. 관계(타인을 향한 관심)는 모든 치료방법에서 중요한 요소이다. 이메일이나 채팅/스카이프를 통한 온라인 치료법(접근성을 높여주지만 관계의 진실성이 덜함), 카운슬러봇counsellorbot이나 앱을 사용한 치료자 없는 치료(접근성을 높여주나 관계가 사라짐), 가상현실과 아바타 치료

치료적 관계의 경계와 윤리

학습목표

이 섹션을 읽고 당신은 다음과 같은 것들을 할 수 있을 것이다:

- 치료적 관계에서 경계유지의 중요성에 대해 논의
- 치료적 계약의 본질의 중요성 강조
- 치료에 관한 윤리적 이슈에 대해 논의

치료관계에서의 경계설정

경계란 타인과 상호작용을 할 때 적절하며 사회적으로 받아들여지는 규칙을 의미한다.

치료관계에서 경계란 치료자와 내담자가 위반해선 안 되는 특정한 선specific line을 의미한다.

- 이 선은 타인과 나 사이에 정서적, 심리적, 신체적으로 적정 수준의 공간이 필요하다는 것을 확실히 하기 위한 것이다.
- 경계란 비교적 최근에 등장한 개념이며 1990년 이전의 상담 장면에서는 치료자들이 경계를 고려하지 않았다는 연구가 있다(Totton, 2010).

경계는 그 성격상 치료자와 내담자의 관계에 있어 오해를 불러일으키기 쉽기 때문에 매우 중요하다.

- 명확한 경계를 확립함으로써 내담자는 치료자가 전문가로서 상담에 임한다는 것을 인식하게 되며 치료자가 보여주는 공감을 의도적인 것이나 애정으로 오해할 가능성을 줄일 수 있다.
- 명확한 경계를 확립하는 것은 각자가 관계 속에서 맡는 역할과 각자의 역할에서 기대되는 바를 명확하게 해준다.

BPS와 BACP에서는 모든 치료자가 명확한 경계를 확립할 것을 명시하고 있다.

- 경계의 확립을 통해 내담자와 치료과정에서의 구조적 틀을 갖게 된다.
- 경계를 정의하고 유지하는 것은 전문가로서 가져야 할 책임이다.

경계는 치료자와 내담자가 협력하여 세워야 한다.

- 첫 회기는 치료적 관계의 경계를 확립하는 데 초점을 두어야 한다.
  - 내담자와의 협력 없이 치료자가 스스로 경계를 확립해야 할 필요도 있다(비밀보장의 원칙과 같은 경우). 다만, 이러한 경계에 대한 내용도 첫 회기에 내담자와 충분히 논의되어야 한다.

Mearns와 Thorne(2007)은 '치료자를 위한다는 명분으로 내담자와의 충분한 협의 과정을 거치지 않은 채 경계를 강요하는 것은 치료자와 내담자가 평등한 관계에 있다는 관계의 본질을 부정하는 것이다.'고 말했다.

경계를 조성하기 쉬운 경우가 있는 반면, 상담자와 내담자 모두 세심하게 고려하여 경계를 세워야 하는 경우도 있다.

극단적인 행동을 고려할 경우 경계를 조성하기 쉬울 수도 있고 반면 그보다 가벼운 행동을 고려할 경우 경계를 조성하는 것이 좀 더 어려울 수 있다.

예를 들어, 상담자에게 선물을 주는 것은 부적절한 것으로 간주되며 대부분의 치료자들은 다이아몬드 목걸이와 같은 값비싼 선물을 정중히 거절할 것이다.

하지만, 이러한 규정을 지키기 위해 직접 만든 케이크와 같이 상대적으로 덜 비싼 선물을 내담자의 기분을 상하게 하지 않으면서 거절하기란 쉽지 않다.

예를 들어, 신체적 접촉은 일반적으로 부적절한 것으로 간주되며 대부분의 치료자들은 내담자와 인사를 나눌 때 포옹이나 키스를 거절할 것이다.

하지만 이러한 규정을 지키기 위해 어깨 뒤쪽을 가볍게 만지는 정도의 가벼운 인사를 거절하기란 쉽지 않다.

치료환경의 성격상 경계가 제한되는 경우도 있음

예를 들어, 집에서 상담을 하거나 집에 방문하는 것을 허용하는 치료자들도 있는데 이들은 이후에 경계 유지의 어려움을 겪을 수도 있다.

Ryan(2010)은 다음과 같이 말했다. '내담자의 집에 들어감으로써 평범했던 치료자/내담자 관계의 우위가 바뀌게 되는 힘의 이동이 일어나게 된다. 치료실에서는 치료자가 치료 환경, 타이밍, 분위기를 통제한다. 반면에 내담자의 환경에 놓이게 된 상담자는 본인에게 최적화된 안전지대에서 벗어나 낯선 환경에 놓이게 되는 것이다. 상담자가 내담자의 영역에 앉아있다 하더라도 상담자와 내담자 사이의 명확한 분리는 필요하다. 상담자는 친구가 되어주러 온 것이 아니라 상담을 하기 위해 온 것이며 치료적인 거리를 유지하기 위해서는 경계 설정이 필수적이라는 사실을 분명히 해야 한다.'

경계 유지하기

명확한 경계에 대해 각 치료자가 갖는 기대와 요구사항은 다르다.

그러나 치료 관계에서 명확한 경계를 유지하기 위해 다음과 같은 제안을 할 수 있다.

치료관계를 시작하기 전에 치료계약을 맺어라.

만나기로 합의된 시간에만 치료회기를 진행하라.

위급 상황이라고 할지라도 당신에게 전화할 수 있도록 허용하지 마라.

치료와 관련 없다면 치료자의 개인적인 면을 드러내지 마라.

한담이 아니라 치료에 주안점을 두도록 하라.

당신의 능력을 넘어서는 문제는 다른 전문가에게 의뢰하라.

치료 계약

내담자의 자율성을 장려하기

내담자의 자율성에 대해 다루고 있는 BACP 윤리 지침서(2010b)에는 치료자가 '내담자와 일련의 약속관계에 들어가기에 앞서 분명한 계약 관계를 맺어야 한다.'고 명시되어 있다. 이는 사전에 치료자와 내담자 모두로부터 충분한 동의를 얻었다는 것을 확실히 하기 위함이다.

BPS(2009)에는 전문가라면 내담자와 비밀보장, 기록보존, 치료비용과 관련하여 '명확하고 분명한 계약'을 체결하고 검토해야 할 책임이 있다고 명시되어 있다.

치료 계약을 맺는 것은 치료적 관계와 관련하여 명확한 경계를 설정하는 데 도움이 되며 이로써 내담자의 자율성도 장려할 수 있다.

계약을 맺음으로써 내담자에게 치료과정에 관하여 충분한 동의에 입각한 결정을 내릴 수 있는 기회를 제공

계약은 치료자와 내담자 간의 작업 동맹 관계가 시작됨을 의미한다(Clarkson, 1992). 계약을 통해 '내담자는 치료과정에 대한 더 많은 정보를 제공받으며 조력자와 더 긴밀한 협력관계를 맺을 수 있고 문제 해결과정에 있어서 더욱 주도적인 자세로 임할 수 있다(Egan, 1994).'

계약의 효과(장점)

내담자는 치료과정에서 본인에게 기대되는 역할이 무엇인지를 정확히 인지하기 때문에 안정감을 느낀다.

내담자가 시간, 기간, 비용 등 회기진행의 실제적인 측면에 대해 알 수 있다.

내담자는 상호 동의하에 이루어지는 적극적 개입을 통해 이 치료적 관계가 통제 가능함을 느끼게 된다.

치료 계약의 유형(Dale, 2013)

비즈니스 계약

회기 지속기간, 회기 횟수, 회기 요금, 취소 비용 등

치료적 계약

치료에 참여하는 이유, 치료 과정, 책임감과 기대치, 비밀보장의 한계 등

치료 형식, 내용, 깊이 등에 따라 계약은 달라질 수 있음.

매우 기본적인 계약을 맺기도 하며,

사마리탄즈Samaritans와 같은 단체에서는 안전한 장소에서 원하는 기간만큼 머물 수 있도록 하는 정도의 기본적인 서비스를 제공하는데 이러한 계약은 서면이 아닌 구두로만 진행된다.

매우 복잡한 계약을 맺기도 하고,

개인 치료자들은 차후에 내담자와 의견충돌이 생겨 소송으로까지 이어질지도 모르는 일말의 가능성을 방지하기 위해 세부내용이 자세히 기입된 계약서를 사용한다.

구두 혹은 서면 계약을 맺기도 한다.

구두 계약의 장점

비공식적이고 비형식적이기 때문에 내담자가 느끼는 부담이 적다.

서면 계약의 장점

차후에 문제 발생 시 사용할 수 있는 동의 기록물로서 보다 영구적인 성격을 가진다.

필수가 아닌 권고 사항

대부분의 안내지침서는 계약을 강력하게 권하고 있으나(BPS, APA, BACP 등), 이는 반드시 해야 하는 필수사항은 아니며 계약 없이 진행하는 치료자들도 있다.

정확한 계약을 맺지 않는 치료자들도 있으나 이들은 첫 회기에 계약활동에 준하는 작업을 한다(비밀보장의 한계에 대해 논의, 회기 기간과 비용에 대한 합의 등).

어떤 유형의 계약(비공식 구두동의나 공식 서면동의)도 없이 진행하는 경우, 내담자와 합의된 항목에서 충돌이 일어났을 때 치료자에게 법적 책임이 부과될 수 있다는 위험을 감수해야 한다.

당신이라면 어떻게 하시겠습니까?

윤리적 딜레마와 관련된 아래의 내용을 읽고 당신이 치료자라면 어떻게 반응할지 생각해 보라.

- 어떤 남자가 5년 전에 누군가를 살해하였고 그 범죄에 대한 처벌을 받지 않았다고 고백한다. 그는 그 당시 술에 취한 상태였다고 한다. 오늘날, 그는 자신의 행동을 철저히 반성하는 훌륭한 시민이고 지금은 자신의 행동을 깊이 반성하고 있으며 정상적 시민으로 살아가고 있다고 한다. 그는 자신을 받아들이기 위해 그가 했던 잘못된 행동에 대해 속죄를 하려고 한다. 그가 또 다른 범죄를 저지를 위험성은 없어 보인다. 이 상황에서 당신은 어떻게 할 것인가?

- 한 여성 내담자가 1월의 어느 금요일 늦은 오후 4–5시에 당신을 만나기로 예약을 했다. 상담이 끝났을 때 밖은 어두웠고 날씨가 대단히 나빠졌다. 당신은 내담자가 집까지 걸어갈 것이고 그것은 그녀를 위험에 처하도록 할 수 있다는 것을 알고 있다. 또한 당신은 집으로 가는 길에 그녀를 집까지 데려다주고 갈 수 있다는 것도 알고 있다. 이 상황에서 당신은 어떻게 할 것인가?

- 당신은 지난 몇 번의 상담을 통해 여성 내담자와 점점 가까워졌고 그녀는 계속해서 당신의 사생활에 대해 질문한다. 이번 상담에서 내담자는 당신에게 강렬한 느낌을 가졌다는 것을 고백했고 당신과 데이트를 하고 싶어 한다. 내담자는 이것이 윤리위반이 아니라고 말하는데 왜냐하면 당신이 허락한다면 곧바로 치료를 그만두려고 하기 때문이다. 이 상황에서 당신은 어떻게 할 것인가?

- 당신은 자신의 집에서 개인 상담소를 운영하고 있고 내담자들을 상담실로 인도하기 위해 복도를 지나쳐야 한다. 당신의 내담자 중의 한 명이 자신의 아이를 잃은 슬픔 때문에 상담을 받고 있다. 세 번째 상담을 시작하면서 당신은 그녀가 상담실로 통하는 복도를 지날 때 더 이상 복도에 걸려 있는 당신의 가족사진을 보지 않는다는 사실을 발견했다. 상담 중에 그녀는 그 사진들이 그녀의 감정을 불편하게 한다는 것을 이야기했고 그녀와의 상담 중에는 그것들을 치워줄 것을 요청했다. 이 상황에서 당신은 어떻게 할 것인가?

- 당신은 최근 배우자의 외도로 이혼을 하였고 고통을 경험하고 있다. 그리고 당신의 내담자는 현재 어려서부터 알았던 연인과의 결혼에 대한 결정을 고민하고 있다. 내담자는 약혼자에 대해서 추파를 던지는 사람이라고 생각하며 그가 과거에 바람을 폈을 것이라고 의심한다. 당신은 그녀가 약혼자와 결혼을 하는 것은 실수라는 믿음이 있고 당신의 경험에 기초해 그녀에게 조언을 해주고 싶다는 유혹을 자주 느끼고 있다. 이 상황에서 당신은 어떻게 할 것인가?

- 당신은 최근 사랑하던 딸이 암으로 세상을 떠난 것 때문에 고통스러워하고 있다. 숙면을 취하는 것이 힘들고 식사해야 하는 것을 자꾸 잊어버려 몸무게가 많이 줄고 있다. 당신은 슬픔을 떨쳐내기 위해 직장으로 돌아가려고 결심하였다. 당신의 내담자는 최근 여자아이를 출산하였고 그녀는 새로 태어난 아이를 돌보는 것에 큰 부담을 느껴 치료를 받고 있다. 당신은 최근 딸을 잃은 자신의 상실 반영을 배제하며 새로 태어난 아이에 대한 그녀의 느낌을 듣는 것이 쉽지 않다는 것을 발견한다. 지난 상담 회기에서 당신은 마음을 가다듬기 위해 몇 분 동안 상담실을 나와 있어야만 했다. 왜냐하면 눈물을 멈추기 어려웠기 때문이다. 당신은 내일 또 다시 그 내담자를 만날 약속을 잡아야만 하고 상담 회기를 두려워하고 있다. 이 상황에서 당신은 어떻게 할 것인가?

윤리 지침

윤리 지침은 내담자와 치료자 양쪽 모두를 보호하는 것을 목적으로 한다.

역사적으로 몇몇 치료들은 내담자에게 심각한 신체적, 정신적 학대로 이어진 경우가 있었다. 기억회복치료recovered memory therapy(억압된 외상경험을 되돌리기 위해 최면, 약물투여, 꿈 분석 등을 실시하는 것)는 허위 기억 증후군false memory syndrome을 일으킬 위험이 크다.

허위 기억 증후군 재단False Memory Syndrome Foundation에서는 허위 기억으로 인한 아동 학대 고소 건이 많다는 사실을 보고하였다.

1992년 Beth Rutherford는 7~14세 사이에 성적으로 자신을 학대하였던 그녀의 부모를 고발하였다(Loftus, 1997). Beth는 치료를 통해 아버지가 반복해서 자신을 강간하였으며 엄마는 아버지가 Beth를 제압하도록 도왔던 사실에 대해 '회복된' 기억을 가지고 있었다. 그녀의 기억에 따르면 그녀는 두 차례나 아버지에 의해 임신이 되었고 옷걸이를 사용하여 강제적으로 낙태를 당했다. 그러나 의료검진 결과에는 그녀가 임신한 사실이 나타나지 않으며 Beth는 여전히 처녀성을 유지하고 있는 것으로 나타났다. 이에 Beth는 1996년 치료자를 상대로 100만 달러의 소송을 거는 데 성공했다.

재출생 치료rebirthing therapy는 부상 혹은 사망에 이를 정도로 위험하다.

재출생 치료는 새로운 애착형성을 가능하게 하는 출생과정을 구현함으로써 애착장애를 다루기 위한 목적으로 고안되었다.

재출생 치료는 치료 과정에서 10세 아동이 사망했던 사건 이후로 미국의 몇 개 주에서는 사용이 금지되었다(Josefson, 2001). Candace Newmaker는 출생 과정을 구현함으로써 새로운 양부모와의 애착 형성을 돕는다는 명분으로 치료 과정 중 베개와 담요로 질식당하고 치료자에 의해 반복적으로 짓밟혔다. 법정에서 보여진 증거 영상 속의 아이는 구토와 배설을 하며 자신을 풀어달라고 울며 매달렸지만 치료자는 다시 태어나기 위해 충분히 노력하지 않는다며 이를 무시하고 비웃었다. 결국 70분의 고문 끝에 Candace는 질식사하였다. 책임 치료자는 아동학대 치사혐의로 유죄를 선고받았고 감옥에서의 16년형을 선고받았다.

전문가 집단에서 제정하는 윤리 지침은 학대의 위험을 줄이고 소속 치료자들의 전문가적 실천을 돕는 것을 목적으로 한다.

공식 윤리 지침은 일선 치료자의 의사결정을 돕는다.

해당 윤리적 문제가 복잡하고 논쟁이 많은 주제일 수 있다.

무엇이 '맞다' 혹은 '틀리다'에 대한 판단은 사회적 관습이나 개인적 의견의 영향을 자주 받는다.

예를 들어, 어떤 사람은 외도를 하는 것이 결혼에 대한 사회적 관습의 기준에 어긋나기 때문이 이를 '틀리다'고 생각할 수 있다.

어떤 사람은 고기를 먹는 것이 개인적 신념에 어긋나기 때문에 이를 '틀리다'고 생각할 수 있다.

치료 윤리 지침은 모든 실천가practitioners들이 준수할 규칙을 제공한다.

이러한 규칙은 모든 실천가들이 일관된 행동을 하도록 한다.

그러나, 이러한 '규칙'의 대다수는 그 범주가 유연하기 때문에 실천가에 따라 다르게 해석될 수 있으며 이로 인해 복잡한 규칙을 줄여야 한다는 결론에 이를 수 있다.

치료 전문가 집단(BACP, UKCP, BPS 등)은 소속 실천가들이 의무적으로 준수해야 할 윤리 지침을 정해 놓았다.

치료자들은 자신이 소속된 전문가 집단이 제정한 윤리 지침을 반드시 따라야 한다.

활동하고 있는 모든 치료자들은 반드시 전문가 집단에 소속(이상적으로는 승인 받은 회원)되어야 한다.

각 구성원은 전문가 집단의 윤리 지침을 반드시 따라야 한다.

치료자들은 윤리적 지침을 제공하지 않는 전문가 집단에 소속되지 않도록 해야 한다

다른 전문가 집단에 소속되지 않고 독립적으로 치료를 하는 치료자들도 있다.

전문가 집단의 회원이 되려는 자격과 승인과정은 자발적으로 이루어진다(이번 장의 '진로' 섹션에서 설명하는 HPC가 보장하는 자격protected titles에 대한 정보를 참조하라)

어떠한 전문가 집단에도 소속되지 않고 활동하는 치료자들도 있는데 이들은 공식적인 윤리적 지침 없이 작업을 해야 한다.

이러한 실천가들은 스스로 세운 도덕적이고 윤리적인 지침을 고수할 수 있는 반면, 어떠한 전문기관에도 소속되어 있지 않기 때문에 적절한 보험을 찾는 데 어려움을 겪을 수 있으며 신뢰하기 어려운 사람으로 보일 가능성이 높다.

이어지는 몇 장에 걸쳐 세 개의 주요 전문가 집단(BACP, UKCP, BPS)에서 정해 놓은 핵심 가치와 원리들을 개략적으로 살펴볼 것이다. 그러나 이는 핵심을 요약한 것임을 염두에 두어야 하며 참고문헌의 링크를 참고하여 지침 전문을 읽어볼 것을 강력히 추천한다.

좋은 상담과 심리치료 실천에 대한 BACP의 윤리 체계(2010b)

상담과 심리치료의 가치

인간의 권리와 존엄에 대한 존중

치료자-내담자 관계의 신실성integrity 확보

전문 지식의 질적 향상 및 적용

인간의 괴로움과 고통을 완화

내담자에게 의미있는 자기감sense of self 강화

개인의 역량 강화
대인 관계의 질 향상
인간 경험과 문화의 다양성 인정
공정하고 적절한 상담과 심리치료 서비스 제공 추구

상담과 심리치료의 원리

충실함fidelity: 치료자는 신뢰를 지켜야 한다.

치료자는 내담자의 신뢰를 중시하며 내담자의 비밀 정보에 대해 발설하지 말아야 한다.

자율성autonomy: 스스로가 통제하고자 하는 내담자의 권리를 존중해야 한다.

치료자는 치료와 관련된 정확한 공지와 정보를 제공해야 하고 내담자의 사생활을 보호해야 하며 충분한 사전 동의를 얻기 이전에 명백한 계약 작업에 착수해야 한다. 이익 충돌이 발생할 경우 보고해야 하고 치료자 개인의 의지(유익한 사회적 목적을 위해서라고 할지라도)에 따라 내담자를 조종하려고 해서는 안된다.

선행beneficence: 치료자는 내담자의 행복을 위해 노력해야 한다.

치료자는 내담자(특히 의사능력이 결핍된 경우)의 최대 관심사에 따라 행동해야 하며 충분한 훈련이나 경험에 근거하여 서비스를 제공해야 하고 슈퍼비전을 내담자를 도울 수 있는 기회로 삼아야 하며 전문성 강화를 위해 지속적으로 노력해야 한다.

비가해non-maleficence: 치료자는 내담자에게 피해가 가지 않게 노력해야 한다.

치료자는 적절한 보험에 가입해야 하며 몸이 아프거나 개인사정에 의해 치료가 힘들 때에는 업무를 거절해야 하고 내담자의 피해를 최소화해야 한다. 다른 치료자가 잘못된 치료를 하고 있을 때 그것에 도전하는 책임을 질 수 있어야 하며 불찰이나 과실 혹은 내담자를 부당하게 착취하는 것도 방지해야 한다.

정의justice: 치료자는 모든 내담자에게 공평하고 공정한 치료를 제공하고 적절한 서비스를 제공해야 한다.

치료자들은 내담자의 인권과 존엄성을 존중해야 하며 편견에 입각한 차별을 피함으로써 모든 내담자를 동등하게 대하고 서로 다른 요구사항을 가진 내담자에게 공평하게 기회를 제공해야 한다. 또한 치료자의 법적인 의무를 인지하며 법적 의무와 윤리적 의무 사이의 충돌에 민감하게 반응해야 한다.

자기존중self-respect: 치료자는 스스로를 돌보며 자기 이해에 힘써야 한다.

치료자들은 전문적인 도움을 얻기 위해 슈퍼비전을 받거나 계속적으로 전문성 개발을 위해 노력해야 하며 적절한 보험에도 가입해야 한다. 또한 삶의 질을 높여주는 활동을 하거나 상담 장면에서의 관계와는 독립된 다른 관계들을 맺으며 이 모든 원칙들을 내담자뿐만이 아닌 자신을 위해서도 적용해야 한다.

UKCP의 윤리적 원칙 및 전문가적 행동 규칙(2009)

일반 윤리 원칙

내담자의 이익 우선

치료자는 모든 내담자를 존중하며 내담자를 착취하거나 학대하지 말아야 한다. 내담자의 자율성을 존중하며 내담자와 개인적인 관계를 맺지 않아야 한다. 내담자나 다른 사람들에게 피해가 가지 않도록 해야 하며 상담 장면 밖에서 치료자의 행동이 내담자에게 영향을 미칠 수 있다는 사실을 인지해야 한다.

다양성과 평등

치료자는 다양성의 이슈에 대해 적극적으로 고민해야 하며 치료에 영향을 주는 편견을 방지하려는 노력을 해야 한다.

비밀유지

치료자는 내담자의 비밀을 존중하며 보호해야 한다. 정보가 공개될 수 있는 상황에 대해 내담자의 충분한 동의를 구해야 하며 내담자와 관계를 형성하기에 앞서 비밀이 보장되지 않을 수 있는 법적 상황에 대해 충분히 설명해야 한다.

전문가적 처신

치료자는 자신의 행동이 내담자에게 미치는 영향력에 대해 인지해야 하며 전문성 향상을 위해 항상 힘써야 한다. 또한 범죄 기록, 수사, 징계조치와 관련된 모든 정보를 전문가 집단에 공개해야 한다.

전문가적 지식, 기술, 경험

치료자는 자신의 자격, 소속된 전문가 집단을 공개함으로써 오해의 소지가 발생하지 않도록 해야 한다.

의사소통

치료자는 계약상의 모든 내용에 대해 설명해야 하며 윤리적 사안에 대해서도 공지해야 한다.

동의 획득

치료자는 내담자에게 치료적 접근법에 대해 설명하고 치료 혹은 치료와 관련된 연구에 참여하겠다는 내담자의 사전 동의를 충분히 얻어야 한다.

기 록

치료자는 적절한 기록을 남겨야 하며 이 기록은 내담자의 비밀보장을 위한 정보 보호법에 따라 보관되어야 한다.

신체적, 정신적 건강

치료자는 신체적 고통, 정신적 고통, 알코올로 인한 손상, 마약 등의 이유로 치료가 부적합한 것으로 나타날 때에는 치료를 해서는 안 된다.

전문가적 신실성

자신 혹은 동료가 윤리 지침을 위반했을 경우 어떤 경우라도 반드시 보고해야 한다.

공 지

서비스에 대한 공지는 타당하고 적절하며 책임감 있는 행동이다.

손해보험

치료자는 손해보험에 의해 보장을 받고 있어야 한다.

불만사항

치료자는 내담자들이 불만사항을 제기하는 방법을 제공해야 하며 동료의 위법행동이 발견될 경우 전문가 집단에 윤리적 문제를 신고해야 한다.

BPS의 윤리 및 행동 규칙(2009)

윤리 원칙

존 중

치료자는 모든 사람들의 존엄성과 가치를 존중해야 한다. 치료자는 내담자의 사생활과 비밀 정보를 보호해야 하며 어떤 치료적 개입을 하기 전 사전 동의를 얻어야 한다. 그리고 내담자의 자기결정권을 지지하고 존중해야 한다.

유능함

치료자는 전문가적 윤리 지침에 대해 알고 있어야 하며 윤리적 의사 결정을 내릴 줄 알아야 한다. 또한 자신의 전문가적 역량의 한계에 대해 인식하고 개인의 이슈 혹은 건강문제로 인한 어려움에 대해 인식하고 있어야 한다. 그렇게 함으로써 자신이 치료에 적합하지 않을 때에는 치료를 자제할 수 있어야 한다.

책임감

치료자는 자신의 잘못된 행동으로 인해 직업의 명예를 훼손시키지 않도록 주의해야 하며 내담자 혹은 다른 사람에게 해를 끼치지 않도록 주의해야 한다. 또한 치료적 관계가 종결되어야 하는 상황에 대해 인식하고 있어야 하며 모든 연구 참여자들에게 연구에 대해 설명하고 그들을 보호해야 한다.

신실성

치료자는 정직해야 하며 내담자 및 일반 대중을 대함에 있어 정확해야 한다. 또한 이익과 관련한 갈등이나 착취를 피해야 하며 개인적 경계를 유지해야 한다. 또한 치료자는 동료의 윤리적 문제를 처리할 수 있어야 한다.

앞의 사항들을 고려한 후 당신은 이제 어떻게 할 것인가?

다음의 윤리적 딜레마를 다시 한 번 고려해보고 당신이 전문 기관의 윤리강령을 따르는 치료자로서 어떠한 선택을 할 것인지 생각해 보아라.

- 어떤 남자가 5년 전에 누군가를 살해하였고 그 범죄에 대한 처벌을 받지 않았다고 고백한다. 그는 그 당시 술에 취한 상태였다고 한다. 오늘날 그는 자신의 행동을 철저히 반성하는 훌륭한 시민이고 지금은 자신의 행동을 깊이 반성하고 있으며 정상적 시민으로 살아가고 있다고 한다. 그는 자신을 받아들이기 위해 그가 했던 행동에 대해 속죄를 하려고 한다. 그가 또 다른 범죄를 저지를 위험성은 없어 보인다. 이 상황에서 당신은 어떻게 할 것인가?

  치료자는 법적 제한 내에서 내담자의 비밀을 유지해야 하고 그들의 내담자와 동료의 내담자 그리고 일반 대중을 보호하기 위해 노력해야 한다는 것을 기억하라.
  BACP의 자율성과 정의의 원칙, UKCP의 비밀유지의 원칙 및 전문가적 신실성의 원칙, BPS의 책임감과 신실성의 원칙을 고려하라.

- 한 여성 내담자가 1월의 어느 금요일 늦은 오후 4－5시에 당신을 만나기로 예약을 했다. 상담이 끝났을 때 밖은 어두웠고 날씨가 대단히 나빠졌다. 당신은 내담자가 집까지 걸어갈 것이고 그것은 그녀를 위험에 처하도록 할 수 있다는 것을 알고 있다. 또한 당신은 집으로 가는 길에 그녀를 집까지 데려다 주고 갈 수 있다는 것도 알고 있다. 이 상황에서 당신은 어떻게 할 것인가?

  치료자는 내담자와 이중 관계를 맺으면 안되고 내담자를 보호하기 위해 노력해야 한다는 것을 기억하라.
  BACP의 자율성과 선행의 원칙, UKCP의 내담자 이익 우선의 원칙, BPS의 책임감과 신실성의 원칙을 고려하라.

- 당신은 지난 몇 번의 상담을 통해 여성 내담자와 점점 가까워졌고 그녀는 계속해서 당신의 사생활에 대해 질문한다. 이번 상담에서 내담자는 당신에게 강렬한 느낌을 가졌다는 것을 고백했고 당신과 데이트를 하고 싶어 한다. 내담자는 이것이 윤리위반이 아니라고 말하는데 왜냐하면 당신이 허락한다면 곧바로 치료를 그만두려고 하기 때문이다. 이 상황에서 당신은 어떻게 할 것인가?

  치료자는 내담자와 이중 관계를 맺으면 안 되고 치료자와 내담자 모두 어느 시점에서든 치료를 그만둘 수 있다는 것을 기억하라.
  BACP의 자율성과 비가해의 원칙, UKCP의 내담자 이익 우선의 원칙, BPS의 책임감과 신실성의 원칙을 고려하라.

- 당신은 자신의 집에서 개인 상담소를 운영하고 있고 내담자들을 상담실로 인도하기 위해 복도를 지나쳐야 한다. 당신의 내담자 중의 한 명이 자신의 아이를 잃은 슬픔 때문에 상담을 받고 있다. 세 번째 상담을 시작하면서 당신은 그녀가 상담실로 통하는 복도를 지날 때 더 이상 복도에 걸려 있는 당신의 가족 사진을 보지 않는다는 사실을 발견했다. 상담 중에 그녀는 그 사진들이 그녀의 감정을 불편하게 한다는 것을 이야기했고 그녀와의 상담 중에는 그것들을 치워줄 것을 요청했다. 이 상황에서 당신은 어떻게 할 것인가?

  치료자는 내담자를 보호하기 위해 노력해야 하고 또한 치료자 자신의 안녕을 보호해야 한다는 것을 기억해야 한다.

  BACP의 선행과 자기존중의 원칙, UKCP의 내담자의 이익 우선의 원칙 및 신체적·정신적 건강의 원칙, BPS의 존중과 신실성의 원칙을 고려하라.

- 당신은 최근 배우자의 외도로 이혼을 하였고 고통을 경험하고 있다. 그리고 당신의 내담자는 현재 어려서부터 알았던 연인과의 결혼에 대한 결정을 고민하고 있다. 내담자는 약혼자에 대해서 추파를 던지는 사람이라고 생각하며 그가 과거에 바람을 폈을 것이라고 의심한다. 당신은 그녀가 약혼자와 결혼을 하는 것은 실수라는 믿음이 있고 당신의 경험에 기초해 그녀에게 조언을 해주고 싶다는 유혹을 자주 느끼고 있다. 이 상황에서 당신은 어떻게 할 것인가?

  치료자는 내담자의 자유의지를 존중해야 하고 내담자를 보호하기 위해 노력해야 한다는 것을 기억하라.

  BACP의 자율성과 선행의 원칙, UKCP의 내담자의 이익 우선의 원칙, 신체적·정신적 건강의 원칙, BPS의 존중과 유능함의 원칙을 고려하라.

- 당신은 최근 사랑하던 딸이 암으로 세상을 떠난 것 때문에 고통스러워 하고 있다. 숙면을 취하는 것이 힘들고 식사해야 하는 것을 자꾸 잊어버려 몸무게가 많이 줄고 있다. 당신은 슬픔을 떨쳐내기 위해 직장으로 돌아가려고 결심하였다. 당신의 내담자는 최근 여자아이를 출산하였고 그녀는 새로 태어난 아이를 돌보는 것에 큰 부담을 느껴 치료를 받고 있다. 당신은 최근 딸을 잃은 자신의 상실 반영을 배제하며 새로 태어난 아이에 대한 그녀의 느낌을 듣는 것이 쉽지 않다는 것을 발견한다. 지난 상담 회기에서 당신은 마음을 가다듬기 위해 몇 분 동안 상담실을 나와 있어야만 했다. 왜냐하면 눈물을 멈추기 어려웠기 때문이다. 당신은 내일 또 다시 그 내담자를 만날 약속을 잡아야만 하고 상담 회기를 두려워하고 있다. 이 상황에서 당신은 어떻게 할 것인가?

  치료자는 내담자를 보호하고 치료자 자신의 안녕을 보호하기 위해 노력해야 한다는 것을 기억하라.

BACP의 선행과 자기존중의 원칙, UKCP의 내담자 이익 우선의 원칙, 신체적 · 정신적 건강의 원칙, BPS의 존중과 유능함의 원칙을 고려하라.

당신은 윤리적 딜레마를 불러일으킬 수 있는 다른 시나리오를 상상할 수 있는가? 윤리적 문제를 야기할 수 있는 세 가지 시나리오를 만들어보고 동료와 함께 그 시나리오들과 관련된 주요 원칙들을 찾아 그러한 상황들 속에서 취할 수 있는 행동 계획을 만들어 보라.

모든 전문적인 기관들에서는 비슷한 윤리적 지침을 가지고 있다.

- 대부분의 전문 기관에서 공통적으로 제시하는 윤리적 고려사항(BACP, UKCP, BPS, APA, BABCP 등)
    - 치료자들은 상담관계를 시작할 때(계약할 때) 충분한 사전동의를 얻기 위해서 모든 관련 정보를 제공해야 함
    - 치료자들은 내담자의 비밀을 유지해야 함(법적 제한 내에서)
    - 치료자들은 내담자와 이중적인 관계를 맺으면 안됨(성관계 대상, 가족 구성원, 친구 등)
    - 치료자들은 어떤 경우에든 내담자를 이용하면 안됨(성적, 재정적, 심리적으로)
    - 치료자들은 내담자의 자유의지를 존중해야 함
    - 치료자들은 내담자와 동료 치료자의 내담자, 일반 대중을 보호하기 위해 노력해야 함
    - 치료자들과 내담자는 언제든지 치료를 그만둘 수 있음(적절한 합의 하에서)
    - 치료자들은 자신의 안녕을 도모하기 위해 일이 맞지않는 경우 치료를 그만둘 수 있고 실무에 도움이 되는 슈퍼비전을 받을 수 있으며 지속적인 전문성 개발을 추구할 수 있다.

윤리적 논쟁

윤리적 지침들은 치료와 관련된 위험성을 줄이기 위해 만들어졌다. 하지만 이러한 규정들에도 불구하고 여전히 치료에 대한 윤리적 질문들이 제기된다는 많은 비판들이 있다. 다음의 질문들에 대해 잘 생각해보고 동료와 함께 윤리적 이슈들에 대해 토의하라.

치료는 내담자로 하여금 건강하지 못한 의존을 하도록 만드는가?

- 협력적인 관계로 발전시키려는 모든 노력에도 불구하고 내담자가 치료자를 '전문가'로 보는 것은 피할 수 없다.
- 전문가로서 치료자는 상당한 권력을 행사하고 이 권력은 많은 내담자들에게 대단히 매력적이다.

치료의 결과로 상태가 나아진 내담자들은 치료과정에 더욱 참여하도록 강화된다; 그들은 치료가 일상생활의 모든 어려움들을 처리하기 위해 꼭 필요한 것이라고 믿기 시작할 수도 있다.

치료는 치료자가 원하는 방향으로 내담자가 움직이도록 영향을 줄 수밖에 없는가?

거의 틀림없이 그렇다. 왜냐하면 사람은 타인과 상호작용하며 어느 정도라도 영향을 주고 받기 때문이다.

치료는 필연적으로 내담자에게 영향을 줄 것이다. — 실제로 치료는 내담자가 긍정적인 변화의 방향으로 가도록 하는 데 목적이 있다.

하지만, 누가, 그리고 어떤 것이 '긍정적'인 방향이고 '부정적'인 방향인지를 결정하는 것에 대해 말하는 것은 쉬운 일이 아니다.

치료자들은 변화와 관련된 모든 결정들이 내담자 자신에 의해 이루어지도록 하기 위해 노력한다. 하지만 거기에 치료자의 영향은 불가피하다.

이것은 특정 내담자의 삶에 대한 결정들 대부분에서 치료자의 개인적인 신념들과 편견 biases이 영향을 줄 수밖에 없다는 것을 의미한다.

치료는 보고되는 증상들에 대해 내담자들이 더욱 집중하게 만듦으로써 정신건강 장애들을 심화시키는 역할을 하는가?

많은 내담자들은 '모범 환자model patient'가 되고 싶어하고 그러기 위해 환자가 보여야 할 특성들을 보여주기 위한 방법을 찾는다.

내담자들은 아마 진단받은 장애와 의도된 치료에 관해 배우고 그들이 좋은 내담자가 되고 있다는 것을 보여주기 위해 정확한 증상들을 보고할 것이다.

때때로 그들은 이러한 증상들을 가짜로 만들어 낼 수도 있고 치료자들을 기쁘게 하기 위해 증상들을 경험했다고 허위로 보고할 수도 있다.

예를 들어, 'Lauri'는 이중 인격 장애 치료 그룹의 환자로서 허위 기억 증후군의 경험을 보고했다(False Memory Syndrome Foundation, n.d.).

Lauri는 '모델 환자'가 되기 위해 다중 인격 장애의 성향에 대해 배웠다고 설명했다(현재는 해리성 정체성 장애로 알려져 있다).

그녀가 이 장애와 관련된 행동들을 드러내보였을 때 그녀의 치료자는 그녀의 남편에게 다음과 같이 설명했다. "Lauri가 지금 이러한 행동을 보이고 있는 것으로 보아 다중 인격 장애를 보이는 것과 같습니다. 아마도 어린시절에 경험한 끔찍한 학대가 그런 장애를 유발했을 것으로 보입니다. 그 상황이 너무나 고통스러웠기 때문에 그 기억들을 마음속 깊이 억압하고 있습니다."

이후 최면 회기 중에 치료자는 Lauri로 하여금 어떤 제단을 만들도록 하고 이 제단을 통해 어린 시절의 학대를 묘사하도록 유도하는 질문을 했다.

그 결과 Lauri는 광범위한 학대를 보고했는데 그중에는 사탄의 의식에 참여하는 것,

살아있는 채로 불태워지는 것, 피를 마시는 것, 아기를 살해하도록 하는 것 등이 포함되어 있었다.

Lauri는 관심과 지지를 통해 이러한 기억을 회복하는 것에 대한 보상을 받았다—치료자는 그녀를 '최고의' 환자라고 묘사했다.

치료분야가 정신건강 장애들의 과도한 진단을 촉진시키고 있는가?

우울, 불안과 같은 장애들의 진단은 최근 몇 년 동안 상당히 증가해오고 있는데, 이 추세가 이어진다면 곧 4명 중의 1명은 정신건강 장애를 경험하고 있다고 말할 수 있을 정도이다(Mental Health Foundation, n.d.).

Lutus(2013)는 심리학 분야에 과학이 부재한다고 보고하며 심리학과 심리치료에 대해 굉장히 비판적이다.

Lutus는 DSM이 1952년에 112개의 정신 장애를 보고하였고 이것이 1994년에는 374개로 증가하였다고 보고하였다.

Lutus는 DSM이 틀림없이 정상적인 감정 상태를 '정신건강 장애들'로 정의하고 있는 것이라고 주장한다—예를 들어, 그는 형제 경쟁 장애sibling rivalry disorder를 정신건강 장애로 분류해서는 안 된다고 언급했다.

Lutus는 정상적인 행동에 대한 '장애' 진단의 증가는 결국 어떠한 행동도 정상적인 것으로 간주될 수 없는 상황으로 이끈다고 주장한다.

요약

경계: 다른 사람들과 적절히 소통하는 규칙, 자신과 타인 사이의 경계, 오해 피하기, 전문적 기관들로부터 조언받기; 치료자와 내담자 사이의 협력을 통해 성립됨, 초기 회기에서 논의, 내담자와의 상의를 통한 동의; 경계 유지, 개인과 상황마다 다를 것이라는 규칙의 어려움이 없음, 제안들(처음에 계약 성립, 동의된 시간에만 만남, 통화하지 않음, 신체적 관계를 가지지 않음, 적절하지 않은 자기 노출은 피함), 잡담보다 치료에 초점, 필요하다면 다른 기관에 의뢰함.

계약: 내담자의 자율성 장려; 타입–사업 또는 치료적; 스타일–기본적 또는 복잡, 구어체의 또는 문어체의; 강제하지 않음; 몇몇은 명시적인 계약서를 만듦, 몇몇은 암시적인 계약을 만듦, 몇몇은 계약을 하지 않음(추천하지 않음).

윤리: 윤리적 지침들은 내담자와 치료자를 보호하는 데 목적이 있음; 몇몇의 치료 형태는 극도로 위험할 수 있고, 기억회복치료는 허위 기억 증후군의 위험을 일으킬 수 있고, 재출생 요법은 부상이나 사망의 위험을 일으킬 수 있음; 윤리적 이슈들은 명확하게 옳고 그름이 없어 복잡하고 논쟁적일 수 있음; 전문적인 기관들은 몇몇의 규칙들을 제공하고 다른 전문적인 기관에서의 독립적인 실행을 권장하지 않음; 좋은 상담과 심리치료 실천

에 대한 BACP의 윤리체계(충실함, 자율성, 선행, 비가해, 정의, 자기존중); UKCP 윤리적 규칙 및 전문가적 행동 규범(내담자의 이익 우선, 다양성과 평등, 비밀유지, 전문가적 처신, 전문가적 지식, 기술, 경험, 의사소통, 동의 획득, 기록, 신체적, 정신적 건강, 전문가적 통합성, 홍보, 손해보험, 불만사항); BPS 윤리 및 행동 규칙(존중, 능숙함, 책임감, 통합성); 전문적 기관의 규칙에 관계없는 일반적인 가이드라인들(사전동의, 비밀보장, 이익의 갈등, 이용, 자유의지, 내담자와 다른 사람들의 보호, 종료할 권리, 자신의 안녕 보호)

치료적 관계의 다양성 인정하기

학습목표

이 섹션을 읽고 당신은 다음과 같은 것들을 할 수 있을 것이다:

- 주류 치료에서 적용되고 있는 대표적인 문화적 가정들에 대해 이해
- 치료적 관계 맥락에서 다문화에 대해 설명
- 자신이 지닌 문화적 편견에 대한 자기반영 및 문화적 다양성 이해
- 다문화 치료 개념의 문제점 이해
- 통합적 접근의 중요성 인식

주류 치료접근에서의 문화적 가정들

현대 서구 중심의 치료

다른 문화적 배경에 있는 내담자를 대하는 우리 자신의 태도를 살펴보기 전에 우리는 대부분의 치료가 서구 문화와 서구의 가치들에 의해 발달되었다는 것을 명확히 이해하는 것이 중요하다. 이후에 주요 이론적 접근들을 살펴보며 우리는 어떤 치료가 발달되었는지를 통해 '서구 중심의' 관점을 발견할 수 있을 것이다.

주요 접근들의 발전에 기여한 중심 인물들은 다음과 같다:

인본주의적 접근: Rogers, Maslow

정신역동적 접근: Freud, Jung

행동적 접근: Watson, Skinner

인지적 접근: Neisser, Beck

이러한 중심 인물들은 모두 백인이고 서양인이며 교육받은 중산층 중년 남성이다.

몇몇 여성들도 치료 이론 발전에 상당한 기여를 했다(예를 들어, Melanie Klein, Karen Horney, Laura Perls). 하지만 많은 경우에 그녀들의 기여는 남성 중심적인 태도와 그 당시의 사회적 가치에 의해 평가절하 되었다.

하지만 이러한 여성들도 여전히 백인이고 서양인이며 교육받은 중산층 중년 여성이다.

치료자로서 우리의 가치, 가정, 고정관념, 편견들은 사회, 문화, 부모 및 중요한 인물들에 의해 영향을 받는다.

유사하게 이 책에서 논의되는 모든 심리적 접근들과 치료들은 창시자의 시공간적 배경 안에서 발전되었으며 창시자들도 물론 그들의 성장과정에서 영향을 받았을 것이다(사회, 역사, 문화적 환경, 부모 등).

모든 접근들은 창시자들이 살았던 사회의 가치와 그로부터 파생한 다양한 관점에 영향을 받을 것이다.

이 책에서 각 접근에 대한 창시자들의 역사적, 전기적 세부사항을 포함시킨 이유는 바로 이 때문이다.

창시자 개인들에 대한 이해는 그들의 접근과 치료에 대한 맥락적 통찰을 제공한다.

예를 들어, 행동적 접근은 행동 심리학이 고전적 조건형성에 관한 연구를 규명한 것과 행동이란 학습된 것이며 소거되거나 더 효과적인 학습으로 인해 대체될 수 있다는 가정이 있을 때 발전되었다.

인간중심적인 접근은 기본적인 가정들을 지니고 있는데(예를 들면, 자아실현을 위해 노력하는 개인, 개인의 중요성 등). 이러한 관점들도 그들의 시대적 가치에 의해 영향을 받았다('American Dream', 행복에의 추구 등).

개인 대 집단 문화

심리학의 초기 세 가지 세력으로부터 발전된 모든 치료들은 다음과 같은 공통적인 가치들을 포함하고 있다.

개인의 중요성에 대한 믿음

개인이 그들 자신의 운명의 추진요인이라는 믿음

개인적인 선택과 책임감을 가치있게 여겨야 한다는 믿음

모두가 변화할 수 있는 가능성을 가지고 있다는 믿음

이러한 모든 믿음들은 서구 사회의 개인적인 문화에서 공통적인 것이다.

이와 비교하여 동양사회의 집단적 문화는 매우 다른 가치들을 포함한다.

집단, 가족, 사회의 중요성에 대한 믿음

전체와의 연결 안에서의 개인의 조화로움에 대한 믿음

상극끼리 상호 연결된다는 믿음(어둠/빛, 음/양, 선/악)

개인보다 사회의 이익을 위해 행동하는 것이 중요하다는 믿음

서양에서 개발된 치료들은 내담자를 위한 '올바른' 목표에 대한 가정을 할 것이다.

예를 들어, 그러한 치료는 개인적인 내담자가 독립심을 성취하고 자유의지를 실현해내는 중요성에 초점을 맞출 수 있다.

하지만, 이러한 목표들은 구성원이 가족에게 기여할 것과 가족의 명예와 관련된 규칙을 준수할 것을 기대하는 문화에서는 적절하지 않을 것이다.

치료적 관계에서 다문화주의

단일문화 대 다문화

전통적 상담 이론들의 단일 문화적 관점에 맞추어 소수 집단의 내담자를 참여하게 하려는 접근이 발전되어 왔다.

다문화적 접근방식은 시민권 운동과 평등법으로부터 발전

개개인의 독특성을 강조하고 내담자의 관점에서 세상을 이해하려 하는 치료자들의 노력에도 불구하고 이 접근 자체는 암묵적인 가치와 가정에 기반을 두고 있음.

다문화적 관점의 발전에 있어 기본적인 가정은 치료의 전통적 이론들이 현대의 문화적 다양성을 거의 이해하지 못하고 있다는 것이다.

개인이 자라난 문화 환경은 개인의 정체성 발전에 영향을 주고 생각과 감정, 행동의 기초가 됨.

그러므로, 치료자와 내담자 사이에 명백한 문화적 차이가 존재할 때 문화는 그저 주목할만한 것이 아니라 치료적 관계의 중심이 되어야 함.

다문화주의는 행동주의, 정신역동, 인본주의적 접근 이후에 치료에 있어 네 번째 힘으로 묘사되고 있다(Pderson, 1991).

때때로 다문화 치료의 초점은 좁은 의미로 묘사되고 치료의 목표는 개인이 새로운 문화에 동화되도록 돕는 것이라고 간주됨.

하지만, '다문화주의'라는 개념은 다양성과 차이의 범주를 포용하는 것

Nelson－Jones(2005)는 차이의 10가지 범위를 확인했다.

문화
인종
사회 계층
생물학적 성
성역할과 정체성
결혼 상태
성적 지향
신체 장애
나이
종교 또는 철학

다문화 내담자

다른 문화적 배경을 가진 내담자들은 치료적 절차에 대해 다른 가치와 기대를 가지고 있을 것이다.

예를 들어, 비서구적 사회의 내담자는 개인주의보다는 집단주의를 가치 있게 여길 것이고 기존의 서구적 접근들을 통해 실행되는 기본적인 목표(자기실현, 행복, 친밀함, 확실성, 독립성 등을 성취하기 위한)와 갈등을 겪을 것이다.

내담자들은 문화적 배경에 따라 다르게 나타날 수 있다.

어떤 내담자들은 모든 연령의 사람들을 동등하게 여기는 반면 다른 내담자들은 노인을 공경할 수 있다.

어떤 내담자들은 여자들이 남자들에게 순종해야 한다고 믿는 반면 다른 내담자들은 각각 성별을 대하는 데 있어 차별이 존재해서는 안된다고 믿을 수 있다.

어떤 내담자들은 그들의 감정에 대해 이야기하는 것을 편하게 여기는 반면 다른 내담자들은 자기 내면의 경험들을 묘사하는 것은 적절하지 않다고 느낄 수 있다.

어떤 내담자들은 치료자와 공개적으로 작업할 수 있는 반면 다른 내담자들은 눈을 마주치면서 이야기하는 것을 불편하게 느끼거나 혹은 동성의 치료자와 이야기하는 것이 필요할 수 있다.

어떤 내담자들은 가족에 대해 비판적으로 이야기하는 것은 배신의 형태라고 느끼는 반면 다른 내담자들은 가족 구성원들에 대한 분노와 욕구불만의 감정을 표출하는 기회를 즐길 수도 있다.

같은 문화에 속한 내담자라고 할지라도 하위문화로 인해 상당한 차이를 보일 수 있다.

특정 문화 속에도 많은 하위문화들이 존재한다.

예를 들어 어떤 내담자는 가치와 행동이 상위문화와 다른 '약물 문화'의 한 구성원일 수 있다.

굉장히 종교적인 사람들은 회의론자들과 매우 다른 가치들을 가지고 있을 수 있다.
남성 내담자들은 여성 내담자들과 다르게 행동하고 생각하고 느낄 수 있다.
이러한 가치들은 우리의 신념으로부터 나오고 우리의 행동을 이끄는 원리가 됨.
우리는 우리가 경험하는 문화와 하위문화의 영향을 받는다.
이러한 원리로 모든 사람들은 다문화적인 개인이라고 할 수 있다. 왜냐하면 개인 경험들의 집합이 개인에게 고유한 개인적 문화를 가져다 주기 때문이다.
이는 다문화적 치료자들을 위한 명백한 시사점을 가지고 있다.

다문화적 치료자

미국심리학회APA의 상담 심리학 부서는 역량competency의 세 가지 영역을 제시했다(Sue & Sue, 1990):
자기 인식(자신의 가정, 가치, 편견)
문화적으로 다른 내담자의 세계관에 대한 인식
관련 전략과 기술의 연마
치료자가 다문화적 사회에서 다양성의 이슈와 함께 일할 역량을 기르기 위해서는 다음과 같은 것들이 필요하다:
자신의 문화 유산에 대한 이해
자신의 신념, 가치, 가정에 대한 인식
편견, 고정관념, 선입견에 대한 민감성
신념, 가치, 다른 사람들과의 문화적 차이에 대한 이해
다른 사람들과 일하기 위한 전략과 기술의 발전

가치와 다양성

Nelson－Jones(2005)에 의해 명시된 열 가지 다양성의 영역을 사용하여 각각의 영역에 대한 당신의 이해와 인식의 개인적인 목록을 만들어라.
문화
인종
사회 계층
생물학적 성
성역할 정체성
결혼 상태
성적 지향
신체 장애

나이

종교 또는 철학

각각의 영역에 대한 자신의 이해를 평가할 때 당신이 제한적인 이해를 가지고 있다고 생각되는 한 영역을 고르고 자신과 다른 집단의 신념, 가치, 관습, 행동에 대해 조사하라. 예를 들어 만약 당신이 종교에 대한 이해가 부족한 무신론자라고 하면 당신은 카톨릭 종교를 적극적으로 따르는 사람의 신념, 가치, 관습, 행동에 대해 조사할 수 있다.

만약 당신이 트레이닝 집단에 속해 있다면, 선택한 집단에 속한 사람이라 가정하고 짧은 역할극 치료 회기를 진행해보라. 피드백을 할 때 그 회기에서 내담자로서 또는 치료자로서 어떤 느낌이었는지 탐색하라.

편견과 선입견을 인식하는 자기성찰

자기인식의 중요성

치료자가 자기인식을 깊이 있게 해나가는 것은 대단히 중요하다.

개인적인 발전은 훈련과정과 이후 계속되는 전문가로서의 발전에 필수적인 것이다.

모든 개인들은 특정한 시간과 사회, 문화 안에서 태어나고 길러진다.

우리가 자란 문화들과 하위문화들은 우리의 생각, 감정, 가치, 신념 등에 영향을 미칠 것이다.

이것은 문화적 편견을 유도하고 이러한 문화적 편견은 우리가 다른 사람에게 어떻게 행동할 것인지에 영향을 미칠 수 있다.

문화적 편견은 피할 수 없는 것이기도 하고 또한 적절한 것이기도 하다.

문화적으로 중립이 되는 것은 불가능하다.

우리 모두는 항상 다른 사람들에 대해 자기만의 가정assumptions을 만들어간다.

우리는 늦은 밤 비행소년들의 바로 옆을 지나쳐 가기보다는 길을 건너 돌아가는 편이 낫다고 판단한다.

이것은 그 소년들에 대한 고정관념일 수 있고 우리의 행동은 차별discrimination이라고 해석될 수 있다.

하지만, 대부분의 사람들은 이것을 적절한 가정이라고 여길 것이고 결과적인 행동 또한 종종 합당하다고 여길 것이다.

우리는 모두 다른 사람과 관련하여 기본적으로 선호하는 바가 있다.

예를 들어 키 큰 남자와의 데이트는 수락하지만 키 작은 남자와의 데이트를 거절함으로써 자신의 선호를 표출한다.

이것은 작은 남자에 대한 선입견prejudice으로 간주되고 우리의 행동은 차별로 해석될 수 있다.

하지만, 대부분의 사람들은 이것을 수용할 만한 선호라고 여기고 결과적인 행동은 적절하다고 여길 것이다.

하지만 문화적 편견들은 때때로 부적절한 가정들과 불공평한 선호들로 이어지고 결과적인 행동은 차별과 공격이 될 수 있다.

문화적 편견에 기인한 손상으로부터 벗어날 수 있는 가장 좋은 방어는 자기 인식이다. 자신이 이러한 편견들에 대해 인식하고 있고 그것들이 다른 사람들에게 부정적인 영향을 주지 않을 것이라고 확신한다면 이러한 문화적 편견들을 유지하는 것은 수용할 만하다.

가정과 가치에 대한 탐구

다음의 치료적 시나리오들을 읽고 치료자로서 당신은 어떻게 반응할 것인지 생각하라. 특정한 시나리오들이 당신에게 도전이 되는가? 그렇다면 왜 그런가? 더 많은 정보를 얻고 싶은 것들이 있는가? 그렇다면 무엇을 알고 싶은가?

1. 18살의 소녀가 낙태에 대한 그녀의 생각과 감정을 탐색하고 싶어 당신을 찾아왔다.
2. 한 중국인 학생이 다른 문화에서 생활하는 것에 대한 어려움 때문에 치료 회기에 보내졌다. 그는 자신의 감정에 대해 말하기를 꺼려했고 당신이 말한 모든 것에 동의했으며 전체 상담 회기 동안 눈맞춤을 하지 않았다.
3. 헤로인 중독자인 35세의 성인이 일상화된 절도와 성관계들에 대해 이야기한다.
4. 72살의 노인이 얼마나 정기적으로 소량의 맥주와 위스키를 마신 채 술집에서 집까지 운전해 가는지 이야기한다.
5. 24살의 여인이 그녀의 행동과 자라면서 가져온 신앙이 얼마나 불일치하는지 이야기한다. 그녀는 여호와의 증인 가정에서 자랐다.
6. 한 노부인이 남편의 말기 암과 안락사의 가능성과 자신의 역할에 대해 어떤 논의를 했는지를 이야기한다.
7. 한 인도 여성이 다가올 그녀의 계약 결혼에 대해 이야기한다.
8. 한 젊은 남성이 말하기를 주저하면서 트렌스젠더 이슈에 대한 당신의 관점을 알고 싶어 한다.

당신의 신념들과 가치들에 도전하는 다른 시나리오들을 생각해보아라. 또는 당신의 문화적 차이에 대한 이해의 부족을 깨닫게 해 주는 시나리오들을 생각해보아라.

마지막으로, 이 부문의 저자가 이 시나리오들을 만들면서 독자들에 대해 어떤 가정을 하면서 이것들을 만들었다고 생각하는가?

다문화적 치료에 대한 비판

문화적 공감

미국심리학회APA의 상담 심리학 부서는 역량competencies을 설명하기 위해 다음과 같은 영역들을 제시했다.

자신에 대한 인식(우리의 가정, 가치, 편견)

자신을 더 잘 인식하기 위한 좋은 훈련을 하기

자신의 신념, 가치, 편견, 선입견

문화적으로 다른 내담자의 세계관에 대한 인식

문화적 차이에 대한 인식을 높이기 위해 도움되는 것들을 연습하기

다른 사람들의 신념, 가치, 편견, 선입견

언어적 및 비언어적 의사소통에서의 차이

이러한 역량들은 훌륭한 문화적 공감을 기르는 데 도움을 줄 것이다.

내담자의 문화적 관점을 가지고 내담자의 세계를 진심으로 이해하기

전략들과 기술들

미국심리학회APA의 상담 심리학 부서는 역량증진을 위해 다음과 같은 영역들을 제시했다.

전략과 기술의 발전

이 역량들이 정말 필요한 것인지에 대해서는 논의가 계속되고 있다.

우리는 진정 다문화적 관점을 위한 전략들과 기술들이 필요한가?

Patterson(2004)은 다문화적 치료를 위한 기본 가정들이 잘못되었다고 주장했다.

만약 모든 사람들이 다문화적 개인이라면, 모든 치료는 다문화적이고 그러면 다문화적 치료 역량들을 개발할 필요가 사실상 없는 것이다.

'문화적 집단은 단일하지 않고 분리되지 않으며 중복된다. 세계화의 과정은 차이를 모호하게 한다. 다양한 문화로 이루어진 사회에서는 사회구성원들이 자기 안에 다양한 문화를 이미 흡수한 상태라는 것을 인정하는 것으로부터 시작해야 한다. 그러므로, 별개로 문화들을 분리하는 것은 불가능하다. 이러한 집단들의 각각을 위한 다른 이론들, 방법들 그리고 기술들의 발전을 시도하는 것은 불가능한 작업이다. 이러한 접근은 할

수 없을 뿐 아니라 개인적인 내담자를 상담하는데 무관한 것이고 위험한 것이다(Patterson, 2004).

Patterson(2004)은 '상담의 보편적 체계'를 옹호하며 그러한 체계의 본질은 이미 오랫동안 알려져 왔다고 말한다.

'그것은 내담자 중심 치료라고 알려져 있다.'

통합적 접근

항상 존재하는 문화적 차이점들

문화적(그리고 하위 문화적) 차이점들과 이러한 차이점으로부터 나타난 가치들은 항상 치료적 공간 안에 존재한다.

어떤 경우 문화적 차이가 분명하고 명확하게 드러난다.

어떤 경우 문화적 차이가 숨겨져 있고 암시되어 나타난다.

하지만 이러한 차이점들은 항상 존재하고 있다.

치료자들은 이러한 문화적인 차이점들을 인식할 수 있어야 한다.

자신의 문화적 편견을 이해하기 위한 자기인식이 필요

타인의 문화적 편견을 이해하기 위한 다양성에 대한 의식이 필요

자기인식과 다양성에 대한 의식은 치료자에게 다른 문화들에 대한 통찰을 얻는 데 도움을 주기도 한다.

몇몇 지식은 유용하고 내담자의 세계에 대한 깊이 있는 이해를 가능하게 할 수 있다.

하지만, 일단 치료자가 이러한 차이점을 인식하고 몇 가지 문화적인 지식을 갖추게 되면, 우선은 내담자에게 집중하기 위하여 이 지식을 잠시 한쪽 옆으로 밀어 두는 것이 필요하다.

각 내담자는 문화적 문맥의 단순한 결과보다 오히려 독특한 개인으로써 받아들여져야만 한다.

실제로 문화적 자각이 충분히 있는 치료자라도 다문화 내담자의 내면의 독특한 특성을 모두 파악할 수는 없다.

개인의 문화적 배경에 대한 지식을 갖는 것은 치료자가 내담자에 대한 가정을 하도록 이끈다.

예를 들면, 만약 치료자가 동남아시아 내담자가 권위적 인물을 공경할 것임을 '안다'면, 이것은 개인에 관해서 치료자의 최초의 행동에 영향을 미칠지도 모른다.

이 경우, 치료자는 문화적인 공감능력을 지닌 것일까 아니면 문화적인 고정관념을 가진 것일까?

치료 성공의 핵심 열쇠는 문화들과 하위문화들을 제대로 인식하는 것이고 그러한 지식을 근거로 한 가정은 잠시 보류하는 것이다.

잠재적인 문화적 차이점들을 인식하고 치료적 관계 안에서 이러한 차이점들의 결과로서 잠재적인 민감한 문제들이 남아있는지 파악하는 것은 중요하다.

예를 들면, 무슬림 종교를 가진 사우디아라비아의 여성 내담자가 무신론 관점을 가진 스코틀랜드 남자 치료자와는 다른 가치를 가지고 있다는 사실을 인식하는 것은 중요함

하지만, 치료자는 그들의 문화에 관한 지식을 근거로 개인에 대한 가정을 적용해서는 안 된다.

예를 들면, 치료자는 무슬림 종교를 가진 사우디아라비아의 여성 내담자가 낙태를 반대한다고 가정해서는 안 된다 — 문화적 지식을 근거로 이러한 결론들을 만들어내지 말고 내담자에게 자신의 의견들을 표현할 수 있는 기회를 제공하는 것이 중요하다.

치료자들은 문화적 측면을 넘어서 반드시 가져야 하는 핵심 자질들을 갖추어야 한다.

치료자는 내담자의 언어적, 비언어적 의사소통을 경청해야만 한다.

치료자는 내담자의 세계를 이해하기 위해 노력해야 한다.

만약 치료자들이 무언가에 대해 알지 못하는 것이 있다면 치료자는 내담자에게 솔직하게 요청해야만 한다 — 요청은 내담자를 향한 관심의 표현이고 관계를 발달시키며 내담자와 치료자 사이의 힘의 불균형을 동등하게 유지해준다.

치료자는 사람들 사이의 다름을 인식하면서 동시에 유사성을 찾아낼 수 있어야만 한다.

Patterson(2004)은 모든 내담자들은 인간이라는 하나의 기본적이고 필수적인 유사성을 지니고 있다고 언급했다.

요약

문화적 가정: 교육받은 중산층의 서구 백인 중년에 의해 고안된 현대 서양 중심적 치료; 치료자들은 자신의 문화에 의해 영향을 받음; 개인주의(개인의 중요성, 개인은 자신의 목적으로 향하는 것, 개인의 선택의 가치, 모든 개인은 변화의 잠재성을 가지는 것) 대 집단주의(집단의 중요성, 개인과 전체 사이의 조화, 상극과의 상호연관성, 집단의 이익을 얻기 위한 행동의 중요성) 문화들

다문화주의: 단일문화에서 다문화로, 다양성의 열 가지 분야들(문화, 인종, 사회적 계층, 생물학적 성, 성 역할 정체성, 혼인 여부, 성적 지향성, 신체적 장애, 연령, 종교 또는 철학); 다문화 내담자들, 문화와 하위문화들; 다문화 치료자들, 미국심리학회의 세 기능(자아인식, 다양성 이해, 전략), 욕구들(자신의 가치들을 인식하는 것, 타인의 가치를 이해하는 것, 자신의 문화적 유산을 이해하는 것, 타인과 함께 일하기 위한 전략을 세우는 것)

자기반영: 자기인식의 가치, 문화적 편견은 불가피하고 적절하지만 만약 우리가 자신의 편견들을 스스로 인식하지 못한다면 적절하지 못한 차별로 이끌 수 있음.

비판: 문화적 공감의 중요성; 미국 심리학회는 다문화주의를 위한 기술들과 전략들을 추천하지만 전략들은 불가능하며 편견으로 이끎; 내담자 중심 치료가 해법이 될 수 있음.

통합적 접근: 항상 존재하는 문화적 차이점, 차이점을 인식해야 할 필요가 있지만(자기인식과 다양성에 대한 의식), 지식을 근거로 한 가정은 피해야 함, 차이점의 측면을 넘어서 가져야만 하는 핵심 자질을 갖춰야만 함, 모든 내담자들은 다른 사람들과 유사함.

접근, 치료와 모델들

학습목표

이 섹션을 읽고 당신은 다음과 같은 것들을 할 수 있을 것이다:

- 접근, 치료, 모델을 구분
- 순수주의자와 비순수주의자의 관점 구분
- 효과적인 통합·절충주의와 비효과적인 혼합주의를 구분
- 기술적 절충주의, 이론적 통합, 동화적 통합과 공통 요인들에 대해 정의 및 논의
- Egan's 유능한 상담자 모델에 대한 설명 및 평가

접근, 치료, 모델의 정의

접 근

접근Approach은 유사한 원리에 입각해서 만들어진 모든 이론들과 개념들을 모아 놓은 포괄적인 용어이다.

예를 들면, 인본주의 접근은 인간의 긍정적인 본성, 자아실현을 향한 경향성, 그리고 내담자 자신이 전문가라는 관점들을 핵심으로 하는 몇 가지의 이론들을 포함

이론과 방향성의 초점은 이론의 각 창시자들 사이에서 달라지겠지만 핵심 원리는 유사함.

예를 들면, 인본주의 접근에서 Rogers는 자기 개념과 실제 자기 사이의 일치성 개념에 초점을 두는 반면 Maslow는 욕구 단계의 움직임에 초점을 둠, 하지만 두 이론가 모두 자아

실현의 기본 원리에 대해서는 동의함.

네 가지 핵심 접근법들

인본주의 접근(제 3의 세력)

정신역동 접근(제 2의 세력)

행동주의 접근(제 1의 세력)

인지주의 접근(혁신적 접근)

치 료

치료Therapy는 인간의 성장과 발달을 돕기 위한 접근의 실제적인 적용이라 설명할 수 있다.

여러 가지 치료법들이 동일한 접근법 아래에서 활용될 수 있고 각 치료는 동일한 접근 내의 이론들을 조금 다른 방법으로 적용할 수 있다.

하나의 접근 아래 있는 모든 치료자들은 인간 본성의 일반적인 철학을 공유함.

예를 들면, 인간중심 치료와 실존 치료는 모두 인본주의 접근에 포함됨.

어떤 치료자들은 접근 내의 이론들을 새로운 방법으로 결합함으로써 두 개 이상의 접근을 적용할 수 있다.

치료자들은 두 개 이상의 다른 접근들로부터 인간 본성의 원리를 결합함.

예를 들면, 인지－행동 치료는 행동주의 접근과 인지주의 접근을 결합한 것.

어떤 치료자들은 하나의 접근에 속하지 않고 상황과 내담자를 고려하여 다른 접근 내에 있는 다양한 치료들 중 특정 기법을 선택하여 사용한다.

치료자들은 모든 접근들이 인간 본성에 관한 근본적인 진리들을 담고 있기 때문에 구체적으로 한 가지 치료의 모든 원리들을 충실히 지키기보다는 각각의 접근으로부터 적절하고 가장 관련이 있는 부분들을 선택적으로 가져올 수 있다고 주장한다.

예를 들면, 다중양식 치료는 어떤 한 접근의 원리에 포함되지 않는다.

모 델

모델Model은 치료의 적용을 위한 틀이라고 설명할 수 있다.

모델은 일반적으로 선택된 접근법이나 치료와 별개로 치료자가 치료과정에서 따르는 단계 또는 과정을 의미

예를 들면, Egan의 유능한 상담자 모델(Egan, 2007)

접근 > 치료 > 모델

접근Approach은 치료Therapy의 토대를 제공한다.

접근은 치료자가 가진 인간 본성과 성격에 관한 일반적인 이론을 가리킨다.

치료는 심리적 안녕을 증가시키기 위한 이론들의 실제적인 적용

치료는 모델Model의 틀에 더해질 수 있다.

치료는 심리적 안녕을 증가시키기 위한 이론들의 실제적인 적용

모델은 다양한 치료적 기법들을 적용하기 위한 틀

순수주의 대 비순수주의 관점

순수주의 치료자

순수주의자purists는 오로지 한 접근만 사용하며 보통 하나의 특정한 치료의 영역에만 속해 있다.

예를 들면, 순수 인간중심 치료자들은 인간중심 치료와 인본주의 접근의 핵심 원리에 반하는 어떠한 기법을 적용하거나 어떤 이론을 함께 사용하지 않았을 것이다.

런던에서 시작한 Harley 치료는 정신역동 치료와 인본주의 치료 모두 성격 개념이나 치료법의 측면에서 순수하게 자신의 분야를 엄격히 고수하는 특정 치료사가 순수한 접근방식을 채택한다.

하지만, 소수의 치료자들은 이 엄격한 접근을 유지한다.

Psychotherapy Networker(2007)의 조사에 따르면 오직 4.2%의 치료자만이 그들 스스로 순수주의자라고 인정한다.

심지어 스스로 '순수주의자'라고 언급한 이들도 종종 추가적인 기법들을 결합시킴으로써 어느 정도는 다른 치료들을 사용하여 순수주의에서 벗어난다.

예를 들면, 행동주의 치료자들 중에서도 인간중심 접근의 핵심 조건을 수용함으로써 치료적 관계의 중요성을 인정할 수 있다.

비순수주의 치료자

비순수주의자non-purists는 하나 이상의 접근을 적용하며 흔히 다른 치료들의 요소들을 결합하여 사용한다.

예를 들면, 치료자들은 보통 인본주의 접근을 취하고 인간중심 치료의 방법을 사용하지만 만약 내담자에게 적절하다고 생각되면 인지치료 기법을 사용함.

비순수주의는 치료에 대한 열린 접근으로 통합적, 절충적 또는 혼합적 접근이라고 불리기도 한다.

다양한 치료적 접근들과 기법들을 통합하는 방법은 이론적 동기에 의해서 결정된다.

통합과 절충주의 대 혼합주의

통합적 치료

치료자들은 두 가지 이상의 상호보완적인 접근들의 요소들을 하나로 모으는 데에 목적을 둔다.

야심 있는 이론가들은 다른 이론들로부터 요소들을 추출하여 새로운 이론을 만든다(McLeod, 2009).

많은 현대의 실무자들은 치료를 위한 완전히 새로운 이론적 접근을 만들기 위해 서로 다른 이론들의 요소들을 결합함으로써 통합적 접근을 적용한다.

예를 들면, 인지행동 치료는 새로운 치료적 방법을 만들기 위해 행동주의 접근과 인지주의 접근을 혼합한 것이다.

절충적 치료

치료자들은 다양한 치료적 기법을 하나로 모으는 것을 목적으로 한다.

내담자의 욕구를 충족시키기 위해 서로 다른 다양한 치료들과 접근으로부터 가장 적절한 생각들과 기법들을 가져오는 것

많은 현대의 실무자들은 어떤 특정한 접근에 얽매이지 않고 내담자 각각의 기본적 욕구를 위해 가장 적절하다고 생각되는 기법들을 선택해 사용한다.

예를 들면, 다중양식 치료는 특정한 접근에 국한되지 않고 많고 다양한 치료적 접근에 속한 다양한 기법을 사용한다.

통합 대 절충주의

'통합integration은 결합 과정으로 완전히 새로운 것을 만들어내는 것이다. 절충주의eclectism는 전체에서 부분을 취하여 선택하는 과정이다.'(Hollanders, 2000)

'절충적 상담자는 다양한 이론 및 방법들과 치료적 접근에서 내담자에게 적용 가능한 것을 선택할 것이다. 이를 정당화시킬 수 있는 근거는 특정 문제를 다루는 데 있어 다른 모든 것보다 더 나은 하나의 이론적 접근 방법이 존재한다는 것에 대한 근거가 어디에도 없다는 것이다. 통합적 상담은 상담과 심리치료에 있어서 구별되어 있는 다양한 모델을 분리시켜 사용하는 것보다 오히려 함께 모여 사용하는 것이 더 효과적일 때 사용하는 방법이다.'(BACP, 2010c)

통합은 바탕이 되는 접근들을 근거로 해서 완전히 새로운 치료를 제공하기 위해서 다른 접근들을 결합하여 새로 만들어지는 접근을 의미한다.

절충주의는 구체적인 접근에 국한되지 않고 완전히 새로운 치료를 제공하기 위해서 다른 치료들을 모아 사용하는 것을 의미한다.

'치료에 적용되는 절충주의와 보다 관념적 의미인 통합주의'(Wachtel, 1991)

많은 치료자들은 혼합주의syncretism로 오인당하는 것 때문에 '절충주의eclectism'란 용어를 싫어한다.

치료자들은 그들이 실제로는 절충주의를 적용할 때에도 '통합주의integration'란 용어를 더 선호함.

통합주의와 절충주의 모두 내담자의 필요와 개인의 상황에 대한 사려 깊은 고려가 요구된다.

만약 치료자들이 내담자를 사려 깊게 평가하고 선택한 접근 또는 치료에 대한 이해가 있다면 통합과 절충적 치료는 동등하게 성공적일 것이다.

혼합주의

절충주의는 내담자의 욕구에 대한 사려 깊은 평가와 더불어 치료에 사용할 수 있는 다른 접근에 대한 깊은 이해를 바탕으로 하여 적절한 치료적 기법들을 고려하여 적용하는 것을 말한다.

절충주의는 치료자의 바람과 기분에 따라 기법들을 마음대로 뒤섞어 사용하는 것이 아니다. Lazarus(1992)는 비합리적이거나 보여주기 위한 방법으로 다양한 기법들을 사용하기 위해 임의로 선택하는 것은 혼합주의적 형태라고 주장한다.

혼합주의syncretism는 근본적인 이론들의 이해 없이 치료자가 적용할 수 있는 이론을 바탕으로 서로 다른 접근과 치료를 섞어 사용하는 것을 말한다.

절충주의 대 혼합주의

절충주의 치료자들이 하나의 근본적인 접근만 사용하는 것은 아니지만 치료자들은 자신들이 선택해 가져온 접근의 이론적 기반을 이해하고 있으며 치료자가 적용한 기법의 실증적인 근거도 이해하고 있다.

사실 절충주의는 매우 효과적일 수 있음.

대부분의 유능한 치료자들은 절충주의 입장을 적용함(Corsini & Wedding, 2008).

대조적으로, 혼합주의 치료자들은 다른 접근들의 이론적 기반 또는 다양한 기법에 대한 근거나 반증을 이해하지 못하고 단순히 개인의 기분에 바탕을 두고 기법들을 선택한다.

혼합주의는 가장 효과가 없거나 가장 위험할 수 있다.

이 장 말미의 <표 1.1>에서 제시하는 상담과 심리치료의 일반적인 접근과 치료의 예를 살펴보라.

하지만 이 목록은 확실하거나 완전한 것이 아님을 주의하라.

전 세계에는 많은 치료들이 있으며 다수의 치료자들은 표의 목록을 반대하기도 한다.

이 목록은 통합과 절충주의의 본질을 이해하도록 돕기 위한 아주 단순한 치료와 접근의 분류이다.

통합과 절충주의의 유형

절충주의와 통합의 4가지 유형(Dattilio & Norcross, 2006; Norcross & Beutler, 2008)

이론적 통합 Theoretical integration

동화적 통합Assimilative integration

공통 요인Common factors

기술적 절충주의Technical eclecticism

이론적 통합

이론적 통합은 두 가지 이상의 핵심 접근을 새로운 하나의 접근으로 통합하려 하는 것이다.

이 방법은 몇몇의 새로운 치료 분야를 만들기 위해 사용되곤 했으며 이렇게 만들어진 많은 새로운 치료들은 순수한 치료보다 더 유명해졌다.

요약하자면, 이론적 통합은 두 가지 이상의 접근을 통합하는 것이다.

예를 들면, 인지행동 치료는 인지주의 접근과 행동주의 접근의 통합

동화적 통합

동화적 통합은 다른 접근들 아래 있는 몇 가지 치료들로부터 기법을 선택적으로 통합하면서 동시에 하나의 순수한 접근에 초점을 맞추는 것이다.

요약하자면, 동화적 통합은 특정한 하나의 접근 안에서 기반을 유지하면서 다른 접근들 아래에 있는 치료들로부터 선택적으로 기법을 통합하는 것이다.

예를 들어, 교류분석은 확실히 인본주의 접근에 기반을 두지만 추가적인 이론과 기법들을 통합함으로써 확장했기 때문에 동화적 통합이라고 할 수 있다.

공통 요인

공통 요인들은 가장 효과적인 이론들을 하나의 새로운 접근과 치료로 통합하기 위해 다양한 접근들과 치료들 안에 있는 공통된 요인을 찾는 것이다.

요약하자면, 공통 요인들은 공통성을 바탕으로 하나의 핵심 이론으로 다가서는 것으로 서로 다른 접근들에서 유사성을 확인하는 것이다.

예를 들면, 가족 체계 치료는 다른 접근들에서 수많은 공통 이론들을 바탕으로 한 것

기술적 절충주의

기술적 절충주의는 특정한 근본적인 이론적 접근을 사용하지 않고 몇 가지 다른 치료들로부터 다

양한 기법들을 사용하는 것이다.

이 방법은 인간 본성과 성격의 통합적 개념과 관련된 이론적인 기반보다는 기법의 적용에 초점을 둔다.

요약하자면, 기술적 절충주의는 특정한 근본적인 이론들의 사용 없이 기법의 성공을 위한 근거에 바탕을 두고 기법들을 선택하는 것이다.

예를 들면, 다중양식 치료는 직접적으로 어떤 순수한 접근들과의 연관성을 두는 것 없이 다양한 기법들을 사용한다.

그림 1.2 유능한 조력자 모델(Egan, 2007으로부터 인용됨)

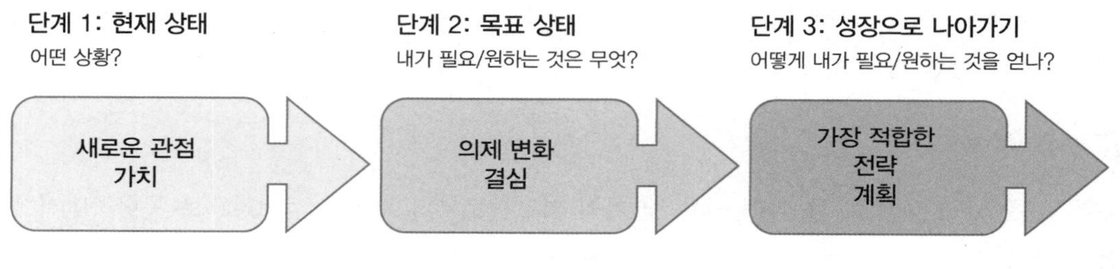

모 델

Egan의 3단계 모델(Egan, 2007)은 내담자의 역량강화를 통해서 내담자가 자신의 기회를 개발하고 자신의 문제를 해결하도록 상담자가 안내하며 치료자와 내담자 사이의 협력적 관계를 촉진하는 것을 목적으로 한다.

Egan은 학자들이 제시한 과거의 심리학적 이론 모델들이 현장에서 실제 활동 중인 치료자들에게 실질적 정보를 제공하는 데 실패하는 경우가 많다고 주장했다.

이 상황은 학자들이 치료적 관계에서 발생하는 실제 문제를 도외시하게 하고 치료자들이 과학적 근거가 없는 기술을 사용하게 하며 내담자들이 근거 중심 기법의 성과를 누리지 못하게 하여 '실패 – 실패 – 실패 각본'으로 이어지게 됨.

Egan은 문제 관리 및 기회 개발의 관점을 현장의 치료적 관계에서 적용 가능하도록 광범위한 연구결과에 근거한 모델의 형태로 만들어낼 것을 제안했다.

Egan은 이 모델의 목적이 치료자가 내담자로 하여금 '자신의 삶의 문제를 보다 효과적으로 해결하고 여태 활용하지 않았던 기회를 충분히 활용할 수 있도록' 도와줄 수 있게 보조하는 것이라고 밝혔다.

유능한 상담자 모델은 치료적 과정을 세 단계로 구성하여 문제 제시에서 해결에 이르는 치료적 관계의 각 단계에 어떤 기술을 사용하는 것이 적절한지 밝힘으로써 내담자를 돕는 구조적 틀을 제공해 준다.

Egan의 유능한 상담자 모델은 역사상 가장 오랜 시간 인정받았으며 영향력이 있는 상담 모델이다. 상담, 심리치료, 심리학, 비즈니스, 간호, 코칭 등에 30여 년간 큰 영향을 미쳤다.

3단계

치료 과정은 3단계로 도식화 할 수 있다.

첫 번째 단계는 문제 상황과 활용하지 않은 기회가 어떤 것이 있는지 살펴봄으로써 현재에 초점을 둔다.

두 번째 단계는 미래의 가능성에 대한 생각을 발전시켜 목표에 초점을 둔다.

세 번째 단계는 목표를 실현시키고 문제를 해결하고, 활용하지 않은 기회를 이용하여 목표 상태를 달성할 수 있는 계획을 세움으로써 전략에 초점을 둔다.

세 단계는 정확히 연쇄적으로 일어나는 분명한 선형관계를 따르는 것은 아니며 이 모델은 기술을 사용하기 위한 뼈대이자 치료를 진행하기 위한 지침이다.

첫 번째 단계: 현재 상태–어떤 상황인가?

유능한 조력자 모델의 첫 번째 단계는 내담자가 자신의 문제 상황과 활용하지 않은 기회를 탐색하고 알아내고 명료화하는 데 초점을 둔다.

내담자는 치료자가 자신의 이야기를 듣고 있으며 인정하고 받아들인다는 믿음을 갖고 자신의 이야기를 자신의 언어로 말해야 한다.

하지만, 치료자가 내담자의 입장에서 이야기를 듣고 있다고 내담자가 느끼는 것 외에도 내담자로 하여금 자신의 상황을 보다 넓은 관점과 타인의 관점으로 바라보게 하기 위해 자신의 이야기를 보다 세세하게 살펴보도록 격려하는 것이 중요하다.

핵심 질문: '당신의 삶에서 어떤 일이 일어나고 있습니까?'

이야기

첫 번째 단계의 첫 번째 과정은 내담자의 이야기에 집중하는 것이다.

이 순서는 치료자와 내담자 간의 기본적인 치료적 관계를 형성하는 과정이다.

Deffenbacher(1985) 유능한 상담자는 비판단적인 태도로 경청하고 내담자의 사고와 감정 모두에 관심을 기울이며 정직함과 보살피는 마음으로 반응하여 내담자와의 라포를 형성하는 데 힘써야 한다고 언급했다.

치료자가 치료 과정의 처음 단계 동안 내담자와 긍정적인 관계를 확립하여 내담자로 하여금 자신의 이야기를 하는 데 충분히 편안하고 거리낄 것이 없도록 하는 것이 매우 중요하다.

내담자가 치료자를 신뢰하여 자신의 이야기를 숨김없이 말할 수 있어야 하며 이는 문제 해결의 첫 단추이다.

이야기를 격려하는 핵심 질문에는 '~에 대해 얘기해주시겠어요?'가 포함된다.

새로운 관점

첫 번째 단계의 두 번째 과정은 맹점 확인에 초점을 맞추는 것이다.

문제에 몰두한 사람들은 종종 더 넓은 관점으로 상황을 바라보는 것에 실패하고 환경 안에서 타인의 관점을 염두에 두지 못하게 된다.

내담자들은 자신의 문제와 관련한 특정 요소를 보지 못하고 있을 수 있다.

치료자는 문제를 다른 각도에서 살펴보고 대안적인 해석방식을 탐색하며 문제의 세부사항을 명료화하고 활용하지 않은 기회가 있는지 조사하여 내담자가 자신의 맹점을 발견하고 이를 극복할 수 있도록 도와야 한다.

이 단계에서 내담자의 맹점 문제를 해결할 수 있는 핵심 질문은 '이 사안을 다른 식으로 바라볼 수 있나요?' 혹은 '중립적인 입장의 관찰자가 이 상황을 바라본다면 어떻게 생각할까요?'가 있을 수 있다.

가 치

첫 번째 단계의 세 번째 과정은 지렛대 탐색에 초점을 맞추는 것이다.

치료자는 내담자가 삶에 중요한 의미가 있는 사안에 초점을 두도록 도와야 한다.

Egan(2007)은 지렛대 원리를 통해 어느 사안을 해결할 것인지 결정해야 한다고 제안했다; 이 원리를 적용하려면 위기관리, 내담자에게 가장 큰 고통을 불러일으키는 문제, 내담자가 특별히 중요하게 여기는 문제, 해결 비용보다 이득이 더 큰 문제, 큰 문제 중 다룰 수 있는 작은 문제, 내담자의 전반적인 안녕에 영향을 미치는 문제에 우선순위를 둬야 한다.

내담자가 사안의 우선순위를 정할 수 있게 돕기 위한 핵심 질문은 '이 모든 것에서 당신에게 가장 중요한 부분이 무엇인가요?' 혹은 '지금 가장 집중해서 다루고 싶은 문제가 무엇인가요?'가 있다.

두 번째 단계: 목표 상태-내가 필요/원하는 것이 무엇인가?

유능한 조력자 모델의 두 번째 단계의 목표는 현재의 문제 상황과 활용하지 않은 기회에 대한 이해를 기반으로 하여 내담자가 목표와 관련된 자신의 욕구와 원하는 바를 탐색하도록 돕는 것이다.

어떤 사람은 자신의 문제를 해결하여 정확히 무엇을 얻고자 하는지 심사숙고하지 않은 채 문제 상황과 행동을 오가기도 한다.

치료자는 내담자가 정확히 어떤 목표를 원하는지 명확히 하는 데 초점을 둬야 한다.

핵심 질문: '무엇을 원하나요?'

가능성

두 번째 단계에서 첫 번째 과정은 원하는 모습의 가능성을 탐색하는 데 초점을 맞추는 것이다.

치료자는 현재의 문제적 상황의 대안으로써 내담자가 다양한 미래의 상황을 개념화하도록 도와야 한다.

이 과정에서 치료자는 내담자가 현실적이기보다는 상상력을 발휘하도록 도와야 하며 이 브레인스토밍 활동을 흥미롭고 비판단적인 분위기 속에서 할 수 있게 도와야 한다.

내담자가 다양한 가능성을 탐색할 수 있도록 도와주는 핵심 질문으로는 '어떤 일이 일어났으면 하나요?' 혹은 '문제가 사라지고 모든 것이 완벽한 상태는 어떤 모습인가요?'가 있을 수 있다.

의제 변화

두 번째 단계에서 두 번째 과정은 실행할 수 있는 목표의 범위를 좁히는 데 집중하는 것이다.

치료자는 현실 검증 과정을 통해 내담자가 현실적으로 가능한 것들을 인식하게 도와주어야 한다.

잠재적인 목표는 내담자가 최선을 다해야 얻을 수 있을 만큼 노력을 요하는 것인 동시에 현실적으로 성공할 수 있는 것이어야 한다.

이 과정에서는 내담자가 자신의 능력과 선택할 수 있는 사항에 대해 솔직하게 논의할 것을 요구하므로 여러 가지 어려운 기술을 복합적으로 구사하게 된다.

내담자가 목표 설정을 하는 데 집중할 수 있게 하는 핵심 질문으로는 '달성할 수 있는 미래의 상황들 중에 어떤 것이 당신에게 가장 좋은가요?' 혹은 '당신이 생각하기에 달성할 수 있는 미래의 상황은 어떤 것이 있나요?'가 있다.

내담자와 목표를 설정할 때 고려해야 할 수많은 중요한 요소들이 있는데 치료자는 내담자에게 그 목표가 명확하고 구체적이며 달성 가능하고 현실적인지, 정해진 기한 내에 달성 정도가 측정이 되는 것인지 물어볼 수 있다. 위 사항이 목표 설정을 위한 SMARTSpecific, Measurable, Achievable, Realistic, Time limited 모델의 기초를 이룬다.

전 념

두 번째 단계에서 세 번째 과정은 변화를 위해 전념하도록 돕는 것이다.

내담자는 변화에 따르는 보상을 따져보기 위해 손익 분석을 수행해야 한다.

분석을 촉진하는 핵심 질문으로는 '이 목표를 성취했을 때 당신에게 좋은 점이 무엇인가요?' 혹은 '이 목표를 성취하기 위해서는 어떤 것을 감수해야 하나요?'가 있다.

세 번째 단계: 성장으로 나아가기—어떻게 하면 내가 필요/원하는 것을 얻을 수 있나?

유능한 조력자 모델의 세 번째 단계는 내담자의 목표를 달성하기 위한 행동 전략을 구성하는 것을 목표로 한다.

치료자는 내담자와 협력하여 행동 계획을 수립해야 한다.

핵심 질문: '어떻게 하면 원하는 것을 얻을 수 있을까요?'

가능한 전략 탐색

세 번째 단계에서 첫 번째 과정은 행동 전략에 대해 브레인스토밍 하는 것이다.

우스운 방안도 현실적인 가능성으로 이어질 수 있으므로 치료자는 내담자가 제한 없이 가능한 모든 전략을 고려할 수 있도록 격려해야 한다.

자유로운 사고를 촉진시킬 수 있는 핵심 질문으로는 '어떻게 하면 목표를 달성할 수 있을까요?' 혹은 '엉성하고 괴상한 방식으로 목표를 달성하는 방법은 어떤 것이 있을까요?'가 있다.

가장 적합한 전략

세 번째 단계에서 두 번째 과정은 내담자의 현재 상황에 적합한 전략을 선택하도록 집중하는 것이다.

치료자는 어떤 전략이 현실적이고 효과가 있을지 판단하기 위해 내담자가 내적 요인(내담자의 필요, 가치, 선호 등)과 외적 요인(자원, 지지망 등) 모두를 탐색할 수 있도록 격려해야 한다.

내담자가 적합한 전략에 초점을 맞추도록 돕기 위한 핵심 질문으로 '어떤 방안이 가장 현실적인가요?' 혹은 '어떤 방안이 당신에게 맞나요?'가 있다.

계 획

세 번째 단계에서 세 번째 순서는 선택한 전략을 실행 계획으로 변환하는 것이다.

치료자는 '먼저 무얼 해야 하나요?' 혹은 '다음에 할 일이 정확히 뭔가요?'와 같은 핵심 질문을 통해 내담자가 현재 상태를 목표 상태로 바꾸기 위한 행동 계획을 세우도록 도와야 한다.

행동 계획은 현실적인 시간에 맞춰 단계별로 무엇을 할 것인지 명확히 서술해야 한다.

요약

접근/치료/모델: 접근＝유사한 원리들의 세트를 모아놓은 개념들과 모든 이론들을 위한 포괄적 용어(인본주의, 정신역동, 행동주의, 인지주의); 치료＝심리적인 안녕을 증진하기 위한 접근의 실제적인 적용(예: 인본주의 접근 아래의 인간중심 치료); 모델 = 치료의 적용을 위한 틀(예: 유능한 조력자 모델)

순수주의자 대 비순수주의자: 순수주의자들은 오로지 한 접근만 사용하며 보통 하나의 특정한 치료를 고수함(오직 4.2%만이 그들 스스로 순수주의자라고 여김); 비순수주의자들은 하나 이상의 많은 접근을 사용하며 종종 다른 치료들의 요소들을 결합함(통합적, 절충적 또는 혼합적이라 여김).

통합주의/절충주의/혼합주의: 통합 = 새로운 근본적인 접근을 바탕으로 하는 새로운 치료를 제공하기 위해서 다른 접근들을 결합하는 것; 절충주의 = 근본적인 접근의 구체적인 사용 없이 새로운 치료를 제공하기 위해서 다른 치료들을 결합하는 것; 혼합주의 = 근본적인 이론의 이해 없이 기법의 무선 선택(비효과적)

유형: 이론적 통합 = 두 가지 이상의 접근들을 새로운 하나의 접근으로 통합; 동화적 통합 = 하나의 핵심 접근에 초점을 두면서 다른 접근 아래에 있는 치료들로부터 기법들을 선택적으로 통합; 공통 요인들 = 다양한 접근 안에 있는 가장 효과적인 이론들을 함께 사용하기 위해 다양한 접근의 공통 요인들에 초점을 둠; 기술적 절충주의 = 어떤 근본적인 접근의 사용 없이 다른 접근들 안에 있는 치료의 기법들을 사용

Egan의 유능한 상담자 모델: 문제 관리 모델, 해결책을 향해 내담자를 이끄는 상담자와의 협력적 관계를 촉진함, 역사상 가장 오랜 시간 동안 인정받았으며 영향력을 주고 있는 상담 모델(30년); 단계1 현재 상태, 당신의 세계는 어떤 상황인가? 이야기, 새로운 관점, 가치; 단계2 목표 상태, 당신이 원하는 것은 무엇인가? 가능성, 의제 변화, 전념; 단계3 성장으로 나아가기, 내가 원하는 것을 어떻게 얻을 것인가? 가능한 전략들, 가장 적합한 전략들, 계획

표 1.1 일반적인 치료법들과 접근의 예시

<table>
<tr><th>접근</th><th>인본주의 접근
(제 3의 심리학)</th><th>정신역동 접근
(제 2의 심리학)</th><th>행동주의 접근
(제 1의 심리학)</th><th>인지주의 접근
(인지적 혁명)</th></tr>
<tr><td rowspan="2">순수 치료법</td><td>인간중심 치료</td><td>정신분석적 치료</td><td>행동 치료</td><td>인지 치료</td></tr>
<tr><td>실존 치료</td><td>아들러 치료</td><td>응용행동분석
(행동 수정)</td><td>합리적 치료</td></tr>
<tr><td rowspan="2">통합된 치료법</td><td colspan="2">게슈탈트 치료</td><td colspan="2">합리적 정서행동 치료</td></tr>
<tr><td colspan="2">교류 분석</td><td colspan="2">인지행동 치료</td></tr>
<tr><td rowspan="2">절충적 치료법</td><td colspan="4">다중양식 치료</td></tr>
<tr><td colspan="4">신경언어 프로그래밍</td></tr>
</table>

Chapter 02

인본주의적 접근법과 인간중심 치료

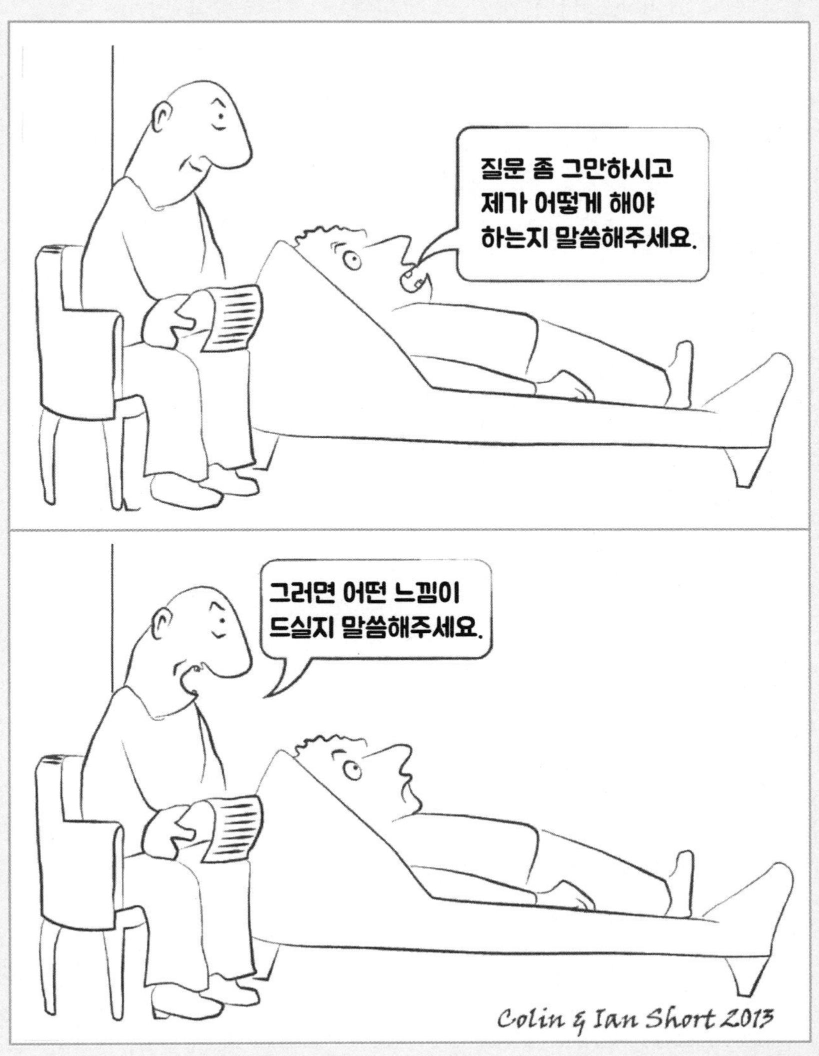

CHAPTER 02 Contents

- 인본주의적 접근과 인간중심 치료에 대한 소개
- 인본주의적 접근의 발전
  - 심리학의 제 3 세력
  - 인본주의적 접근의 주요 발전
  - 인본주의적 접근의 주요 인물
- Carl Rogers와 Abraham Maslow의 개인적 그리고 학자적 전기
  - Carl Rogers의 전기
  - 주요 어록
  - Abraham Maslow의 전기
  - 주요 어록
- 인간 본성과 성격에 대한 인본주의 이론
  - 유기체적 자기와 자아개념
  - 자아개념에 대한 조건적 가치부여의 영향
  - 자아실현을 위한 경향성
  - 욕구 위계
  - 충분히 기능하는 사람의 특성
  - 성격의 19가지 명제
- 인간중심 치료에서의 치료적 관계
  - 건설적인 성격 변화를 위한 6가지 핵심 조건
  - 필요충분조건인가?
  - 건강한 성격 변화의 단계
  - 관계적 깊이
- 인간중심 치료의 치료적 기술
  - 기법의 부재
  - 일관성 보여주기
  - 무조건적 긍정적 존중 보여주기
  - 공감적 이해에 대해 설명하기
- 인간중심 치료를 적용한 사례연구
  - 녹음된 회기: 현장에서의 치료
  - 필 토마스의 사례: 개인사와 증상
  - 치료 회기: 분석
  - 내담자의 개인적 경험

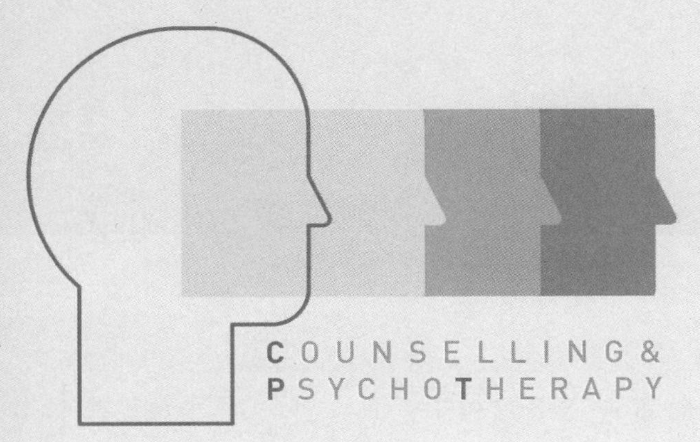

Chapter 02

인본주의적 접근법과 인간중심 치료

인본주의적 접근과 인간중심 치료에 대한 소개

이 장은 독자들에게 인본주의적 접근의 상담과 심리치료에 대해 소개한다. 인간중심 치료는 인본주의적 접근에 속한 치료적 방법 중의 하나로 다뤄질 것이다.

학습목표

이 장을 읽고 당신은 다음과 같은 것들을 할 수 있을 것이다:

- 심리학의 제 3 세력인 인본주의적 접근의 발전에 대해 설명
- Carl Rogers와 Abraham Maslow가 인본주의적 접근의 발전에 미친 영향력을 이해
- 인본주의적 관점에서 인간 본성과 성격에 대한 핵심 이론에 대해 논의
- 인간중심 치료에서 치료자와 내담자 간의 치료적 관계의 성격에 대해 논의
- 인간중심 치료에서 사용되는 주요 치료적 기법에 대해 서술
- 실제 현장에서 인간중심 치료의 적용을 이해

인본주의적 접근의 발전

학습목표

이 섹션을 읽고 당신은 다음과 같은 것들을 할 수 있을 것이다:

- 심리학의 세 가지 주요 세력을 나열
- 역사적인 맥락 안에서 인본주의적 접근의 발전을 논의
- 인본주의적 접근의 발전에 기여한 주요 인물에 대해 파악

심리학의 제 3 세력

심리학의 세 가지 세력

행동주의 접근

정신역동 접근

인본주의 접근

인본주의 심리학은 '제 3 세력'이다.

20세기 초 지배적인 정신분석과 행동주의 접근에 대항하여 발전했음.

제 1 세력

행동주의 심리학은 인간 본성을 기계론적으로 가정하였고 인간을 자극과 반응의 관계로 한정시킴(4장에서 더 많은 정보를 얻을 수 있음).

제 2 세력

정신역동 심리학은 인간 본성을 결정론적으로 가정하였고 인간을 기본적인 생물학적 욕구의 존재로 한정시킴(3장에서 더 많은 정보를 얻을 수 있음).

제 3 세력

인본주의 심리학은 '인간의 정신적인 측면을 폄하하는 것을 상정하는 행동주의와 사회과학에서의 인간상에 대한 반응'이다(인본주의 심리학회, 2001).

의료 모델에 대해 반응함.

의료 모델과 정신의학은 병에 중점을 둠.

의료 모델의 목표는 내담자를 치료하는 것임.

의료 모델은 환자는 병이 있는 것이고 실무자는 병이 있는 개인의 정신건강을 치료해야 하는 전문가라는 중요한 가정을 만듦.

인본주의 접근은 개인에게 중점을 둠.

인본주의의 목표는 개인에게 그 자신의 세계에 대한 통제력을 재건하도록 안전한 환경을 제공하는 데 있음.

논리 실증주의 가치에 대해 반응함.

논리 실증주의는 사고, 감정, 행동을 이해하기 위해 논리와 경험론에 중점을 둠.

논리 실증주의는 비엔나 학파(Schlick, Godel, Carnap, Hempel, Neurath 등)에 의해 개발됨.

논리적 실증주의는 경험주의(실증주의)(명제는 사실로 증명될 수 있음)를 사용하여 과학이 자연 세계에 대한 지식 체계를 구축해야 한다고 제안함으로써 모호한 경계 문제(과학과 유사 과학의 경계를 식별)를 해결하려고 시도함.

논리 실증주의는 합리주의(세계에 대한 추론을 도출하기 위한 이성, 지성, 논리의 사용)와 경험주의(세계에 대한 결론을 도출하기 위한 관찰 가능한 증거)를 강조함.

인본주의 접근은 객관적 과학적 탐구보다 개인의 인간 경험에 중점을 둠.

인본주의 창시자들은 실존적 현상학에 의해 크게 영향을 받음(Kierkegaard, Husserl, Heidegger 등).

실존적 현상학은 현실에 대해 자신만의 고유한 답을 추구함으로써 인간 조건이 개인의 관점으로부터 고려되어야 한다는 것을 제안함.

실존적 현상학은 주관적 의미의 성격과 개인적인 경험의 중요성을 강조함.

의미 있는 인간 중심 관점에 대해 전념함.

심리학은 대개 인간 본성을 주로 연구하나 모든 종에 영향을 미치는 요인에 대해서도 살펴봄.

보상, 음식, 성 등의 욕구를 위해 노력하는 것은 전 세계 모든 종에서 나타남.

1950년대 인본주의자들은 심리학의 다른 분야에서 간과된 인간 요소를 탐구하기 시작했음.

근본적으로 사랑, 희망, 창조, 개성, 존재의 본질, 자의식, 자기인식, 철학, 언어, 예술, 도덕과 같은 인간 현상이 있음.

Friedman(1994)은 인본주의적 변화는 결정에서 자기결정으로, 인과성에서 목적으로, 조작에서 자기책임으로, 분석에서 통합으로, 진단에서 대화로, 결과 지향 모델에서 과정 지향 모델로, 인간 삶의 타락에서 인간 삶의 축복으로 나타낼 수 있다는 것을 주장함.

이 접근은 객관화된 과학에 의한 통제를 거부하고 인간에 대한 공감적 이해를 지지함.

인본주의적 접근의 주요 발전

인본주의적 접근에 대한 초기 관심

Rogers는 일반적인 심리학과 구체적인 치료는 고유한 인간으로서 개인에게 초점을 맞춰야 한다고 제안함.

1942년에 '카운슬링의 이론과 실제'를 출판함.
1951년에 '내담자 중심 상담'을 출판함.

Maslow는 심리학은 우리의 욕구를 충족시키려는 열망에 대한 인간 행동의 탐험에 집중해야만 한다고 제안했고 동기이론을 동물을 중심animal centre으로 한 연구가 아니라 사람을 중심으로 한 연구여야 한다고 주장함.

1943년에 Psychological Review에 theory of human motivation(인간 동기 이론)을 게재함.
1954년에 '동기와 성격'을 출판함.

인본주의적 접근의 정식 확립

1957년과 1958년에 Detroit에서 Maslow와 Mustakas를 초청해서 가진 일련의 모임으로부터 시작됨.

'주관적 인간 존재'에 집중하는 것이 협회 설립의 목적임(Rogers, 1962).

Cohen은 1958년에 인본주의 심리학에 대한 첫 번째 책인 '인본주의 심리학'을 출판함.

1961년에 미국 인본주의심리협회가 창립됨.

이 협회는 공식적인 인본주의 접근의 설립의 계기로 봄.

1961년에 인본주의 심리학 학술지가 발간됨.

처음에는 The Phoenix라고 불림.

1964년에 코네티컷에서 인본주의 학회가 열림.

참석자들은 Rollo May, Gardner Murphy, Gordon Allport, J.F.T. Bugental, Henry Murray, Charlotte Buhler, Abraham Maslow와 Carl Rogers등의 심리학자들이었음.

참석자들 중에는 Jacques Barzun, Rene Dubos와 Floyd Matson같은 인본주의자도 포함되어 있었음.

학회는 심리학의 제 1 세력과 제 2 세력(행동주의 접근과 정신역동 접근)이 실제문제와 인간조건의 복잡성을 분석해내는 것에 왜 실패했는지에 대한 탐색에 초점을 맞춤.

참석자들은 인본주의 심리학의 '제 3 세력'인 인본주의 심리학이 '인간본성에 대한 더 완전한 개념과 경험을 제공한다'고 결론지음(인본주의 심리학회, 2001).

1972년에 미국심리학회가 이 학회를 정식으로 인정함.

인본주의 심리학은 APA의 제 32분과이며 The Humanistic Psychologist라는 자체 학술잡지를 발간함.

현대 인본주의적 접근

현대 인본주의적 접근의 범위

인본주의적 접근의 주요 원리 중 하나는 인간은 무엇인가 '되어가는' 계속적인 과정 중에 있다는 생각임.

되어감은 더 효과적이고 자기 실현을 향해 끊임없이 노력하는 것을 의미

그러므로, 인본주의적 접근 자체가 계속 변화해 간다는 것은 놀라운 일이 아님.

이 접근은 계속적인 발전 과정에 있음.

Rogers는 인본주의적 접근을 뒷받침하는 이론을 계속 발전시켰고 연구하는 이들이 자신의 아이디어를 연구하고 개발하는 것을 환영했음.

성격이론, 치료적 변화의 조건과 변화 과정의 단계에 관한 이론을 개발할 때부터 이론을 진전시키고 인본주의적 관점을 더욱 발전시킨 다른 핵심 이론가들이 있었음.

인본주의적 접근의 주요 인물

Carl Rogers(1902–1987)

주요 영향

인본주의의 원리를 적용한 치료적 기법으로서 인간중심 치료를 소개함.

내담자가 자아실현을 향해 움직이기 위해서는 치료적 관계가 중요함을 강조함.

치료자가 긍정적인 치료적 변화를 촉진시키기 위한 여섯 가지의 필요조건과 충분조건을 제시함.

인간중심 접근을 언급할 때에는 무조건적 긍정적 존중, 정확한 공감적 이해, 진실성(여섯 가지 조건 중 세 번째, 네 번째, 다섯 번째 조건)의 세 가지 핵심적인 조건을 주로 말하지만 본래 Rogers는 여섯 가지의 필요조건과 충분조건을 주장했음을 인식하는 것이 중요함.

내담자가 '온전히 받아들여짐'을 경험하는 것(Rogers, 1961)과 '현재'라는 개념(Rogers, 1980)에 초점을 맞춤.

주요 저작

1941년 '상담과 심리치료Counseling and Psychotherapy' 출판

1951년 '내담자중심 치료: 실천, 함의, 이론Client-centred Therapy: Its current Practice, Implications, and Theory' 출판

1969년 '학습의 자유Freedom to Learn' 출판

1980년 '칼 로저스의 사람–중심 상담A Way of Being' 출판

Abraham Maslow(1908–1970)

주요 영향

인간 욕구에 대한 위계 이론을 발전시켜 인간 동기의 본질을 설명함.

인간이 자기실현을 추구할 수 있게 하는 고차원적 욕구(가족을 통해 느끼는 소속감의 욕구나 자신감과 같은 존중감의 욕구)를 충족시키기 전에 기본적 욕구(예를 들어 음식을 먹는 것과 같은 생리적 욕구나 신체의 보호와 같은 안전의 욕구)를 충족시키는 것의 중요성을 강조함.

주요 저작

1946년 Psychological Review에 '인간 동기의 이론A Theory of Human Motivation' 출판

1954년 '동기와 성격Motivation and Personality' 출판

1968년 '존재의 심리학Toward a Psychology of Being' 출판

Rollo May(1909–1994)

주요 영향

실존철학을 인본주의적 움직임과 관련지음.

악과 고통에 대한 통찰을 제공하였으며 사랑과 성의 관계에 대한 논쟁을 불러 일으킴.

주요 저작

1950년 '불안의 의미The Meaning of Anxiety' 출판

1956년 '실존Existence' 출판

1969년 '사랑과 의지Love and Will' 출판

James Bugental(1915–2008)

주요 영향

심리학의 제 3 세력임을 주장

접근법과 관련된 5가지 핵심 가정의 틀을 잡았음. 인간은 구성요소로components 축소될 수 없으며 개인은 저마다의 고유한 상황이 있고 자신에 대해 인식하고 있으며 선택과 책임을 가지고 의미, 가치, 창의성을 추구함.

주요 저작

1963년 '인본주의 심리학: 새로운 돌파구Humanistic Psychology: A New Breakthrough' 출판

1965년 '진실성의 추구The Search for Authenticity' 출판

Eugene Gendlin(1926–현재)

주요 영향

Rogers의 제자이자, 가까운 동료였음.

경험적 초점 맞추기 치료법experiential focusing oriented therapy을 발전시켰음.

내담자가 변화해가는 과정과 치료자가 공감적 반응을 통해 내담자의 '내면 경험하기'를 돕는 것에 흥미를 보였음.

주요 저작

1978년 '내 마음 내가 안다Focusing' 출판

Natalie Rogers(1928–현재)

접근에의 영향

Carl Rogers의 딸

공감을 통한 인간중심 표현예술치료법person-centered expressive art therapy을 발전시킴으로써 내담자가 자신이 가진 창의성의 의미에 대해 탐색하도록 했음.

주요 저작

1993년 '인간중심 표현예술치료: 창조적 연결The Creative Connection: Expressive Arts as Healing' 출판

Garry Prouty(1937–2009)

주요 영향

치료과정에 집중하기 위한 준비가 더 필요한 내담자들이 치료과정에 잘 참여할 수 있도록 돕는 방법에 기여함.

전-치료법Pre-therapy은 Rogers가 처음에 제안했던 인본주의적 개념과 매우 유사하지만 전-치료법은 일반적으로 '대화 치료'의 대상에서 제외되는 사람들과 함께 작업할 수 있는 기회를 제공함(예: 의사소통을 할 수 없는 사람들).

주요 저작

1976년 '전-치료법Pre-therapy' 출판

요약

세 가지 세력: 행동주의, 정신역동, 인본주의; 인본주의는 본질적으로 인간의 특성에 초점을 맞춤, 의학적 모델과 논리 실증주의에 반대, 인간을 기반으로 한 의미 있는 관점에 전념

주요 진보: 1940년대에 Maslow와 Rogers로부터 제안된 초기 생각; Rogers는 심리학이 고유한 인간으로서의 개인에 초점을 맞추어야 한다고 제안, Maslow는 심리학이 인간 중심이 되어야 하고 욕구의 충족에 초점을 두어야 한다고 제안; 1960년대 정식으로 설립, 1950년대 접근을 설립하기 위한 디트로이트 회의 시작, 1961년 미국 인본주의 심리학회 설립, 1961년 인본주의 심리학회지 출시, 1964년 인본주의 초청 회의 개최, 1972년 APA로부터 인정; 현대적 접근은 계속해서 발전하고 있는 과정임.

주요 인물: Rogers의 인간 중심 치료, Maslow의 욕구위계, May의 실존 철학, Bugental의 인본주의 성명humanistic manifesto, Gendlin의 포커싱focusing, Rogers의 표현 예술, Prouty의 전치료법

Carl Rogers와 Abraham Maslow의 개인적 그리고 학자적 전기

학습목표

이 섹션을 읽고 당신은 다음과 같은 것들을 할 수 있을 것이다:

- Carl Rogers(1902–1987)의 개인적 그리고 학문적 전기에 대한 개요
- Abraham Maslow(1908–1970)의 개인적 그리고 학문적 전기에 대한 개요
- 인본주의 접근의 발전에 있어 주요 인물들의 영향에 대해 인식

Carl Rogers의 전기

'나는 개인적 경험과 개인적 배움의 맥락을 지닌 한 사람으로서 말한다'

–Rogers(1961)

Carl Rogers는 누구인가?

Carl Rogers는 인본주의적 운동을 창시하는 데 기여했다.

아마도 현재 심리학의 가장 중요한 변화임.

Carl Rogers는 인간중심 치료를 소개했다.

아마도 역사적으로 가장 영향력 있는 치료자임.

'당신은 누구인가?'라는 질문에 대한 답으로, 로저스는

'나는 심리치료에 주로 관심이 있는 심리학자이다.'(Rogers, 1961)라고 대답했다.

생애 초기

1902년 1월 8일 시카고 출생

6남매 중 넷째 — 아버지Walter Rogers는 토목 기사, 어머니Julia는 전업주부였음.

상당히 부유한 가정

강한 기독교적 가치: 금주 또는 영화 관람 금지, 아주 적은 사회생활, 많은 업무

끊임없이 책을 읽고 고등학교에서 오직 데이트는 단 2번만 해본 혼자 지낸 아이

어릴 때부터 고급 교육을 받음, 학업 능력이 상당히 앞섬

그는 유치원에 가기 전 읽기가 가능했기 때문에 2학년으로 학교에 입학

12살이 되던 해에 그의 가족은 시카고 교외에서 편하게 살기를 거부하고 농장으로 이사를 갔고 농장에서 선진 농업 기술을 사용하면서 그에게 과학에 대한 이해와 관심이 생김.

교 육

Wisconsin 대학에서 농학을 전공

기독교 학생 대회에 참여한 후 목사가 되기 위해 2년 후 전공을 바꿈.

Wisconsin 대학에서 역사를 전공

그는 중국에서 국제 세계 학생 기독교 연합 회의에 참여함.

이 경험은 그가 독일과 프랑스 원수들과 접촉하게 만들었고 그는 바람직한 사람들이 정치, 종교 등에 대해 매우 다른 태도를 가질 수 있다는 것을 깨달음.

그는 부모님의 종교로부터 자신을 해방시키고 '독립적인 사람'이 됨.

1924년 역사학으로 졸업

가 족

1924년 Helen Elliot와 결혼

그는 어린 시절의 친구와 사랑에 빠졌고 대학 졸업 후 결혼함.

그들은 마지못해 결혼을 승낙 받았고 그의 부모님과 좋지 못한 관계는 지속됨.

그는 1979년 그녀가 죽을 때까지 Helen Elliot와 결혼생활을 유지함.

'난 이것에 대해 매우 객관적일 수가 없다. 생애 동안 그녀의 꾸준하고 지속적인 사랑과 우정은 내 삶에서 가장 중요하고 풍요롭게 하는 요인이 되기 때문이다'(Rogers, 1961).

두 명의 자녀를 양육

1926년에 David가 태어났고 1928년에 Natalie가 태어남.

'아들과 딸은 유아기와 어린 시절을 지나왔고 내가 지금까지 전문적으로 배울 수 있었던 것보다 더 개인과 그들의 발달 및 관계에 대해 가르쳐 주었다'(Rogers, 1961).

경 력

1924년 유니온 신학교에 입학

학생이 스스로 자신의 생각을 탐구해 볼 수 있도록 강사와 강의계획서가 없는 학점을 받지 않는 세미나를 열어주도록 교무처에 청원서를 냄.

그의 청원서는 성공적이었고 인본주의적 접근의 중요개념인 삶의 철학을 정립하도록 하는 데 있어서 이 세미나들은 중요한 발판이 되는 논의의 장을 제공함.

그는 신념이라는 것은 변화 가능한 것이고 직업을 유지하기 위해 특정 신념을 고수해야만 하는 경우는 대단히 끔찍한 일이라 생각함.

그는 사고의 무제한적인 자유를 보장하는 전문영역으로 자신의 전공을 바꾸기로 결정함.

임상 심리학

콜롬비아 대학교 사범대학 교육철학과로 진학

Leta Hollingworth 아래에서 아동에 대한 임상과정을 수련함under Leta Hollingworth.

1928년에 문학 석사 학위를 취득함.

1931년에 박사 학위를 취득함.

Institute for Child Guidance의 기관에서 연구장학금을 수여받음.

그는 David Levy와 Lawson Lowrey와 함께 일하면서 Freud의 분석 방식을 접했음.

뉴욕의 아동 학대 방지협회를 위한 학회의 아동연구부서Child Study Department of the Society for the Prevention of Cruelty to Children 심리학자로 일함.

그는 정신장애는 정신역동 이론이 주장하는 것처럼 성적 기반을 가진 것이 아닐 수 있다는 사실과 치료적 작업은 지시와 해석이 필요하지 않을 수 있다는 점을 깨달음.

'나는 강제적이거나 임상적 관계로 밀어 넣는 모든 접근으로부터 떠나가고 있다. 철학적인 이유 때문이 아니라 그러한 접근들은 절대 피상적인 효과를 넘어서지 못하기 때문이다. 내담자는 무엇이 상처를 주는지 어디로 가야 하는지 어떤 문제가 결정적인지 어떤 경험이 깊숙이 묻혀 있는지 알고 있다. 만약 내가 나의 지략과 학식을 설명할 필

요가 없다면 치료과정의 진행방향 설정을 내담자에게 더 의존했을 것이다.'(Rogers, 1961)

강 사

1935년에 로체스터 대학교의 문제 아동 치료에 대해서 강의함.

그의 치료법은 실험 심리학의 행동주의 접근 또는 정신분석의 정신역동 접근과 맞지 않았음.

그는 사회학과와 교육학과에서 강의함.

미국응용심리학회가 설립되면서 비로소 심리학자로서의 역할을 수행하기 시작함.

1940년에 오하이오 주립대학의 임상심리학 교수로 부임

'기대와는 달리 그들은 나에게 정교수직을 제안했다. 이 제안은 내가 진심으로 원하는 것이었다. 나는 틀을 깨는 도전을 시도할 수 없도록 하는 지속적 경쟁을 통한 승진의 과정을 거치지 않아도 되었음에 항상 감사하게 생각한다.'(Rogers, 1961)

1945년에 시카고대학의 심리학 교수로 부임

심리 치료 센터를 설립함.

1946년에 미국심리학회의 학회장으로 선출됨.

1951년에 치료에 대한 새로운 접근을 설명한 '내담자중심치료'를 출판하고 건설적인 성격 변화를 위한 핵심 조건에 대해 개요를 서술함.

1956년에 미국심리학회APA가 수여하는 Distinguished Scientific Contribution Award를 수상함.

1957년 Wisconsin 대학교에서 교수로 재직

심리학과 및 정신의학과 겸임 교수로 재직

1961년 '진정한 사람 되기On Becoming a Person' 출판

1964년 서부 행동 과학 연구소Western Behavioral Sciences Institute에서 연구원으로 재직

1968년 인간 연구 센터Center for the Studies of the Person 설립

1969년 인간중심 치료 접근을 교육에 적용한 '학습의 자유Freedom to Learn' 출판

1980년 '칼 로저스의 사람－중심 상담A Way of Being' 출판

치료와 심리교육에 초점을 맞춘 센터 설립

'우리는 인간중심 접근을 개인적 그리고 직업적 삶, 즉 존재와 행위에서 중요한 원칙으로 삼고 살아가는 면대면 공동체이다. 우리는 서로를 경청할 수 있고 완전히 자기 자신일 수 있으며 서로의 모습 그대로를 수용하고 포용할 수 있는 환경을 만들기 위해 전력을 다한다. 최근의 우리 프로젝트는 인간 중심적인 개인적 성장, 공동체 리더십 개발, 갈등의 창조적인 활용, 출판, 도서관과 서점 운영, 기관 개발, 심리치료 훈련의 기회를 제공하고 있다.'(Center for the Studies of the Person, 2010)

이후에는 사회적 갈등에 이론을 적용하는 데 시간을 보냄

Rogers는 세계 각국을 여행하며 반목 중인 세력들을 단합시키려는 목적으로 세미나와 워크숍 개최함.

벨파스트의 개신교도와 가톨릭교도 간의 갈등

남아프리카의 흑인과 백인의 갈등

1987년 노벨상 후보에 오름

죽 음

1987년 2월 4일 샌디에고에서 사망

사망의 원인은 심부전으로 기록됨.

: 주요 어록

'나는 사람들과의 관계에서 내가 나 아닌 무언가가 되었을 때에는 장기적으로 봤을 때 사람들에게 도움을 줄 수 없다는 것을 알게 되었다.'(Rogers, 1961)

'내가 나 자신으로 하여금 타인을 이해할 수 있도록 선택하는 것은 정말이지 커다란 가치가 있는 행위이다.'(Rogers, 1961)

'나 자신과 타인의 현실에 나를 더욱 개방할수록 무언가를 뜯어고치고자 달려들지 않게 됨을 알게 되었다.'(Rogers, 1961)

'타인의 평가가 나의 지침이 될 수 없다.'(Rogers, 1961)

'나는 인간은 기본적으로 긍정적인 방향으로 나아가고자 한다는 것을 목격하여 왔다.'(Rogers, 1961)

인본주의적 접근법의 기반을 세운 아버지: Rogers

Carl Rogers의 삶에 대해 생각해보고 다음 질문들에 답하여 보라.

1. Rogers가 자신의 이론에서 말하였던 세상의 사회적, 문화적 문맥이란 무엇인가?
2. Rogers의 인생 경험이 인간 본성에 관한 자신의 개념에 어떤 영향을 미쳤는가?
3. Rogers의 인생 이야기가 인본주의적 접근법을 이해하는 데 얼마나 도움이 되는가?

Abraham Maslow의 전기

'나는 내가 왜 미치지 않았는지 너무나도 궁금했다'
-Maslow(인본주의 심리학 협회에서 인용, 2011)

Abraham Maslow는 누구인가?

Abraham Maslow는 인본주의적 운동의 기반을 세우는 데 일조함.

현대 심리학의 가장 영향력 있는 변화라고 볼 수 있을 것임.

Abraham Maslow는 욕구위계hierarchy of needs를 소개함.

Maslow의 이론은 비즈니스, 교육, 치료, 보건, 사회정책 등의 다양한 분야에 적용되었음.

생애 초기

1908년 4월 1일, 뉴욕 브루클린 출생

아버지Samuel Maslow는 통 제조업에 종사하였으며 어머니Rose Scholofsky는 가정주부였음.

유대인 가족

부모님은 교육을 받지 못한 러시아 이민자 1세대로 미국에서의 성공을 꿈꾸며 넘어왔음.

그의 부모는 그가 법조인이 되기를 기대했지만 그는 심리학 책 읽는 것을 더 좋아했음.

부모님은 그가 장남으로서 가족을 부양해주기를 기대했음.

그는 몇 시간 동안 공부를 한 뒤에 아버지의 일을 돕고 6명의 어린 형제들을 돌보았음.

어린 시절에는 일하느라 대부분의 시간을 보냈기 때문에, 사촌들 외에는 친구들이 거의 없었음.

인근 지역에 광범위하게 깔린 반유대주의

비-유대인 인근 지역에는 유대인 가족이 거의 살지 않았음.

그는 친구들, 선생님들, 이웃들의 학대로 인해 고통 받는 수줍음 많고, 서투른 아이였음.

'나는 비유대인 지역에 살고 있는 작은 유대인 소년이었다. 백인만 다니는 학교에 첫 흑인 입학생이 된 듯한 기분이었다. 나는 고립되었고 불행했다. 친구도 없이 도서관에서 홀로 책 속에 묻혀 성장했다(Maslow, Hall에서 인용, 1968).

부모님과의 좋지 않은 관계poor relationship

그는 아버지와의 관계가 좋지 않았음.

그의 아버지는 본인이 이루지 못했던 꿈을 아들을 통해 이루고자 하였으므로 지속적으로 공부하도록 강요했음.

하지만, 나중에 아버지와의 관계는 개선되었고 그가 죽기 전에 그들은 화해했음.

그는 특별히 어머니와의 관계가 어려웠음.

'내가 반응하고 완전히 싫어하고 거부하는 것은 그녀의 외모뿐만이 아니라 그녀의 가치관과 세계관, 그녀의 인색함, 이기심, 세상에서 모든 사람에 대한 사랑의 부족 — 심지어 그녀의 남편과 아이들에게까지 — 그녀의 자기애, 그녀의 흑인 차별, 모든 사람에 대한 착취, 그녀에게 반대하는 사람이라면 누구든지 틀렸다는 생각, 친구의 부족, 그녀의 단정치 못함과 더러움'(Hoffman에서 인용)

어머니에 대한 그의 부정적인 감정은 극심했고 그는 절대로 이러한 적대감을 극복하려고 하지 않았음 — 실제로 그는 어머니의 장례식에도 참석하지 않았다고 함(Engler, 2008).

어려서부터 학문적으로 뛰어남

남자 고등학교를 다님 — 브루클린Brooklyn에서 명문 학교

하지만, 그는 자신의 역량에 대해 확신하지 못했고, 종종 어떠한 방식으로든 자신의 능력을 발휘하도록 스스로를 설득해야만 했음.

아마도 이렇게 자신에 대한 부정적인 생각이 유지되고 종종 표현되는 것은 그의 부모님에 의한 것이 아닐까?

교 육

New York 시립대학과 브루클린Brooklyn 법대를 다님

부모님의 소원에 반대하여 3개월 후 자퇴

Cornell 대학을 잠시 다니다가 자퇴

Wisconsin 대학에서 심리학 전공

1930년에 심리학 학사로, 1931년에 석사 그리고 1934년에 박사로 졸업

가 족

1928년 Bertha Goodman과 결혼

그의 사촌이자 어린 시절의 연인이었던 여인과 사랑에 빠짐으로써 부모를 거역함.

그가 20살이었고 그녀가 19살로 아직 고등학생일 때 결혼

그는 이 결혼이 사실상 그의 인생의 시작이었다고 묘사하고 그들이 죽음으로 헤어질 때까지 그들은 서로 사랑함.

경 력

연 구

위스콘신 대학에서 영장류의 지배적인 행동 연구

실험적인 행동 연구는 Harlow와 함께 진행함(애착 연구)

1935년 뉴욕의 콜롬비아에서 인간의 성 연구

Thorndike와 함께 연구를 진행함(학습 이론).

콜롬비아에 있는 시간 동안 Adler가 정신역동 이론을 소개했고 이는 심리학자로서 그의 발전에 거대한 영향을 미침.

강 사

1937년 브루클린 대학에서 심리학을 가르침.

Benedict와 Wertheimer를 포함하여 몇몇의 지식인들을 만났을 때 Maslow는 우수한 인간에 대한 연구에 집중하기 시작함.

뉴욕에서 지내는 동안 다수의 욕구 위계와 동기 이론을 최초로 발전시킴.

1946년 '인간 동기 이론의 심리학적 개관'을 발표함 — 욕구 위계를 서술한 논문

1951년 매사추세츠의 Brandeis에서 심리학 학과장이 됨.

그는 자아실현의 개념을 소개한 Goldstein과 함께 일함(Goldstein, 1934).

그는 심리학 학과장으로서의 역할에서 인본주의적 심리학을 알리기 시작했고 이러한 활동을 일생 동안 지속함.

1954년 욕구의 위계를 확장하기 위해 '동기와 성격' 발표

1968년 '존재의 심리학' 발표

1968년 미국심리학회APA의 회장으로 선출됨.

1969년 캘리포니아의 라플린 연구소에서 전임 연구원으로 일함.

반 은퇴 상황이었지만 여전히 더 영향력 있는 책들을 개정하여 출판하며 2권의 책을 저술함.

노년에 인본주의 심리학을 알리는 데 전념함.

그는 심리학의 새로운 '제 3 세력'을 이끄는 책임을 지고 있었고 오로지 이 심리학적 접근에만 집중함.

죽 음

1970년 6월 8일 캘리포니아에서 죽음

죽음의 원인은 멘로 파크에서 산책을 하는 동안 치명적인 심장마비로 급사한 것으로 기록됨.

인본주의 접근의 창시자: Maslow

Abraham Maslow의 삶에 대해 생각해보고 다음 질문들에 답하여 보라.

1. Maslow가 개발한 이론에서 세계에 대한 사회와 문화적 맥락은 무엇이 있는가?
2. 어떻게 Maslow의 삶의 경험이 인간 본성에 대한 그의 지각에 영향을 줄 수 있는가?
3. 어떻게 전기가 당신의 인본주의적 접근에 대한 이해에 공헌할 수 있는가?

주요 어록

'장애인, 발달장애, 미성숙, 그리고 건강치 못한 표본을 중심으로 한 연구는 장애적 심리학과 장애적 철학을 만들 뿐이다. 자아-실현을 하는 사람들에 대한 연구는 보다 보편적인 과학으로서 심리학의 바탕이 되어야 한다.'(Maslow, 1954)

'교육의 목표 중 하나는 삶의 귀중함을 가르치는 것이다. 삶에서 경험하는 기쁨이 없다면 그것은 살 가치도 없을 것이다.'(Maslow, 1954)

'부도덕한 행동이 여전히 보상을 받는다면 그 행동은 멈추지 않을 것이다. 좋은 사회에 대한 정의 중 하나는 선행이 보상받는 것이다.'(Maslow, 1965)

'만약 당신이 가지고 있는 도구가 망치 밖에 없다면 모든 문제에 대해 마치 그것이 못인 것처럼 다루도록 유혹 받을 것이다.'(Maslow, 1966)

'질 떨어지는 그림보다 최고급의 수프가 더 창의적일 수 있다.'(Maslow, 1974)

요약

로저스: 인본주의적 운동을 창시함 인간-중심 치료를 소개함; 1902년 시카고에 있는 부유한 기독교 가정에서 태어남, 어린 나이에 매우 지적임, 초기에는 농학을 공부했으나 목사가 되기 위해 역사학으로 전공을 바꿈, 역사학으로 졸업함; 가족, 어린 시절 애인과 결혼하여 두 명의 자녀를 양육함; 경력, 종교에서 교육 및 임상적 치료로 옮김, 몇몇 대학 심리학에서 교수직을 맡음, 내담자-중심 개념을 소개함, 건설적인 성격 변화에 대해 핵심 조건 개관을 서술함, 인간에 대한 연구를 위해 센터를 설립함, 이론이 교육과 사회 갈등에 적용되고 노벨 평화상에 추천됨; 죽음, 1987년에 심부전으로 사망

매슬로우: 인본주의 운동을 창시하고 욕구 위계 이론을 개발함; 1908년 뉴욕에서 교육을 받지 못한 이민 첫-세대에게서 태어남, 유대인 가족 — 지역사회는 반유대주의임, 부모님과의 좋지 못한 관계(특히 어머니와), 어린 나이에 매우 지적임(아마도 부모님으로부터 성공

에 대한 압박을 받았기 때문일 것); 교육, 법을 공부했으나 부모님의 희망에 반해서 자퇴함, Wisconsin 대학에서 심리학을 공부함 - 문학학사, 석사, 박사학위; 가족, 사촌이자 어린 시절 애인과 결혼하였고 두 명의 자녀를 양육함; 경력, Brooklyn 대학에서 심리학을 가르침, 1946년에 (욕구위계이론) 출판, 브랜다이스 대학교에서 심리학 과장으로 부임함, APA 회장, 라플린 연구소의 수련 연구원이 됨, 후에는 인본주의적 접근을 촉진하는 데 헌신함; 죽음, 1970년에 심장마비로 사망

인간 본성과 성격에 대한 인본주의 이론

학습목표

이 섹션을 읽고 나서 당신은 다음과 같은 것들을 할 수 있을 것이다:

- 유기체적 자기와 자아개념을 묘사
- 자아개념에 대한 가치의 조건의 영향에 대해 논의
- 자아실현 경향에 대해 논의
- 욕구 위계를 설명
- 완전히 기능하는 사람의 특징을 설명
- 성격의 19가지 명제에 대한 개요를 서술

유기체적 자기와 자아개념

유기체적 자기(organismic self)

실제 자기(actual self)

인간 유기체는 일반적으로 개인에게 신뢰할만한 메시지를 제공하고 자연스럽게 자아를 성장시키기 위해 노력함(Mearns & Thorne, 1988).

아동은 보통 그들의 유기체적 자기와 온전히 동일한 상태

아동이 넘어짐＝아동이 고통을 느낌＝아동이 울기 시작함

자아개념

자아개념은 '개인이 자신의 것으로 귀인시키는 특성들의 집합체'로 정의됨(Kinch, 1963).

자아의 형태(configuration)

자아개념은 (하나의) 통합된 독립체가 아님.

개인은 자아의 여러 가지 개념을 지닐 수 있음.

사람들은 자기 자신에 대한 대조되는 관점을 동시에 지니고 있음.

사람들은 자신이 자발적인 동시에 또한 수동적이거나 사랑스럽고 분노할 수 있다고 느낌.

예를 들어, 알코올 중독자는 마치 자아개념에 두 부분이 있다고 느낄 수 있음: '술에 취한 자신'과 '술에 취하지 않은 자신'

다른 형태의 자아는 다르면서도 모순될 가능성이 있는 생각과 감정과 행동을 불러일으킴.

예를 들어, 알코올 중독자는 그가 '술에 취한 자신'일 때 배우자에게 공격적으로 행동할 수 있지만 '술에 취하지 않은 자신'일 때는 사랑스럽게 행동함.

이런 형태configurations는 동일한 성격의 다른 부분임을 이해하는 것이 중요함.

이는 다중 인격 장애가 아님.

자기의 다른 '부분'은 다른 '자기 형태들configuration of self'로 알려져 있음.

'자기 형태들'은 '자기의 부분들' 대신에 사용되는 용어인데 각 '부분'은 다른 부분들로 이루어져 있기 때문임.

예를 들어, 알코올 중독인 남성은 이후에 '화난 나'와 '충동적인 나'로 나누어질 수 있는 '술 취한 나' 모형을 가질 수도 있음.

'형태는 개인에 의해 상징화되어 자기 안에 있는 실존의 차원을 반영하는 감정, 사고, 선호하는 행동의 일관적인 유형을 의미하는 가설적 개념이다.'(Mearns et al., 2000)

Mearns와 동료들(2000)은 '다원주의'적 자기 개념(자기 개념의 여러 부분)이 '적응적인 다용성'을 제공한다고 했는데 이는 자기의 여러 부분이 다양한 사회적 환경에서 적용될 수 있기 때문이라고 함.

예를 들어, 10대 소녀는 집에 있을 때에는 '좋은 딸인 나'를 이용하고 친구들과 있을 때에는 '반항적인 나'를 이용할 수 있음.

자기에 대한 지각

사회적 경험은 우리가 어떤 사람이 '되어야만' 하는지 가르쳐 줌.

다양하고 수많은 자기 개념의 형태는 사회적 영향에 의해서 생겨남.

아이들은 자신의 환경에 있는 타인과 상호작용하며 자신이 어떻게 행동 '해야만' 하고 느껴 '야만' 하고 생각'해야만' 하는지 배우게 됨.

아이가 넘어짐＝고통을 느낌＝울기 시작함＝'다 큰 남자는 우는 거 아니야'라는 말을 들음=아이는 고통은 감추어야 하며 우는 것은 나약함의 표시라고 배움.

아이들은 결국 이런 가치들을 내면화하는데 이런 가치들은 자기 지각에 영향을 미침.

아이는 우는 것이 나약함의 표시라고 배움=자신은 울기 원하는 나약한 존재라고 믿음=아이가 가진 자기 개념의 부분에 나약한 사람이 포함됨='나약한 나'

혹은

아이는 우는 것이 나약함의 표시라고 배움=우는 사람은 나약하다고 믿음=아이가 가진 자기 개념의 부분에 절대 울지 않는 강인한 사람이 포함됨='강인한 나'

두 자기 개념 모두 똑같이 해로움.

나는 나약한 사람이다'라는 자기 개념은 낮은 자존감을 유발

'나는 절대 울지 않는다'라는 자기 개념은 억압과 감정적 분리detachment를 유발

자기 지각은 타인과의 상호작용을 통해 계속적으로 강화됨.

자기 지각(자기 개념)과 들어맞지 않는 상호작용은 무시되거나 왜곡되어 자기 개념에 끼워 맞춰짐.

나약한 사람 되기가 자기 개념에 포함=강한 사람이 되었을 때 칭찬을 받음=진정한 자기 모습을 알지 못하면서 자신을 칭찬해준다고 믿음(정보가 무시됨).

자기 개념이 절대 울지 않는 강한 사람 되기를 포함=상처받고 울고 싶어짐=슬픔을 분노로 바꿈(정보가 왜곡됨).

자아개념에 대한 조건적 가치부여의 영향

긍정적 관심(Standal, 1954)

다른 사람으로부터 긍정적인 관심을 얻고자 하는 유기체적 자아의 자연스러운 욕구

인간 유기체는 자연적으로 성공에 대한 가족, 친구, 동료, 상사 등의 인정을 추구함.

긍정적 관심은 무조건적으로 주어지지 않음.

우리 삶에서 중요한 인물들은 대부분 우리에게 조건적인 긍정적 관심을 제공함.

부모님은 우리가 잘 할 때 우리를 사랑하고 배우자는 우리가 신뢰감을 줄 때 우리를 사랑하고 친구들은 우리가 멋질 때 우리를 사랑한다는 것이 은연중에 드러남.

가치의 조건화(Rogers, 1969)(표 2.1)

가치의 조건화는 조건적인 긍정적 존중을 얻기 위해 행하는 올바른 행동과 생각 그리고 느낌에 대해 다른 중요한 인물들로부터 얻어지는 평가를 의미함.

너는 사랑 받고 소중히 여김을 받으려면 이런 것들을 해야만 해.

너는 가치 있다고 느끼려면 이런 조건을 다 충족시켜야만 해.

가치의 조건화는 흔히 아동기에 내면화됨.

아이들이 넘어짐 = 아이들이 고통을 느낌 = 아이들이 울기 시작함 = 엄마는 '큰 남자들은 울지 않는단다.'라고 아이에게 말함 = 아이가 눈물을 멈춤 = 엄마는 '착한 아이구나'라고 말하며 아이를 꼭 껴안아줌 = 아이는 울지 않아야만 사랑을 받는다는 것을 학습함 = 아이들은 울음이 연약함을 의미하며 울지 않아야만 소중히 여김을 받는다는 것을 학습함(가치의 조건) = 자기 - 개념은 이러한 조건의 가치에 영향을 받음 = 아이들은 자기가 울고 싶은 이유는 자기가 약하기 때문이라거나 강한 사람은 절대로 울지 않는다라는 신념을 가지게 됨.

자아실현을 위한 경향성

자아실현은 성취를 향한 자연스러운 욕구

Goldstein(1934)은 자아실현이라는 새로운 용어를 만들었는데 이것은 유기체가 살아가면서 진정한 잠재력을 달성하기 위해 움직이는 힘을 설명하는 용어임.

장애물과 제한이 없다면 모든 인간은 자연스럽게 자아실현을 향해 움직일 것임.

개개인은 자아를 유지하기 위한 자연스러운 욕구를 지니고 있음 — 우리는 음식을 소화하고 위험 상황에서 자신을 방어함 등

아동은 혼자서 음식을 찾지 못할 수도 있지만 모든 아동은 어떤 행동이 이 목표를 추구하는데 도움이 되는지를 자연스럽게 알 것임(울기, 빨기 등)

개개인은 성숙하고자 하는 자연스러운 욕구를 지니고 있음 — 우리는 걷기 시작하고 성관계를 가지기 시작함.

아동은 걷기를 배우면서 불편감과 고통을 경험할 수도 있음. 하지만 모든 아동은 여전히 이 자연스러운 목표를 달성하기 위해 노력함.

또한 개개인은 개인적인 의미에서 자아실현을 향한 자연스러운 욕구를 지니고 있음 — 우리는 자아존중감, 자율성, 독립심 등을 추구함.

아동은 자신의 자아존중감과 독립심을 향상시키기 위해 구체적인 방식으로 행동할 것임.

외부 관찰자의 관점으로부터, 몇몇 행동들은 자아실현을 위한 최적의 것으로 보이지 않을 수도 있음.

하지만, 개인의 관점으로부터 세상을 바라보고 진실로 한 개인의 비밀스러운 내적 세상을 이해하게 된다면 우리는 이러한 모든 행동이 자아실현을 향한 시도인 것을 알게 됨.

처음에 도둑질과 같이 받아들이기 어려운 행동들은 자아를 향상시키지 못하는 행동으

로 보임. 하지만 그것 또한 금전적 이득 등을 통해 개인이 존중을 얻기 위해 사용한 방법이라는 것을 이해하게 된다면 우리는 이러한 행동들이 자아실현을 위한 궁극적인 시도였다는 것을 알 수 있음.

자아실현 경향성은 깨달음, 자율성, 완벽함, 수용 등을 향해 나아가는 것임을 말하는 것임.

여기서 중요한 것은 자아실현의 성취가 아니라 끊임없이 성장하고 발전하고 자아실현을 향해 움직인다는 것임.

모든 인간은 긍정성을 향한 자연스러운 욕구가 있는데 그러한 욕구들 때문에 종종 혼란스러워하기도 함.

자아실현 대 깨달음

깨달음Enlightenment(또는 해탈 또는 앎)은 일종의 존재의 상태a state of being를 말함.

개인은 깊은 명상 또는 더 높은 의식의 상태로 나아감으로써 이러한 상태를 성취할 수 있음.

자아실현은 종종 과정, 욕구 또는 움직임을 말함.

개인이 자아실현을 이룬다는 것은 목표를 향해 달려간다는 것을 의미함.

자아실현이라고 설명되기 위해서 개인은 자신의 진정한 잠재력을 향해 나아가야만 함.

실현 경향성은 존재의 상태a state of being라기보다는 움직임의 상태a state of movement를 의미함.

유기체적 자기와 자기개념 사이의 일치성(Rogers, 1951)

무조건적인 긍정적 존중의 존재 안에서 당신은 자신의 '현실적 자기real self'가 되고 자기 존중을 경험하며 개인으로서 스스로에 대한 가치감과 긍정적 존중을 얻을 것임.

당신의 자기개념(자기에 대한 인식)은 유기체적 자기(참 자기)와 같으며 이를 일치성으로 부름.

가치의 조건화의 존재 안에서 당신은 '이상적 자기ideal self'를 발전시킬 것이고 불안을 경험할 것이며 오직 조건적인 긍정적 존중을 얻을 것임.

당신의 자기개념(자기에 대한 인식)은 유기체적 자기(참 자기)와 같지 않을 것이며 이를 불일치성으로 부름.

자아실현은 유기체적 자기와 자기개념 사이의 간격을 줄이기 위한 시도임.

욕구 위계

자아실현은 가장 기본적인 인간의 욕구임(Maslow, 1943)

자아실현을 위한 경향성은 개인이 성취하고자 하는 가장 높은 욕구이지만 이것은 오로지 모든 다른 욕구들이 충족되었을 때 추구할 수 있음.

인간 욕구의 피라미드(Maslow, 1954)

생리적 욕구

생리적 욕구는 음식, 물, 성, 항상성, 수면 등을 포함함.

인간 삶에 있어서 가장 기본적인 욕구들이며 어떠한 상위의 욕구들이 충족되기 전에 반드시 충족되어야 하는 욕구임.

만약 모든 기본적인 욕구들이 만족되지 않는다면 개인은 어떤 다른 욕구에 주목하기 전에 생리적 욕구를 충족시켜 살아남으려고 할 것임.

예를 들면, 굶주린 한 남성은 목숨을 걸고 음식을 찾을 것임.

안전의 욕구

안전의 욕구는 자기, 가족, 재산 등의 안전을 포함함.

일단 생리적 욕구가 충족이 되었다면, 개인은 안전의 욕구를 충족시키고자 추구함.

다음으로 사랑의 욕구, 존경 욕구, 자아실현 욕구를 충족시키기 위한 시도에 집중하기 전에 반드시 안전의 욕구가 충족되어야 함.

예를 들면, 어머니로부터 신체적 폭력의 두려움 안에서 살고 있는 불안전한 아이는 사랑보다 보호를 추구함.

애정의 욕구

이러한 욕구는 가족, 친구 애인 간의 친밀함을 포함함.

사랑과 성 차이에 유의하는 것이 중요함.

사랑은 소속과 애정의 감정임.

성은 모든 동물들에게 기본적으로 필요한 생물학적인 욕구임.

비록 사랑이 성적인 친밀함을 통해 입증된다고 할지라도 이러한 두 욕구는 상호배타적임 — 당신은 성 없이 사랑을 경험할 수 있고 사랑 없이 성관계를 할 수 있음.

하지만, 이러한 차이가 존재할지라도 많은 사람들은 차이를 이해하는 데 실패하고 사랑의 표현과 성적 욕구의 표현 차이를 혼란스러워 함.

일단 안전의 욕구가 충족되면 애정의 욕구를 충족하려고 할 것임.

자아존중감의 욕구와 자아-실현의 욕구를 충족시키기 전에 애정의 욕구가 충족되어야 함.

예를 들면, 사랑받지 못한다고 느끼는 한 여성은 애인을 향해 끈질기고 애정에 굶주린 방식으로 행동함으로써 자기-존중의 결핍을 보여줄 수 있음.

자아존중감의 욕구

이러한 욕구는 자기-존중, 타인으로부터의 존중, 자신감과 성취를 포함함.

한 번 애정의 욕구가 충족되면 개인은 자아존중감의 욕구를 충족시키기를 원함.

개인이 가장 높은 자아－실현의 욕구를 충족시키기 전에 자아존중감의 욕구가 충족되어야 함.

예를 들면, 비록 아버지로부터 약하고 열등하다고 간주되는 것 때문에 그의 삶에서 진실한 목적을 반영하는 것임이 아님에도 불구하고 예술가는 사업적인 성공에 집중할 수 있음.

자아-실현의 욕구

자아－실현은 개인마다 고유한 것으로 욕구의 목록으로 정의되기 어려움.

Maslow(1943)는 '사람이 할 수 있는 일, 해야 하는 일'에 대해 설명하고, 자아－ 실현은 자기가 해야 할 일을 정확하게 수행하는 것을 포함한다고 말함.

'사람이 궁극적으로 행복해지려면 음악가는 음악을 만들어야 하고 화가는 그림을 그려야 하며 시인은 시를 써야 함.'

한때 다른 모든 욕구가 충족되었고 개인은 자아－실현의 가장 높은 욕구를 충족시키기 위한 시도에 집중할 수 있음.

예를 들면, 안전한 환경에서 사랑하는 가족과 살아갈 충분한 자원을 가진 성공적인 남성은 자신이 설계한 것을 수행하고 삶에서 자신의 진정한 목적을 받아들임으로써 진정한 자신이 되기 위해 노력함.

절정 경험

Frankl(1946)은 자아－실현은 달성할 수 있는 것임을 제안함(비록 짧은 시간 동안이라 할지라도)

자아－실현을 성취하면 개인은 자신의 삶에서 행복함을 느끼고 절정 경험을 누릴 수 있음.

절정 경험은 완전한 만족을 가져오는 사건들이고 삶의 목적 또는 의미를 찾게 해주는 경험임.

예를 들면, 아기를 출산한 후에 삶의 목적과 기쁨을 추구하는 여성은 절정 경험을 느끼고 있음.

Frankl(1946)은 '의미를 찾고자 하는 의지'가 가장 높은 인간의 욕구라고 주장함.

위계구조(그림 2.1)

인간욕구는 위계구조를 이루고 있음

높은 수준의 위계를 성취하기 위해서는 낮은 수준의 위계를 먼저 만족시켜야만 함.

예를 들어, 배가 고픈 사람은(생리적 욕구) 다른 사람의 사랑이나 존중을 추구하지 않기 때문에 다른 사람들을 다치게 할 수 있음(사랑과 존중의 욕구).

겁먹은 아이는(안전 욕구) 학교에서 공부하는 것에 집중할 수 없음(존중 욕구).

'인간 욕구들은 잠재적으로 미리 정해진 위계질서 안에 배열될 수 있다. 즉, 한 가지 욕구의 표현은 이전의 더 우세한 욕구가 만족되는 것에 달려있다. 사람은 끊임없이 원하는 동물이다. 또한 어떤 욕구나 충동도 고립되거나 별개의 것으로 다뤄질 수 없다. 모든 충동은 다른 충동들의 만족과 불만족의 상태와 연관되어 있다.'(Maslow, 1943)

그림 2.1 매슬로우의 욕구 단계설(Maslow, 1943)

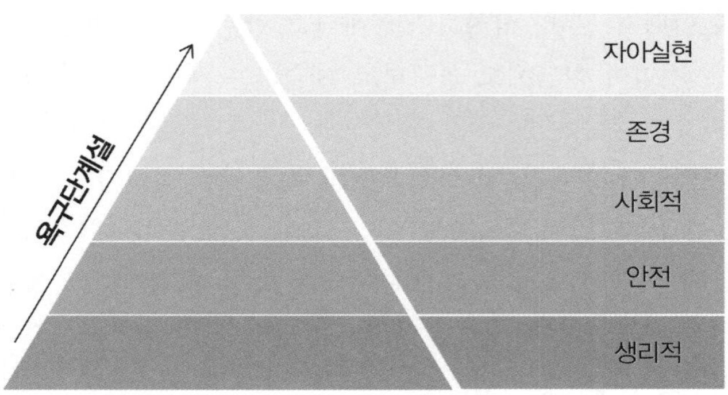

그러나 이는 인간 욕구를 지나치게 단순화한 관점은 아닌가?

사랑하는 부인(사랑 욕구)을 위해 자신의 목숨을 위험에 빠뜨리는(안전 욕구) 남편을 어떻게 설명할 것인가?

일에 집중해서(존중 욕구) 하루 종일 아무것도 먹지 않는 여자(생리적 욕구)를 어떻게 설명할 것인가?

Maslow(1943)는 우리가 욕구의 중요성을 만성적이고 극한의 수준에 이르기 전까지는 과소평가하는 경향이 있다고 주장함.

현대 서양 사회는 생리적 욕구와 안전 욕구가 극한 상황에서도 드물게는 무시된다는 것을 인정함.

'일반적인 미국인들이 "배고프다"라고 말할 때 굶주림보다는 식욕을 경험하고 있다. 순수하게 삶과 죽음에 관련된 보다 하위 욕구로서의 배고픔은 그들의 삶을 통틀어서 겨우 몇 번만을 경험할 뿐이다.'(Maslow, 1943)

이런 문화 속에서 사는 사람들은 낮은 위계의 욕구들을 잃어버려도 된다고 생각할 정도로 과소평가함.

기본적인 욕구를 진정으로 박탈당한 사람들은 다른 모든 요인들을 제외하고서라도 그 욕구를 채우기 위한 갈망에 지배당하게 됨.

'만성적이고 극도로 배고픈 이에게는, 유토피아는 먹을 곳이 풍부한 장소로 간단하게 정의된다. 삶 그 자체는 먹음의 측면에서 정의되는 경향이 있다. 그 밖의 다른 것들은 중요하지 않은 것으로 정의된다. 자유, 사랑, 공동체 의식, 존중, 철학 등은 배를 채우는 것에 실패한다면 쓸모없는 사치품으로 여겨진다. 그런 사람은 빵만으로도 살 사람이라 불린다.'(Maslow, 1943)

충분히 기능하는 사람의 특성

좋은 삶(Rogers, 1961)

기본적 욕구(신체적, 안전, 사랑, 존중감)가 충족되면, 개인은 자기 개념과 유기체적 자기(자기실현)를 일치시키려 노력함.

자기실현을 추구하는 개인을 충분히 기능하는 사람이라고 할 수 있음.

충분히 기능하는 사람은 '좋은 삶'을 경험함.

'좋은 삶이란 과정이며 고정된 하나의 상태가 아니다.'(Rogers, 1961)

'내가 믿기로 좋은 삶의 과정은 용기 없는 삶일 수 없다. 좋은 삶은 자신의 잠재성을 실현시킬 수 있도록 더욱 펼쳐나가고 성장시키려는 것이다. 좋은 삶을 위해서는 존재에의 용기가 필요하다. 그것은 삶의 흐름에 완전히 뛰어드는 것을 뜻한다. 인간 존재에 있어서 진정으로 흥미로운 점은 인간이 자유로울 때에 좋은 삶을 이러한 되어감의 과정으로써 선택한다는 것이다.'(Rogers, 1961)

충분히 기능하는 사람의 특성(Rogers, 1962)

경험에 대한 개방성이 증대됨

경험하는 것에 완전히 개방된 사람은 방어 기제를 사용하여 왜곡하지 않고도 삶에서 일어나는 모든 사건들을 자신의 몸과 마음으로 겪어낼 수 있음.

예를 들어, 경험에 개방적인 사람들은 시험 성적이 좋지 않을 때에 그것을 자신이 인간으로서 실패작이라는 증거로 삼아 왜곡하는 것이 아니라 수용할 수 있을 것임.

Rogers(1961)는 좋은 삶의 한 측면은 '방어에서 벗어나 경험에 대한 개방성으로 옮겨가는 것'이라고 주장함.

Rogers는 좋은 삶을 살고 있는 사람은 내적 사건을 경험하여 부정적인 감정(예를 들어, 공포, 낙심, 고통)과 긍정적인 감정(예를 들어, 용기, 친절, 경의)을 충분히 수용할 수 있을 것이라고 했음.

더욱 실존적으로 살게 됨

실존적인 삶을 경험하는 사람은 매 순간을 온전히 살 수 있게 됨.

예를 들어, 대다수의 어린이들은 이전에 일어났던 사건이나 미래에 일어날 수 있는 일에 초점을 맞추는 것이 아니라 그저 현재를 사는 것에서 즐거움을 느낌.

Rogers(1961)는 방어하지 않고 새로운 경험에 온전히 개방된 사람들에게는 삶의 매 순간이 새롭다고 주장함.

Rogers는 이런 사람은 '현재 진행하고 있는 유기체적 경험 과정을 통제하는 것이 아니라 그 과정의 참여자이며 목격자가 된다'고 설명함(Rogers, 1961).

자신의 유기체적 경험에 대한 신뢰

자기 자신을 신뢰하는 사람은 편견, 선입견, 두려움, 방어에 의존하기보다는 실제로 이용 가능한 자료에 기반을 두어 상황이나 경험을 평가할 수 있음.

예: 현재의 자극에 기반을 두어 상황을 해석할 줄 알며 자신의 본능을 신뢰하는 여성은 직업을 고려할 때 더 나은 판단을 내릴 수 있음.

Rogers(1961)는 이를 '자신의 행동(사회적 요구, 개인의 콤플렉스, 갈등적 욕구, 비슷한 상황에 대한 기억, 현 상황의 독특성에 대한 인식 등)을 기반으로, 각 상황에서 이용 가능한 모든 자료에 접근하는 과정이라고 하였다.'(Rogers, 1961)

이러한 복잡한 정보들을 바탕으로 개인은 '자신의 전체적인 유기체와 관여하고 있는 의식이 각각의 자극과 욕구와 충동을 고려하도록 허용할 수 있다. 이에 대한 상대적인 강도와 중요성을 평가하고 균형을 맞추는 것을 통해 상황에서 자신의 욕구를 충족시키는 데 가장 가까운 행동을 발견할 수 있다.'(Rogers, 1961).

성격의 19가지 명제

Rogers(1951)의 성격이론은 19가지의 명제를 제시했다.

1. '모든 개인(유기체)은 끊임없이 변화하는 세상 속에서 존재하며 그 세상의 중심은 개인이다.'

개인을 둘러싼 세상은 계속해서 변화한다.

개인의 관점에서 볼 때 개인은 자신의 이야기 속 주인공이므로 세상의 중심에 위치한다.

우리는 모두, 자기 경험(우리의 의식적인 느낌, 시각, 청각 등)의 결합을 통해 개인의 내적 세계를 만들어 간다.

모든 자극이 개인의 세계에 기여하는 것은 아니다. — 의식 밖에서 자극을 받는 감각도 많다.

개인의 세계는 경험적 장experimential field 혹은 현상학적 장phenomenal field이라고 할 수 있다.

개인의 현상학적 장을 진정으로 이해할 수 있는 것은 자기 자신밖에 없으며 이는 자신만이 그 고유한 경험의 당사자이기 때문이다.

2. '유기체는 경험과 지각을 통해 장(field)과 상호작용한다. 개인의 이러한 지각의 장을 "현실"이라고 한다.'

우리는 객관적인 실제 현실에 반응하지 않는다.

대신, 개인의 현상학적 장을 바탕으로 한 자신의 현실 인식에 반응을 보인다.
두 사람이 동일한 자극에서도 완전히 다른 반응을 보이는 이유이다.
철학적으로 보면 실제적 현실은 수많은 현상학적 장들 간의 겹침으로 나타나는 부분을 진짜 현실이라고 수용한 것에 지나지 않는다.

3. **'유기체는 이러한 현상학적 장에 조직화된 전체로서 반응한다.'**
   한 사람의 반응을 이해하기 위해서 환원적 접근방법을 채택하는 것은 불가능하다.
   개인은 항상 하나의 온전한 독립체로서 반응한다.
      우리는 자극에 대한 생리적 반응에만 온전히 집중할 수도 있다.
      (예를 들어, 당신이 성적으로 흥분할 때 어떤 일이 몸에 발생하는지), 하지만 이것은 정서적, 인지적, 사회적, 행동적 반응을 설명하는데 실패할 수 있다.
   엄격한 생리적 또는 행동적 접근만으로는 불충분하다.
      우리는 유기체를 전체적으로 고려할 필요가 있다.

4. **'유기체는 기본적으로 하나의 경향성과 욕구를 가지고 있는데, 그것은 경험하는 유기체를 실현하고 유지하고 향상시키는 것이다.'**
   각 개인은 개체 유지를 위한 자연스러운 충동을 가지고 있다 — 음식을 소화하고 위협적인 상황에서 자신을 방어하는 것이 그 예이다.
   각 개인은 성숙에 대한 자연스러운 충동을 가지고 있다 — 걷기 시작하고 성관계를 가지기 시작하는 것이 그 예이다.
   이러한 경향성과 노력은 역경의 상황에서도 나타난다.
   같은 방식으로 각 개인은 개인적인 의미에서 자기실현을 위해 노력한다. — 우리는 자아존중감, 자율성, 독립심 등을 추구한다.
   여기서 중요한 것은 자기실현을 성취하는 것이 아니라 유기체가 끊임없이 성장하고 발전하고 자기실현을 향해 움직이는 경향성이 있다는 것이다.

5. **'행동은 기본적으로 유기체가 지각한 장 내에서 자신의 경험적 욕구를 충족시키려는 목표 지향적 시도이다.'**
   우리의 목표는 자기실현을 위해 노력하는 것이기 때문에 이후 우리의 행동은 이 목적을 향해가는 우리의 시도이다.
   어떤 행동은 자기실현을 향해 가는 최적의 방법으로 보이지 않을 수도 있다.
      하지만, 개인의 관점으로부터 세상을 바라보고 진실로 한 개인의 비밀스러운 내적 세상을 진심으로 이해하게 된다면 우리는 이러한 모든 행동이 자기실현을 향한 시도인 것을 알게 된다.

처음에 도둑질과 같이 받아들이기 어려운 행동들은 자기를 향상시키지 못하는 행동으로 보인다.

하지만, 도둑질 또한 개인이 금전적 이득을 통하여 존중을 얻기 위한 방법이라는 것을 이해한다면 이러한 행동들이 자기실현을 위한 시도라는 것을 이해할 수 있다.

6. **'정서는 일반적으로 이러한 목표 지향적 행동에 수반하고 촉진된다. 정서의 종류는 행동 그 자체보다는 행동이 추구하는 것과 관계가 있으며 정서의 강도는 유기체의 유지와 정교화 측면에서 지각된 행동의 중요성과 관련이 있다.'**

중요한 행동들은 자기실현에 더 가까이 가는 데 도움이 된다고 믿어지게 하거나 당신이 살아가는 데 도움이 된다고 믿게 하는 것이다.

정서적 강도는 이러한 행동의 지각된 중요성과 직접적으로 관련되어 있다.

삶 또는 죽음의 결과를 초래하는 행동들은(예를 들면, 달리는 차에서 뛰어 나가는 것) 작은 결과를 초래하는 행동들(예를 들면, 발톱을 깎는 것)보다 정서적 강도를 높게 이끌어낼 것이다.

7. **'행동을 이해하는 가장 적절한 관점은 개인 자신에 대한 내적인 참조 틀에서부터 시작하는 것이다.'**

개인의 입장에서 독특한 경험을 한 유일한 사람은 개인 본인이다. — 이것은 개인에 대해서는 개인 본인이 전문가임을 의미한다.

만약 누군가가 한 개인으로서 자신을 진실로 이해하고 싶다면 자신의 내적 세계를 고려하여 자신의 행동을 살펴보아야 할 것이다.

개인을 이해하기 위해서는 개인의 입장에서 경험하는 것이 필요하다.

개인의 내적 참조 틀 또는 사적 세상으로부터 행동을 관찰하려는 시도를 공감이라고 부른다.

공감은 단순히 누군가를 향한 안쓰러운 감정이 아니다.

8. **'전체로서 지각된 장(field)은 점차 자기(Self)와 그 외의 것으로 구분되어져 간다.'**

'자기(Self)'는 개인의 존재에 대한 자각을 말한다.

자기 의식의 발달은 어린 시절 동안 개인의 통제 아래에 있는 세계의 부분들과 개인의 통제 아래에 있지 않은 세계의 부분들을 자각하면서 일어난다.

9. **'환경과의 상호작용의 결과로서 특히 타인과의 평가적인 상호작용의 결과로서 자기(Self)의 구조가 형성된다. — 이러한 자기(Self)는 'I' 또는 'Me'의 특성과 관계에 대한 조직화되고 일관적인 '조건부 가치'이다. 이것은 조직적이고 유동적이지만 일관적인 지각의 개념적 패턴이다.'**

   자기(Self)의 의식적인 인식은 세상에서의 상호작용이 나타나는 아동기에 발달한다.

   우리는 대상, 환경, 경험, 사람 등에 관여함으로써 개인으로서 개인 스스로에 대해 배운다.

10. **'경험에 결부된 가치, 자기 구조의 일부가 된 가치는 몇몇 경우에는 유기체가 직접 경험한 가치이며, 다른 경우에는 내사되거나 타인으로부터 얻었지만 마치 직접 경험한 것처럼 왜곡된 방식으로 지각된 가치이다.'**

    개인은 특정한 경험들에 대한 가치를 배우는데 몇몇은 높은 가치를 지니고(즐거운) 다른 것들은 낮은 가치를 지닌다(즐겁지 않음).

    개인은 직접적인 경험을 통해 이러한 가치들을 배울 수 있다: 예를 들어, 나는 달콤한 음식을 즐김.

    개인은 타인의 가치를 내면화 하여 이러한 가치들을 배울 수 있다: 예를 들어, 나는 달콤한 음식이 나쁘기 때문에 즐기지 않음.

    다른 사람의 평가로 인해 발생한 가치들에 대한 내면화: 예를 들어, 우리 부모님은 내가 달콤한 음식을 먹기 때문에 나쁜 아이라 함.

    개인은 자기에 대한 평가와 타인에 대한 평가 사이에서 갈등을 겪을 수 있다.

    : 예를 들어, 나는 스스로를 좋은 아이라 생각하지만 우리 부모님은 나를 나쁜 아이라 생각함.

    위협 받고 있는 자기 개념을 보호하기 위해 우리는 타인의 가치를 내면화 할 수 있다.

    : 예를 들어, 달콤한 음식은 나쁘기 때문에 나는 달콤한 음식을 즐기지 않음.

    타인에 대한 가치를 내면화하는 행위는 자기 개념을 유지할 수 있도록 한다.

    : 예를 들어, 내가 좋은 아이라는 생각을 계속 할 수 있음.

11. **'개인의 삶에 경험이 발생할 때, a. 자기와의 관계에서 상징화되고 지각되며 조직화되고 b. 자기 구조에 의해 지각된 경험이 아닐 경우에는 무시된다, c. 그러나 그러한 경험이 자기 구조와 일관되지 않을 때는 상징화가 부인되거나 왜곡된다.'**

    삶에서 개인과 관련이 없는 경험들은 완전히 무시될 것이다.

    개인은 일상에서 긍정적이거나 부정적인 영향이 없는 많은 일을 경험하고 이를 지각하지 못 할 것이다. — 개인은 용무(편지를 붙이는 것 같은)가 있기 전까지는 직장으로 가는 길에 있는 나무, 우체통, 상점을 지나치고 관심을 두지 않을 수 있다.

    삶에서 몇몇 경험들은 인식할 수 있는데 이는 그 경험들이 욕구(우체통과 같이)를 충족시키기 때문이다. 그리고 이러한 경험들은 개인이 지각한 자기 구조와 세계를 일치시킨다.

개인은 감각 경험에서 세계에 대한 개인의 주관적인 관점을 확증하는 사건을 선택하는 경향이 있다.

이러한 경험들은 세계와 개인 자신에 대한 개인의 주관적인 개념에 통합되고 이를 통해 자신의 인식이 정확하다는 것을 더 확증하게 된다.

삶에서 몇몇 경험들은 욕구를 충족시켜 인식할 수 있지만 갈등을 야기하기도 하는데 이는 이러한 경험들이 개인이 지각한 자기 구조와 세계를 불일치시키기 때문이다.

이러한 경험들은 종종 부인된다: 예를 들어, 낮은 자아존중감을 지닌 내담자는 '그는 진정한 나를 알지 못한다.'라는 말을 하면서 칭찬의 경험을 부인한다.

이러한 경험들은 종종 왜곡된다: 예를 들어, 사랑하는 딸로서의 자기 개념을 가지고 있는 내담자는 그녀의 아버지에 대한 분노의 감정을 두통으로 왜곡한다.

12. '유기체가 취하는 대부분의 행동 방식은 자기 개념과 일치한다'

개인을 통해 나타나는 행동은 개인에 대한 개인 자신의 자각과 일치한다.

모든 행동들은 욕구를 만족하기 위한 갈망에 의한 것이다. 그러나 행동은 반드시 개인 자신에 대한 믿음과 일치해야 한다.

예를 들어, 한 사람이 음식을 강렬하게 원하지만 훔치지는 않는 이유는 자신이 세운 정직한 사람이라는 개념에 어긋나기 때문이다.

13. '경우에 따라서 행동은 상징화가 되지 않았더라도 유기체적 경험과 욕구에 의해 일어나기도 한다. 이러한 경우에 행동은 자기 구조와 일치하지 않을 수 있지만 그 행동은 개인만의 '고유한' 행동이라고 볼 수 없다.'

위의 명제와는 상반되게 몇몇 행동은 거의 자동적이며 자기 개념과의 일치 여부와는 관계없이 존재한다.

이 경우에는, 개인이 행동을 인정하지 않는 모습을 보여준다.

예를 들어, 갑작스런 공격에서 스스로를 보호하는 사람은 자기 자신이 세운 온화한 사람이라는 개념과는 상관없이 반응할 것이고 아마 자신이 한 일이 무엇인지 모르며 그 행동에 대한 책임이 없다고 대답할 것이다.

이런 행동들은(그리고 자신이 그러한 행동을 했다는 것을 인정하는 것에 대한 실패는) 자연스러운 충동이 무시된 결과일 때 특별히 위험할 수 있다.

예를 들어, '순수한 남자'라는 자기에 대한 개념에 맞지 않아 끊임없이 모든 성적인 충동을 억압하는 남자는 결국 성폭행을 저지르고도 그 범죄적 행동의 책임을 부인할지도 모른다.

14. '심리적 부적응은 유기체가 의미 있는 감각을 인식하는 것을 부정하고 감각적 경험들을 자각하는 것을 부정하며 결과적으로 자기 구조의 형태(gestalt)에 상징화, 조직화가 되지 않을 때 나타난다. 이런 상황에 놓이면 기본적이고 잠재적인 심리적 긴장이 나타난다.'

어떤 사람은 불안을 이끄는 자기 개념과 일치하지 않는 유기적 감각(자연스러운 감정과 지각)의 수용을 거부한다.

예를 들어, '다정한 어머니'라는 자기 개념을 가지고 있는 여자는 자식에 대한 사랑이 유기적 감각으로부터 발생했거나 어머니는 반드시 다정해야 한다는 중요한 타인으로부터 내재화된 가치의 조건을 전달받았기 때문일 수 있다.

이후 그녀의 아이를 향한 혐오의 유기적 감각은 무시되고 이러한 감정에 대한 반응으로 나오는 자연스러운 공격 행동은 거부될 것이다. 그리고 이것은 심리적 긴장을 야기한다.

그녀는 긴장의 완화를 원하지만 그녀의 자기 개념과 일치하지 않는 방식으로 행동할 수 없다.

그러나 그녀의 자기 개념이 나쁜 아이에게 벌을 주는 것을 정당화한다면 그녀는 아이의 모든 행동을 나쁘게 바라보고 그녀의 공격성을 표출함으로써 긴장을 완화시킬 수 있다.

그녀의 감정과 행동은 자기 개념에 맞춰져 왜곡되어간다.

그녀가 이성을 잃고 아이에 대한 혐오를 표출하는 경우 자신이 그러한 행동을 했다는 사실을 부정하면서 '나는 내가 아니었다.'라고 주장할 것이다.

15. '유기체의 모든 감각적이고 감정적인 경험이 상징적 수준에서 자기 개념과 일관된 형태로 동화될 때 심리적 적응이 존재할 수 있다.'

이전의 명제와는 다르게 유기체적 감각의 수용과 유기체적 자기(유기체적 감각을 경험하는 진정한 자기)와 자기 개념(자기에 대한 지각) 간의 일치는 심리적 긴장을 완화시킬 수 있다. 앞의 예로 돌아가서 자기 아이를 싫어하는 어머니가 만약 아이에 대한 사랑과 싫음을 동시에 경험할 수 있게 하는 자기 개념을 가지고 있다면 그러한 부정적 감정에 대처할 수 있을 것이다.

16. '유기체 혹은 자기의 구조와 일치하지 않는 경험은 위협적으로 지각될 수 있으며 이런 지각이 많아질수록 자기 구조는 스스로를 유지하기 위해 더욱 융통성 없이 변해간다.'

타인에 의한 자기 개념과 일치하지 않는 것에 관심을 갖게 하려는 시도는 실패할 것이다. 우리는 본능적으로 자기 개념을 방어하려 하며 자기 자신에 대한 믿음을 지지하는 증거를 찾으려 한다.

예를 들어, 자신이 '부족한 학생'이라는 자기 개념을 가진 소녀는 자신이 영민하다고 주장하는 사람을 공격하며 자신을 지키려 할 것이다.

17. **'자기 구조에 어떠한 위협도 없는 특정 상황에서는 자기 구조와 일치하지 않은 경험을 지각하고 시험해 볼 수도 있을 것이며 자기 구조는 그런 경험과 동화하기 위해 수정된다.'**

만일 자기 개념에 어떠한 위협도 경험하지 않는 특수한 상황에 있다면 인간은 자기에 대한 자신만의 감각을 탐색해 볼 수 있게 된다.

만약 누군가가 지금의 모습이 아닌 다른 모습이 되어야 한다고 주장하지 않고 판단하지 않으며 그저 수용해 준다면 그 사람은 자신의 유기체적 자기를 탐색할 수 있는 안전감을 느낄 것이다.

그리고 자신의 유기적 경험을 자신의 감각에 동화시키기 시작하면서 진정한 성격변화가 일어날 수 있다.

18. **'개인이 자신의 모든 감각적, 감정적 경험을 하나의 일관적이고 통합된 틀로 지각하고 수용할 때 개인은 필연적으로 타인을 보다 잘 이해할 수 있을 것이며 타인을 분리된 개인으로서 더 수용할 수 있게 된다.'**

자기에게 진실한 사람은 다른 사람과의 관계에서도 진실 될 수 있다.

만일 자신의 어떤 면을 부정하는 사람은 자기 개념과 갈등을 일으키는 정보를 제시하는 사람의 '공격'을 계속해서 방어하게 될 것이다.

이는 타인이 하는 행동이 모두 위협적인 것으로 느껴질 수 있음을 뜻한다.

만약 자기의 모든 면을 수용할 수 있다면 타인에 의해 위협받았다고 느끼는 경우가 감소할 것이다.

이는 잘못된 의사 전달이 줄어들고 타인과 보다 나은 관계를 나누며 타인에 대한 더 많은 수용으로 이어질 것이다.

19. **'경험을 자기-구조로 인식하고 수용함에 따라 개인의 현 가치 틀(왜곡적인 상징적 내사가 깔려있는)이 계속적인 유기체적 평가 과정에 따라 바뀌고 있음을 깨닫게 된다.'**

더 많은 유기체적 경험을 수용할수록 타인의 가치를 거부한다.

이러한 개인은 자신의 행동과 관계없이 스스로가 가치 있는 존재라는 것을 알기 때문에 더 이상 조건적 가치 부여에 의한 압박감을 느끼지 않을 것이다.

진정한 유기체적 경험과 인간의 성장, 정직, 자기실현을 추구하는 자연스러운 욕구를 바탕으로 오래된 가치체계(–해야 한다, –할 의무가 있다, 반드시 -해야만 한다) 대신, 새로운 가치 체계가 발달할 것이다.

요약

유기체적 자기와 자기 개념: 유기체적 자기(현실적 자기)는 경험을 바탕으로 함. 자기 개념(자기에 대한 인식)은 타인과의 상호작용을 바탕으로 하며, 자기의 여러 틀로 구분됨.

조건적 가치부여: 긍정적 존중은 무조건적이지 않음. 중요한 인물들로부터 얻어지는 가치는 내면화됨으로써 자기 개념에 영향을 줌 — 나는 긍정적 존중(조건적 긍정적 존중)을 얻고, 가치 있는 존재로 여겨지기 위해 반드시 이것들을 해야만 함.

자기실현: 자기실현을 위한 자연스러운 욕구이며, 실제로는 결코 성취할 수 없음에도 이를 추구하려고 노력함으로써 자기실현을 이루어감. 자기실현은 깨우침/해탈과는 다른 개념임. 자기실현을 위해 노력하는 사람들은 유기체적 자기와 자기 개념 사이의 일치를 경험하게 됨.

욕구 위계: 기본적 욕구에 대한 피라미드(생리적, 안전, 사랑, 존중, 자아실현)임. 상위 욕구를 추구하기 전에 반드시 하위 욕구가 먼저 채워져야 함. 절정경험은 자아실현 이상으로 여겨진다. 위계는 매우 간단함.

충분히 기능하는 사람: 일관된 존재로서 모든 욕구를 만족시키는 '좋은 삶'을 삶. 높은 수준의 경험에의 개방성, 실존적 삶, 유기체에 대한 신뢰를 포함하는 성격특성을 나타냄.

성격의 19가지 명제: 인간 본성을 치료적 방법과 연결지은 틀을 제시했음(유기체적 자기, 자기 개념, 자기실현, 조건적 가치부여, 치료의 핵심 조건).

인간중심 치료에서의 치료적 관계

학습목표

이 섹션을 읽고 당신은 다음과 같은 것들을 할 수 있을 것이다:

- 건설적인 성격 변화를 위한 여섯 가지 핵심 조건에 대한 개요를 서술
- 첫 번째 조건인 심리적 접촉을 하는 두 사람에 대한 논의
- 두 번째 조건인 취약하고 불일치로 인해 불안한 상태인 내담자에 대한 논의
- 세 번째 조건인 관계에서 일관적이고 통합적인 치료자에 대한 논의
- 네 번째 조건인 내담자에게 무조건적인 긍정적 존중을 경험하는 치료자에 대한 논의
- 다섯 번째 조건인 내담자의 참조 틀을 공감적으로 이해하는 치료자에 대한 논의
- 여섯 번째 조건인 내담자에게 공감적 이해와 무조건적인 긍정적 존중의 방식으로 소통하는 치료자에 대한 논의

- 핵심 조건들이 필요충분 조건인지에 대한 논의
- 내담자 과정의 일곱 가지 단계를 인식
- 관계적 깊이에 있어 핵심적 조건들의 영향에 대해 토론

건설적인 성격 변화를 위한 6가지 핵심 조건

관계는 인간중심 치료의 핵심이다.

관계는 치료에서 가장 중요한 부분이다.

인간중심 치료에서 기술, 전략, 방법, 활동 등은 권장되지 않는다.

대신에, 치료자는 내담자와 긍정적인 관계를 맺는 것에 집중하는데 이것은 이러한 관계가 내담자를 긍정적인 방향으로 변화하도록 하는 조건을 제공한다는 가정에 근거한다.

Rogers(1957)는 내담자의 건설적인 성격 변화를 위한 여섯 가지 치료적 조건들을 설명했다. 건설적인 성격 변화를 위해서는 이러한 조건들이 존재하고 일정 기간 지속되는 것이 필요하다.

1. 두 사람이 심리적 접촉을 한다.
2. 첫번째 사람은 내담자로, 불일치한 상태에 있고 상처받기 쉬우며 불안한 상태에 있다.
3. 두번째 사람은 치료자로, 내담자와의 관계 안에서 일관성을 보이며 통합적이다.
4. 치료자는 내담자에 대해 무조건적인 긍정적 존중을 해준다.
5. 치료자는 내담자의 내적 참조 틀을 바탕으로 내담자를 공감적으로 이해하고 이를 내담자와 소통하려고 노력한다.
6. 치료자가 내담자를 위해 공감적 이해와 무조건적인 긍정적 존중의 대화를 하고 있음을 내담자가 최소한이라도 깨닫는다.

다른 조건들은 필요하지 않다.

만약 이 여섯 가지 조건들이 존재하고 어느 정도 지속된다면, 이것으로 충분하며 건설적인 성격 변화의 단계는 뒤따라오게 될 것이다.

변화를 위해서는 세 가지 조건(일관성, 무조건적 긍정적 존중, 공감)만 포함된다는 잘못된 보고가 널리 퍼져 있는데 실제로는 여섯 가지의 조건들 모두 건설적인 성격 변화를 위해 필요 충분한 조건이라고 기술되어 있다.

첫 번째 조건: 심리적 접촉을 하는 두 사람

두 사람은 심리적 접촉 안에 존재함

치료적 관계는 심리적 접촉이라고 묘사되는데 이는 치료의 전형적인 형태라고 볼 수 있는 물리적인 치료와는 대조적으로 심리치료는 두 사람 사이의 접촉이 심리적으로 일어나기 때문이다.

- 이 조건은 두 개인 사이에서 형성되는 최초의 접촉 외에는 다른 종류의 잠재적인 관계는 없다고 가정함으로써 후속 조건을 위한 기초를 형성한다.

대부분의 치료적 유형은 어느 정도의 접촉을 포함한다.

- 대학교에서 학생을 위한 서비스로 진행되는 치료는 1대 1 만남과 집단 만남이 포함될 수 있다.
- 성적 학대 지원 서비스를 위한 치료는 전화 통화가 포함될 수 있다.

접촉이 필요한가?

현대 기술의 발전은 사람 사이의 접촉의 경계에서 일부 왜곡을 가져왔다.

- 많은 유형의 치료는 이제 익명성이 보장된 온라인 환경에서 진행될 수 있고 실제 치료사의 존재 없이 치료가 일어날 수 있는 가능성이 있다.
- 일부 개인은 그들 자신의 감정을 언어적으로 표현하기 위한 시도로 온라인 블로그online blog를 사용하고 미래에 이러한 블로그를 보면서 자신의 생각을 반영할 수 있게 한다.
  - 이러한 방식은 개인적인 일기의 형태로 수 년간 일반적이었다; 하지만 블로그는 전형적인 일기보다 한 가지 중요한 것을 추가로 제공한다. 이는 작가가 익명의 독자들에게 이러한 생각들을 실제로 노출한다는 것이다.
  - 이 점으로 인해 개인은 타인과의 실제적인 관계 형성 없이 또 다른 개인들과 자신의 깊은 내면을 공유할 수 있다.
  - CNN은 치료로써 블로그의 이슈를 보도하면서 한 미망인 블로거blogger의 말을 인용했다. '남편이 죽은 직후 내가 치료를 받고 있는지 사람들이 물어왔고 저는 "아니요, 저는 블로그를 하고 있어요"라고 말했어요.'(Grossman, 2008)

두 번째 조건: 내담자의 불일치

내담자는 취약하거나 불일치로 인해 불안한 상태이다.

자기 개념은 유기체 그 자체와 일치하지 않는다.

- 자기 자신에 대한 개념과 양립할 수 없는 심리적인 사건을 경험하는 사람은 그런 사건을 왜곡하거나 무시할지도 모른다.
  - 자기–개념과 맞지 않는 경험에 대한 반복되는 노출은 취약성이나 불안으로 이어질 수 있다.

불일치는 필요한가?

유연성의 범위와 자기－개념 양상의 수에 대한 논의

자기－개념은 일반적으로 모두 조직화되었고 안정적이므로 성격이 일관적일 수 있도록 돕는다(Purkey, 1988).

자기－개념은 개인의 다른 측면이나 구성을 여러 가지 각도에서 보여준다(Mearns, 1999). 개인은 한 부분과 일치하지 않는 경험을 찾을 수 있지만 다른 부분과는 일치하는 경험을 찾을 수도 있다. 예를 들어, 한 남성은 그가 어떤 측면에서는 독립적이지만 다른 측면에서는 파트너에게 의존한다고 보일 수도 있다. 그러므로 의존과 관련된 경험이 전체 자기－개념과 일치하는지 불일치하는지 명확하게 말하기 어렵다.

세 번째 조건: 치료자의 일관성

치료자는 관계에서 일관적이고 통합적이다.

일관성은 사람이 성실하고 정직한 방법으로 다른 개인과 관계되어 있는 정도를 의미하고 다른 이름으로는 진솔성genuineness으로 알려져 있다.

진솔성genuineness은 공감적인 이해와 무조건적인 긍정적 존중에 필수적인 요소이다.

일관성이 없다면 치료자는 남은 핵심 조건을 충족하기 매우 어렵다.

일관성에 대한 잘못된 해석

치료자의 성공은 치료자가 모든 삶의 영역에서 일관성을 이루는 것에 달려 있다.

치료자가 삶의 모든 순간에서 완전히 일관성을 이루는 것은 불가능하다. 대신에 로저스(1957)는 치료적 장면에서 관계를 성공적으로 이끌기 위해서는 일관성과 진솔성을 필요로 한다고 주장했다.

치료자가 내담자에 대하여 생각한 것을 모두 말할 수 있다면 비로소 진실할 수 있다. 예를 들면, 로저스 자신도 무료함을 경험한 것에 대해 내담자에게 말하기도 하였다(Landreth, 1984).

치료의 목적은 치료자가 자기의 느낌을 표현하는 것이 아니다.

대신에, 치료자는 이러한 정보의 공개가 내담자에게 이익이 될 수 있는지를 결정하기 위해 자신의 내면에 있는 감정을 확인하고 수용하는 것에 초점을 맞춰야 한다.

일관성은 필수적인가?

'속이는' 치료자가 성공적인 치료적 관계를 가질 수 있는가?

약한 우울증을 가진 내담자들은 녹화된 치료 회기에서 나타나는 일관성과 비일관성 사이의 차이를 유의미하게 구분하지 못했다(Hollander & Hokanson, 1988).

우울증과 대인관계 기술의 부족은 연관성이 있는데 이것은 또한 심리적 장애를 경험하고 있는 내담자가 치료자의 진솔성의 수준을 잘 알아채지 못한다는 증거로 활용될 수 있다.

이러한 발견들이 환자들이 의식적으로 진술한 치료자를 분간할 수 없음을 밝혔음에도 불구하고 일관성과 비일관성이 잠재의식 수준에서 치료적 영향을 가지는지에 대한 여부는 아직 확실하게 밝혀지지 않았다.

네 번째 조건: 치료자의 무조건적인 긍정적 존중

치료자는 내담자에게 무조건적인 긍정적 존중을 한다.
Rogers(1957)는 성공적인 성격 변화에는 치료자가 내담자를 인격적 특성이나 행동 기능에 상관없이(무조건적인) 진실하게 수용하는 것(긍정적 존중)이 필요하다고 주장했다.

무조건적인 긍정적 존중은 내담자에 대한 비판단적인 태도를 유지하기 위해서 잠재적인 편견을 자각하는 자기 자신에 대한 이해가 중요함을 강조한다.

Rogers는 개인이 긍정적인 감정과 부정적인 감정을 모두 가질 수 있음을 인정했음에도 불구하고 인간의 존재를 본질적으로 가치 있는 것으로 여겼다(Kirschenbaum, 2004).

이런 이유로, 치료자는 내담자들이 그 시점에서 할 수 있는 최선을 다하고 있다는 점에서 내담자에게 감사해야 하고 내담자의 특정한 행동에 대한 우려도 개인의 성격특성보다는 행동 자체에 대한 것이어야 한다(Seligman & Reichenberg, 2009).

무조건적 긍정적 존중은 필수적인가?
치료자가 내담자에 대해 진실한 무조건적인 긍정적 존중을 가질 수 있는가?

한 개인이 다른 사람을 향해서 무조건적인 긍정적 존중을 할 수 있다는 사실을 받아들이는 것은 어렵다. 그래서 이런 조건의 중요성은 의문에 부딪힌다. 왜냐하면 무조건적인 긍정적 존중은 현실에 존재하지 않는 것처럼 여겨지기 때문이다.

Rogers는 무조건적 긍정적 존중이 연속적인 개념이라는 것을 인정했다(1957). 로저스는 심지어 절대적이고 완전한 무조건적 긍정적 존중은 이론적으로만 존재할 수 있다고 이야기하였다.

이는 내담자에게 항상 무조건적인 긍정적 존중을 할 수 없다면 치료자로서는 실패한 것이라고 여기는 치료자에게 위안이 될 수 있다.

상담 중에 비판단적인 태도를 유지하기 위한 노력 자체가 치료의 성공에 큰 영향을 미친다.

다섯 번째 조건: 치료자의 공감적 이해

치료자는 내담자의 참조 틀에 대해서 공감적으로 이해를 한다.
Rogers(1957)는 치료적 변화를 성공적으로 달성하기 위한 다섯 번째 조건은 '내담자 자신의 경험에 대한 내담자의 자각을 정확하고 공감적으로 이해할 수 있는' 치료자의 능력이라고 말했다.

공감적 이해를 하기 위해서 치료자는 내담자의 세계를 내담자의 참조 틀에서 지각할 수 있어야 한다.

치료자는 내담자의 관점을 이해할 수 있을 만큼 충분히 가까우면서도 동시에 객관성을 유지할 수 있을 정도의 충분한 거리를 유지해야 한다.

달리 말하면 내담자의 입장이 될 수도 있으면서 동시에 함몰되지 않고 세상을 내담자의 눈으로 바라볼 수도 있어야 한다(Kirschenbaum & Henderson, 1990).

May(1939)는 공감이란 '그의 영혼의 가장 깊은 장소를 그 사람과 함께 걷는 것'이라고 묘사했다.

본질적으로 치료자는 내담자의 자기실현을 향한 여행의 동반자가 되어야 한다.

진정한 공감은 자기를 잃지 않고 내담자의 세계에 몰입하는 것을 의미하므로 매우 어렵다.

대다수의 내담자들은 타인에게 진정으로 이해받거나 치료자에게 진정한 공감적 표현을 경험하여 '네, 바로 그거에요. 어떻게 당신이 이렇게 절 잘 이해하는지 믿을 수가 없네요.'와 같은 반응을 한 적이 없다.

진정한 공감은 라포를 증진시키며 이를 통해 의사소통의 통로를 매우 크게 확장시키고 내담자가 더욱 깊은 자기 성찰을 할 수 있게 한다.

치료자의 공감 경험은 내담자가 상담관계에서 따뜻함을 느낄 수 있게 하는 매우 중요한 요소이다.

치료자가 진정으로 내담자의 관점에서 세상을 바라보지 않는다면 내담자는 무조건적 긍정적 존중을 느끼기 힘들 수 있다.

예를 들어, 아동을 학대한 남성에 대한 무조건적 긍정적 존중은 불가능해 보일 수 있으나 내담자의 세상을 보는 관점에 대한 이해가 깊어지면 보다 수월해질 수 있다.

공감적 태도는 모든 종류의 치료적 관계(지시적이든 비지시적이든)에서 일관적으로 중요한 것으로 나타난다.

10개의 다양한 치료적 접근에 대한 전문가들이 참여한 연구 결과, 내담자의 감정을 이해하고 사고방식을 따라가고 내담자가 한 말의 진실성에 대해서 의심하지 않음을 통해 내담자와 성공적으로 라포를 형성할 수 있다는 것을 밝혀냈다(Fiedler, 1950).

동정 대 공감

치료자는 외상적 사건을 경험한 사람들(강간이나 성적 학대로부터 회복하고 있는 사람들)에게 동정 sympathy을 느낄 수 있다.

타인에 대한 동정은 진실한 온정에서 나온 것일 수 있으나 내담자가 자신의 세계를 보다 깊은 수준으로 탐색하도록 돕지는 못할 수 있다.

동정의 표현('어떤 느낌인지 알아요')은 내담자가 보다 깊은 자기 이해로 나아가도록 돕지 못하는 치료자의 감정 표현이다.

내담자의 참조 틀로 세상을 바라보기 위해 치료자가 진심으로 노력하는 것은 공감을 돕는다.

공감의 표현('남편에게 얘기하는 것을 정말 힘들어하시는 게 느껴져요')은 내담자가 자신의 감정을 새로운 관점으로 볼 수 있게 촉진한다.

기본적 공감

기본적 수준의 공감은 치료자가 내담자가 표현한 감정과 행동에 반응하는 것을 의미한다(Egan, 2007).

치료자는 적극적으로 내담자에게 집중해야 하며 내담자가 정확히 무엇을 표현하고 있는지에 대해 이해하고 있음을 표현해야 한다.

깊은 공감

깊은 공감은 내담자가 직접적으로 나타내지 않은 표현들에 대해서도 치료자가 감지하는 것을 의미한다(Egan, 2007).

깊은 공감에서는 자기 개방, 해석하기, 도전하기가 사용될 수 있다.

깊은 공감에 수반되는 위험성에 대해 항상 인지하고 있어야 한다. — 내담자 문제에 대한 전문가는 내담자 자신이라는 사실을 항상 잊지 말아야 한다.

공감이 꼭 필요한가?

긍정적인 치료적 변화는 공감에 의해 좌우되는가?

75명의 치료자들과 15개의 조사연구의 평가에 의하면, 치료자의 공감이나 온화함이 직접적으로 변화에 영향을 미친다는 증거는 없다(Metchell et al., 1973).

여섯 번째 조건: 내담자와 치료자 간 의사소통

치료자들은 내담자에게 공감적 이해와 무조건적인 긍정적 존중의 방식으로 소통한다.

효과적인 공감 표현은 내담자와 치료자 간의 의사소통 수준에 따라 달라진다.

치료자의 공감적 표현이 내담자에게 전달되지 못한다면 아무리 무조건적인 긍정적 존중, 일관성, 공감일지라도 모두 소용이 없다.

의사소통의 오해

인간중심 접근에 있어서 대화의 개념은 '아하'와 같은 용어와 '어떻게 느끼시나요?'와 같은 질문을 과도하게 사용하는 것이라고 오해받고 있다.

이는 치료자는 단순히 내담자의 말을 반영하기만 하고 거의 의사소통에 참여하지 않는다는 가정을 가질 때 생길 수 있는 오해이다.

실제로는 내적 경험을 공감하고 무조건적 긍정적 수용을 하여 내담자의 변화를 일으키기 위해서 섬세한 의사소통은 필수적인 것이다.

의사소통은 필요한가?

접촉에 대해 언급한 바와 같이, 현대 기술의 발전은 인간 의사소통에 있어 왜곡된 경계를 초래했다.

치료의 많은 형태들이 이제는 익명의 온라인 환경에서 발생할 수 있고 실제 상담사의 존재가 없는 치료의 형태도 가능해졌다(예를 들어, iTherapy).
한 방향으로만 진행되는 온라인 의사소통은(블로그와 같은) 다른 사람들의 피드백을 필요로 하지 않지만 여전히 자아탐구, 자아반성, 자기표현을 촉진하는 역할을 수행하는 것으로 보인다.

필요충분조건인가?

여섯 가지 조건들은 건설적인 성격 변화를 위해 필요 충분한 조건들이라고 보고되었다.

- 여섯 가지 조건들은 모두 필요하다.
  - 하지만 이러한 조건들의 필요성에 대한 몇몇 논쟁이 있다.
  - 각 조건의 개별적인 설명을 참조하여 성공적인 치료를 위한 각 조건의 필요 여부에 대한 논의가 필요하다.
- 여섯 가지 조건들은 충분하고 다른 조건들을 더 필요로 하지 않는다.
  - 이러한 조건들만으로 충분하다는 입장과 특정 기법을 활용한 다른 많은 접근들 사이의 논쟁에 관한 많은 연구가 있다. — 이러한 조건들만을 가지고 치료를 성공으로 이끌 수 있는지의 여부는 확인하기 어렵다.
  - 내담자가 치료자에 대해 일관성 있고 수용적이고 공감적이라고 보고했지만 당사자인 내담자는 별로 효과를 보지 못했다는 사례 보고들이 있다(Lietaer, 2002).
  - Gelso와 Carter(1985)는 '6가지 조건들이 필요하지도 않고 충분하지도 않지만 이러한 조건들은 촉진적이다'라고 주장했다.
- 이러한 논쟁에도 불구하고 대부분의 치료자들은 치료적 관계가 매우 중요하고 거의 모든 치료자들이 이러한 핵심 조건들을 보여주기 위해 노력한다는 것에 동의한다.
  - Kirschenbaum과 Jourdan(2005)은 'Rogers의 핵심 조건들이 효과적인 심리치료를 위해 필요하거나 충분할 수도 있고 그렇지 않을 수도 있다고 언급했다(논쟁은 여전히 진행 중임). 하지만 조사 결과 치료적 동맹을 맺기 위한 수단, 공감, 무조건적 긍정적 수용, 일관성의 가치는 최신 심리치료 과정에 의해 지지되었다.'

건강한 성격 변화의 단계

Rogers는 1957년에 6가지 조건에 대해 말했지만 1961년이 되어서야 로저스는 1958년에 발표한 논문 '심리치료의 과정에 대한 개념'에 기반한 그의 생각을 발전시킬 수 있었다.

Rogers는 내담자의 과정 안에서 7가지 단계를 확인함.

모든 단계는 외적 참조 틀을 통해 관찰될 수 있음.

단계는 첫 번째 단계에서 일곱 번째 단계까지 진행됨.

첫 번째 단계, 첫 번째 단계의 사람들은 자기에 대한 의식의 결여로 치료에 올 가능성이 낮음, 그들의 세계관은 고정되어 있고 엄격하며, 그들은 자신의 감정에 접촉하려고 하지 않으며 자신의 행동에 책임을 지려고 하지 않음.

만약 사람들이 사고 과정에 있어서 덜 엄격하다면 그리고 감정에 접촉하려고 한다면 (또는 다른 사람에 의해서 '완전히 받아들여짐'의 경험을 한다면), 그들은 치료에 참여할 수 있음.

대부분의 치료는 두 번째에서 여섯 번째 단계에서 내담자와 함께 일어남.

만약 여섯 번째 단계가 성취된다면 일곱 번째 단계는 필연적으로 뒤따라올 것이며 치료적 관계 밖에서도 나타날 수 있음.

치료적 대안

개인은 아주 다양한 이유들로 치료를 찾아 선택할 것이다. 일부 사람들은 그들이 안전한 장소에서 좌절을 터뜨리고 싶고 감정을 공유하고 싶으며 책임을 피하고 싶기도 하고 또 일반적으로 자신의 문제를 잘 들어주고 있다는 느낌을 원해서 치료를 찾는다. 어떤 사람들은 중요한 결정을 하기 위해서 다양한 시각으로 선택 가능한 대안들을 찾기 위해서 치료를 찾는다. 이러한 욕구를 충족하기 위해서 현대 치료자가 종교 지도자를 대신한다고 말한다. (더 비판적으로 말하면 치료사가 친구와 가족을 대신한다고 주장하기도 함) 하지만 현대의 삶은 치료에 있어서 많은 대안들을 제공하며 이러한 대안들은 어떠한 종류의 치료적 관계없이 위에서 제시된 욕구들을 충족시킬 수 있을지도 모른다. 아래의 활동들 중 일부를 시도해보는 것을 고려해보라. 그리고 그것들이 치료에 있어서 더 안 좋은 대안인지 타당한 대안인지 또는 적절하게 추가해볼만한 대안인지 결정하기 위해 전통적인 치료적 경험과 이를 비교해보라.

- 일기를 쓰거나 블로그를 하여 한 주 동안 매일 당신의 경험과 감정을 묘사하라.
- 애완동물에게 당신이 동요하고 있는 것에 대해 이야기를 함으로 자신을 표현하라.
- 무생물에게 소리를 지름으로 좌절감을 발산하라. (당신은 오해받지 않기 위해 아무도 없는

사적인 공간에서 하는 것이 좋을 수 있음.)

- 당신의 염려를 일으키는 문제에 대해서 알기 위하여 웹 사이트를 방문하라. (예를 들어, 아껴왔던 애완동물의 죽음으로 고통을 경험하는 어떤 사람은 도움 받을 수 있는 정보를 웹 사이트에서 찾을지도 모름)
- 챗봇chatbot 치료를 위해 구글Google에서 검색하라. 가상의 치료에서 당신의 현재 문제를 설명하라. (예를 들어, ELIZA는 웹을 기반으로 한 인간중심 치료자 대행emulator으로 www－ai.ijs.si/eliza.html에서 찾으라. FreudBot은 웹을 기반으로 한 정신분석 치료자 대행으로 http://psych.athabascau.ca/html/Freudbot/test.html에서 찾으라)

고지사항(disclaimer): 이러한 제안들은 치료의 가치에 대해 생각해보도록 당신을 돕기 위해서 제시했음을 기억하라. 그리고 가능한 대안 또는 보충 가능한 대안을 탐색하라. 그들은 어떤 심각한 개인적 또는 정신적 건강에 대한 문제를 다루도록 만들어지지 않았다. 만약 당신이 어떤 문제가 있다면 지속적으로 전문가의 도움을 받아야 한다.

1단계에서부터 7단계까지의 진행은 다음과 같은 것을 포함함.

과거의 몰랐던 감정에서 현재 가지고 있는 감정으로

불일치에서 일치로

멀고 고정된 경험에서 현재 유동적인 경험으로

자기와 타인과의 의사소통을 폐쇄하는 것에서 개방하는 것으로

문제를 자기의 일환으로 받아들이려고 하지 않는 것에서 수용하는 것으로

타인에 대한 책임감에서 자기－책임감으로

사람들은 사고하는 과정에서 유연해지고 다른 사람에 의해 “온전히 수용됨”을 통해 감정과 접촉하게 됨.

Rogers(1961)는 이 기간에 이해되는 공감할 수 있는 수용의 개념으로 [받아들임]이 내포되어 있다고 주장함.

이는 어떻게 6개 조건이 치료의 과정을 지지하는 데 사용될 수 있는지 설명함.

관계적 깊이

치료자는 관계적 깊이를 이룰 수 있도록 노력해야 함(Mearns & Cooper, 2005)

관계적 깊이는 ‘두 사람 간의 깊은 접촉과 관계의 상태로 각각 서로를 진실하게 대하고 높은 수준

에서 타인의 경험을 이해하고 가치 있게 여기는 것'으로 정의내릴 수 있다(Mearns & Cooper, 2005).

이런 의미에서 깊이는 '정직', '현실주의'와 연관됨.

깊은 관계는 더 정직하고, 진실하고 사실적임.

이러한 관계의 유형은 피상적이거나 허위적이지 않고 만남에 대해 정직을 공유하는 것임. 관계적 깊이는 순간 동안 경험되어질 수 있거나('친밀성의 순간' 혹은 '대화 동안의 진정한 연결') 오랜 시간을 거쳐서 경험되어질 수도 있음('우리는 긴밀하게 연결되어 있음' 혹은 '우리는 항상 친밀함').

관계적 깊이 대 핵심조건

핵심 조건은 기본적인 사람중심 치료를 위한 기초를 형성함.

핵심 조건은 효과적인 치료 변화가 일어나기 위해 충족되어야 하는 조건(일치성, 무조건적인 긍정적 존중, 공감)을 나타냄.

관계적 깊이는 한 걸음 더 나아가서 만남의 질을 설명함.

관계적 깊이는 치료자와 내담자 사이의 친밀함의 수준을 나타냄.

관계적 깊이라는 개념은 단지 전통적인 인간중심 치료에 있던 개념을 새로운 단어를 만든 것에 불과하다는 비판을 받아 왔다.

Wilders(2007)은 관계적 깊이에 대한 묘사는 인간중심 치료를 묘사하는 내용과 차이점이 없다고 주장함(핵심 조건과의 갈등에 대한 조언으로 치료자에게 적용되었을 경우를 제외하고).

관계적 깊이는 치료자가 핵심 조건에 대해 설명할 때 무슨 일이 벌어지는지 설명하는 단순한 단어라고 주장되기도 함.

Rogers는 '일치성'이라는 단어를 관계를 묘사하기 위해 사용하였고 반면에 Mearns와 Cooper(2005)는 관계를 '깊이'의 측면에서 이야기했음.

'우리가 진실한 인간 존재로서의 우리일 때 공감과 무조건적인 긍정적 존중을 타인에게 동일하게 제공하고 나아가 내담자와의 친밀성을 얻을 수 있다는 점을 Mearns와 Cooper는 잘못 이해했거나 스스로 경험하지 못했다.'(Wilders, 2007)

Cooper(2007)는 이러한 비판에 관계적 깊이를 주류 인간중심 치료와 다르게 받아들일 필요가 없다고 주장함.

대신에, 관계적 깊이의 개념은 내담자와 긴밀한 관계 맺기의 중요성에 대해서 강조한다는 목적이 있음.

전통적 인간중심 치료에 이미 상정했다는 것과는 관계없이, 관계적 깊이의 개념은 내담자와의 긴밀한 관계 맺기를 치료의 중심으로 가져오고 치료적 목표의 중요한 구성요소로 만드는 데 그 목적이 있다고 주장함.

관계적 깊이의 개념은 인간중심 치료의 핵심 조건과의 충돌 때문에 비판받음.

인간중심 치료는 전적으로 비지시적이지만 관계적 깊이를 촉진하기 위한 조언은 내담자에게 지시하거나 재지시하는 것이 필요함을 나타낼 때가 있음.

Wilders(2007)는 관계적 깊이의 개념은 모순되는 조언을 제시하기 때문에 일관성 있는 이론이 부족하다고 주장함.

치료자들은 내담자와 '함께하라'고 조언 받기 때문에 내담자를 이끌기보다는 따라가야 한다고 제안함 — 이는 인간중심 치료의 원리를 뒷받침함

치료자들은 '"깊이"의 관계를 만드는 데 "만남encounter"이 도움이 된다고 느끼는 경우에 내담자를 직면시키거나 도전하거나 침범할 권리가 있다고 상정하라.'고 권고 받음. 이는 인간중심 치료의 원리와 다음과 같은 갈등을 일으킨다. '관계적 깊이는 때로 치료자에게 제안을 자유롭게 할 수 있는 권한을 주게 되는데 이는 치료의 방향을 바꾸고 내담자를 비판하고 질책하게 한다.'(Wilders, 2007)

Cooper(2007)는 이러한 비판들에 같은 접근이 모든 내담자에게 효과가 있을 것이라고 가정하는 것은 비논리적인 생각이라며 응답함.

비지시적인 방법이 어떤 내담자에게 매우 효과적인 방법이라 할지라도 치료자가 '더욱 지시적으로 관계를 맺는 방식'이 만남의 질을 향상시킨다고 느낀다면 포함시킬 수 있을 만큼 치료에는 융통성이 있어야만 함(Cooper, 2007).

논란이 가져온 긍정적 측면

관계적 깊이 개념은 논란과 논쟁을 야기함.

새로운 이론인지, 모순되는 이론인지, 미완성의 이론인지는 중요하지 않을 수 있음.

치료적 관계에 대한 논쟁이 다시 시작되면서 인간중심 치료에 관한 연구와 발전에 중요한 영향을 미쳤음.

Rogers는 유연한 관점을 가졌고 생각하기 좋아했으며 치료적 관계를 증진시킬 수 있는 새로운 관점을 탐색하려는 시도를 포용하는 데 아무런 거리낌이 없었음.

 요약

건설적인 성격 변화를 위한 여섯 가지 조건: 치료적 관계는 치료를 성공적으로 이끌기 위한 핵심 요소임. 건설적인 성격 변화가 일어나기 위해서는 여섯 가지 조건이 반드시 있어야 하며 일정 시간 동안 지속되어야 함(다른 조건, 기술, 방법은 필요하지 않음).

1. 두 사람이 심리적인 접촉을 하고 있음.
2. 내담자라고 부르는 첫 번째 사람은 불일치incongruence 상태에 있으며 취약하고 불안한 상태에 있음.

3. 치료자라고 부르는 두 번째 사람은 관계에서 진솔함congruence, 즉 통합integrated되어 있음.
4. 치료자는 내담자에 대한 무조건적 긍정적 존중을 경험함.
5. 치료자는 내담자의 내적 참조 틀에 대한 공감적 이해를 경험하며 이 경험을 내담자에게 전달하기 위해 노력함.
6. 치료자의 공감적 이해와 무조건적 긍정적 존중은 최소한 어느 정도는 전달되어야 함.

필요조건과 충분조건: 현대 치료에 있어서 모든 조건들이 필요한 것인가에 대한 작은 논란이 있었음. 이 조건들이 성공적인 치료의 충분조건인가에 대해서 큰 논란이 있었음.

단계: 내담자가 거치는 일곱 가지 단계가 있음. 내담자는 다음 단계로 넘어갈수록 융통성이 생기며 더욱 기능하게 됨.

관계적 깊이: 핵심 조건이 성공적으로 적용되면 치료자는 내담자와 보다 깊은 수준에서 작업할 수 있게 됨. 관계적 깊이는 '진실한' 만남에서 드러나는 친밀함을 말함. 논의를 불러일으킨 논쟁적 이론은 관계적 깊이가 그저 핵심 조건에 대한 새로운 단어가 아닌지, 관계적 깊이가 핵심 조건들과 충돌을 일으키는 것은 아닌지에 대한 의문을 던졌는데, 이 문제에 대해 깊이 숙고할 수 있게 촉발하였다는 데서 중요한 가치가 있음.

인간중심 치료의 치료적 기술

학습목표

이 섹션을 읽고 당신은 다음과 같은 것들을 할 수 있을 것이다:

- 이 접근에 특정한 기술이 없음을 이해할 수 있음.
- 치료자가 일관성congruence의 핵심 조건을 드러내기 위해 어떻게 진실함genuineness, 투명성transparency, 자기 개방self-disclosure을 사용하는지 설명할 수 있음.
- 무조건적 긍정적 존중의 핵심 조건을 드러내기 위해 치료자가 어떻게 비판단적 접근과 민감한 문화적 인식cultural awareness를 사용하는지 설명할 수 있음.
- 공감적 이해의 핵심 조건을 드러내기 위해 어떻게 기본적 공감과 고차원적 공감advanced empathy을 사용하여 치료자의 참조 틀을 알아가는지 설명할 수 있음.

기법의 부재

성공적인 치료법은 기법에 의존하지 않음

성공적인 치료법은 오로지 치료적 관계의 본질에만 의존함.

건설적인 성격 변화는 내담자와 치료자의 긍정적인 치료적 관계 형성만을 필요로 함.

인간중심 치료는 단순히 내담자와 함께 있는 것을 포함함.

게임, 운동, 활동, 과제 등의 방법을 사용하지 않음.

일관성, 무조건적 긍정적 존중, 공감과 같은 의사소통 능력을 향상시키기 위해 다양한 방법을 배우고 활용할 수 있음.

그러나 이들은 지침을 따라서 진행해가는 특정한 치료적 기법이라기보다는 단순히 대인관계적인 기술일 뿐임.

Throne(1996)이 기록한 것처럼 Rogers는 치료자의 반응이 일련의 기법들을 기술해 놓은 목록으로 여겨지는 것을 두려워했음. — 인간중심 치료의 목적은 책을 따라 방법적으로 수행하는 것이 아니라 바로 그 순간에 진실한 것임.

치료적 관계가 치료적 기법보다 중요함

다양한 치료 유형 간의 공통 요인을 찾으려는 연구는 인간중심 치료의 핵심 조건에 초점을 두고 있음(Lambert & Barley, 2001).

치료적 개입에 대해 100여 개가 넘는 실험 연구와 메타분석 연구를 분석한 결과,

내담자 향상의 40%는 치료법과 상관없는 외부적 사건에 의한 것임.

내담자 향상의 15%는 플라시보 효과에 의한 것임.

내담자 향상의 15%는 각 회기에서 사용된 치료적 기법에 의한 것임.

내담자 향상의 30%는 치료적 관계의 본질에 의한 것임.

이로써 내담자 결과의 절반 이상(55%)이 치료적 회기에서 발생하는 것과 전혀 상관이 없는 외부적 사건에 의해 영향을 받는다는 충격적인 결과가 밝혀졌음.

이러한 결과는 내담자의 긍정적인 결과를 이끌어 내기 위한 기법보다 관계 그 자체(그리고 핵심 조건에 대한 설명)가 중요하다는 의견을 지지하고 있음.

나는 누구인가 혹은 나는 무엇을 하는가?

당신의 삶에 긍정적인 영향을 주었던 세 명의 사람을 생각해 보아라; 아마도 그들은 어떤 방법으로든 당신을 격려해주었거나 위로해주었거나 도와주었던 사람일 것이다. 당신이 이들에

게 왜 영향을 받았는지에 대해 생각해보아라.

그들이 자신만의 긍정적인 특성을 설명하면서 어떻게 하면 더 좋은 사람이 되는지를 보여주었는가? 혹시 그들이 고난에 강한 것을 보며 당신은 힘을 가지도록 배우지 않았는가? 이것은 치료자가 자아실현을 향해 어떻게 나아가야 하는지를 내담자에게 보여주기 위해 자아와 관련된 핵심 조건들을 설명하는 것과 유사하다.

그들이 당신의 감정을 나눌 수 있는 따뜻하고 안전한 환경을 제공해주었는가? 혹시 그들이 기대어 울 수 있는 어깨가 되어주거나 당신을 있는 그대로 표현할 수 있도록 격려하였는가? 이것은 치료자가 내담자로 하여금 자신을 탐색하고 발전할 수 있도록 하는 긍정적인 치료적 관계를 제공하는 것과 유사하다.

당신은 그들로부터 유익을 얻었는가? 혹시 그들이 당신을 도와주는 일을 하거나 당신이 업무를 완성할 수 있도록 함께 일해주었는가? 이것은 치료자가 내담자를 돕기 위한 구체적인 활동과 기술을 사용하는 것과 유사하다.

위에 언급한 당신이 다른 사람들로부터 크게 영향을 받을 수 있는 모든 상황은 어쩌면 당신의 인생을 바꿀 수 있을지도 모른다. 하지만, 인간 중심적 치료자는 첫 번째 두 상황을 추구하는데 왜냐하면 이것들이 내담자에게 가장 지속적인 유익을 제공하는 것이라고 믿기 때문이다. 이와 대조적으로, 세 번째 상황은 내담자의 한 가지 문제만을 도와주고 내담자 스스로의 자율성보다 치료자에 대한 의존성을 기르게 한다. 당신이 이러한 관점에 동의하는지의 여부를 결정하기 위해 당신의 경험을 생각해 보아라.

미국 심리학회APA 특별조사단에서는 치료적 관계와 치료로 인한 결과 사이의 연관성을 분석함.

그들은 관계가 '특정한 종류의 치료에 있어서 독립적으로 심리치료의 결과에 상당하고 일관된 기여를 한다'고 결론 내림.

이러한 발견은 치료에서 어떠한 구체적인 기법을 사용하는 것보다는 관계가 내담자에게 가장 강력한 긍정적인 영향을 미친다고 제안함.

Lambert와 Barley(2001)는 '수십 년 동안 진행된 연구에서 치료의 제공은 대인관계 과정이며 이러한 치료적 관계의 본질이 주요 치유 요인으로 작용함. 임상가는 타인을 돕기 위한 노력의 기초임을 기억해야만 한다'고 말함.

내담자들은 치료의 성공에 대해 치료 회기에서 어떤 구체적인 활동이나 수행을 하는 것보다는 치료자를 통해 나타나는 핵심 조건들이 치료의 성공을 경험하게 했다고 보고함.

환자가 경험하는 치료에 대한 양적 분석은 환자가 치료자에 대해서 '따뜻하고 주의 깊고 관심을 보이며 이해심 있고 존중하는' 모습을 보인다고 말할 때 '성공적인' 치료였다고 보고됨.

일관성 보여주기

진실성, 투명성 그리고 자기노출은 일관성을 보여주는 데 사용될 수 있음.

치료자는 관계에 있어서 성실하고 일관된 모습을 보여야만 함(Rogers, 1957).

일관성은 한 사람이 다른 개인과 관계를 맺을 때 진실하고 정직한 태도를 가지는 정도라고 말할 수 있음.

공감적 이해와 무조건적인 긍정적 존중 모두에 있어서 필수적인 것임.

일관성을 보여주기 위한 진실성

일관된 모습을 가진 치료자는 언어적, 비언어적 소통에 있어서 친밀하게 전달하므로 비소유적인 따뜻함을 보여줄 것임.

일관된 모습을 가진 내담자는 모든 형태의 소통에 있어서 진실하려고 노력할 것임.

바디 랭귀지, 몸짓, 표정, 어조는 참된 진실성을 보여주기 위해 표현되는 정서와 일치해야만 함.

일관성을 검증하기 위한 투명성

일관된 치료자는 전문가인 척 하지 않을 것임.

치료자는 내담자 자신보다 내담자에 대해 더 자세히 알고 있지 않음.

치료자는 단지 심리학이나 치료의 특정한 한 분야에서 아는 것이 더 많을 뿐이고 이 점을 내담자에게 명확하게 해야 함.

치료자는 더 많은 정보를 물어보는 것을 두려워하면 안 되고 그들이 모르는 것과 이해하지 못하는 것을 인정해야 함.

일관된 치료자는 모든 자격에 대해 공개할 것이고 그들의 능력을 넘어선 사례를 만나게 될 때 다른 치료자에게 의뢰할 수 있음.

치료자는 내담자에게 그가 할 수 없는 문제를 더 적절한 치료자에게 안내하는 것이 허용됨.

일관된 치료자는 내담자에게 무언가를 숨기려 하지 않을 것이고 사전동의를 구하고 동기와 의도가 항상 투명할 것임.

모든 목표는 서로 간의 합의하에 이뤄져야 함.

목표를 달성하기 위해 내담자를 비밀리에 조작해서는 안 됨.

만약 비밀보장이 지켜지지 않는다면 내담자에게 사전에 가능한 모든 것에 대해 정직하게 얘기해야 함.

논의된 특징을 통해 투명성을 강화하고 치료사가 영국 협회 상담과 심리치료의 자율성에 대한 윤리적 원칙을 준수하는지 확인할 수 있다(BACP, 1992).

자율성은 내담자의 자치권에 대한 치료자의 존중을 말함.

BACP는 치료자들은 '서비스를 제공하기 전에 모든 광고나 정보의 정확성을 보장해야 하고 자유롭게 주어진 충분한 정보에 입각한 사전 동의서를 추구해야 함, 내담자가 사전에 명시적 계약에 관여해야 함, 비밀 유지, 이에 대한 갈등이 명백해진다면 가능한 빨리 내담자에게 예측 가능한 갈등에 대해 사전에 알려야 함, 유익한 사회적 결과가 있다고 하더라도 내담자의 의지에 반하여 내담자를 조종하는 것을 거부해야 함' (BACP, 1992).

일관성과 자기노출

일관성을 갖춘 치료자는 자신의 감정을 내담자에게 솔직하게 말하려고 노력할 것임.

치료자는 내담자에게 거짓말하거나 감정을 속여서는 안 됨.

치료자의 감정이나 개인 정보에 대한 노출은 내담자와 치료적 관계 모두에 도움이 됨.

노출이 내담자의 생각, 감정, 행동을 표준화시킴으로써 내담자는 도움을 받을 수 있음.

예를 들어, 내담자는 엄마인 상태가 그녀를 '나쁜 엄마'로 만드는 것에 대한 불안을 느낄 수 있음. 이때, 같은 고민을 내비치는 치료자는 내담자의 감정을 표준화하는 데 도움을 줄 수 있음.

그러나, 치료자는 내담자의 경험을 사소화 시키거나 내담자가 특별하지 않다고 이야기하는 것을 피해야 함.

내담자는 노출이 문제에 대해 새로운 시각을 제공할 때 도움을 얻을 수 있음.

예를 들어, 자신의 현재 직업에 불만족스러워 하고 있는 내담자는 새로운 직업을 찾아본 적이 있는 상담자로부터 문제 해결을 위한 새로운 아이디어를 제공 받을 수도 있음.

그러나, 치료자가 내담자에게 조언을 하거나 지시하는 것은 피해야 함 — 방향 제시성 정보는 응답해야 할 압박이 없는 정보를 제공하는 것에 불과함.

진실성을 증가시키는 노출은 치료적 관계에 도움을 줄 수 있음.

'자발적으로 양쪽의 입장을 공유하는 것은 진실한 관계의 필수요소이다.'(Chrkhuff, 1969)

그러나, 치료자가 내담자에게 주의를 기울이지 않는 것과 논의가 잡담으로 흘러가지 않게 막는 것이 중요함.

일관적인 치료자는 모든 상황에서 노출해야만 한다고 느끼지 않음.

모든 노출들은 치료자를 이롭게 만들어야 함(Patterson, 1985).

어떤 정보는 내담자가 자신의 행동에 대해 통찰을 얻을 수 있도록 도움.

예를 들어, 지루함을 느끼는 치료자는 이런 정보를 나누고 싶어 할 수 있음. 왜냐하면 이런 정보가 내담자에게 자신의 감정을 다른 이에게 드러내는 방법에 대한 통찰을 제공할 수 있기 때문임.

내담자의 유익을 위한 노출이 아니라면 지양해야 함.

치료자는 정보노출을 원하지 않음을 설명하거나 내담자에게 정보가 어떻게 도움이 될 수 있을지 질문할 수 있음.

'치료는 치료자를 위한 것이 아니라, 내담자를 위한 것이다.'(Patterson, 1985)

무조건적 긍정적 존중 보여주기

비판단적인 접근과 사회문화적 인식awareness을 통해 무조건적 긍정적 존중을 드러낼 수 있음.

치료자는 내담자와의 관계에서 무조건적 긍정적 존중을 경험해야 함(Rogers, 1957).

성공적인 성격 변화를 위해 치료자는 개인의 성격 특성이나 행동에 상관없이 마음에서 우러나오는 따뜻함(긍정적 존중)으로 대해야 함.

비판단적 접근으로 무조건적 긍정적 존중 보여주기

내담자에 대한 비판단적 태도를 유지하기 위해 치료자는 자신의 선입견에 대해 이해하는 것이 중요함.

모든 사람은 자신만의 관점과 가치관을 갖고 있기 마련이지만 치료자는 이를 내담자와의 관계에서 드러내지 않기 위해 힘써야 함.

치료자는 타인의 잘잘못을 가리는 것을 피해야 함.

타인의 상황에 처하게 되었을 때 자신이라고 다르게 행동하였을지 솔직하게 자문해보라.

많은 경우 사람들은 자신이 저질렀거나 그렇게 하고 싶은 잘못을 한 타인에게 가장 가혹하게 비판함.

판단하고 있다는 인상을 심어주지 않아야 함.

'해야 한다', '해야만 한다', '반드시', '그래야 한다', '하면 안 된다'와 같은 특정 단어나 표현은 판단하고 있다는 인상을 줌.

'당신은 ~해야 합니다'라는 표현을 하고 싶은 마음이 들면, 왜 그것을 해야 한다고 생각하는지에 대해 자문해보라.

민감한 사회문화적 인식을 통해 무조건적 긍정적 존중 보여주기

문화적 차이를 가진 타인은 매우 다양한 방식으로 세상을 바라본다는 것을 인식해야 함.

다름은 틀림을 뜻하지 않음.

고정관념과 근거 없는 추측을 피하라.

사람에 대한 대부분의 고정관념과 추측은 생각의 기저에 깔려 있기 때문에 그것이 존재한다는 사실을 알아채는 것이 매우 어려움.

사랑이라는 개념을 예로 들어보자. 사랑에 대한 우리의 이해는 개인주의적인 문화의 관점에서 기인한 경우가 많기 때문에 중매결혼을 달갑게 여기지 않을 수 있으며 강요된 결혼이라고 가정할 수 있음.

문화적 인식은 이해에 의한 것cultural awareness is dependent on understanding

때로 수용은 섣부른 결론을 내리지 않기 위해 내담자의 세계를 제대로 이해할 수 있게 하는 정보를 요청하는 것을 의미할 수 있음.

그러나, 문화적으로 안다는 것이 문화적 지식만을 의미하지는 않음.

치료자가 내담자의 문화에 관해 어느 정도의 지식을 갖는 것이 도움이 될 수는 있으나 그렇다고 해서 치료자가 그 문화의 일원이 된다거나 내담자만의 특정한 문화적 관습에 대해 깊이 있고 포괄적인 지식을 가져야 하는 것은 아님.

실제로, 문화적 지식으로 인해 치료자들이 내담자의 문화적 배경과 관련하여 가정해봄직한 요소들로 개인과 관련된 요소를 무시하게 되는 일이 발생하기도 함.

예를 들어, 혼전 성관계를 금기시하는 내담자의 문화에 대해 '알고 있는' 치료자는 내담자가 임신을 해서 결혼을 강제로 하려 한다는 가정을 내릴지도 모름 — 실제로 내담자는 사랑하는 사람과의 결혼을 승낙받기 위해 의도적으로 임신을 한 경우임에도

Dyche와 Zayas(2001)는 우리가 특정 문화의 구체적인 사항들에 대해 '아는 것이 많은' 치료자임과 동시에, 내담자와 함께 있을 때에는 내담자의 솔직한 이야기를 듣기 위해서 어떠한 추측도 하지 않은 채로 이러한 지식들을 잠시 보류해 놓을 줄 아는 그런 치료자를 원한다고 주장했음.

문화적 이해는 '비교문화적 공감cross cultural empathy'으로 분류되기도 함(Dyche & Zayas, 2001).

비교문화적 공감은 치료자가 사회문화적 관점에서 내담자의 세계를 이해하는 데 도움이 됨.

이러한 깊은 수준의 이해와 공감은 치료자가 내담자를 무조건적으로 수용하는 데 도움이 됨.

공감적 이해에 대해 설명하기

내담자의 참조 틀은 기본적이고 고차원적인 공감을 사용함으로써 공감적 이해를 설명하는 수준에 이를 수 있음.

치료자는 반드시 내담자의 참조 틀에 대한 공감적 이해를 경험해야 함.

성공적인 치료적 변화는 치료자로 하여금 '내담자가 알고 있는 자신의 경험에 대한 정확하고 공감적인 이해'를 경험할 것을 필요로 함(Rogers, 1957).

공감적 이해는 치료자로 하여금 내담자의 참조 틀에서 내담자의 세계를 인식하는 것을 필요로 함.

공감을 설명하는 참조 틀

우리 모두는 각자의 내적 참조 틀에 의해 세상을 바라봄.

우리는 세상이 존재하는 그 자체로 보지 않고 우리의 기억, 가치, 지식, 경험, 감정, 그리고 이와 덧붙여 우리의 인식과 감각을 바탕으로 세상을 바라봄.

우리가 상대방의 참조 틀을 바탕으로 세상을 바라보려는 시도를 할 때 진정으로 다른 사람을 이해할 수 있음.

이는 절대로 가능하지 않다는 것을 받아들여야 하며 우리가 철회할 수 없는 참조 틀에 대해서는 결코 깊은 이해에 도달할 수 없다는 것을 확실히 해야 함.

그러나 내담자들로 하여금 우리가 진정으로 그들을 이해하려고 노력하고 있다는 것을 알게 하기 위해 우리는 계속해서 이러한 방식으로 세상을 바라보아야 함.

치료자는 내담자의 언어적 그리고 비언어적 의사소통을 잘 경청하고 내담자의 표현된 감정과 함축적인 행동들을 확인하려고 시도하고 판단하기보다 이해하는 것을 보여주는 반응을 할 때 내담자의 참조 틀에 들어갈 수 있음.

피상적 수준의 공감(Egan, 2007)

피상적 공감Primary-level empathy에서 치료자는 내담자의 표현된 감정과 행동에 반응해야 함.

이러한 반응에는 적극적인 주의 기울이기attending와 내담자의 말을 다른 말로 바꾸어 표현하기, 감정 반영하기가 포함될 것임.

적극적 경청과 주의 기울이기에서 치료자는 내담자의 말을 듣고 적절하게 반응해야 함(최소한의 격려와 명확한 질문의 사용) 그리고 치료자들은 그들이 어떻게 앉아있고 내담자를 향해 어떻게 행동하고 있는지 알고 있어야 함.

내담자의 말을 다른 말로 바꾸어 표현하기와 감정 반영하기에서 치료자는 말의 내용과 내담자가 표현한 감정을 반복해야 함.

말을 바꾸어 표현하기는 내용의 반복을 포함함.

반영하기는 감정의 반복을 포함함.

모방하기mirroring는 내담자가 말한 구체적인 말들을 직접적으로 반복하는 것을 포함함.

요약하기는 내담자의 감정과 연결된 생각, 감정, 행동 그리고 주제에서 가리키는 내용과 감정의 간략한 개요를 포함함.

깊은 수준의 공감(Egan, 2007)

깊은 수준의 공감Advanced-level empathy에서 치료자는 내담자로부터 직접적으로 의사소통되지 않은 표현을 느껴야 함.

자기노출과 해석, 도전은 이러한 수준의 공감에서 사용될 수 있음.

자기노출은 내담자의 통찰을 향상시키기 위해서 치료자에 대한 정보를 선택적으로 나누는 것을 포함함.

노출하는 것은 정상적임 — 예를 들어, '많은 사람들은 당신과 같은 상황에서 똑같이 느낄 수 있어요, 심지어 나도 엄마를 애도할 때 비슷한 생각을 가지고 있었어요.'

하지만 그들이 독특하고 개인적이지 않다는 가정을 하게 되는 위험을 반드시 알고 있어야 함.

노출은 내담자가 어떻게 있는지 보여주는 것이 될 수 있음 — 예를 들어, '당신이 그렇게 목소리를 높일 때, 나는 조금 겁이 나요.'

해석은 언어적, 비언어적 말에 기초하여 감정을 알아내는 것을 포함함.

해석은 내담자 스스로가 아직 알아차리지 못한 자신을 발견하거나 아직 표현되지 않은 감정에 주의를 기울이도록 도울 수 있음.

예를 들어, '나는 당신이 그 말을 할 때, 주먹을 쥐는 것을 알아차렸습니다. 나는 당신이 화가 나지 않았나 궁금합니다.'

도전은 내담자에 대한 어떤 분명한 모순을 향해서 주의를 돌리는 것을 포함함.

모순은 내담자가 언급한 두 개의 말 사이에 존재할 수 있음 — 예를 들어, '저는 당신이 여동생 때문에 행복했다는 것을 말을 통해 알게 되었어요. 하지만 지난 주 당신은 여동생을 향해 화를 냈다고 말했어요. 그래서 전 그곳에서 어떤 일이 일어났는지 궁금하네요, 어떤 일이 일어났나요?'

모순은 내담자가 언급한 말과 바디 랭귀지(몸짓) 사이에 존재할 수 있음 — 예를 들어, '저는 당신이 여동생 때문에 행복했다는 것을 말을 통해 알게 되었어요. 하지만 당신은 말이 끝난 후에 턱을 꼭 쥐고 있는 것처럼 보이네요. 저는 어떤 일이 일어났는지 궁금하네요. 그곳에서 어떤 일이 일어났나요?'

항상 보다 깊은 공감과 관련된 위험에 주의해야 할 필요가 있음.

자기 노출을 하는 동안 치료자 자신에게 초점을 맞추는 것은 위험성이 높기 때문에 초점이 일정 부분 내담자에게 맞춰 있는지 확인해야만 함.

해석을 하면서 내담자에 대해 알고 있다고 자부하는 것은 위험성이 높기 때문에 내담자가 자신의 문제에 대해서 전문가라는 것을 확인해야만 함.

위협적으로 도전을 하는 것은 위험성이 높기 때문에 치료자는 내담자와 함께 편안함을 공유하고 있는지 확인해야만 함.

요약

기법의 부재: 성공적인 치료는 기법에 의존하지 않고, 성공은 순수하게 치료적 관계에 의존함; 치료에 있어서 주요한 치료적 요인이 치료적 관계의 성격임이 연구에서 나타남.

일관성: 치료자는 관계에 있어서 일관되고 통합적이어야만 함; 진실성; 투명성; 자기 노출

무조건적인 긍정적 존중: 치료사는 내담자를 향한 무조건적인 긍정적 존중을 경험해야만 함; 비판단적인 접근; 민감한 사회문화적 인식(비교 문화적 공감)

공감: 치료자는 내담자의 참조 틀에 대한 공감적 이해를 경험해야만 함; 피상적 수준의 공감, 바꿔 말해주기, 반영, 거울 반영, 요약; 보다 깊은 공감, 자기 노출, 해석, 과제, 하지만 깊은 공감의 위험성을 인식해야만 함.

인간중심 치료를 적용한 사례연구

학습목표

이 섹션을 읽고 당신은 다음과 같은 것들을 할 수 있을 것이다:

- 치료적 환경에서 인본주의적 접근으로부터 나온 인간중심 치료의 적용을 이해

녹음된 회기: 현장에서의 치료

이 장은 시청 가능한 녹음 치료 회기가 포함되어 있음. 이 회기는 50분 동안 지속되며 새로운 치료적 관계를 형성하는 초기 회기임. 회기가 시작되기 이전에, 내담자는 초기 평가 설문지를 작성하고 치료자는 설문지를 읽고 사례에 익숙해 질 것임. 이 평가지와 녹음된 회기의 축어록이 제공되고 있다.

이 회기에서는 배우가 등장하지 않음. 내담자는 이 책의 저자 중 한 명이며 실제 문제가 다뤄짐. 치료자는 이 영역의 숙련된 실무자임. 이 녹음된 회기의 '속임수'는 오로지 내담자가 진심으로 치료를 찾아온 것이 아니라는 것과 이 회기는 실제 첫 번째 회기가 아니라는 것임.

회기가 마무리 된 이후에 치료자는 몇 가지 핵심 질문에 답하기를 요청받음. 이 질문과 답은 10분을 넘지 않음. 이 때의 축어록 또한 제공되고 있다.

필 토마스의 사례: 개인사와 증상

필 토마스는 스트레스와 불안으로 몇 달 동안 고통 받고 있다. 그는 최근에 사소한 생활 속 사건들을 경험했고 그 사건들은 그의 정신적 안녕감에 큰 영향을 끼쳤다. 그는 특히 자신의 미루는 경향에 대해 불안을 느끼며 그것이 전반적인 스트레스 감정의 원인이라고 믿는다. 그는 이전에 치료를 받았었고 (정신분석 치료가 아니라 인간중심 치료를 받음) 나올 수 있는 치료의 결과에 대해 긍정적이다. 그는 미루는 행동을 감소시키기 위해서 자신의 행동을 이해하고자 한다.

치료 회기: 분석

치료 회기는 아래와 같이 나뉠 수 있음.

도 입

부드러운 태도로 내담자를 대하면서 회기 시작하기

이전의 치료경험에 대한 내담자의 생각을 들으면서 치료에 대해 가질 수 있는 기대나 믿음 구축하기

인간-중심 치료의 성격에 대한 내담자의 질문에 답해주기

치료 계약과 관련한 세부사항(특히 비밀유지의 한계나 치료 회기의 성격)에 대해 개략적으로 설명하기(치료 시간, 횟수 등)

이야기

치료자는 내담자로 하여금 자신의 이야기를 하도록 요청함. 이 부분이 치료의 가장 큰 부분을 형성

필요한 이야기를 하는 것이 아니라 감정과 내적 경험에 초점을 맞춤.

목 표

치료 목표는 한 번 정해서 끝까지 가는 것이 아니라 치료 과정을 거치면서 주기적으로 탐색하고 수정함.

현재 내담자의 상태와 이상적인 내담자의 모습과 관련하여 목표를 탐색

종 결

치료를 종결하기 전에 미리 내담자에게 알려줌.

치료 과정을 어떻게 경험했는지 되짚어봄.

미래에 다시 치료를 받으러 돌아올 수 있음을 알림.

사례와 관련된 핵심 사항

인본주의적 관점에서 어떻게 내담자를 이해할 수 있을까?

- 내담자의 자아개념의 형태configuration들은 무엇인가?
- 어떤 조건화된 가치 조건들이 자아개념에 영향을 미칠 수 있는가?
- 욕구 위계 안에서 어떤 것들이 방치되고 있어서 자아실현을 막는가?
- 내담자가 경험하지 못한 충분히 기능하는 사람의 특징은 무엇입니까?

인간중심 치료 회기에서 치료적 관계의 본질은 무엇인가?

- 내담자가 불일치하게 보이는가?
- 내담자는 상호작용 중에 일치적으로 드러났는가?
- 치료자는 내담자에 대해 무조건적인 존중을 경험하고 있는 것처럼 보이는가?
- 치료자는 내담자의 참조 틀에 대해서 공감하고 있는 것처럼 보이는가?
- 치료자는 내담자에게 일치성, 무조건적인 긍정적 존중을 어떻게 전하는가?
- 내담자는 치료자로부터의 일치성, 무조건적인 긍정적 존중, 공감에 어떻게 반응하는가?
- 치료자와 내담자 사이의 관계는 얼마나 깊은가?

어떤 인간중심 기법이 이 치료 회기에서 사용되었는가?

- 치료자는 그녀의 행동 안에서 투명했는가?
- 치료자는 진실했는가? 그리고 내담자에게 진실성을 어떻게 보여줬는가?
- 치료자는 자기노출을 했는가? 그리고 내담자에게 준 영향은 무엇인가?
- 치료자는 비판단적이었는가? 그것은 내담자에게 어떻게 이해되었는가?
- 치료자는 내담자의 사회문화적인 위치를 인식하고 있는가?
- 치료자는 내담자의 참조 틀에 참여했는가?
- 치료자는 어떻게 기본적 수준의 공감과 깊은 수준의 공감을 하였는가?

내담자의 개인적 경험

나는 조금 긴장한 채로 또 상담 과정이 잘 풀리기를, 그리고 내가 '좋은' 내담자가 되기를 바라면서 상담실에 도착하였다. 상담을 시작하는 처음 몇 분 동안 치료자가 비밀보장에 대해 설명하고 자신의 접근법에 대해 개략적으로 얘기해주는 것을 들으면서 마음이 조금 안정되었다.
관계의 측면에서 나는 치료자와 내가 앞으로 상담 회기에서 작업을 하기 위한 좋은 기반을 발전시켰다고 느꼈다. 치료자는 내가 하는 말을 잘 듣고 있고 이해하고 있다고도 느꼈다. 치료자는 나를 깊이 공감해주었고 상담 중에 경험하는 나의 문제들을 서로 잘 연관시켰다. 이를 통해 나의 내면을 보다 심층적으로 탐구해 볼 수 있었고 나에 대해 몰랐던 것들을 새롭게 알게 되었다. 또한 치료자는 내가 생각하고 느낄 수 있도록 충분한 시간과 여유를 주었다. 되돌아보면 도전하기보다 반영하는 상담자의 반응으로 인해 불편한 감정을 느꼈던 때도 있었다. 그 때 나는 뭔가 일어나고 있다고 생각했고 치료자의 반영이나 새로운 통찰을 통해 내가 막다른 길에 와 있는 것 같으며 무얼 해야 하는지 모르겠다고 말했다. 생각해보면 나는 그 때 치료자가 한 발자국 더 다가와 나를 구조해주길 원했던 것 같다.

내 생각에 내가 했던 그 말은 나의 사고방식에process 대해 많은 것을 말해주는 것 같다. 나는 어떤 지시를 받아서 움직이고 싶어 했다. 내 경험으로 인간중심 접근에서는 그런 식의 외부적 지시를 주는 것 같지는 않으며(비지시적) 오히려 내 스스로 가야 할 방향을 정해야 한다. 지금 나는 그런 방식이 도움이 된다는 것을 이해하지만 그 때는 불편한 마음이 없지 않았다.

치료를 받으면서 나는 나의 내적인 불일치성을 더 많이 인식하게 되었는데, 즉 내 마음에 서로 갈등을 일으키는 부분들이 있다는 것이었다. 다시 말하면, 내가 생각해보건대 나의 내면에 여러 '형태configurations'가 있으며, 이런 형태들 간에 내적인 대화가 오고가고 있을 수 있다. 이런 인식은 내면에 탐색하고 다루어야 할 명백한 영역이 있다는 점에서 어려운 것으로 느껴졌다. 치료자는 내가 내 안에 없애버리고 싶어 하는 부분이 있다는 말이 슬프다고 했는데 나는 그 반영이 특별히 좋았다.

치료를 통해 나는 내 문제에 대해 보다 더 잘 느끼게 되었으며 어떤 부분은 명확해졌고 또 어떤 부분은 새롭게 알게 되었다formed(예를 들어, 내적 갈등들). 나는 어떤 주제를 다루기 위해서는 결단해서 달려들어야 하고 해답이나 해결책을 쉽게 얻기 위한 지름길은 없다는 것을 알게 되었다. 나는 여행길에 접어든 기분이며 나의 치료자는 그 안내자로서 좋은 자질을 갖추었다고 생각한다.

—Phil Thomas

Chapter 03

정신역동 접근과 정신분석 치료

CHAPTER 03 Contents

- 정신역동 접근과 정신분석 치료의 소개
- 정신역동 접근의 발전
  - 심리학의 제 2 세력
  - 정신역동 접근의 주요 발전
  - 정신역동 접근의 주요 인물
- Sigmund Freud와 Melanie Klein의 개인적 그리고 학자적 전기
  - Sigmund Freud의 전기
  - 주요 어록
  - Melanie Klein의 전기
  - 주요 어록
- 인간의 본성과 성격에 대한 정신역동 이론
  - 지정학적 이론
  - 구조적 이론
  - 자아 방어 기제
  - 심리성적 및 심리사회적 발달 단계
  - 애착의 패턴
  - 대상 관계
- 정신분석 치료에서의 치료적 관계
  - 빈 스크린
  - 전이
  - 역전이
  - 치료에서 전이와 역전이의 활용
- 정신분석 치료에서의 치료 기법
  - 고전적 정신분석 치료 대 현대 정신분석 치료
  - 분석적 틀
  - 치료에서의 해석
  - 전이 분석
  - 자유 연상 분석
  - 꿈 분석
  - 저항 분석
- 정신분석 치료에서 사례 연구 입증하기
  - 상담 예시: 녹음된 실제 사례 보기
  - 필 토마스의 사례: 개인사와 증상
  - 치료 회기: 분석
  - 내담자의 개인적 경험

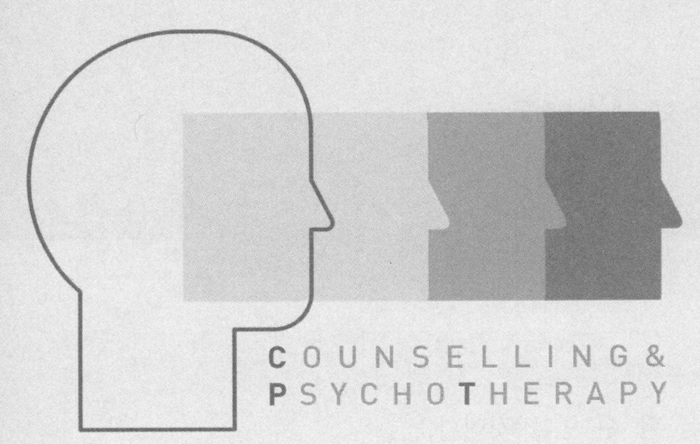

Chapter
03

정신역동 접근과 정신분석 치료

정신역동 접근과 정신분석 치료의 소개

이 장에서는 독자들에게 상담과 심리치료에 대한 정신역동 접근을 소개할 것이다. 정신분석 치료는 정신역동 접근에 속한 치료적 방법 중의 하나로써 다룰 것이다.

학습목표

이 장을 읽고 당신은 다음과 같은 것들을 할 수 있을 것이다:

- 심리학의 제 2세력인 정신역동 접근의 발전과정에 대해 설명
- Sigmund Freud와 Melanie Klein이 정신역동 접근의 발전에 미친 영향들을 이해
- 정신역동적 관점에서 인간 본성과 성격에 대한 핵심 이론에 대해 토론
- 정신역동적 치료에서 치료자와 내담자 간의 치료적 관계의 본질에 대해 논의
- 정신분석 치료에서 사용되는 주요 치료적 기술에 대하여 서술
- 현실에서 적용되는 정신분석 치료를 인식

정신역동 접근의 발전

학습목표

이 섹션을 읽고 당신은 다음과 같은 것들을 할 수 있을 것이다:

- 심리학의 세 가지 주요 세력을 나열
- 역사적인 맥락 안에서 정신역동 접근의 발전을 논의
- 정신역동 접근의 발전에 기여한 주요 인물 이해

심리학의 제 2 세력

심리학의 세 가지 세력

행동주의 이론

정신역동 이론

인본주의 이론

정신분석 심리학은 심리학의 '제 2 세력'으로 행동주의적 접근법과 서로 상반된 입장을 취하며 함께 나란히 발전했다.

제 1 세력

행동주의 심리학은 인간 본성을 기계론적이라 가정하였고 인간을 자극과 반응의 관계로 한정시킴.

관찰 가능한 외부 사건(행동)에만 초점을 둠.

제 2 세력

정신분석 심리학은 인간 본성을 결정론적이라 가정하였고 인간을 기본적인 생물학적 욕구의 존재로 한정시킴.

내적인 사건(무의식)을 해석하는 것에만 초점을 둠.

과학적 방법의 거부

행동주의 심리학의 원리는 통제된 환경 안에서 검증 가능하기 때문에 매우 과학적이라고 할 수 있다.

이와는 반대로 초기 정신역동 이론은 각 원리가 정신분석의 주관적인 과정을 통해서만 발견될 수 있는 무의식적 요구에 기반하고 있다고 여김으로써 반-과학적인 입장을 취했다.

프로이트는 스스로를 과학자라고 생각하였으나 초기 정신역동 이론은 인간의 정신에 대한 연구에 있어 반증 가능성이라는 과학적 원칙을 적용하지 않았다.
정신역동 접근은 이 점에서 종종 비판을 받아왔다. 그러나 중요한 것은 과학은 현재 이용 가능한 방법에 의해 제한된다는 사실이다. 따라서 역사의 한 시점에서 과학적으로 증명될 수 없다는 이유만으로 진실이 아니라고 말할 수는 없다.
정신분석 이론에 대한 현대 신경과학 연구는 현대 기술을 프로이트가 말한 개인 내적 욕구를 탐색하는 데 적용하기 시작했으며 그의 이론과 일치하는 결과들이 발견되고 있다.

오늘날 신경정신분석은 새로운 심리학 분야로서 신경 심리학과 정신분석을 통합하는 데 초점을 두고 있다.

정신역동 접근의 주요 발전

정신역동 접근 방식의 초기 관심

Brucke는 열역학 제 1법칙의 지배를 받는 역동적인 에너지를 모든 살아있는 생명체가 가지고 있다고 보았다. —즉, 에너지는 오직 한 형태에서 다른 형태로 모양이 바뀔 뿐 사라질 수는 없다.

1874년 '생리학 강의Lectures on Physiology' 출판.

1873년 비엔나 대학에서 Freud는 Brucke의 지도를 받음.

Freud는 brucke의 생리학 강의에 영향을 받아 그의 이론을 인간의 정신에 적용했다.

Freud는 인간의 성격을 열역학 법칙이 적용되는 하나의 정신적 에너지라고 주장했다.

이러한 초기의 생각들이 이후에 정신역동 이론들의 기초를 형성하였다.

한편, Freud와 Breuer는 히스테리 환자를 치료하면서 히스테리의 신체적 증상에 영향을 미치는 억압된 외상성 기억에 대한 초기 사상을 정립했다.

1895년 '히스테리 연구Studies on Hysteria' 출판.

Freud는 억압된 기억들과 수용될 수 없는 성적, 공격적 욕망들을 드러내는 꿈에 대한 사상을 정립했다.

1900년 '꿈의 해석The Interpretation of Dreams' 출판.

Freud는 정신역동 이론이 인간 성격을 이해하기 위한 일관된 접근법이 되어감에 따라 심리성적 발달단계의 개념을 정립했다.

1905년 '성욕에 관한 세 편의 에세이Three Essays on the Theory of Sexuality 출판.

정신역동 접근의 공식적 확립

Freud는 정신분석이 연구 영역으로서 대학 내에 받아들여지도록 하는 데 실패했고 이 때문에 개인의 사적인 기관에서만 정신분석 훈련을 할 수 있게 되었다(Jarvis, 2004).

비록 Freud의 기본 전제가 받아들여지긴 했지만 그 방법들은 행동주의 접근에 기반을 둔 실험심리학에 의해 지나치게 비실증적인 것으로 여겨졌다.

게다가, 많은 학계에서는 유아성욕 이론을 동의하지 않았다.

Freud의 접근이 학계에 의해 공식적으로 연구되지 않았기 때문에 그의 이론들은 일반적으로 학문적 연구에 적용되는 엄격함으로부터 자유로웠으며 이런 배경 위에 이론의 뼈대가 만들어졌다(Malan, 1995).

1911년 Freud와 Adler의 결별, 1914년 Freud와 Jung의 결별(Bridle & Edelstein, 2000)

Adler와 Jung은 정신역동 접근의 일반적인 원리들에는 동의했지만, 둘 모두 유아성욕에 관한 개념은 받아들이기 어려워 했다.

이 시기의 분리는 오히려 정신역동 접근의 확장을 도왔고 유럽과 미국 전역에 가장 중요한 치료 방법으로 정신분석을 확립하는 데 도움이 되었다.

Freud는 결국 자신의 주요 성격이론(구조이론)을 만들고 원초아Id, 자아Ego, 초자아Superego의 용어로 마음의 구조를 설명했다.

1923년 '자아와 원초아The Ego and the Id' 출판

구조 이론은 인간 성격의 구조를 설명하는 데에 널리 받아들여졌다.

하지만 미래 행동에 대한 성격 각 부분의 상대적인 중요성에 대한 논란은 계속되었다.

Jung은 성격 유형과 원형을 확인하는 데 바탕을 둔 자신만의 정신역동 이론을 만들었다.

'분석 심리학'은 정신역동 이론의 융 학파 심리학이다.

1921년 '심리적 유형Psychological Type' 출판

Adler는 인간에 대한 통합적인 접근을 바탕으로 자신만의 정신역동 이론을 만들었다.

'개인 심리학'은 정신역동 이론의 아들러 학파 심리학이다.

1927년 '개인심리학의 이론과 실제Practice and Theory of Individual Psychology' 출판

정신역동 이론의 대안적 분파(아들러 학파와 융 학파)의 발달과 함께 고전적 프로이드 이론에 관한 연구도 계속해서 진행되었다.

Melanie Klien은 어린 아이들을 대상으로 일을 하며 정신분석을 적용한 연구를 시행하여 영국 내에서 대상관계이론을 발전시켰다.

1932년 '아동정신분석The Psycho-Analysis of Children' 출판

Anna Freud는 자아 방어기제의 개념을 만들어 방어기제가 유익한 방법과 유익하지 않은 방법으로 어떻게 사용되는지 설명했다.

1936년 '자아와 방어기제The Ego and the Mechanisms of Defense' 출판

Klein과 Freud는 런던에서 어린 아이들을 대상으로 정신분석을 활용했지만 둘 사이의 관점의 차

이는 갈등을 가져왔다.

결과적으로 정신분석에서 클라인은 자신의 분파를 만들었고 오늘날 영국에서 이루어지는 훈련은 클라인 학파가 두드러지는 반면에 미국에서의 훈련은 프로이드 학파가 두드러진다.

Erikson은 정신분석의 일환으로 대안적인 발달단계를 창안했고 이론의 초점을 유아성욕에서 인간발달의 다른 측면으로 옮겼다(많은 학계에서 더 수용할 수 있도록 만듦).

1950년 '유년기와 사회Childhood and Society' 출판

Horney는 비교적 남성중심적이지 않은 관점의 정신분석 이론을 발표했으며, 신경증에 대한 깊은 이해와 자아에 대한 새로운 이론을 결합시켰다.

1950년 '신경증과 인간다운 성장Neurosis and Human Growth' 출판

1950년대에 이르러서야 정신역동 접근은 학계에 받아들여지게 되고 대학 내에 소개되었다.

Eysenck(1952)는 정신분석의 효과성을 평가하는 연구들의 비평을 출간하면서 비록 정신분석 연구가 계속해서 비판을 받아오긴 했지만 경험적으로 평가를 할 때 이론으로써 수용하는 것이 타당하다고 주장하였다.

Bowlby(1969)의 애착 이론 역시 정신역동 원리를 실증적으로 검토하여 이론적 뼈대를 제공했는데 특히 그의 이론은 대상관계와 관련되어 있다.

현대 정신역동 접근

오늘날 정신역동 접근은 학계에서 일정 부분 받아들여진다.

정신역동 접근은 '신데렐라 패러다임'(Jarvis, 2004)으로 남아있어 다소 비과학적으로 간주된다. 하지만 현대 신경과학의 발전은 정신역동 접근의 핵심 원리들에 대한 경험적 연구를 가능하게 했다.

현대 정신역동 치료는 그 초점에 따라 다음과 같은 학파들로 나뉜다.

Freudian(고전적 정신분석학파) – Sigmund Freud, Anna Freud

Kleinian(대상관계 정신분석학파) – Melanie Klein

독자적인 학파(Freudian과 Kleinian 혼합) – Winnicott

정신역동 접근에서 파생된 대안적 치료는 다음과 같다.

분석심리학 - Carl Jung

개인심리학 - Alfred Adler

정신역동 접근의 주요 인물

지그문트 프로이드(Sigmund Freud, 1856~1939)

주요 영향

정신역동 치료와 정신분석의 창시자

무의식unconscious과 의식conscious의 영향을 강조

원초아id, 자아ego, 초자아superego를 포함한 성격 구조를 정립

오이디푸스 갈등Oedipus conflicts과 엘렉트라 갈등Electra conflicts을 포함한 심리성적단계를 제시

주요 저작

1990년 '꿈의 해석' 출판

1905년 '성욕 이론에 관한 세 편의 에세이' 출판

1923년 '자아Ego와 원초아Id' 출판

알프레드 아들러(Alfred Adler, 1870~1937)

주요 영향

'개인심리학'을 발전시킴.

사회적 맥락에서 인간행동에 초점을 둔 '전체론적' 관점 제시

열등감 콤플렉스inferiority complex의 개념을 설명함.

주요 저작

1927년 '개인심리학의 이론과 실제' 출판

칼 융(Carl Jung, 1875~1961)

주요 영향

'분석 심리학analytical psychology'을 발전시킴.

집단무의식collective unconscious과 정신적 유산psychic inheritance의 개념 확립

내향성introversion과 외향성extraversion의 개념 정립

성인발달과 중년의 위기 설명에 초점을 둠.

원형의 역할을 논의(예: 모성원형)

주요 저작

1912년 '무의식의 심리학' 출판

1921년 '심리적 유형' 출판

멜라니 클라인(Melanie Klein, 1882–1960)

주요 영향

'대상관계 심리학'을 발전시킴.

놀이의 분석에 집중한, 어린이 정신분석 작업의 선구자

편집–분열적, 우울적 자리 등 부모와의 초기 상호작용이 이후의 삶에 어떻게 영향을 미치는지 설명하기 위해 '내적 대상'이라는 개념 정립

주요 저작

1932년 '아동 정신분석' 출판

1946년~1963년 '시기심과 감사' 출판

1961년 '아동 정신분석의 내러티브' 출판

카렌 호나이(Karen Horney, 1885–1952)

주요 영향

여성 심리학의 어머니

Freud의 정신분석에 대해 동의하지 않으며, 심리학적 특성이 생물학적 요인에 근거한 안정화된 요인이 아니라 경험에 의해 바뀔 수 있다고 강조함.

포괄적인 신경증 이론 정립

남자들이 아이를 낳을 수 있는 능력을 부러워한다는 '자궁 선망' 제시 — 페니스 선망과 상대되는 개념

주요 저작

1950년 '신경증과 인간 성장' 출판

1967년 '여성 심리학' 출판

안나 프로이드(Anna Freud, 1896–1982)

주요 영향

아버지Freud를 이어 정신분석을 임상에 적용하였으며 자신만의 정신역동 이론 제시

아동 정신분석 연구의 선구자였고, 아동과 가족에 대한 자선 활동에 적극적으로 참여

자아를 지키기 위한 방어기제라는 개념 정립

주요 저작

1936년 '자아와 방어기제The Ego and the Mechanisms of Defence' 출판

도널드 위니콧(Donald Winnicott, 1896–1971)

주요 영향

'참 자기true self'와 '거짓 자기false self'라는 개념 도입

어머니에게서 느끼는 안전감을 다른 대상으로 옮기는 과정에서 나타나는(아기 담요와 같은 것) '중간 대상transitional object' 개념 소개

심리적 안녕에 있어서 아이들과 어른 모두에게 놀이가 중요함을 강조

어머니들이 아이들을 위한 '충분히 좋은good enough' 엄마가 되어야 함을 주장

주요 저작

1971년 '놀이와 현실Playing and Reality' 출판

1949년 '보통의 헌신적 어머니와 그 자녀The Ordinary Devoted Mother and Her Baby' 출판

1953년 '중간 대상과 중간 현상 Transitional Objects and Transitional Phenomena' 출판

에릭 에릭슨(Erick Erikson, 1902–1994)

주요 영향

심리사회적 발달단계psychosocial stages of development를 제시

어려움을 겪는 젊은이들과 상담하면서 '정체성 위기identity crisis'라는 용어를 만듦.

자아에 특별히 관심을 두고 발달의 사회적 측면에 초점을 둠. 이는 원초아의 충동에 특별히 관심을 두고 발달의 성적 측면에 초점을 둔 고전적 정신분석 접근과는 다름.

주요 저작

1950년 '유년기와 사회Childhood and Society' 출판

존 보울비(John Bowlby, 1907–1990)

주요 영향

모성 결핍maternal deprivation 연구에 근거하여 애착 개념 전개

건강한 유년기 애착이 성인기의 인간관계에 미치는 영향력을 강조

주요 저작

1969년 '애착과 상실 1권: 애착Attachment and Loss: Attachment' 출판

1973년 '애착과 상실 2권: 분리 불안과 분노Attachment and Loss: Sparation Anxiety and Anger' 출판

1980년 '애착과 상실 3권: 슬픔과 우울Attachment and Loss: Sadness and Depression' 출판

최종적인 생각(최종 의견)

'인간의 심리를 알고 싶어 하는 사람이라면 실험 심리학에서는 배울 것이 없을 것이다. 되려 과학적 접근을 버리고 학위 가운도 벗어두고 연구도 미뤄두고 세상 사람들의 마음 속을 헤매어 보는 편이 차라리 나을 것이다. 감옥과 정신병동, 병원에 대한 두려움 속에서, 음침한 교외 술집 속에서, 사창가와 도박장에서, 상류층의 모임과 증권가, 사회주의자 모임, 교회, 부흥회와 열심파 속에서, 사랑과 증오를 통해, 몸으로 느끼는 모든 열정을 통해 두꺼운 책이 줄 수 있는 지식보다 더 풍요로운 지식을 얻을 수 있을 것이며 인간 영혼에 대한 진정한 지식으로 아픈 사람들을 치유할 수 있는 방법도 깨닫게 될 것이다.'(Jung, 1996)

요약

세 가지 세력: 행동주의, 정신분석, 인본주의; 제 2세력은 행동주의와 함께 발달하였으나 관찰 가능한 것보다 무의식에 더 집중, 본래 비과학적이었으나 최근 연구는 신경정신분석에 더 집중하고 있음.

주요 진전: 1800년대 후반, Brucke의 열역학 이론을 알고 있던 Freud가 최초로 제안한 개념들; 1985년, Freud와 Breuer가 억압된 기억에 대한 개념을 소개; 1990년대, Freud가 꿈을 사용하여 억압된 기억, 수용되지 않는 충동을 드러냄. 1905년, Freud가 심리성적 발달단계를 발표함; 이는 1920년대가 지나서야 공식적으로 확립됨. 학계에서는 행동주의 접근법은 수용하고 정신분석 접근법은 거부함. 1910－1920년대, Adler와 Jung이 자신만의 접근법을 만들어 미국과 유럽 전역에 걸쳐 정신분석을 알림. 1923년 Freud가 구조 이론을 만듦. 1927년, Adler가 개인 심리학을 확립. 1932년, Klein이 대상관계 개념을 도입. 1936년, Freud가 자아 방어기제의 대략적 윤곽을 확립, 1950년 Erikson이 심리성적 단계를 발표. 1950년, Horney가 정신분석에서의 페미니스트적 관점을 제시하였으며, 이는 1950년대 학계에서 인정받음. 1952년, Eysenck가 정신분석의 효과를 보고함, 1969년, Bowlby의 애착이론이 정신분석 이론 실험의 뼈대를 제공하였으며 1960년대, 학계에서 공식적으로 인정받음; 현대적 접근법은 Freudian(고전), Kleinian(대상관계), 독립(여기서 파생된 이론은 분석심리학Jung과 개인심리학Adler을 포함)을 포함

핵심 내용: Freud의 심리성적 발달단계, 지형이론, 구조이론, Adler의 개인 심리학과 열등감 콤플렉스, Jung의 분석 심리학과 집단의식, Klein의 대상관계와 내적 표상, Horney의 페미니스트 심리학과 신경증 이론, Freud의 자아 방어기제, Winnicott의 중간 대상, Erikson의 심리사회적 발달단계, Bowlby의 애착이론

Sigmund Freud와 Melanie Klein의 개인적 그리고 학자적 전기

학습목표

이 섹션을 읽고 당신은 다음과 같은 것들을 할 수 있을 것이다:

- Freud(1856–1939)의 개인적 그리고 전문가적 전기에 대한 개요
- Melanie Klein(1882–1960)의 개인적 그리고 전문가적 전기에 대한 개요
- 정신역동 접근의 발달에 있어 주요 인물들의 영향을 인식

Sigmund Freud의 전기

'심리학자에게 있어서 어느 정도의 신경증은 추동(drive)으로서의 귀중한 가치가 있다'

–Freud

Sigmund Freud는 누구인가?

Sigmund Freud는 정신역동 운동을 창시하였다.

아마도 심리학에서 가장 영향력 있는 관점일 것이다.

Sigmund Freud는 정신역동 치료를 소개하였다.

아마도 역사적으로 가장 영향력 있는 치료자일 것이다.

생애 초기

1856년 5월 6일 체코 공화국 출생

이름: Sigismund Schlomo Freud

22살 때, 이름을 Sigmund라고 줄임

그의 아버지Jacob Freud는 양모 상인이었고 그의 어머니Amalia Nathansohn는 가정주부였음.

그녀는 Sigmund를 매우 사랑했고 그의 필요와 욕구에 따라 가정이 돌아감.

그녀의 헌신적인 성격은 Freud 이론에서 여성의 역할을 성립하였고 그의 오이디푸스 콤플렉스는 부모님에 대한 그의 감정을 부분적으로 기반하고 있음.

유대인 갈리시아어 가족

전통에 따라 부모 모두 그를 사랑했는데 Freud가 장자인 이유도 있었지만 그가 행운의 표시였던 대망막을 가지고 태어났기 때문임(태아의 머리를 덮고 있는 양막의 일부)(Margolis, 1989)

'어머니의 무조건적인 사랑을 받고 자란 남자는 평생 정복자의 느낌을 가지고 살아간다' (Freud, Jones에서 인용, 1957)

가족 수입의 대부분은 첫째 아들의 학비로 사용했기 때문에 가족들은 가난함.

어려서부터 학문적으로 탁월

8살에 셰익스피어를 읽음.

한 해 일찍 중학교에 입학

1873년, 상위 5%만 받는 숨마쿰라우데 상을 받고 명예롭게 졸업

교 육

법학에서 의학으로

처음에 법학을 공부하려고 생각했으나 괴테의 수필 'On Nature'에 대한 강의를 들은 후 의대 진학을 결심, 결정함.

'해부학은 운명이었다.'(Freud, 1912)

1873년 비엔나 대학의 의대생이 됨.

Trieste에서 뱀장어의 생식샘 연구를 진행한 후 비엔나로 돌아와 Ernst Brucke의 연구실에서 연구를 진행함.

20살에 첫 번째 학술 논문을 출간함.

Meynert의 정신의학 수업에 참석해 신경학에 대해 더 배움.

1879년에 의무병역을 마친 후 1881년 비엔나 대학에서 의학학위를 늦게 받음.

연구를 이어서 하기를 원했지만 재정적인 어려움 때문에 환자를 치료할 수밖에 없었음.

경 력

신경해부학에서 첫 연구를 진행함

현미경으로 관찰해야만 보이는 신경세포의 세계를 보기 위해서 새로운 염색법을 사용해 염화금을 만들어내었고 신경계의 다른 부분들 사이의 연결을 추적함(Freud, 1884).

초기 신경의학자는 척수의 측면 부위에서 소뇌로 이어지는 척수 소뇌의 백질에 대한 회로를 추적하고자 함(Amacher, 1965).

중추 신경계의 신경 세포 이론을 설명하기 위해서 거의 처음으로 시도했다 할 수 있으며 그의 연구는 후대 연구자들이 대뇌 구조의 연합 이론을 만들어낼 수 있도록 하는 기초 연구를 제공함(Galbis–Reig, 2004).

Meynert의 정신 병원에서 일을 하기 시작함

1883년 Hermann Nothnagel의 병원에서 근무

병원에서 의사로서 일을 하면서 정신 장애 치료방법으로 최면치료를 처음 접하게 됨.

1884년 'Uber Coca'(코카인에 대한 논문)를 출간함

코카인을 기반으로 한 마취약의 발견

Freud는 1884년 코카인에 진통제 효과가 있다는 사실을 발견했으나 공식적인 실험은 할 수 없었음. 약혼자를 만나는 동안 동료Konigstein에게 이 실험들을 완성하도록 부탁하였으나 그의 동료들도 연구를 완성할 수 없었음.

약혼자를 만나러 떠나기 전, 안구 수술을 하는 동안 마취약으로서 코카인을 사용할 수 있다는 아이디어를 또 다른 동료Carl Koller에게 설명함 — Koller는 현재 코카인에 마취제 효과가 있다는 사실을 발견한 인물로 인정받고 있음.

현대 마취약은 코카인이 진통제 효과가 있다는 사실이 발견되지 않았더라면 개발되어질 수 없었음.

개인적인 코카인의 사용

Freud는 자주 코카인을 직접 사용하였고 어린 시절 어머니를 향한 성적 욕망의 기억과 아버지를 향한 성적 질투심의 기억(거짓일 가능성이 있는)을 떠올릴 때 이 약이 Freud에게 효과가 있었음.

Freud는 또한 모르핀 중독자인 친구 Fleischl von Marxow에게 그의 치료를 위해 코카인을 처방하였음 — 예상할 수 있듯이 Fleischl은 코카인에 중독이 되었고 결국 45세에 죽음을 맞이함.

Freud는 이 비극으로 의학계에서 상당한 비판을 받음 — Erlenmeyer는 Freud가 모르핀과 알코올에 이어 '인간에게 제 3의 재앙인, 코카인'을 추가했다고 말함(Borch–Jacobsen, 2012).

1885년 파리에서 Jean–Martin Charcot와 함께 연구

최면 임상실험에 초점을 둔 샤르코Charcot는 신경학자로 명성이 높은 인물이었음.

프로이트는 내담자의 히스테리 관찰과 최면의 효과를 관찰한 결과, 신경학에서 정신병리학으로 전환함.

1886년 비엔나에서 개인의료영업을 함

신경, 뇌 장애에 초점을 둔 개인 심리치료를 시작함.

히스테리의 증상은 이완된 자세(소파 위)를 취하고 머릿속에 스며있는 모든 것에 대해 이야기 하도록 요청함으로써 완화될 수 있음이 밝혀짐.

프로이트는 외상의 진정한 근원을 확인할 수 있고 드러낼 때 증상이 완화된다고 함.

이러한 절차는 최면과 최면암시를 사용함으로써 향상될 수 있음을 발견함 — 1887년에 최면 기술이 처음 사용됨.

1891년 '실어증 이해를 위하여On Aphasia' 출판

실어증 임상발표를 구체적으로 검토함.

모든 실어증은 2~3개 구조들과 그와 관련되어 있는 것에서부터 찾을 수 있고 이는 곧 마음의 문제라는 하나의 측면으로 해석하는 이론을 제안(Galbis-Reig, 2004).

이 책은 실어증에 대해서 여전히 중요한 정보를 담고 있다고 여겨짐.

1891년 '단독 소아마비 아동 임상 연구' 출판, 뒤이어 1897년 신경학 장의 마지막 원문, '뇌성 마비' 출판

장애는 출산 합병증 때문이라는 기존의 견해에 의문을 품고(출산 동안 뇌에 산소 부족) 난산은 장애의 원인이라기보다 증상이라는 것을 제안함. 증상이 태아 내에서 중추신경계가 발달되는 과정에서의 뇌손상으로 나타난다고 주장함.

그의 연구에도 불구하고 출산합병증이 장애의 원인이라는 설명이 20년 전 대부분의 장애가 태아발달과정에서의 뇌 손상인 것으로 밝혀질 때까지 잔류함(Galbis-Reig, 2004).

1895년 Josef Breuer와 히스테리 연구를 공동집필함

Anna O 사례연구(본명 Bertha Pappenheim)

Anna O는 발작적 기침, 촉각 감각 상실과 마비에 시달렸으나 유기적인 원인이 밝혀지지 않음.

최면술에 걸려 그녀의 증상이 진정된 것처럼 보이는 동안 인생의 외상 경험에 대해 말함(문제의 근본원인을 확인함) — 이 방법은 정화법으로 알려짐.

'대화 치료talking cure'의 기초를 이룸(Anna O가 이름 붙인 용어임).

1896년 '정신 분석'이라는 용어를 만듦(프로이트 박물관)

정신분석은 심리치료의 근간이 되었고 이 초기적 틀이 없었다면 현대적 치료이론이 나오지 못했을 것임.

1897년 자기분석을 시작함(프로이트 박물관)

트라우마로 인해 신경증과 히스테리가 발병한다는 주장에 반대함.

유아성욕과 오이디푸스 콤플렉스에 관한 이론 개발에 착수함.

1900년 *꿈의 해석* 출판

Freud는 자신의 저서 중 이 책을 가장 좋아했으며 이 책이 다수의 꿈 분석사례를 담고 있다고 여김.

Freud는 꿈을 해석하는 것이 정신의 무의식적 활동에 대한 지식을 얻는 왕도라고 말함.

'꿈은 무의식으로 이르는 왕도'라고 흔히 잘못 인용됨.

1901년 '일상의 정신병리학' 출판

'프로이트식 말실수Freudian slip'라는 개념을 만듦.

말실수는 화자의 무의식적 충동을 드러냄.

1905년 '히스테리아에 대한 분석의 단편' 출판

Dora라는 18세 청소년의 사례 연구(실제 이름은 Ida Bauer)

Dora는 우울증(자살 사고)과 만성적 기침과 실성증(목소리의 상실) 같은 생물학적인 이상이 진단되지 않는 다양한 히스테리적 증상들로 고통 받음.

Dora의 아버지는 자신의 딸이 주변 사람들에 대한 망상을 갖고 있다며 치료를 받게 함.

Dora는 결혼한 부부의 아이를 돌봐줬는데 그 부인Frau K이 Dora 자신의 아버지와 불륜을 저질렀고 그 남편Herr K은 자신에게 동침하자 했다고 보고함.

Dora는 자신의 아버지가 자신을 K부인과 바꾸고 싶어 한다고 주장함. 또한 남편 K는 그의 부인과 Dora의 아버지가 불륜을 저지르는 것을 용인하는 대신에 자신을 데리고 있으려 한다고 설명함.

분석을 통해 Dora가 K부인에 대한 욕망과 그보다는 적지만 친아버지, 남편 K에 대한 자신의 욕망을 억압한 것으로 진단되었음.

Dora는 11주 만에 치료를 그만 두었고 Freud는 치료가 너무 빨리 끝나서 성공적이기 힘들었다고 생각함 — 이후 치료 기간 동안 자신이 전이의 핵심 요소를 알아차리지 못한 것이 실패의 요인이라 여기며 스스로를 자책함.

1905년 '성욕에 관한 세 편의 에세이Three Essays of the Theory of Sexuality' 출판

심리성적 단계(구강기, 항문기, 남근기, 잠재기, 성기기)와 오이디푸스 갈등Oedipus conflict에 대해 설명하였는데 이후 개정판(대략 1915년)에 내용이 추가됨.

1908년 빈에서 열린 국제 정신분석 회의에 참석

1909년 정신분석을 소개하는 최초의 강연을 하기 위해 Jung과 함께 미국을 방문함

Freud는 미국에 대해 큰 감명을 받지는 않았음. 그는 미국이 미성숙하고 억압되어 있다고 생각했음(Pruner, 1992).

Freud는 친구들에게 다음과 같이 말함. '미국이란 나라는 세계가 그동안 지켜봐왔던 실험 중 가장 거창한 것일테지만 난 그 실험이 성공하리란 생각이 도무지 들지 않네.' (Pruner, 1992).

1909년 '다섯 살 소년의 공포증 분석Analysis of a Phobia in a Five-year-old Boy' 출판

꼬마 Hans에 대한 사례연구. Freud의 지도를 받아 Hans의 아버지가 대신 치료

Freud는 이 사례연구의 자료를 Hans의 아버지를 통해 얻은 것이므로 편향될 수 있음을 염두에 둠(또 한 편으로는 아이들이 부모 이외에 자신의 감정을 개방적으로 표현할 수 있는 대상이 거의 없다는 것도 언급함).

꼬마 Hans는 말에 대한 공포증이 있었는데 이는 아마 Hans가 길거리에서 말이 쓰러지는 것을 목격한 경험과 관련이 있을 수 있다고 봄.

말에 대한 공포와 아버지에 대한 공포가 같은 것으로 드러났는데 이 불안의 감정은 오이디푸스 갈등 개념으로 설명할 수 있음.

Freud는 오이디푸스 콤플렉스로 이 사례를 설명하는 것이 만족스럽지 못하다고 여겼으나 Hans의 아버지는 프로이드 이론의 추종자였으며 Hans의 아버지가 말한 내용은 오이디푸스 콤플렉스 이론에 부합하는 것으로 보였음.

1909년 '강박 신경증 사례에 대한 연구' 출판

쥐 인간(실제 이름은 아마 Paul Lorenz 혹은 Ernst Lanzer일 것임)에 대한 사례연구

쥐 인간은 죄수를 고문하는 방법 중에 죄수의 하체에 쥐가 가득한 항아리를 묶어 열을 가하고 쥐들이 열기를 피해 항문으로 기어들어가도록 하는 군대의 고문 기법이 있다는 얘기를 듣게 됨.

쥐 인간은 그의 아버지와 약혼자가 이 고문을 당하면 어쩌나 하는 강박적인 공포를 느끼며 이런 생각을 떨치기 위해 특정 행동을 해야만 한다는 생각에 사로잡힘.

Freud는 그가 동성애적 환상을 억압하고 있으며 공격적 충동을 전치displace했을 것이라고 생각. 그의 성적 욕망에 대한 죄책감과 자신의 아버지에 대한 공격적 감정이 약혼자와 그의 아버지가 쥐 고문을 받는 것에 대한 공포로 전환되었다고 봄.

Freud는 그가 완치되었다고 기록(이런 결론에 대한 논란도 있음).

1915년 빈 대학에서 정신분석 입문 강의를 함

1918년 '유아 신경증의 역사From the History of an Infantile Neurosis' 출판

늑대인간에 대한 사례연구(실제 이름은 Sergei Pankejeff)

늑대인간은 우울증과 무감동 증상을 앓았으며 자기 자신에 대해 더 이상 만족하지 못하게 되면서 삶(일, 가족 등)을 회피하는 행동을 보임.

늑대인간은 흰색 늑대 여러 마리가 자신의 침실 창문 밖에 있는 나무에 모여 있었던 유년기의 악몽에 대해 말함. Freud는 이 꿈이 그가 어린 나이에 부모의 성교 장면을 봤던 경험으로 인한 외상의 결과라고 해석함.

Freud는 늑대인간이 초기 분석 이후에 '치료'되었다고 하였으나 그는 참전 이후 전이 문제를 다루기 위해 다시 찾아옴. 두 번째 치료 과정 이후 Freud는 늑대인간이 정상으로 돌아왔으며 적절하게 행동할 줄 아는 사람이 되었다고 보고함.

1920년 '쾌락 원리를 넘어서Beyond the Pleasure Principle' 출간
죽음 본능 개념을 처음 소개, 소원성취 형태로서의 꿈의 가능성을 제시
1923년 '자아와 본능The Ego and the Id' 출간
마음의 구조에 대해 설명(원초아, 자아, 초자아).
1927년 '환상의 미래The Future of an Illusion' 출간
스스로 무신론자임을 밝히고, 합리적이고 과학적 근거를 바탕으로 종교의 거짓됨을 밝힘.
1932년 전쟁을 주제로 아인슈타인Einstein과 편지를 주고받음
'왜 전쟁을 하는가Why war?' 출간
1938년 나치의 비엔나 침략으로 인해 영국으로 도피
계속해서 환자를 돌보았으며, 그의 마지막 저서인 '정신분석학 개요An Outline of Psychology와 '모세와 일신교Moses and Monotheism'를 집필

가 족

1886년 Martha Bernay와 결혼

둘은 1882년에 만났으며 만난 지 채 두 달도 되지 않아 약혼함. 그러나 1886년 결혼하기 전까지 4년을 서로 떨어져 보냄.

Freud는 약혼녀에게 900여 통의 열정적인 편지를 보낸 것으로 유명함. 이를 통해 Freud의 성격, 태도, 남녀의 역할에 대한 신념 등을 알 수 있음.

'불행하여라, 나의 공주님, 내가 간다면 정열적인 키스를 건네고 그대가 통통해질 때까지 먹일 것이오. 장차 그대가 온다면 잘 먹지 않는 상냥한 어린 소녀와 코카인을 한 크고 거친 남자 중에서 누가 더 강한지 보게 될 것이오.'(Freud, 1979년 Farber에서 인용)

결혼 후 Martha는 남편에게 헌신적이었으며 Freud는 Martha와의 관계 속에서 느끼는 감정을 여성 본성에 대한 이론의 기반으로 삼음.

'나도 알아요, 결국 당신이 얼마나 친절한지, 우리 집을 천국으로 만들었는지, 당신과 나의 관심사를 어떻게 나눌지, 얼마나 기뻐하고 수고를 할지. 당신이 원하시는 대로 우리 집을 다스리세요. 그리고 내게 당신의 달콤한 사랑과 여성들이 그토록 싫어하는 모든 약점들을 뛰어 넘어 내게 상을 주세요.'(Freud, 1978년 Farber에서 인용)

아들 셋과 딸 셋을 양육

1985년 안나Anna가 탄생하였고 그녀는 이후 아버지와 함께 연구를 하다가 Freud의 사망 후 치료 분야로 옮겨감.

죽 음

Freud는 1923년 턱에 암이 생겼다는 진단을 받음

그는 30여 차례가 넘는 수술로 고통 받았는데 결국 그의 절단된 턱과 미각을 대신해 인공턱을 장착했음. — 이 인공 삽입물은 그가 먹고 마시고 이야기할 수 있도록 했고 그가 사랑해 마지않는 시가까지 필 수 있게 해줌.

구강 고착에 대한 그의 이론을 생각해볼 때 Freud가 시가에 중독되어 이러한 고통을 겪고 끝내 죽음에까지 이르렀다는 것은 흥미로움.

'시가는 때때로 그냥 시가일 뿐이다'(Wheelis, 1950)

1938년 Freud는 나치 침공 이후 비엔나에서 런던으로 추방됨

유대인이라는 신분으로 인해 그의 가족도 잠재적 타깃이 됨.

나치는 그의 책들을 불태웠고 그는 정권으로부터 비난받음.

'우리는 어떤 진보를 하고 있는가. 중세시대였다면 그들은 나를 불태웠을 것이다. 지금 그들은 나의 책을 불태우며 만족하고 있다'(Freud, Jones, 1957에서 인용)

그는 전쟁 중에 비교적 안전한 런던에서 계속해서 환자들을 치료하고 그의 마지막 책을 쓰는 작업을 모색

Freud는 결국 치명적인 모르핀 주입으로 인해 83세의 나이로 사망

Freud는 그가 더 이상 아무 일도 할 수 없다고 여겨질 때가 올 때 다음 서약을 의사가 상기시켜줄 것을 부탁해놓음.

'사랑하는 슈어, 당신은 우리가 첫 번째로 이야기 했던 것을 기억하지요. 내 시간이 다 했을 때 당신은 나를 버리지 않기로 약속했습니다. 이제는 고통뿐이고 더 이상 살아봐야 별 의미가 없습니다'(Freud, Schur, 1972에서 인용)

그의 딸인 안나의 동의를 얻은 후 치명적인 양의 모르핀을 주입했고 1939년 9월 23일 자택에서 안락사 함.

정신 역동 접근의 창시자: Freud

Freud의 삶에 대해 생각해보고 다음 질문들에 답하여 보라.

1. Freud가 그의 이론을 발전시킨 사회 문화적 맥락은 어떠한 것인가?
2. Freud의 경험들은 인간 본성에 관한 그의 관점에 어떠한 영향을 주었는가?
3. 이러한 Freud의 생애는 당신이 정신역동 접근을 이해하는 데 어떠한 도움을 주는가?

주요 어록

'볼 수 있는 눈과 들을 수 있는 귀를 가진 사람이라면 누구나 인간이 비밀을 끝까지 지키키란 어

렵다는 것을 알 수 있을 것이다. 만약 그의 입술이 침묵을 지킨다면 그는 그의 손끝으로 수다를 떨 것이다; 배신은 그의 모든 구멍에서 스며나올 것이다.'(Freud, 1905)

'정신분석은 본질적으로 사랑을 통한 치료이다.'(Jung에게 보낸 편지, 1906, Bettelheim, 1984에서 인용)

'공격성의 표출을 받아내기 위해 남겨진 다른 사람이 있는 한 많은 사람들을 사랑으로 묶는 것은 언제나 가능하다.'(Freud, 1929)

'동성애는 틀림없이 아무런 이점이 없지만 악한 것도 비하할 것도 아니며 부끄러워할 것도 아니다. 동성애는 질병으로 분류될 수 없다.'(자신의 아들의 동성애의 치료에 대한 한 미국 어머니의 간청의 답신, 1935, Grotjahn, 1951에서 인용)

'30년간 여성의 심리를 연구했음에도 불구하고 아직도 답하지 못했고 또 절대 답하기 어려운 위대한 질문은 "여성이 원하는 것은 무엇인가?"이다.'(Freud, Jones, 1957에서 인용)

Melanie Klein의 전기

'아동정신분석의 초심자들이 경험하는 아주 흥미롭고 놀라운 것들 중 하나는 아무리 나이가 어린 아동일지라도 종종 어른보다도 뛰어난 통찰의 잠재성이 발견되곤 한다는 것이다.' – Klein(1955)

Melanie Klein은 누구인가?

Melanie Klein은 정신역동 접근과 정신분석 치료에 있어서 큰 변화를 가져옴.

- 놀이치료를 적용하여 아동 정신분석을 시작함.
- 대상관계의 개념을 처음 소개함.
- 심리적 자리Positions를 소개함(편집–분열적, 우울).

생애 초기

1882년 3월 30일 비엔나 출생

- 중산층의 유대인 가족(하지만 종교는 가족의 삶 안에서 아무런 역할도 하지 않음)
- 아버지Moriz Reizes는 의사였음. 가족은 랍비가 되길 기대했지만 Moriz는 의학 공부를 비밀리에 했고 일생 동안 교육받음.

상실의 비극을 겪었음에도 불구하고 행복한 아동기를 보냄

- Klein은 아버지가 언니를 더 사랑한다고 느끼긴 했으나 항상 아버지의 지적 욕구를 존경함 —Klein이 18세가 되었을 때 아버지가 죽음(Segal, 1980)
- Klein은 어린 시절 어머니와 가까운 관계를 형성함.

Klein이 성인이 된 이후 어머니가 보낸 비판적 편지로 관계가 나빠짐.

언니를 잃은 후 엄청난 충격을 받고 형제들과 더 가까워짐.

8살에 언니 Sidonie가 죽음 — 그녀는 죽기 전 자신의 지식을 넘겨주려고 동생에게 읽는 법과 쓰는 법 등 몇 가지를 가르쳐 주었음.

교 육

1898년 김나지움에서 공부하며 입학시험에 합격

처음에는 의사가 되길 원했으나 약혼 후 비엔나 대학Vienna University에서 인문과학을 공부함(예술과 역사).

가 족

21세에 Arthur Klein과 결혼

Arthur는 그녀의 두 번째 조카이고, 그들은 klein이 17살 되던 해 만남.

21번째 생일 후 결혼함.

그녀가 사랑했던 큰오빠의 상실을 애도하는 동안 결혼함 — 그녀 삶을 괴롭혔던 우울이 드러남.

결혼 후 의사가 되려는 꿈을 접었으나 생애 동안 사람들을 돕기 위한 열망과 원동력을 유지함.

아들 2명과 딸 1명을 낳음

1914년에 막내 Erich이 태어남 — Klein은 원하던 임신이 아니었으며 임신기간 동안 우울이 증가함(Melanie Klein Trust, 1913).

유럽을 횡단하며 자주 여행함

1910년 가족과 함께 부다페스트Budapest로 이주

1919년 남편과 별거했고 아이들과 인척이 있는 로젠버그Rosenburg로 옮김.

1920년 베를린Berlin으로 옮겼고, 그녀의 결혼생활은 결국 1924년에 종료됨.

1926년 친구이자 분석가 Karl Abraham의 죽음 후에 런던London으로 옮김.

남은 여생을 런던London에서 지냄.

1934년 아들 Hans의 죽음

부다페스트Budapest에서 등산 중 사고로 숨짐.

Klein은 너무 충격이 큰 나머지 장례식에 참석하기 어려워 함(Melanie Klein Trust, 2013).

1942년 딸 Melitta와 소원해짐

1932년 논쟁적 토론을 하는 동안 Melitta는 자신의 엄마를 비난함. 그 후로 서로 멀어짐(Donaldson, 2002).

경 력

자신의 우울증을 치료하는 과정에서 정신분석을 접하게 됨

전하는 바에 따르면 어머니와 관계가 좋지 않았을 때에 어머니의 죽음을 맞은 이후 우울증과 신경불안증에 시달렸다고 함(Donaldson, 2002).

우울증 때문에 1914년에 Sandor Ferenczi에게 정신 분석을 받기 시작함.

Ferenczi는 그녀에게 자녀들을 분석해보라고 권유함(Donaldson, 2002).

Klein은 이 경험을 아동 정신 분석의 기초를 세우는 데 활용함.

아동 정신분석을 위한 '놀이기술'을 개발함.

놀이는 잠재적인 욕망을 나타내는 상징적인 활동이라 여김.

1918년 부다페스트 헝가리 과학 학술원에서 열린 제 5차 정신분석 국제학술대회에 참석함

Freud의 발표에 참석함 — 자신의 진로를 확 뒤바꾼 경험이었다고 고백함(Melanie Klein Trust, 1913).

'나는 이 경험을 통해 감명을 받았으며 이로 인해 정신분석에 내 자신을 헌신하고 싶다는 생각을 확고히 하게 되었던 것을 생생히 기억한다.'(Klein, Grosskurth, 1986에서 재인용)

1919년 부다페스트 헝가리 과학 학술원의 일원이 됨

자신의 첫 사례 분석으로 막내 Erich의 사례를 발표함.

1923년 베를린에서 베를린 정신분석 학회의 일원이 됨

Karl Abraham이 그녀의 정신분석 작업의 감독관이 되었고 그녀는 나중에 그로부터 정신분석을 받음.

그녀는 죽음의 본능이라는 그의 아이디어를 그녀의 이론에 포함함(Donaldson, 2002).

1923년 '아동 발달' 출간

Rita라는 이름을 가진 2년 6개월 된 아이의 사례 연구

치료는 성공적이었고 본능적 역동에 대한 단서를 제공함.

1926년 런던에서 영국 정신분석 학회의 일원이 됨

학회에 발표한 논문은 비평가들의 호평을 받음.

1927년 Ernest Jones는 아동 정신분석에 초점을 맞춘 심포지엄을 영국 정신분석 학회에서 개최함

이 심포지엄은 1927년 초 베를린 정신분석 학회에서의 발표한 Anna Freud에 대한 응답이었음.

Freud는 Klein의 접근을 비판함(Melanie Klein Trust, 1913).

Sigmund Freud는 영국 심포지엄이 Anna Freud를 통해 발표한 자신의 이론에 대해 적대적으로 반응한다고 여김(Melanie Klein Trust, 1913).

Klein의 분석 방식과 Freud의 분석 방식 사이의 분열이 시작됨.

1932년 '아동 정신분석The Psychoanalysis of Children' 출판

아동이 어머니와 주요 대상 관계를 형성한다고 주장

1935년 '조울 상태의 심리 발생론A Contribution to the Psychogenesis of Manic Depressive States' 출판

심리적 자리(특히 우울 자리depressive position에 대해) 소개함.

1942년 영국 정신분석 학회에서 논란 토의를 위한 특별회의가 열림

이 회의는 학회원들 간의 분란을 다루기 위해 개최됨.

Anna Freud와 Edward Glover는 Klein이 공인된 정신분석가가 아니라고 말하고 Melitta Schmideberg(Klein의 딸)는 Klein 식의 접근법을 비판하였음(Melanie Klein Trust, 1913)

Melanie Klein과 Anna Freud 모두 아동 분석의 개념을 소개했기 때문에 이 주제에 대한 논의는 종종 두 학자 간의 직접적인 이론적 논쟁으로 간주됨.

그러나 Klein은 1944년까지 직접 논의에 참여하지 않음(Melanie Klein Trust, 1931).

'클라인식' 정신분석은 '프로이드식' 정신분석의 대안으로서 위치를 확고히 함

결국 학회에서 정신분석에 관한 Klein과 Freud식의 독특한 두 개를 별개의 하위 학파로 승인함.

또한 어느 학파에도 속하지 않으면서 기법을 혼합해서 사용하는 '중간' 집단도 승인함.

1955년 Melanie Klein 협회가 창설

Klein은 협회를 운영하기 위해 자신의 돈을 사용하였으며 자신과 가장 가까운 동료들을 협회 이사로 초청함.

1957년 '시기와 감사Envy and Gratitude' 출판

Klein의 연구 중 가장 논란이 되는 개념인 일차적 시기를 소개함.

1961년 '아동 분석의 묘사Narrative of a Child Analysis'가 사후 출판

어린 소년을 사례연구로 분석

대상 관계와 심리적 자리에 대한 통합적이고 실증적인 이론

죽 음

1960년 빈혈로 진단받고 난 후 스위스로 요양을 떠남

불행히도 상태가 악화되어 런던으로 다시 돌아와 병원에 입원함.

스위스에서 돌아온 후 결장암 진단을 받음

초기에 수술이 성공적으로 이뤄진 것 같았으나 침대에서 낙상한 후 건강이 다시 안 좋아짐.

1960년 9월 22일 사망

정신역동적 접근의 기반을 세운 Klein

Melanie Klein의 삶에 대해 생각해보고, 다음 질문에 답하여 보라.

1. Klein의 이론을 발전시킨 사회 문화적 맥락은 어떠한 것인가?
2. Klein의 인생 경험들은 인간 본성에 관한 그의 관점에 어떠한 영향을 주었는가?
3. 이러한 Klein의 생애는 당신이 정신역동적 접근을 이해하는 데 어떠한 도움을 주었는가?

주요 어록

'아기는 어머니의 사랑과 보살핌에 대한 직접적이고 즉각적인 반응을 통해 사랑과 감사의 감정을 형성하게 된다.'(Klein, 1937)

'교육적이거나 도덕적으로 영향을 주려는 의도가 아니라 그저 정신분석 기법을 사용하여 환자의 마음을 이해하고 그 마음속에 흐르는 것을 전달해주고자 했다.'(Klein, 1955)

'사랑과 증오, 한 편에서는 행복과 만족, 그리고 다른 한 편에서는 피해불안과 우울, 그 사이에서 일어나는 감정의 변동에 보조를 맞춰가는 것은 해석적 작업에 있어서 매우 중요한 부분이다.' (Klein, 1955)

요약

Freud: 정신역동적 접근법을 만들고, 정신분석을 소개하였음; 어린 시절: 1856년에 탄생하여 어머니의 극진한 사랑을 받았음. 아버지의 사업이 실패한 후 비엔나로 이사하였고, 어린 나이에 뛰어난 학습능력을 보였음. 원래는 법학을 공부하였으나 On Nature 강의를 들은 후 의학을 공부하여 의학박사를 취득하였고, 20살에 과학 논문을 발표했음. 연구를 더 하고 싶었으나 재정적인 제약으로 인해 실무현장에서 일을 하게 되었음. 가족: 오랜 약혼기간 이후 결혼을 하였으며 아내는 헌신적이고 그에게 여성 본성의 본보기가 되었음. 6명의 자녀를 양육함. 경력: 신경 세포 관찰을 위한 새로운 염색법을 발전시켰음. 척수소뇌로 백색질의 추적 과정을 연구한 최초의 신경과 의사이며 거의 처음으로 중추신경계의 신경세포론을 설명하였음. 히스테리 치료를 위한 최면법에 대해 연구하였으며 코카인의 진통제 효과를 발견하였음(개인적 용도와 중독 치료로서의 처방 사이의 논란이 야기됨). 마음의 통합이론을 제시하기 위해 실어증을 연구하였으며 새로운 해석을 내놓기 위해 뇌성마비에 대해 조사하였음(최근에 그의 주장이 옳은 것으로 밝혀짐), 성격의 소설이론novel theory과 정신장애 치료의 새로운 접근법을 만들기 위해 사례연구를 진행하였음(사례: Anna O, Dora, Little Hans, Rat Man, Wolf Man), 지정학적 이론(의식, 전의식, 잠재의식)과 구조적 이론(원초아, 자아, 초자아)을 발전시켰으며, 심리성적 발달단계와 오이디푸스 갈등에 대해 설명하였음. '정신분석'이라는 용어를 만들고, 프로이트식 말실수(Freudian slip: 은연중에 본심이 밖으로 드러나는 실수), 꿈 분석에 대한 개념을 도입하였음.; 죽음: 구강암 진단을 받아 나중에는 절단 수술을 받아야 했고, 1939년, 모르핀 투여로 안락사 함.

Klein: 정신역동 접근에 혁명을 일으키고 아동을 위한 정신분석학을 소개함; 초기, 1882년 비엔나에서 출생, 행복했던 어린 시절은 상실로 인해 손상됨; 교육, 김나지움에 들어가기 위한 시험 통과, 처음에는 의사가 되고 싶었지만 약혼 후 비엔나 대학에서 인문학을 공부함; 가족, 어린 나이에 사촌과 결혼함, 처음에는 의사로 훈련받고 싶었지만 남편의 직업에 집중함, 두 아들(한 명은 어린 나이에 죽음)과 한 명의 딸(후에 소원하게 됨)을 양육, 형제의 죽음과 원치 않았던 세 번째 임신으로 우울증이 발병; 직업, 우울증은 그녀를 정신분석으로 이끔, 아동 정신분석을 위한 놀이 기술 발전을 위해 자신의 아이들을 분석함, 그것이 다양한 정신분석 학계에서 받아들여졌고, 유럽을 돌아다니다가 결국 런던에 정착함, 사례연구를 통해 대상 관계 개념과 심리적 자리를 소개함(리타, 어린 소년), 영국 사회에서 논쟁적인 토론이 있은 후 Klein의 정신분석이 Freudian의 대체물로써 성립됨, 결국 정신분석을 세 가지 형태로 이끔(Freudian, Kleinian, 독립적인); 죽음, 1960년에 대장암으로 죽음.

인간의 본성과 성격에 대한 정신역동 이론

학습목표

이 섹션을 읽고 나서 당신은 다음과 같은 것들을 할 수 있을 것이다:

- 의식적인 생각과 행동을 지배하는 무의식적 추동drives의 역할을 인정(지정학적 이론)
- 인간 성격 구조를 묘사하고 원초아, 자아, 초자아의 상호적인 영향에 대해 토의(구조적 이론)
- 방어 기제에 대해 묘사하고 평가
- 성격 발달에 대한 심리성적 발달단계와 심리사회적 발달단계를 토의
- 어린 시절의 애착이 성인기 관계에서 재발현되는 형태를 묘사
- 심리적 발달에서 대상관계의 영향을 설명

지정학적 이론

인간은 무의식에 의해 행동함(Freud, 1900)

의식은 인간 정신의 아주 작은 부분을 형성한다.

- 의식은 우리가 현재 인식하고 있는 것들을 포함한다.
  - 우리가 지금 이 순간에 대해 생각하는 것들을 포함한다.
  - 만약 우리가 조금 다른 관점으로 정신역동 이론을 생각해보자면 우리는 다중 기억 모형 안에서 나타나는 단기 기억과 동등하다고 제안할 수 있다(Atkinson & Shiffrin, 1968); 단기 기억은 뇌의 정신적 바탕이라 말할 수 있다.

전의식은 인간 정신의 큰 부분을 형성한다.

- 전의식은 보통 우리 의식 수준에 존재하지 않지만 필요하다면 즉시 접근할 수 있다.
  - 마음 안에 저장된 모든 지식과 정보를 포함한다.
  - 만약 우리가 조금 다른 관점에서 정신역동 이론을 생각해보자면 우리는 다중 기억 모형 안에서 나타나는 장기 기억과 동등하다고 제안할 수 있다(Atkinson & Shiffrin 1968); 장기 기억은 뇌의 정신적 저장 탱크라 말할 수 있다.

무의식은 인간 정신에 있어서 가장 큰 부분을 형성한다.

- 무의식은 우리 의식 수준에 존재하지 않지만 정신분석을 통해서 간접적으로 탐색할 수 있다.
  - 모든 추동, 갈등, 욕망 등 많은 것들을 포함한다.
- 두 가지 주요한 본능적 추동
  - 삶 추동(에로스 또는 리비도)은 성장과 배고픔, 갈증, 욕망을 유발하는 등 살아남기 위한 욕구
  - 죽음 추동(타나토스 또는 공격성)은 자기 파괴와 공격성을 유발하고 위험을 감수하며 무력해지는 등 죽음의 상태로 돌아가려는 욕구

그림 3.1 지정학적 그리고 구조적 이론: 마음의 빙산(Freud, 1900, 1923)

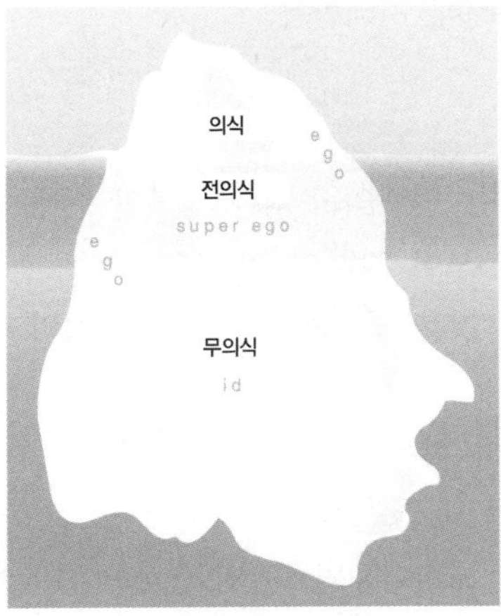

구조적 이론

성격은 세 가지 상호작용적 구조로 구성되어 있음(Freud, 1923)

원초아(Id)

- 만족을 위한 기본적 욕구
  - 무의식에 위치함.
  - 본능적 추동에 지배받음.
  - 쾌락 원리
- 출생 때부터 존재함.
  - 어린 아이는 넓은 세상에 대한 지각 없이 전적으로 자신의 만족에 초점을 둠.

자아(Ego)

- 사회적 제약의 이해
  - 의식, 전의식, 무의식에 걸쳐있음.
  - 사회세계의 현실에 대한 이해에 지배받음.
  - 현실 원리
- 생애 초기 3년 동안 발달함.
  - 아이는 타인의 필요와 요구를 자각하게 되고 현실세계를 고려하며 원초아의 욕구에 반응함.

초자아(Superego)

- 도덕적이고 윤리적인 규제

전의식에 위치함.
사회적 구속(특히 부모)에 지배받음.
양심과 유사함.
5세~6세 동안 발달함.
아동은 행동을 지배하는 일련의 규칙을 정하기 위해 보호자의 도덕적 가치를 받아들임.
자아ego는 원초아id, 초자아superego보다 강해야 함.
자아는 초자아가 어긋나는 것을 피하게 하고 현실세계의 제약을 유지하며 원초아에게 만족을 제공할 필요가 있음.
'불쌍한 자아는 여전히 힘든 시간을 보냄; 자아는 세 가혹한 주인을 섬겨야 하고 세 주인의 주장과 요구를 최선으로 조화시켜야 함.
세 폭군은 '외부세계, 초자아, 원초아임.'(Freud, 1923)
'자아는 자기 집 주인이 아님.'(Freud, 1917)

구조이론: 심슨으로 본 정신

Melanie Klein의 삶에 대해 생각해보고 다음 질문에 답하여 보라.
만화영화 *심슨*을 생각해보라
- 호머는 원초아 같음 - 아이 같고 요구가 많고 제멋대로이며 이기적임.
- 플랜더스는 초자아 같음 - 독선적이고 윤리적이고 판단적임.
- 마지는 자아 같음 - 끊임없이 호머를 달래고 플랜더스를 이해시키기 위해 노력함.

약한 자아

충동성과 이기심은 원초아가 너무 강할 시에 나타남.
판단적인 태도와 죄책감은 초자아가 너무 강할 시에 나타남.

: 자아 방어 기제

정신내부의 갈등이 불안을 생성함(Freud, 1936)

원초아와 초자아 사이의 갈등
원초아가 금지된 충동들을 일으킨다.
충동들이 자유롭게 표현될 때 초자아로부터의 비난이 나타난다.
자아는 원자아의 충동을 만족 시키면서 한편으로는 충동의 표현 방식을 바꿈으로써 초자아로부터의 비난을 피하려고 한다.

자아 방어 기제는 정신의 안정을 지키기 위해 이러한 갈등을 부인하거나 현실을 왜곡하는 방식으로 중재하는 정상적이고 건강한 방법이다.

자아 방어 기제는 무의식 속에서 작동하기 때문에 정신 분석을 통해 해석되지 않으면 우리는 그것의 영향을 알아차릴 수가 없다.

Freud는 다양한 방어 기제를 말했다.

억 압

정신적 외상을 초래할 정도의 기억들을 무의식으로 밀어 넣음.

예를 들어, 어린 시절에 성적 학대를 당했던 기억을 잊어버림.

퇴 행

이전 발달 단계(주로 아동기)로 되돌아가는 것

예를 들어, 컴퓨터에 있던 중요한 문서가 사라졌을 때 울고불고 짜증을 내는 것

부 정

불안을 초래한 자극이 없었다고 주장하는 것

예를 들어, 사랑하는 사람이 죽은 사실을 받아들이기를 거부하는 것

투 사

개인의 바람과 감정을 다른 사람에게로 돌리는 것ascribing

예를 들어, 자신도 바람피우고 싶어 한다는 욕구를 받아들이는 대신에 배우자가 바람피운 일을 비난하는 것

전 치

'고양이 차기' 증후군

감정표현의 대상을 근본 원인으로부터 덜 위협적인 대상으로 바꾸는 것

예를 들어, 컴퓨터 때문에 화가 났는데 고양이를 발로 차버림.

승 화

받아들여질 수 없는 충동을 받아들여질 만한 방법으로 표현함.

예를 들어, 공격적인 충동을 발산하기 위해 권투를 직업으로 삼음.

반동 형성

자신의 실제 감정과 정반대의 신념을 가지게 됨.

예를 들어, 1등급을 받고 싶은 욕구를 감추고자 3등급을 맞았음에도 매우 행복하다고 주장함.

보 상

다른 영역에서 부족한 부분들을 채우려고 특정한 특성을 개발함.

예를 들어, 작은 체격을 가진 것을 대신해 큰 차를 삼.

나의 방어기제

각각의 사례에서 어떻게 자아 방어 기제가 긍정적 그리고/혹은 부정적 결과를 가져왔는지에 대해 설명해보라.

20대 후반의 한 남자는 10대 때 저지른 폭행과 절도로 전과 기록이 있다. 사랑하는 아이들이 있는 가정을 꾸리고 건설현장에서 일을 하게 된 최근 몇년간에는 어떤 범죄도 저지르지 않았다. 그러나 그는 이번 주말에 일거리가 없어 해고당할 예정이라는 말을 들었다. 그는 사장의 처사에 화가 났으며 아내에게 어떻게 이 소식을 전해야 할지 고민하고 있다.

30대의 한 여성은 최근 아버지가 돌아가셨다. 그녀는 최근 3년 동안 말기 암이 걸린 아버지를 간호했다. 이제 아버지는 돌아가셨고 그녀는 아버지의 유언에 따라 재산을 나눠줘야 하는 일을 맡게 되었다. 그녀는 아버지를 잃은 상실감과 아버지의 마지막 바람을 이뤄드려야 한다는 책임감에 너무나 무거운 마음의 짐을 느끼고 있다.

10대 소년은 다른 소년이 교실에서 자신에게 키스하는 꿈을 꾸게 되었다. 그는 꿈을 깨고 나서 자기가 이런 꿈을 꾼 것에 대해서 수치스러워했으며 자신의 아버지가 꿈의 내용에 대해서 알게 되면 화가 나실 거라고 생각했다.

주변에 사는 이웃이 소녀의 아버지가 적절하지 않은 방식으로 소녀를 만지는 것을 보았다고 경찰에 신고한 후 소녀는 아버지와 헤어지게 되었다. 그녀는 입양되어 양부와 살게 되었는데 학대 받은 기억으로 인해 새로운 가족과 친밀한 관계를 형성하지 못하고 있다.

한 노인은 위장을 찌르는 듯한 극심한 고통을 겪고 있으며 체중도 전에 비해 아주 많이 줄었다. 그의 형은 그가 60세 때 대장암으로 사망하였는데 그가 지금 겪는 증상이 형의 사망 전 증상과 유사하다. 그러나 그는 자신의 증상에 대해서 의사와 이야기하는 것을 꺼리고 있으며 가족들을 걱정시키고 싶어 하지 않는다.

합리화(rationalization)

자신의 행동을 설명하기 위해 논리적이고 맞는 말처럼 보이지만 오류가 있는 어떤 이유를 대는 것

예를 들어, 자신이 시험을 망친 이유가 복습을 하지 않아서가 아니라 감기 때문이라고 주장하는 것

주지화(intellectualization)

사안과 관련한 자신의 감정을 다루기보다 지적인 세부사항에 과도하게 초점을 맞추는 것

예를 들어, 사랑하는 사람이 죽은 후 애도의 감정보다 장례식의 세부적인 사항에 강박적으로 집착하는 것

심리성적 및 심리사회적 발달 단계

프로이트(1905)가 주장한 출생부터 성인기까지의 심리성적 단계

구강기 0-1세

입, 구강을 통해 세상을 탐색함으로써 얻어지는 만족에 초점을 둠.

아이들은 입 안에 물건을 집어넣고 입으로 빠는 경향성을 보임.(대표적으로 엄마의 젖을 빠는 행동이 있음.)

이 단계의 핵심 사건은 젖떼기임

아이들은 지연된 만족(원할 때마다 항상 물건을 빨아서는 안 됨), 자아의 독립(항상 환경을 통제할 수는 없음), 행동 조절(울기와 같은 행동은 만족감을 줌)의 중요성을 배움.

이 발달단계에서 지나치게 높거나 낮은 만족을 보이는 경우 구강기에 고착될 수 있음.

구강 공격적인 사람은 껌이나 다른 물건을 씹을지도 모름.

구강 공격성의 소극적인 성향을 가진(구강 수동적인) 사람은 흡연, 과식 등을 하게 될지도 모름.

두 경우 모두 소극적이고 미성숙하며 잘 속는 성향을 보이게 될 것임.

항문기 1-3세

항문과 대소변 활동에서 얻어지는 만족에 초점을 둠.

아이들은 항문을 만지거나 적절하지 않은 때에 노폐물을 배출하거나 대변을 가지고 노는 경향성을 보임.

이 단계의 핵심 사건은 배변 훈련임.

아이들은 원초아와 자아 간의 기본적인 갈등을 해결하는 방법을 배움 — 원초아는 노폐물을 배설하고자 하는 강한 충동에 대해 즉각적인 만족을 원하지만 자아는 지연된 만족을 경험하도록 장려하고 부모 역시 이러한 자아의 욕구를 지지해줄 것임.

이 발달단계에서 지나치게 높거나 낮은 만족을 보이는 경우 항문기에 고착될 수 있음.

자아(그리고 부모)를 괴롭히기 위한 목적으로 노폐물 배설을 참으려는 아이들과 대소변의 압박감을 즐기는 아이들은 항문애적 성향(지나치게 체계적이고 깔끔한 성향)을 보이게 될 것임.

자아(그리고 부모)를 괴롭히기 위한 목적으로 적절하지 않은 때 노폐물을 배출하는 아이들과 배설하는 느낌을 즐기는 아이들은 항문배설적 성향(지나치게 와해되고 난폭한)

을 보이게 될 것임.

남근기 3-6세

만족의 초점은 생식기와 성적 자극임.

아이들은 남녀의 차이에 대해서 점차 알아가면서 그들 자신의 몸과 다른 성별의 몸을 탐색하고 싶어 하고 그들의 생식기를 가지고 노는 경향이 있음.

이 단계에서의 핵심 사건은 오이디푸스 콤플렉스와 엘렉트라 콤플렉스임.

오이디푸스 콤플렉스

소년들에게 적용

소년의 성적 정체감이 발달하기 시작하고(나는 소년이다) 성적 자극을 경험하기 시작하면서(만지면 좋은 느낌), 그는 이러한 느낌들을 그의 인생에서 중요한 사람에게로 향하게 함.

성적 욕망은 엄마에게로 집중됨(나는 엄마와 결혼하고 싶다)

질투심은 그의 아빠에게로 향하게 되는데 아빠는 더 발달되어 보이고(아빠는 나보다 크다) 이미 엄마를 소유한 것처럼 보임(엄마는 아빠를 사랑한다)

원초아는 아빠를 죽이고 싶어 하지만 동시에 자아는 아빠가 그 싸움에서 이기고 나를 거세할 것이라는 것을 알고 있음.

소년은 이러한 위험을 최소화하고 엄마를 대리적으로 소유하기 위해 아빠와 동맹을 맺음 — 소년이 아빠와 동일시를 하면서 남성의 성역할이 발달됨.

엘렉트라 콤플렉스

소녀들에게 적용, 프로이드는 이 용어의 사용에 대해 주장하지 않았음.

소녀의 성적 정체감이 발달하기 시작하고(나는 소녀다) 성적 자극을 경험하기 시작하면서(만지면 좋은 느낌), 그녀는 이러한 느낌들을 그녀의 인생에서 중요한 사람에게로 향하게 함.

처음에 성적 욕망은 엄마에게로 집중되지만 엄마에게는 남근이 부재한다는 것을 알고(엄마를 소유할 수 없다) 이러한 욕망은 아빠에게로 향하게 됨.

소녀는 아빠에 대해 질투심과 욕망을 동시에 경험하게 되고(남근 선망) 분노는 엄마에게로 향함(엄마가 그녀를 거세한 것으로 가정된다)

소녀는 엄마와 동맹을 맺고 대리적으로 아빠를 소유함 — 소녀가 엄마와 동일시를 하면서 여성의 성역할이 발달됨.

이 발달 단계에서 너무 많거나 너무 적은 만족은 남근기 고착을 일으킴.

해결되지 않은 오이디푸스 콤플렉스나 엘렉트라 콤플렉스는 부적절한 성적 역할의 발달을 포함하는데 이것은 적절한 사람과의 동일시에 실패했기 때문임.

남근기 성격 특성은 무모함, 자만심, 나르시시즘, 허영심을 포함함.

잠재기 6-12세

이 단계에서는 만족을 추구하지 않는데 왜냐하면 성적 감정이 휴면기에 놓여있기 때문임.

아동은 이 시간을 사춘기 이전에 여타 비 성적 흥미를 추구하는 데 사용함.

성기기 12세 이상

만족의 초점은 이성에 대한 성적 흥미임.

아동은 이성과 성적인 관계를 발달시키기 시작함.

이전 단계들에서의 고착으로 인해 이 발달 단계에 집중하지 못하게 되는 무능력은 불감증, 성교 불능을 초래하고, 만족스러운 성인의 관계를 발전시키는 데에 실패를 가져올 수 있음.

Erikson(1963)의 심리사회적 발달단계

유아기: 신뢰 대 불신 0-1세

아이는 특히 모유수유를 하는 동안 양육자와의 관계를 바탕으로 다른 사람을 향해 신뢰할 수 있는 능력을 발달시키기 시작함.

이 단계의 성공적인 실현은 안전과 신뢰로 이어짐.

이 단계의 실패적인 실현은 불안과 염려로 이어짐.

초기 아동기: 자율성 대 수치와 의심 1-3세

아이는 배변 훈련을 통해서 자신의 신체에 대한 통제력을 발달시키기 시작함.

이 단계의 성공적인 실현은 독립성과 자율성으로 이어짐.

이 단계의 실패적인 실현은 수치심과 의심으로 이어짐.

학령 전기: 주도성 대 죄책감 3-6세

아이는 탐험을 통해서 주변의 환경에 대한 통제력을 발달시키기 시작함.

이 단계의 성공적인 실현은 목적의식으로 이어짐.

이 단계의 실패적인 실현은 죄책감으로 이어짐.

학령기: 근면성 대 열등감 6-12세

아이는 학교에 들어가면서 새로운 사회적 상황에서 대처 기술을 발달시키기 시작함.

이 단계의 성공적인 실현은 유능감으로 이어짐.

이 단계의 실패적인 실현은 열등감으로 이어짐.

청소년기: 정체감 대 역할혼미 12-18세

10대 청소년은 직계가족을 넘어서 다른 사람과의 관계를 통해서 개인의 정체성과 자기감을 발달시키기 시작함.

이 단계의 성공적인 실현은 강한 자기감으로 이어짐.

이 단계의 실패적인 실현은 약한 자기감과 역할혼미로 이어짐.

성인기: 친밀감 대 고립감 18-35세

성인은 다른 사람과의 친밀한 관계를 발달시키기 시작함.

이 단계의 성공적인 실현은 강력한 관계로 이어짐.

이 단계의 실패적인 실현은 외로움과 고립으로 이어짐.

중년기: 생산성 대 침체감 35-60세

성인은 자신의 죽음 이후에도 지속할 수 있는 것을 만들려는 사명감을 발달시키기 시작함.

이 단계의 성공적인 실현은 달성감과 도움이 된다는 느낌(유용성)으로 이어짐.

이 단계의 실패적인 실현은 피상적인 삶의 관여로 이어짐.

노년기: 통합 대 절망 - 60세 이상

성인은 자기 성찰과 삶을 성찰할 수 있는 능력을 발달시키기 시작함.

이 단계의 성공적인 실현은 지혜와 자기성취로 이어짐.

이 단계의 실패적인 실현은 후회와 절망, 비통함으로 이어짐.

애착의 패턴

애착은 '인간 사이의 지속적인 심리적 유대감'(Bowlby, 1969)

애착은 단순한 제공 이상의 개념이다.

레서스 원숭이의 애착 반응은 음식을 제공하는 보호자와 안락을 제공하는 보호자에 대해서 서로 다르게 나타난다(Harlow & Zimmerman, 1958).

분리된 유아양육은 신체적, 행동적 문제를 겪는다 — 성인으로서 일반적인 사회생활에 적응할 수 없다.

모조품 어미 원숭이와 함께 자란 새끼는 병을 철사로 감싼 모조품보다 부드러운 타월로 감싼 모조품과 시간 보내는 것을 더 선호했다 — 무서울 때, '제공하는 엄마'보다 '부드러운 엄마'에게 매달린다.

연구결과는 새끼 원숭이가 주요애착 시기에 매달릴 수 있는 따뜻한 대상과의 관계가 중요함을 시사한다.

인간에게 생애 첫 2년 동안 따뜻한 애착인물의 부재는 나중에 심리적 문제로 이어진다.

세계보건기구에 제출한 글에서 Bowlby는 '유아와 어린 아동은 만족과 즐거움을 모두 찾을 수 있는 엄마와의 따뜻하고 친밀하며 지속적인 관계를 경험해야 한다'고 명시했다(Bowlby, 1951).

이러한 이론들로 인해 기관 보육 시설의 광범위한 변화가 초래되었다.

예를 들면, 입원한 아이들에게 부모를 만날 수 있게 하고 고아인 유아에게 양부모를 알선해줌.

주된 양육자와(부모) 피양육자(아동)의 초기관계는 애착을 형성한다.

애착은 취약한 아동으로 하여금 보살핌과 보호를 제공하는 인물 가까이에 안전하게 머무르도록 하는 진화적으로 이로운 전략이다.

애착은 양육자와 가까운 거리를 유지하기 위해 고안된 울음이나 매달리기 같은 다양한 행동들을 개발시킨다.

아동의 생애 첫 해는 보살핌을 제공하는 사람들과 애착을 형성한다(Bowlby, 1969).

0－3개월 = 양육자를 구분하지 못하고 무분별한 반응을 보임.

3－7개월 = 주 양육자에 대해 최초의 선별적 인식을 보임.

7－9개월 = 주 양육자에 대한 구별된 인식(애착), 엄마가 부재할 때 확실한 고통(분리불안), 익숙하지 않은 대체 양육자에 대한 두려움(낯선 이의 두려움).

9－12개월 = 아동이 성숙해졌을 때 그들은 세상을 탐색하기 위한 '안전기지'로서 양육자를 이용할 것임; 아동은 안전감을 유지하면서 동시에 탐색의 범위를 늘리기 위해 양육자와 교섭함.

양육자와의 초기 경험으로부터 발생한 애착 유형

Ainsworth(1967)는 '낯선 상황'의 실험적 패러다임을 통해서 유아의 네 가지 애착 유형 간 구분되는 차이를 밝혔다.

유아와 부모는 낯선 장소에서 놀고 있음.

부모가 유아를 혼자 두고 잠시 떠난 뒤 유아의 반응을 관찰함.

부모가 돌아왔을 때 유아의 반응을 관찰함.

안정 애착

아동은 주위 환경을 편안하게 탐색하면서 짧은 분리minor separation를 이겨낼 수 있음.

아동은 양육자가 떠나는 것에 저항하고 양육자가 돌아오면 편안해짐.

아동은 주요 양육자에 대한 명확한 선호를 보이지만 낯선 사람에게도 어느 정도는 편안함을 느낌.

양육자는 아동과 안정된 유대를 형성하고 있음.

회피 애착

아동은 분리에 의해 영향을 받지 않음.

아동은 양육자가 떠나는 것에 저항하지 않고 돌아와도 아무런 반응을 보이지 않음.

아동은 낯선 이를 주요 양육자와 똑같이 대함.

양육자는 아동에게 독립적일 것을 요구하고 스트레스 상황의 아동에게 최소한의 반응만을 제공함.

불안정 애착

아동은 어떤 종류의 분리에도 대처하지 못하고 주위 환경을 탐색하는 것을 거부함.

아동은 양육자가 떠나는 것에 극심한 고통을 받고 양육자가 돌아와서 안정을 되찾는 것도 거부함.

아동은 주요 양육자에 대한 명확한 선호를 보이며 낯선 사람에게서 안정을 얻는 것은 거부함.

양육자는 아동에 대하여 일관성이 없고 때때로 방치하거나 폭력적인 행동을 보임.

한 연구는 65%의 아동만이 안정 애착 유형을 보이며 나머지 35%는 회피 혹은 불안정 애착 유형을 보인다고 밝혔다(Prior & Glaser, 2006).

아동기에 형성되는 애착의 유형은 성인기의 관계에서도 반복된다(Hazan & Shaver, 1987).

연애 관계는 아동기에 형성된 애착 유형과 유사한 경향이 있다.

안정 애착secure attachment

이런 성인은 안정된 인간관계를 맺음.

성인은 독립성을 잃지 않고도 다른 사람에게 의지하는 데에서도 편안함을 느끼며 보호받는다고 느낌.

회피 애착avoidant attachment

이런 성인은 친밀한 관계를 회피함.

다소 공격적인 방식으로 독립적이며 상대방에게 의존하거나 상대방을 통해 보호받는다는 느낌을 좋아하지 않음.

이런 성인은 냉담하고 거리감이 있거나 가까이 오려는 사람들을 밀어내려고 할 수 있음.

불안 애착anxious attachment

이런 성인은 관계에 대해서 매우 불안함을 느낌.

이들은 독립성이 부족하며 상대방에게 완전히 의존하려고 함.

이들은 상대방이 자신에게 의지하지 않는 것처럼 느낄 때에 분노나 심리적 고통을 느낄 수 있음.

Hanzan과 Shaver(1987)은 아이들과 성인에게서 비슷한 애착 유형 분포를 발견했다.

60%의 성인들은 인간관계에서 안정 애착을 보고했다.

'나는 다른 사람과 비교적 쉽게 가까워지는 편이며 다른 사람에게 기대거나 다른 사람이 내게 기대는 것도 편안하게 느낀다. 나는 사람들이 나를 떠날까봐 걱정하거나 나에게 아주 가까워지려고 하는 것에 대해서 꺼리지 않는다.'

20%의 성인들은 인간관계에서 회피 애착을 보고했다.

'나는 다른 사람들과 가까워지는 것이 조금 불편하다. 나는 타인을 완전히 신뢰하기도 내가 다른 사람에게 기대는 것도 어렵다. 나는 다른 사람이 나와 너무 가까이 지내려고 할 때 불안하며 종종 다른 사람들은 내가 편안하게 느끼는 거리보다 좀 더 가까워지기를 원한다.'

20%의 성인들은 인간관계에서 불안 애착을 보고했다.

다른 사람들은 친밀한 관계에 대해 나만큼의 관심이 없는 것 같다. 나는 종종 내 연인이 나를 진정으로 사랑하지 않을 수도 있고 내 곁에 더 있고 싶어 하지 않는다는 걱정을 한다. 나는 내 연인과 정말 가까운 사이가 되고 싶은데 이 때문에 사람들이 떠나기도 한다.'

몇몇 연구들은 이러한 애착 유형이 일생 동안 반복된다고 주장하지만 이러한 주장과 일치하지 않는 연구결과도 있다(Fraley, 2010).

부모, 연인, 친구와의 애착 유형의 상관관계는 낮음.

아직 발표되지 않은 한 논문에 의하면 1세 때의 애착 유형과 이후의 연인 관계의 애착 유형 간에 매우 적은 연관성만 보인다고 함.

Fraley(2010)는 장기적으로 안정적인 개인차가 존재한다면 이론의 가정보다는 경험적 질문을 고려해야 한다고 언급함.

대상 관계

Klein(1923)은 유아기에 맺은 주요 인물과의 상호작용에 기반하여 성인의 관계가 형성된다고 주장했다.

아동기의 관계는 개인이 관계 맺는 방식을 형성하며 이 방식은 성인이 된 후에도 타인과의 관계 속에서 반복된다.

자기self는 대상과 관련이 있다 — 대상 관계

자기와 대상

자기me, myself and I(목적격의 나, 소유격의 나, 주격의 나)는 주체이다.

자기는 자신의 세계 중심에 존재하며 주변을 둘러싼 대상과 관계를 맺음.

대상은 자기에게 심리적으로 영향을 주는 사람이나 사건을 말한다.

대상은 자기 범주에 있지 않은 모든 것이 해당됨.

대상은 전체일 수도 있고 부분일 수도 있다.

전체 대상은 개인 전체를 의미함.

예: 엄마

부분 대상은 개인의 일부만을 의미함.

예: 엄마의 젖가슴

유아는 자신의 욕구를 만족시켜주는 세상의 일부에만 초점을 두고 있기 때문에 세상을 부분-대상의 측면으로 이해하는 경향을 보인다.

아이가 세상을 보다 더 넓은 관점으로 이해하기 시작할 때 그리고 사람들이 완전한 개인이라는 것을 인식하기 시작할 때 전체 대상이 발달함.

대상은 외적일 수도 있고 내적일 수도 있다.

외적 대상은 외부 세계의 실제 사물을 의미함.

예: 실제 엄마

내적 대상은 잠재의식 속 사물들의 내면화된 표상을 의미함.

예: 엄마에 대해 가지고 있는 내적 이미지

내적 대상은 외적 대상과의 경험을 통해 만들어진다.

외적 대상과의 접촉 후 잠재의식은 내적 대상을 만듦.

예: '엄마'의 내적 표상은 유아기 시절에 외적 대상인 실제 엄마와의 만남을 통해 만들어진다.

일단 내적 대상이 만들어지면 내적 대상은 미래에 접하게 되는 외적 대상들과 상호작용하는 방법에 대한 형판을 제공한다.

미래에 접하게 되는 외적 대상은 현재 내적 대상과 관련성이 있을 수 있기 때문에 이에 대한 우리의 반응이 미리 결정될 수 있다.

예: '엄마'의 내적 표상은 미래에 접하게 되는 모성적 특징을 보이는 사람에게 적용될 수 있음.

대상은 '좋을 수도' 있고 '나쁠 수도' 있다.

좋은 대상은 자기의 필요를 채워주는 대상을 의미함.

예: 좋은 젖가슴이란 배고픈 아이를 먹이는 젖가슴임.

나쁜 대상은 자기의 욕구를 채우는데 실패한 대상을 의미함.

예: 나쁜 젖가슴이란 아이가 배고플 때 우유가 나오지 않거나 부족한 젖가슴임.

'좋거나', '나쁘거나'의 이분법적인 관점은 아이의 양가 감정을 축소시킨다.

모든 사람에게는 긍정적이고 부정적인 성격 특징이 둘 다 있다는 것과 모든 사람이 친절한 행동도 하지만 잔인한 행동도 할 수 있다는 것을 아이(유아)가 이해하기란 혼란스러울 것임.

아이에게는 대상을 좋은 버전이나 나쁜 버전으로 각각 나누는 것이 더 간단할 것임.

예: '좋은' 엄마는 친절하고 매우 다정한 반면, '나쁜' 엄마는 불친절하고 말이 없음.

엄마-유아 양자관계

Klein(1932)은 엄마가 유아에게 중요한 인물이라고 언급했다.

엄마는 내적 대상이 생기는 유아를 위한 첫 외부 대상임.

외적 그리고 내적 엄마-대상 관계는 개인에게 평생 동안 영향을 줄 것임.

더 구체적으로 유아의 세계에서 엄마의 젖가슴은 최초의 중요한 부분-대상임.

아이가 배고플 때 좋은 젖가슴은 모유를 줄 것이고 나쁜 젖가슴은 모유를 주지 않을 것임.

이렇게 젖가슴과 관련된 아동기의 초기 관계는 심리적 자리의 기초를 형성함.

심리적 자리

Klein(1935, 1937, 1957, 1961)은 유아가 아동기 동안 두 가지의 심리적 자리를 지나간다고 주장했다.

편집-분열적 자리 — 출생 후 6개월

우울적 자리 — 6개월에서 1년

편집-분열적 자리

불안, 부분-대상, 분열, 투사, 내사가 특징

취약한 유아는 심한 불안으로 고통받음.

유아는 욕구가 즉시 충족되지 않을 때마다 좌절을 경험함.

예를 들어, 배고픔은 괴로움, 좌절, 죽음의 공포(죽음 본능)를 유발함.

불안은 원인에 대한 심한 분노를 일으킴.

예를 들어, 가슴에 대한 분노는 젖가슴이 유아의 욕구를 즉시 충족시켜주지 못했기 때문에 일어남.

유아는 방어를 사용하여 불안을 해결함.

부정적인(불안) 그리고 긍정적인(만족) 감정들은 부분-대상의 형태로 세계에 투사됨

부분-대상들은 '좋음'과 '나쁨'으로 나뉘는데 이러한 구분은 그들을 만족시켰는지 만족시키지 못했는지에 따라 달라짐.

좋고 나쁜 부분-대상들은 내사(내적 투사)되고 이러한 내적 부분-대상은 미래의 생각, 감정, 행동에 영향을 준다.

예를 들어, 모유를 제공하지 못한 가슴에 대한 분노와 좌절은 젖가슴에 투사되는데 이는 '나쁜 것'이고 이 '나쁜 젖가슴'은 이후 다른 제공자들에 대한 느낌에까지 영향을 줌.

우울적 자리

통합, 보상과 상실이 특징

유아는 각기 다른 부분-대상을 전체-대상으로 통합하기 시작한다.

예를 들면, 빨고 있는 젖가슴, 만지고 있는 손, 자신을 달래는 목소리는 모두 같은 엄마 대상의 부분임.

유아는 좋은 것과 나쁜 것을 전체적인 하나의 대상으로 통합하기 시작함.

예를 들면, 음식을 주는 '좋은' 엄마와 음식을 주지 않는 '나쁜' 엄마는 같은 사람임.

대상에 대한 새로운 이해(전체, 좋음 및 나쁨)는 나쁜 부분-대상에 대해서 과거에 증오했던 것을 후회하고 이 증오가 대상에게 해를 끼칠지도 모른다는 두려움으로 이어진다.

예를 들면, 나쁜 젖가슴을 싫어했던 아이는 이제 나쁜 젖가슴이 전체 엄마의 한 부분이라는 것을 이해하며 이는 과거 엄마를 향해 나타난 자신의 공격성이 엄마를 떠나게 할지도 모른다는 두려움과 과거의 증오를 후회하도록 이끔.

유아는 죄책감을 경험할 것이고 과거의 증오와 공격성에 의해 입은 피해를 바로잡기 위한 욕구를 표현할 것이다.

예를 들면, 이 같은 보상이 엄마와 아이 사이의 사랑의 깊은 연대로 나타남.

유아는 또한 완전한 '좋은' 대상의 상실에 대한 슬픔을 경험할 것이다.

예를 들면, 아이는 '좋은' 부분만 있는 엄마가 사라지고 '좋은' 면과 '나쁜' 면이 공존하는 엄마로 대체된 것을 슬퍼함.

성인기에서의 자리

만약 아동기에서 이 단계가 성공적으로 성취되지 않는다면 성인기에 편집-분열적 그리고 우울적 자리가 어느 정도 나타날 수 있다

편집-분열적 자리로의 이와 같은 퇴행을 통해 공격성으로 이어지는 증오를 경험할 수 있음.

우울적 자리로의 이와 같은 퇴행을 통해 우울로 이어지는 죄책감과 슬픔을 경험할 수 있음.

중간 대상(Winnicott, 1953)

중간 대상은 '내가 아닌' 첫 번째 소유물임.

육체적 물품이란 잡거나 안을 수 있는 것 등

예를 들어, 담요, 봉제인형 등

중간 대상은 유아에게 안락을 제공한다. 왜냐하면 그들은 엄마-대상으로의 애착 감정과 연결이 되어있기 때문이다.

독립적인 존재(개체)가 되어간다는 인식이 엄마를 분리된 존재(개체)로 강조하기 시작하면서 유아는 손실의 감정을 경험함 — 유아는 과도기적 단계 동안에 엄마의 상실을 경험함. 이 때, 엄마와 연관되어 있는 감정은(따뜻함, 안전 등) 그녀의 존재를 대신해 줄 만한 물체에게로 이전됨.

중간 현상은 중간 대상과 같은 목적을 가지지만 물체가 아닌 사고와 행동을 말한다.

- 중간 현상은 종종 반복적 행동이거나(예: 흔듦) 혹은 재발되는 사고 양식임(예: 공상).

성인에게 중간 대상은 어려움의 시간 동안 안전을 제공하는 것으로 사용되어 질 수 있다.

- 많은 성인들은 여행할 때 불안정한 장소에서 안정감을 주는 중간 대상(과도기적 물건)으로 가정을 생각나게 하는 물건을 사용함.
  - 호텔 체인점 트래블로지는 영국인의 35%는 스트레스를 완화시키기 위해 곰 인형과 함께 잔다는 것을 밝혔고 남성 응답자들의 25%는 출장을 갈 때 곰 인형을 들고 간다고 인정함(Ahmed, 2010).

요약

지형 이론: 의식, 전의식, 무의식(삶/사랑 그리고 죽음/죽음 본능)

구조 이론: 원초아, 자아, 초자아; 약한 자아의 문제들

자아 방어 기제: 원초아와 초자아의 정신내부 갈등은 불안으로 이어지고, 자아는 불안을 대처하기 위해 방어기제를 발달시킴; 억압, 퇴행, 부인, 거부, 전치, 대치, 반동형성, 보상, 합리화, 지성화

심리성적 단계: 구강기, 항문기, 남근기(오이디푸스와 엘렉트라 갈등), 잠재기, 성기기

심리사회적 단계: 유아기, 초기 아동기, 학령전기, 학령기, 청소년기, 초기 성인기, 성인 중기, 성인 후기

애착의 패턴: 제공하는 것보다 더 지속되는 심리적 유대감, Harlow's 원숭이들; 3~9개월 사이에 애착이 형성됨, '낯선 상황'에서 3가지 패턴을 보여줌(안전, 회피, 불안); 패턴은 성인 관계에서도 반복됨(증거가 충분하지는 않음), 60% 안전, 20% 회피, 20% 불안

대상 관계: 대상은 자기self와 관련된 사람이나 사건임, 전체나 부분－대상, 내부 대상은 외부 대상, 좋거나 나쁜 대상과의 경험을 통해 형성됨; 엄마는 첫 번째 내부 대상임; 심리적으로 편집 분열적 자리와 우울적 자리를 포함함; 중간 대상과 중간 현상은 엄마의 부재에 대해 안전한 대상을 제공함

정신분석 치료에서의 치료적 관계

학습목표

이 섹션을 읽고 당신은 다음과 같은 것들을 할 수 있을 것이다:

- 치료자의 중립적 태도를 의미하는 빈 스크린에 대해 설명하고 평가
- 전이의 근간을 이루는 이론적 배경에 대해 논의
- 역전이의 근간을 이루는 이론적 배경에 대해 논의
- 전이와 역전이가 정신분석 치료에서 어떻게 사용되는지 설명

빈 스크린

치료자는 익명의 빈 스크린을 유지함

치료자는 내적 자기를 드러내지 않는다.

자기개방, 개인적 정보를 제공하지 않음, 중립적 반응

내담자는 자신의 욕구와 열망 그리고 가치를 치료자에게 투사할 수 있다.

이런 경우 내담자는 치료자의 자기노출이나 행동에 근거해서 치료자에 대한 특정 감정을 형성할 수 없음.

따라서 치료자에 대한 뚜렷한 감정은 내담자의 내적 세계의 모습을 보여주는 것이라 할 수 있음.

치료자에 대한 감정은 아마 내담자의 삶 속의 중요한 타인에 대한 감정의 투사일 수 있음.

예를 들어, 분노를 유발하지 않을 만한 치료자에게 분노로 반응하는 것은 내담자가 이전에 중요한 타인에게 느꼈던 감정을 치료자에게 투사하는 것이라고 볼 수 있음.

이를 전이라 함.

전이

전이와 역전이는 서로 결부되어 있는 쌍둥이 개념(twin concepts)

Freud는 여성 환자들이 정신분석 도중 주로 치료자에 대해 성적인 호감을 가지게 된다는 사실을 보고했다.

여성 내담자가 Freud에 대한 사랑의 감정을 표현하면서 그의 목에 팔을 두르는 상황에서 가정부가 갑자기 들어와 상황을 면할 수 있었다. 이런 사건에 대해 프로이트는 성적인 욕망의 결과로 귀인시키지 않고 그 현상의 원인과 내재된 특성에 의한 결과로 보았다.

관찰observation을 통해 이러한 행동들이 일반적으로 환자가 오이디푸스 콤플렉스나 엘렉트라 콤플렉스와 관련된 아동기의 억압된 트라우마를 탐색하기 시작하는 순간에 주로 발생한다는 사실을 찾아냈다(Freud, 1905).

Freud는 환자가 실제적인 트라우마를 회상하지는 못하지만 대신에 트라우마와 연관된 감정을 재생reproduce하고 이러한 감정을 치료자를 대상으로 '오류적 정신 연결mistaken mental connexion'을 통해 전달한다고 주장했다(Racker, 1982).

이러한 감정은 형제자매나 부모님 같이 어린 시절의 중요한 인물로부터 대체된 것으로 어린 시절의 사건에 대해 밝히기를 저항하는 전략으로서 치료자에게 저항을 되풀이 한다.

요약하자면, 프로이트는 원래 대상에게 느낀 사랑, 증오, 욕망, 두려움의 감정들이 치료자에게 전이된다고 주장했다.

전이의 정의

전이는 한 사람에 대한 감정을 다른 사람에게로 전환하는 것을 의미하는 심리학적 개념임.

'본래 그 사람의 초기 관계에서 경험했던 감정을 현재 환경의 중요한 타인에게로 옮기는 것'(Luborsky et al., 2008)

전이 관계는 정신분석의 가장 핵심적인 개념이라고 볼 수 있다.

치료 환경에서의 전이는 내담자가 내담자의 삶에서 중요한 사람들에게 느끼는 감정을 치료자에게 돌릴 때 일어남.

전이는 유년기의 중요한 인물(예를 들어, 아버지)에 대한 무의식적 감정을 현재 인물(예를 들어, 치료자)에게 옮기는 것을 뜻함.

예를 들어, 내담자는 치료자와 상호작용하는 동안 과거 아버지에게 느꼈던 사랑과 반항심을 다시 떠올리게 되고 이를 치료자에게 옮길 수 있음.

그러나 이는 전이에 대한 너무 단순화된 이해일 수 있다.

전이를 다른 식으로 정의하면 '초기 "대상" 관계에서 형성된 무의식적인 관계 맺기 방식'이 현재의 상황에서 실현된 것이라고 할 수 있다(Leiper & Maltby, 2004).

내담자는 과거의 경험을 통해 형성된 자신의 내적 세계로부터 비롯된 감정을 현재 외적 세계의 어떤 측면에 옮기게 된다.

전이에 대한 이러한 정의는 내담자가 일생 동안 오래된 관계 방식을 계속해서 재연하는 무의식적 굴레에 갇혀 있음을 시사하며 이로 기인하는 좌절 경험이 심각한 심리적 어려움을 일으킬 수 있다고 본다.

관계의 유형

전이는 현재 삶에서 반복적으로 나타나는 과거의 관계방식을 드러내준다(Luborsky et al., 2008).

치료 과정에서 나타나는 전이의 성격을 이해함으로써 치료자는 치료실 바깥의 세상에서 내담자가 사람들과 관계 맺는 방식에 대해 핵심적인 단서를 얻을 수 있다.

예를 들어, 아버지에 대한 사랑과 반항심을 치료자에게 전이하는 내담자는 이러한 행동 경향을 삶의 전 영역에서 드러내고 있을 수도 있다. 과거의 관계 방식에 갇혀, 이 내담자는 과거 아버지에게서 느꼈던 감정을 투사함으로써 현재 관계에서도 아버지/딸의 상호작용 방식을 계속적으로 반복하려 하는 것일 수 있다. 이로 인해 인간 관계에서 아버지 상father figures을 찾는 것과 동시에 권위에 대한 반항심이 계속해서 뒤따르게 되고 결국엔 관계의 파괴로 이어지게 될 수 있다.

위의 가상적 사례는 전이가 권위적인 인물과 관계를 맺는 방식을 제공해준다는 점에서 단기적으로는 좋을 수 있지만 동시에 권위적 인물에 대한 반항심을 느끼는 악순환에 갇혀 장기적으로는 부정적일 수 있다는 점을 보여준다.

긍정적 전이와 부정적 전이

전이는 긍정적이거나 부정적인 감정 모두를 불러일으킬 수 있다.

분노와 적대감은 부정적 전이의 예시임.

사랑과 소망은 긍정적 전이의 예시임.

내담자는 긍정적 전이와 부정적 전이를 동시에 나타낼 수 있다.

한 개인이 부모님에 대해 긍정적인 감정과 부정적인 감정을 함께 경험하는 것과 비슷한 방식으로 설명할 수 있다.

예: 내담자는 치료자로부터 분노와 억울함의 감정을 경험하는 동시에 사랑의 감정을 느끼고 치료자의 인정을 바랄 수도 있다.

전이인가 실제 감정인가?

치료자를 향한 모든 감정반응을 전이의 증거로 낙인 찍지 않도록 주의해야 한다.

Freud는 '때론 시가cigar는 그저 시가cigar일 뿐이다'라고 말했다(역주: '모든 시가가 남성의 성기를 상징하는 것은 아니다'라는 의미(Wheelis, 1950))

대부분의 행동은 과거의 감정을 대치한다기보다 실제 지금－여기 감정에 기반한다.

Rogers(1951)는 여러 내담자의 태도를 두고 '전이라기보다는 현실적이고 자연적스러운 태도이다'라고 말한다.

예: 초기에 내담자를 깊게 이해하려 하는 것이 오히려 따뜻한 관계적 라포를 형성하기도 전에 짜증을 불러일으킬 수도 있음.

치료자의 행동에 대해 호감과 비호감의 감정을 느끼는 내담자들도 있다.

과거 감정의 부적절한 귀인이라기보다는 현재의 즉각적인 소망의 결과로서 치료자에게 성적인 매력을 느끼는 내담자들도 있다.

실제로 오랜 동안 가까이 지내는 사람에게 그런 감정을 느끼는 것은 지극히 정상적이다. 이러한 감정은 부적절하며 경계를 설정하거나 치료관계를 종결함으로 처리해야 하지만 이런 감정들을 항상 전이의 증거로만 볼 수는 없다.

감정의 전이와 실제 지금-여기에서 느끼는 감정을 구분하여 이전의 내재된 관계를 탐색할 수 있는 것이 중요하다.

전이 발견하기

전이의 핵심 특징(Leiper & Maltby, 2004)

전이는 환상에 기반한 부적절하고 비이성적인 감정으로 특징지을 수 있다.

고정된 반응의 양상을 따르기 위해 이런 정서의 기반은 현실의 왜곡에 의해 보호될 것이다.

감정은 종종 다른 상황에서도 무분별하게 반복된다.

예: 아버지에 대한 사랑의 감정을 치료자에게 전이하는 내담자는 가상 연애에 대한 망상을 불러일으킬 수 있음. 반대되는 증거에도 불구하고 이런 믿음을 계속 유지할 수 있음. 이와 유사한 관계 혹은 환상을 경험해본 적이 있음.

이런 종류의 전이는 치료자의 입장에서 매우 위험할 수 있는데 그 이유는 치료자와 내담자가 실제 애정의 관계를 맺지 않았음을 증명하는 것이 매우 힘들기 때문임.

역전이

역전이 = 치료자의 전이

일반적으로 치료 중 내담자의 전이는 인간 상호작용에 대한 자연스러운 반응으로 여겨짐.

내담자가 치료자와의 관계에 있어 어느 정도 과거 관계에 그 기반을 두는 것은 피할 수 없는 일이다.

하지만 전이는 내담자만 경험하는 것은 아니다.

치료자 또한 비슷한 감정적 이월 효과carryover effect를 경험한다.

치료자는 갖가지 편견과 선입견, 욕망의 대상이 됨으로써 내담자에 대한 반응에 있어 완전히 객관적일 수만은 없는 인간이다.

치료적 환경에서 역전이는 그 순간에 치료자가 내담자를 적절하지 않은 태도로 대하는 상황에서 나타난다.

역전이의 정의

치료적 환경에서 '역전이'는 다수의 심리적 개념에 적용된다(Little, 2003).

역전이는 내담자의 전이에 반응하는 치료자의 내담자에 대한 구체적인 무의식적 태도를 가리킨다(객관적 전이 — 내담자로부터의 전이에 반응함).

역전이란 과거 사건의 억압된 요소들을 말하며 과거의 감정의 원인을 내담자로 옮기는 것을 의미한다(주관적 전이 — 내담자의 전이와 비슷하지만 반대 방향으로 향함).

역전이(객관적)

치료자는 전이된 인물의 역할을 수행하면서 내담자로부터 나타난 전이에 반응함.

예를 들어, 치료자가 만약 비판적인 아버지의 역할을 채택함으로써 내담자의 반항적인 행동에 대응한다면 그는 역전이를 경험하고 있는 것일 수 있다.

전이 확인

아래의 치료 회기의 짧은 대화를 읽고 일어난 전이와 역전이의 예를 알아보라.

치료자: 안녕하세요? 수지씨, 오늘은 무엇에 대해서 이야기 나누고 싶으신가요?

내담자: 잘 모르겠어요. 저는 단지 외로워요. 저는 여자 친구와 헤어지고 나서 정말 우울해졌어요.

치료자: 여자 친구와의 관계에 대해서 저에게 조금 말씀해주실 수 있으신가요?

내담자: 음, 처음에 우리는 정말 잘 지냈어요. 우리는 체육관에서 만났고 그녀가 저에게 트레드밀(러닝머신)을 어떻게 사용하는지 보여주었어요. 그녀는 저보다 나이가 많았고 항상 저를 가르치려고 했어요 — 그녀는 대학을 졸업했고 좋은 직업을 가졌죠. 저는 정말 아무것도 할 수 없었어요 — 제가 15살이었기 때문에 마트 계산대 일도 하지 못했죠. 그녀는 나를 여기저기로 데리고 다니곤 했었죠. 우리는 약 한 달 동안 만난 후 런던으로 갔어요. 그녀는 다른 친구들과 달리 클럽 활동을 하지 않고 저와 쇼핑을 했었어요. 저에게 완전히 새로운 옷 한 벌을 사주었고 또 정말 비싼 핸드백도 사주었어요. 그리고 저는 그녀에게서 안정감을 느꼈죠, 아시나요? 런던이 약간 힘들긴 해도 누군가 나를 돌본다는 사실을 알면 좋답니다.

치료자: 그런데 서로의 관계가 언제 나빠지기 시작했나요?

내담자: 대략 6개월 전부터였어요. 우리는 정말 가까웠어요, 그런데 그녀가 가버렸어요. 주말이면 저의 머리를 감겨주고 침대에서 안아주곤 했던 그녀가 갑자기 더 이상 이런 것들을 하고 싶어 하지 않았어요. 그녀는 너무 피곤해했고 더 이상 다른 것들을 하고 싶지 않다고 말했어요. 저는 그녀와 대화하려고 노력했지만 그녀는 부담이 된다고 말하

더군요. 제가 부담이 된다는 사실에 화가 났고 그녀가 더 이상 나를 보고 싶어 하지 않는다고 생각했죠. 저는 그녀에게 자주 소리쳤고 그녀 주변의 것들을 때려 부수면서라도 그녀의 관심을 끌려고 했어요. 하지만 그녀는 나에게 시간을 점점 쓰지 않았죠. 결국 저는 그녀와 함께 대화하는 것을 멈추었어요. 우리는 여전히 함께 살았지만 진짜 대화를 하지 않았어요. 그녀가 나와 대화하려고 할 때 저는 아무런 말도 안 했어요. 또 다른 다툼이 일어나는 것을 바라지 않았기 때문이었죠. 그러고 나서 지난 일요일에 저는 집으로 돌아왔고 그녀도 떠나갔어요. 그녀는 짐을 싸고 그녀의 엄마에게로 돌아갔죠. (내담자는 울기 시작했다) 저는 정말 그녀가 그리워요. 모든 것이 제 탓이에요. 제가 나쁜 행동을 했다고 생각하시죠?

치료자: 아니요. 전혀요.

내담자: 하지만 저는 나쁜 사람이죠? 저는 제 자신을 어떻게 다루어야 하는지 모르겠어요.

치료자: 저는 당신이 나쁜 사람이라고 생각하지 않아요. 관계는 어려울 수 있고 때때로 관계가 제대로 형성되지 않을 수도 있어요. 중요한 건 당신이 이런 감정적인 고통에 처했을 때 당신 스스로 도울 수 있는가에요.

내담자: 하지만 저는 어떻게 해야 하는지 몰라요!

치료자: 음, 제 딸은 최근에 남편과 헤어졌고 지역의 스포츠 클럽에 가입해 자신을 도울 방법을 찾았어요. 이것은 제 딸을 밖으로 나가게 했고 새로운 사람을 만나도록 했죠.

내담자: 당신은 내가 그것을 해야만 한다고 생각하나요?

치료자: 네, 맞아요.

역전이(주관적)

치료자는 그의 인생에서 중요한 인물에 대한 감정을 내담자에게 보내면서 자신의 전이를 드러낸다.

예를 들어, 한 내담자가 그녀의 아버지에게 반항했던 것과 같은 방식으로 치료에 반항하고 있는데 그러한 내담자를 다루는 치료자가 내담자의 아버지와 같은 모습으로 행동한다면 역전이를 경험할 수 있다. 왜냐하면 그것은 과거에 치료자가 자신의 딸과 맺었던 관계를 생각나게 하기 때문이다(반대 방향으로 향하는 전이)

치료에서 전이와 역전이의 활용

인간중심 치료

인간중심 치료 모델은 치료적 관계에서 나타날 수 있는 부정적인 영향을 최소화하기 위해 치료 장면에서 역전이를 인식할 수 있는 중요함을 강조한다.

Rogers(1951)는 다른 내담자의 태도를 이해하고 허용하도록 노력하는 방식으로 내담자중심 치료자가 내담자 전이를 이해하고 허용하도록 해야 한다고 말함.

유사하게, 치료자로서 자신 안에 생겨나는 역전이를 이해하고 이러한 역전이가 내담자에게 영향을 주지 않도록 하기 위해 치료자는 자신의 태도를 이해하는 것을 목표로 자기반영적 과정을 충분히 거쳐야 한다는 사실을 강조함.

치료자는 치료 초기부터 자기성찰, 슈퍼비전, 지속적인 전문적인 재교육 과정을 통해 역전이를 암시하는 모든 조짐들에 대해 주의 깊게 살펴보고 해결해 나갈 필요가 있다고 말함.

전이와 역전이의 영향을 최소화하기

치료자와 내담자 사이의 관계를 항상 전문적으로 유지함으로써 달성될 수 있다.

고정적인 회기 시간을 설정하기

회기를 넘어 개인적인 상호작용 제한하기

선물이나 팁 거절하기

전문가로서의 거리를 유지하기

그러나 치료적 관계에서 전이를 완전히 제거하는 것은 실제로는 불가능하다는 사실을 인식하고 있어야 한다.

심지어 Rogers도 Gloria와 유명한 대화에서 전이와 역전이가 발견되는 것에 대해 비난받았다. 내담자는 Rogers가 그녀의 아버지였으면 좋았겠다 얘기했고 그는 '당신은 내게 예쁘고 좋은 딸처럼 보인다'라고 응답했다.

이 상담 회기에서 드러난 이러한 측면들은 Rogers에 대한 악평으로 진행되었는데 왜냐하면 Rogers가 전이를 대처할 수 있는 능력이 없는 것처럼 보였기 때문임. 하지만 Thorne(1992)은 Rogers의 반응이 관계를 공고히 하고 내담자가 미래 담론을 열어가도록 격려하는 데 있어 중요했다고 주장함.

전이와 역전이는 치료자가 이러한 힘을 자각하고 치료 과정에서 이러한 태도의 잠재적인 영향을 줄이기 위해 노력할 필요가 있다는 틀 내에서 수용될 수 있다.

정신분석 치료

인간중심 접근 치료와 대조적으로 정신역동 접근은 내담자에 대한 이해를 증진시키기 위해 전이와 역전이를 적극적으로 활용한다.

전이가 대부분의 심리치료 분야에서 위험한 현상이라고 여겨지는 반면, 정신분석 치료에서는 내담자의 억압된 아동기의 경험을 탐색하기 위해서는 전이의 해석이 필수적이다(Little 2003). Freud와 Jung 모두 전이는 중요한 분석적 과정이며 전이의 탐색은 치료의 성공에서 중요한 요소라고 주장했다. 실제로, Jung은 Freud에게 전이는 '분석 방법의 알파이며 오메가'라고 말했으며 Freud는 Jung이 '중요한 핵심을 깨달았다'라고 평함(Jung, 1946).

전이는 정신역동 관계 안에서 발달되도록 허락된다.

- 전이는 치료자에게 내담자의 아동기 트라우마들에 대한 결정적인 정보를 제공함.
  - 예를 들어, 치료자에게 저항하는 내담자는 그녀의 아버지로부터의 감정을 전이하는 것일 수 있고 이는 이전 관계의 본질에 대한 중요한 정보를 제공해 줄 수 있다.
- 전이는 안전한 환경에서 감정에 작용함으로써 내담자에게 과거의 트라우마를 해결할 기회를 제공하고 그렇게 함으로써 외부 세계에서의 행동의 고리를 끊을 가능성이 있다.
  - 전이의 탐색과정은 내담자가 행동 양식을 깨달을 수 있도록 하고 해결되지 않은 갈등들을 다루며 치료자와의 관계를 향상시킴으로써 유아적 퇴행을 제거하도록 돕는다.
  - 예를 들어, 아버지와 관련된 분노 문제가 있는 내담자는 치료자에게 전이된 감정을 다룸으로써 해결할 수 있다 — 적어도 내담자는 실제 관계 속에서 일어나는 자신의 행동 양식에 대해 인식할 수 있고 악순환을 끊을 수도 있다.

요약

빈 스크린: 중립적 태도를 지키는 치료자는 본인의 내적 자아를 드러내지 않으므로 내담자는 그들의 욕구needs와 가치를 치료자에게 투사할 수 있음.

전이: 감정의 방향을 한 사람으로부터 다른 사람에게로 바꿈, 과거 경험에 근거한 관계의 양식을 보여줌; 긍정적 감정과 부정적 감정 모두 수반할 수 있음; 진짜 감정과 전이를 구별하는 것은 어려운 일임, 반대되는 증거와 현실의 왜곡에 의해 관찰될 수 있음.

역전이: 치료자가 겪는 전이; 객관적으로는 내담자로부터의 전이에 대한 반응과 관련, 주관적으로는 반대 방향의 전이와 관련됨.

전이와 역전이의 활용: 인간중심 치료는 전이를 인정하는 것에 초점을 맞추는 것이 치료적 관계를 방해하지 않는다고 여김; 정신분석 치료는 전이를 감지하여 과거의 트라우마에 관한 정보를 밝히고 과거의 문제를 해결하도록 돕는 것에 주력함.

정신분석 치료에서의 치료 기법

학습목표

이 섹션을 읽고 당신은 다음과 같은 것들을 할 수 있을 것이다:

- 고전적 정신분석 치료와 현대 정신분석 치료의 차이 이해
- 분석적 틀의 중요성에 대해 설명
- 치료에서 해석의 중요성과 위험에 대해 설명
- 치료에서 전이 분석의 적용에 대해 논의
- 치료에서 자유 연상 분석의 적용에 대해 논의
- 치료에서 꿈 분석의 적용에 대해 논의
- 치료에서 저항 분석의 적용에 대해 논의

고전적 정신분석 치료 대 현대 정신분석 치료

고전적 정신분석 치료

주로 '정신분석psychoanalysis'이라고 함.
치료자는 환자를 분석하여 신경증을 치료하는 전문가

현대 정신분석 치료

정신분석이라는 용어 대신, '정신역동 치료psychodynamic therapy' 혹은 보다 구체적인 용어(클라인식, 프로이트식, 단기 정신역동 등)를 사용함.
문제를 해결하기 위해 치료자는 내담자와 협력하여 작업함.

표 3.1 고전적 정신분석과 현대 정신분석

고전적 정신분석	현대 정신분석
내담자는 카우치에 눕고 치료자는 내담자가 볼 수 없는 장소에 앉음	내담자와 치료자가 마주보고 의자에 앉음
치료자는 내담자의 성격 구조를 재구성하기 위해 노력하며 내담자의 환상에 초점을 맞춤	치료자는 실제적 문제에 초점을 맞추고 구체적인 목적을 달성하려 노력함
치료자는 매주 여러 번 내담자를 만나는데 치료 과정이 여러 해로 이어질 수도 있음	치료자는 내담자를 일주일에 한 번 만나는데 치료는 1–20회기로 비교적 짧음
치료자는 가능한 한 말을 하지 않음	치료자가 자주 말하며 치료 과정에서 능동적인 역할을 하기도 함
치료자는 자기–개방을 하지 않음	치료자가 어느 정도 자기 개방을 할 수도 있음
치료자는 위안, 지지, 공감을 최소로 표현	치료자는 치료의 목표(예를 들어, 전이 분석)와 상충되지 않는 한 인간중심 치료의 핵심 조건(공감, 무조건적 긍정적 수용, 진실성)을 유지하려고 함

분석적 틀

치료적 관계의 규칙

분석적 틀은 치료적 관계의 기본적인 규칙을 의미한다.

- 매주 특정 시각에, 특정 시간 동안의 회기
- 상담비 협상금지
- 각 회기는 지난 회기의 반영, 현재 상태 논의, 현재 회기 반영, 다음 회기 확인, 비용지불로 구성됨.

분석적 틀은 구조적이며 고정된 형태를 지녀야 한다.

- 부모와 자녀 간의 선호하는 관계형식을 모방함.

분석적 틀을 유지하는 것의 의미

- 치료자는 틀을 유지하기 위해 노력해야 한다.
  - 상담일정 이 외에는 밖에서 만나지 말아야 함.
  - 상담을 무료로 진행하거나 상담비를 할인해 주어서는 안 됨.

개인적으로 연락을 주고받아서는 안 됨.

틀을 엄격히 준수함으로써 다양한 이익을 얻을 수 있다.

(단순한 사담을 주고받는 것이 아닌) 전문적인 관계를 유지할 수 있음.

상담 중의 관계는 부모–자녀 간의 관계방식을 모방하게 되며 이로써 전이가 드러날 수 있음.

내담자가 구조화의 가치를 이해할 수 있도록 도움.

치료 시작과 종결의 중요성

치료의 시작은 많은 의미를 담고 있다.

초기 면담에서 드러나는 감정들을 탐색할 수 있음.

치료의 종결은 무엇보다도 내담자에게 가장 도움이 된다.

(중요한) 치료적 관계를 중단하는 것은 애착, 사별, 통제의 이슈를 가진 내담자들에게는 긍정적인 발전으로 작용할 수 있음.

틀 위반

틀 위반에 대해 지속적으로 주의를 기울이기

과거의 감정을 탐색하는 것보다 지금 여기에서의 진짜 감정을 다루는 것이 항상 더 용이하다.

무슨 일이 발생하든, 그것을 다루라.

치료 관계에서의 규칙을 준수하지 않는 내담자의 모습은 중요한 것을 발견할 수 있게 해준다.

내담자는 반복적으로 치료자에게 함께 술을 마시자고 제안하거나 회기에 작은 선물들을 가지고 올 수 있음.

내담자는 여타 인간관계에서의 의존성을 드러내 보이고 있는 것이고 이는 해당 회기 바로 그 자리에서 탐색해 볼 수 있음.

치료자가 만든 협의적 규칙을 위반할 수밖에 없게 된 내담자의 반응은 중요한 사실을 발견할 수 있게 해준다.

한 회기를 취소해야만 하는 치료자(매주 만나는 것에 대한 합의된 규칙을 위반)는 내담자가 그 다음 회기를 취소하거나 그 다음 회기에서 적극적으로 대화에 임하지 않는 것처럼 보인다는 사실을 발견함.

내담자는 빠진 회기에 대해 화가 난 것이고 이것을 바로(지금–여기) 그 자리에서 탐색하는 것은 내적 상태에 대한 접근을 가능하게 함.

'안아주기'의 개념

Winnicott(1949)은 '충분히 좋은good enough'엄마의 행동으로써 '안아주기'의 개념을 주장했다.

평범한(충분히 좋은) 엄마는 안전한 환경(안아주기)을 만듦으로써 그녀의 아이에게 사랑의 보살핌을 제공할 것임.

안아주기 환경은 말 그대로 유아를 안아주거나 은유적으로 유아를 보호하고 먹이고 씻기고 만지고 쓰다듬으면서 만들어짐.

안아주기 환경에서 유아는 안전감을 느끼고 이러한 안전감은 아이로 하여금 두려움 없이 더 넓은 세상을 탐색하도록 함.

Winnicott(1986)은 엄마와 아이 사이의 초기 관계에 상응하는 것을 심리치료에서 추구해야 한다고 주장했다.

치료자는 내담자가 탐색을 시작할 수 있는 안전하고 이해해주는 환경을 제공함으로써 내담자를 '안아주'려 노력해야 함(말 그대로가 아니라 은유임!)

안전한 치료적 환경 안에서 내담자는 진정한 자아를 탐색할 수 있게 됨. 이 때 치료자는 회기 안에서 감정의 표출을 수용하고 제한함.

분석적 틀은 내담자를 위해 이러한 '안아주기' 환경을 제공함.

치료에서의 해석

치료자는 의미를 설명해 줌

의미

전이

자유연상

꿈

저항

이러한 각 영역에서의 더 상세한 해석을 위해 다음의 부분을 보라.

내담자는 해석을 통해 나타나는 정보에 동화될 수 있다.

자아는 안전한 치료적 환경에서 나타나기 때문에 이러한 정보를 받아들일 수 있음.

Winnicott은 '분석 치료에서 정확하고 적절한 시기의 해석은 진실한 안아주기 또는 받아주기에서 일어나는 것보다... 더 진실한 신체적 감각을 준다'고 주장함(Casement, 1990).

해석은 시기적으로 신중해야만 함.

내담자에게 해석에 대해 바로 알려주지 않고 해석에 대한 정보를 내담자 스스로 발견할 수 있도록 도와야 함.

내담자에게 너무 이르게 전달된다면 내담자는 해석을 받아들이기 어려울 것임(자아 방어기제).

해석의 위험

허위 기억 신드롬

일어나지 않은 것에 대한 기억

종종 학대와 같은 외상적인 것들

사람들은 상상한 사건을 실제 사건으로 잘못 귀인할 수 있다(정신적 상상, 사고, 꿈 등).

어떤 행동에 대해 상상하고 실제 어떤 행동(물건을 들거나 머리를 빗질하는 것 등)을 한 참가자들은 실제 행동이라기보다 상상 행동을 실제로 했다고 기억하는 경향이 있음(Goff & Roediger, 1998).

잘못된 암시를 줄 수 있는 질문이나 설명은 실제 사건에 대한 기억에 영향을 줄 수 있다(Lofus, 1979).

회복된 잘못된 기억

제안, 해석과 질문들은 내담자에게 허위 기억들을 심을 수 있다(특히 최면요법을 사용할 때)(Lofus, 1979).

내담자는 부정확한 해석을 받아들일 수 있다.

만약 치료자가 학대라는 외상을 확인하고 억압된 외상의 증거로 내담자의 행동을 해석하면 내담자는 학대의 잘못된 기억을 형성하기 시작할 수 있음.

비록 내담자가 억압된 기억을 회복한다 하더라도 그들이 만들어낸 새로운 기억들이 더 현실적으로 보일 수 있음.

허위 기억은 과도할 정도로 (더) 현실적일 수 있음.

많은 사람들이 그들이 저지르지 않은 범죄로 기소당하며 이로 인해 가족들이 분열되고 관계가 파괴됨.

Katrina Fairlie는 2003년 그녀의 아버지를 아동 성적 학대로 고발함(Fairlie, 2010).

Fiarlie는 복부 통증으로 병원에 실려 갔고 육체적인 원인을 알 수 없을 때 정신과 의사에게 문의함(나중에 증거를 통해 병원에서는 만성 담낭염 때문에 생긴 그녀의 부푼 담낭을 감지하지 못했음이 드러남).

광범위하게 회복된 기억 치료를 통해 그녀 아버지와 17명의 다른 남자들 손에 의해 그녀와 다른 아동들의 성적 학대가 계속된 것을 포함하는 학대 내용을 밝힘(심지어 그녀의 아버지가 6살 소녀를 철봉으로 죽이기 위해 때리는 것을 회상함).

고발로 인해 가정이 파괴되고 아버지는 실직함(Military Police, 헌병).

후속 조사를 통해 이러한 주장을 지지할 증거가 없음이 명백히 밝혀지고 Fairlie는 이후 모든 고발을 취소함.

Fairlie는 그녀의 회복된 기억이 실제로는 치료자에 의해 허위 기억이 심겨진 것이라고 주장하였고 그녀는 성공적으로 국민 의료 보험에 2만불을 청구, 보상받음.

이 사례의 경우 긍정적 결과가 있으나(Mr. Fairlie는 거짓 고발의 결과로 형사 소송 절차를 받지 않음) 많은 다른 사례는 덜 긍정적임.

치료자를 위한 권고사항

Brandon 보고서(Brandon 등, 1997)는 영국 왕실 대학의 정신과 의사들이 제안한 훈련, 치료, 연구를 수행할 때의 권고사항을 담고 있다.

회복된 기억recovery memory이 정확하며 틀리지 않았다는 것을 지지하는 증거가 없으므로 정신과 의사들은 기억을 복원하는 치료 기법을 사용하지 말 것을 권장함.

'경험적 증거들은 기억 강화 기술이 실제로 기억을 강화한다는 주장을 지지하지 않는다. 오히려 이 기법은 환자를 설득persuation하는 강력하고 위험한 방법이라는 주장을 지지한다. 기억의 왜곡과 가공elaboration을 통해 완전히 새롭지만 틀린 기억이 실험 과정에서 뿐만 아니라 임상 현장에서도 생성될 수 있음을 보여주는 수많은 증거가 있다. 또한 연구에 의하면, 이는 약물 반응, 최면, 연령퇴행age regression, 꿈 해석, 심상 작업 imagistic work, "느끼기 작업", 미술 치료, 생존자 집단에서 나타날 수 있다고 한다. 치료자와 환자 양쪽 모두 혹은 어느 한쪽의 기대, 안내된 읽기guided reading, 특정 기법과 생존자 집단 참여는 기존의 기억을 왜곡하거나 완전히 새로운 기억을 심어줄 수 있다. 아동 성폭력의 유병률에서 아주 소수만이 기억을 억압하며 그 중 일부만이 이후에 기억을 되찾는다는 점을 보았을 때 기억이 회복되었다고 말할 수 있으려면 이를 뒷받침하는 여러 증거사례가 있어야 한다. 그런데 그런 사례는 없다... 외부 확증 이외에 진짜 기억과 가짜 기억을 구별해내는 신뢰할 수 있을 만한 방법은 없다... 회복된 기억의 참과 거짓을 밝혀내는 데에는 외부 증거보다 나은 수단이 없다... 만약 거짓된 기억으로 인한 법적 고소가 잘못된 것으로 드러나게 되었을 때 그 가족에 발생하는 손상은 엄청나다. 어릴 적 주기적으로 학대당했다고 오진되는 환자들은 종종 정신건강상의 문제를 경험하게 된다. 거짓된 기억에 대한 잘못된 신념에 사로잡히게 될 경우 이후에 정신적 고통을 겪게 될 가능성이 매우 클 수 있다.'(일어나지 않은 일을 일어났다고 강하게 확신하는 false memory syndrom에 관한 논문)

전이 분석

전 이

전이 관계는 정신분석의 초석으로 분류될 수 있다.

치료적 장면에서 내담자가 그들의 삶에서 중요한 사람에 대한 감정을 치료자에게 돌릴 때

전이가 발생한다.

전이는 아동기 시절의 중요한 인물(아버지와 같은)로부터 현재 인물(치료자와 같은)로의 무의식적인 감정의 이동을 나타낸다.

예를 들어, 내담자는 그녀가 치료자와 소통할 때 그녀의 아버지가 생각나서 그녀의 아버지에 대한 과거의 사랑과 반항을 치료자에게 이전함.

전이의 분석

전이는 정신분석 치료에서 장려되고 지지된다.

전이가 대부분의 심리치료 분야에서는 위험한 현상이라고 여겨지는 반면, 정신분석 치료에서는 내담자의 억압된 아동기의 경험을 탐색하기 위해 전이의 해석은 필수적이다(Little, 2003).

전이는 정신역동 관계 안에서 발달되도록 허락된다.

전이는 치료자에게 내담자의 아동기 트라우마들에 대한 결정적인 정보를 제공함.

예를 들어, 치료자에게 저항하는 내담자는 그녀의 아버지로부터의 감정을 전이하는 것일 수 있고 이는 과거 관계의 본질에 대한 중요한 정보를 제공해 줄 수 있다.

전이는 안전한 환경에서 감정에 작용함으로써 내담자에게 과거의 트라우마를 해결할 기회를 제공하고 그렇게 함으로써 외부 세계에서의 행동의 고리를 끊을 가능성을 제공해준다.

전이의 탐색과정은 내담자가 행동 양식을 깨달을 수 있도록 하고 해결되지 않은 갈등들을 다루며 치료자와의 관계를 향상시킴으로써 유아적 퇴행을 제거하도록 돕는다.

예를 들어, 아버지와 관련된 분노 문제가 있는 내담자는 치료자에게 전이된 감정을 다룸으로써 해결할 수 있다 — 적어도 내담자는 그녀의 실제 관계에서의 행동 양식에 대해 인식할 수 있게 되고 악순환을 끊을 수도 있다.

자유 연상 분석

자유롭게 말하기

치료자는 내담자에게 치료 과정에서 어떤 자기 검열도 거치지 말고 무엇이든 떠오르는 대로 말하게 한다.

말하려는 내용이 바보같거나, 비논리적이거나, 어리석거나, 충격적이거나, 사소하거나에 관계 없이 자유롭게 말한다는 것은 내담자가 치료자와 생각을 온전히 공유할 수 있음을 뜻한다.

자유롭게 말하기는 프로이드식 말실수나 말 막힘 현상을 드러낸다.

프로이드식 말실수

자기 검열 없이 자유롭게 표현하다보면 종종 말실수freudian sliip를 하게 된다.

이런 말실수는 내담자가 억압해놓은 깊은 감정을 드러내는 것일 수 있다.

프로이드식 말실수는 무의식에 있는 갈등 양상의 단초를 제공한다.

말 막힘

내담자가 말하지 못한 것은 억압된 외상의 영역에 대해 알려주는 것일 수 있다.

내담자는 아무 것이든 말할 수 있으므로, 특정 감정을 드러내는 어떤 주제나 문제에 대해 논의하는 것을 거부한다는 것은 강한 억압이 있음을 나타내는 것일 수 있다.

말 막힘block은 무의식에 있는 갈등 양상의 단초를 제공한다.

제 3의 귀로 듣기

내담자가 언급한, 겉으로 보기에 별 것 아닌 생각에 대한 해석이 도리어 무의식에 있는 진실을 드러낼 수도 있다.

말 속에 감추어진 의미를 해석하여 무의식에 귀 기울이는 것을 '제 3의 귀로 듣기'라고 한다(Reik, 1948).

치료자는 내담자가 한 말의 표면적 의미와 감추어진 의미를 이해하려 해야 함.

치료자는 프로이드식 말실수와 말 막힘을 해석함.

자유 연상 활동

치료자는 몇 가지 단어들을 말하고 내담자는 그 단어에 대해 처음 떠오르는 반응을 표현한다.

예를 들어, 나무, 말, 탁자, 사랑, 일, 책, 아버지, 선반, 신문

종종 내담자의 개인사 중 중요한 부분과 관련된 핵심 단어는 여러 단어(예를 들어, 아버지)들로 통합되어 있다.

내담자는 자기 검열을 할 여유가 없으므로 단어에 대한 반응은 내담자의 무의식에 대해 많은 것을 알려줄 수 있음.

예를 들어, 아버지에 대한 분노를 억압하는 내담자는 '아버지'라는 단어에 대해 '분노'라는 말로 반응할 수 있으며 이는 내담자의 억압된 감정을 드러내는 것일 수 있다.

자유 연상 활동은 정신분석과 연관된 것이라는 고정관념이 있다.

그러나 현대 심리치료psychotherapy에서 자유 연상은 매우 드물게 쓰인다.

대신 치료자들은 내담자들이 말하는 과정에서의 자연스러운 자유 연상에 귀 기울인다.

꿈 분석(Dream analysis)

왕도(Royal road)

Freud(1900)는 '꿈의 해석은 내면의 무의식 세계를 이해하는 왕도이다'라고 말했다.

수면 중에는 방어수준이 낮기 때문에 자아가 억압된 외상경험을 숨기기가 훨씬 어렵다.

꿈 분석은 숨겨진 갈등, 두려움, 감정, 욕구들을 드러낸다.

잠재와 발현(Latent and Manifest)

수면 중에 방어수준이 낮다 하더라도, 자아는 개인을 보호하기 위해 여전히 활동을 하고 있다.

수용하기 어려운 외상기억과 감정은 종종 수용 가능한 형태로 변형되기도 한다.

억압된 갈등, 두려움, 감정, 욕구는 무의식을 뚫고 나올 수 있지만, 위장하거나 상징적인 형태로 나타난다.

발현몽

꿈 꾼 사람이 경험한 그 자체로서의 꿈 내용

잠재몽

상징의 형태 속에 숨겨진 내용

정신분석을 통해 해석이 가능함.

발현몽을 통해 잠재몽의 의미를 밝혀낼 수 있다(Manifest content can reveal latent content)

치료자들은 꿈을 해석하기 위해 노력한다.

꿈 해석 작업은 꿈의 드러난 내용을 고려하기, 꿈의 다른 부분이 의미할 수 있는 가능성에 대해 제안하기, 내담자의 반응을 관찰하기, 저항 탐색하기, 꿈의 경험에 대해 논의하기 등의 방식을 통해 이루어진다.

해석은 각 내담자마다 서로 다르다.

꿈의 의미에 대해 말하는 책들조차도 정확하다고 볼 수 없는데 이는 꿈의 의미가 개인마다 독특하고 고유하며 종합적인 분석을 통해서만 접근이 가능하기 때문이다.

예를 들어, 잃어버린 반지를 찾는 꿈은 다음과 같이 해석될 수 있다.

아버지에 대한 감정이 중의적인 물건(반지)으로 대체되어 나타났다.

'잃어버림'의 추상적인 감정이 시각적인 형태(찾기)로 나타났다.

수용하기 어려운 분노와 슬픔의 감정이 꿈을 통해 상징화되어 나타났다(반지 찾기).

해석적 위험

다음의 꿈들을 생각해보고 상상력을 발휘하여 이 꿈들에 숨어있는 두 가지 가능한 해석을 적어보라.

꿈을 꾼 사람은 3개월 전에 실직한 이후로 우울증을 앓고 있는 30살 여성임. 그녀는 미혼모인 어머니에게 양육 받은 행복한 어린 시절에 대해 묘사한 적이 있음.

> '나는 숲 속을 걷고 있었고 날은 점점 어두워지고 있었어요. 나는 내가 길을 잃을지도 모르고 이 숲 속을 다시는 빠져나갈 수 없을지도 모른다는 두려움을 느꼈어요. 그리고 만약 이대로 엄마를 다시 보지 못한다면 엄마가 어떻게 될까 걱정을 했어요. 바람이 불지는 않았지만 나뭇가지들이 움직이는 것처럼 보였고 나뭇잎들이 나를 향해 떨어졌어요. 나는 무력감을 느꼈어요. 나뭇잎 밑에 깔린 채 다시는 자유로워질 수 없을 것 같다는 생각을 했어요. 그 때 저 멀리서 늑대 울음소리가 들렸고 밤이 깊었다는 것을 알아챘죠. 너무 무서워 늑대가 나를 찾기 전에 얼른 도망쳐야겠다 싶었죠. 그 때 나는 놀라면서 잠에서 깼고 두려움에 온몸을 떨었어요.'

꿈을 꾼 사람은 3개월 전에 실직한 이후로 우울증을 앓고 있는 30살 여성임. 그녀는 약물 중독인 아버지에게 양육 받은 불행한 어린 시절에 대해 묘사한 적이 있음.

> "나는 숲 속을 걷고 있었고 날은 점점 어두워지고 있었어요. 나는 내가 길을 잃을지도 모르고 이 숲 속을 다시는 빠져나갈 수 없을지도 모른다는 두려움을 느꼈어요. 그리고 만약 이대로 엄마를 다시 보지 못한다면 엄마가 어떻게 될까 걱정을 했어요. 바람이 불지는 않았지만 나뭇가지들이 움직이는 것처럼 보였고 나뭇잎들이 나를 향해 떨어졌어요. 나는 무력감을 느꼈어요. 나뭇잎 밑에 깔린 채 다시는 자유로워질 수 없을 것 같다는 생각을 했어요. 그 때 저 멀리서 늑대 울음소리가 들렸고 밤이 깊었다는 것을 알아챘죠. 너무 무서워 늑대가 나를 찾기 전에 얼른 도망쳐야겠다 싶었죠. 그 때 나는 놀라면서 잠에서 깼고 두려움에 온몸을 떨었어요.'

이미 눈치 챘듯이 두 꿈은 동일한 꿈. 하지만 각 꿈에서 나타난 명백한 내용들이 다르게 해석되어질 수 있음을 느꼈는가? 아마도 첫 번째 꿈은 직장을 잃은 상실에 대한 느낌을 나타내는 것으로 보일 수 있고 두 번째 꿈은 억압된 학대의 외상기억을 나타내는 것으로 보이지 않는가?

이러한 예들은 꿈 해석의 개별특성을 돋보이게 한다. 또한 이것은 치료자가 내담자의 과거력에 근거하여 입증되지 않은 결론을 내리기 얼마나 쉬운지를 설명한다. 이것은 첫 번째 내담자가 가족의 친구로부터 학대를 받은 사례가 될 수도 있지만 치료자는 이 사람의 존재는 알지 못한다. 두 번째 내담자의 경우, 내담자가 어린 시절의 외상으로부터는 괜찮아졌지만 최근 실직으로 인해 압도감을 느끼는 사례가 될 수도 있다. 항상 어떠한 최종적인 해석의 결론을 도출하는 것은 어려운 것이기 때문에 내담자와 함께 과정 전반에 걸쳐 완전히 협력하는 것이 중요하다.

저항 분석

방어기제

저항은 효과적인 방어기제로서 작동한다.

몇 가지 기억들, 사고와 감정들은 받아들이기에는 너무 충격이 심해 의식으로 들어가기에는 위협적인 경험들로부터 자아를 보호하기 위해 저항이 일어남.

억압과 같은 자아 방어기제와 유사함(Freud, 1936).

저항은 치료적 과정을 방해할 수 있다.

치료 과정에 저항함으로써 극단적인 고통 또는 불안을 회피함.

치료의 목적이 종종 구조적으로 억압된 외상을 다루기 위한 것일 경우, 이러한 억압된 외상들을 드러내기도 한다. 이 경우, 저항은 내담자가 일반적으로 드러내기 힘든 것들을 직면하는 것을 회피하기 위해 내담자의 무의식에서 나타난다.

내담자는 치료적 과정에 저항하기 위해 다양한 방법을 사용한다.

특정한 주제에 대해 대화하는 것을 거절함.

진짜 감정을 숨기기 위해 유머나 비꼬는 말을 사용함.

중요한 주제에 대해 경솔한 태도를 취함.

어려운 영역으로부터 주제를 바꾸려고 함.

저항 분석

저항 분석을 통해 억압된 외상을 드러낼 수 있다.

예를 들면, 학교에 대한 이야기를 거부하고 '혼자 지내는 사람'에 대한 농담을 하는 내담자라면 친구에 관한 어떤 것을 요청받았을 때 저항이 나타날 수 있고 이어진 분석에서 어린 시절의 따돌림에 대한 외상이 나타날 수 있다.

만약 저항이 극복되면, 억압된 외상이 언급될 수 있다.

예를 들면, 내담자는 자신의 감정을 탐색하기 시작할 수 있고 한 사건과 관련된 항문기적 감정의 표현을 경험하기 시작할 수 있다. — 통찰은 또한 내담자의 이해를 도울 수 있다. 통찰은 내담자가 특정한 방법으로 반응하는 이유와 도움이 되지 않는 순환적인 방법에서 벗어나 자신의 행동을 수정하도록 도울 수 있다.

하지만 치료자는 모든 저항을 부정적으로만 보고 제안해서는 안 된다.

저항은 사실 우리의 부서지기 쉬운 의식의 감정적 상태를 보호하기 위한 효과적인 방어기제인 것을 기억하라 — 치료적 과정에서 숨기려고 할 때 부정적인 것임.

요약

전통적 정신분석 치료: 정신분석; 내담자는 쇼파에서, 치료자는 보이지 않는 곳에 자리잡음 성격과 공상에 집중함, 많은 회기, 자기노출 혹은 동정 없이 침묵을 지키는 치료자

현대 정신역동 치료: 모두 의자에서, 실제적인 관심, 아마도 간단한, 상호적인, 핵심 조건에 집중함.

분석적 틀: 관계의 규칙은 수정되고 구조화 되어야 함. 부모 관계를 모방, 초기와 종결은 중요함; 관계단절은 내담자에게 통찰력을 제공함; 좋은 어머니의 행동으로서 '안아주기' 개념, 치료자는 내담자 '안아주기'를 통해 엄마-자녀 관계를 모방해야 함.

해석: 치료자는 내담자가 한 표현의 의미를 설명함, 폭로는 조심스럽게 측정되어야 함; 허위기억 증후군의 위험, Katrina Fairlie 사례, Brandon 보고서는 회복된 기억 기술에 대해 주의할 것을 권고함.

전이 분석: 과거 중요한 인물에 대한 감정을 치료자에게 전이함; 치료를 촉진시킴. 과거 관계에 대한 정보를 밝힐 수 있음, 억압된 감정에 조취를 취함으로써 과거 외상을 해결할 기회를 제공함.

자유연상 분석: 치료에서의 말의 자유, 자기검열 없음; 프로이트식 말실수와 말 막힘은 깊은 감정을 드러낼 수 있음; 해석은 제 3의 귀로 듣는 것을 포함함; 자유연상 활동은 현대 치료에서는 잘 수행되지 않음, 대신에 치료자는 모든 말하는 내용에 귀를 기울여야 함.

꿈 분석: 무의식을 이해하는 데 있어 지름길; 정신분석을 통해 발현몽(실제)과 잠재몽(숨은)을 해석

저항 분석: 방어기제, 자아보호에 도움이 됨, 외상을 숨김으로써 치료를 방해할 수 있음; 저항분석은 억압된 외상과 감정을 밝힐 수 있음; 억압된 외상을 다룰 수 있음(모든 저항이 부정적인 것은 아님)

정신분석 치료에서 사례 연구 입증하기

학습목표

이 섹션을 읽고 당신은 다음과 같은 것을 할 수 있을 것이다:

- 치료환경에서 정신역동 접근을 통해 정신분석 치료의 적용을 이해

상담 예시: 녹음된 실제 사례 보기

이 장은 시청 가능한 녹음 치료 회기가 포함되어 있다. 이 회기는 50분 동안 이루어진 치료적 관계를 형성하는 초기 회기이다. 회기가 시작되기 이전에 내담자는 초기 평가 설문지를 작성하고 치료자는 설문지를 읽고 사례를 대략 파악할 수 있다. 이 평가지와 녹음된 회기의 축어록이 제공되고 있다.

이 회기에서는 배우가 등장하지 않는다. 내담자는 이 책의 저자 중 한 명이며 실제 문제를 다루었다. 치료자는 이 영역의 숙련된 실무자이다. 이 녹음된 회기에서 '허위'는 단지 내담자가 진심으로 치료를 찾아온 것이 아니라는 것과 이 회기가 실제로는 첫 번째 회기가 아니라는 것 뿐이다. 회기가 마무리 된 이후에 치료자는 몇 가지 핵심 질문을 받았다. 이 질문과 답은 10분을 넘지 않았다. 이 때의 축어록 또한 제공되고 있다.

필 토마스의 사례: 개인사와 증상

필 토마스는 스트레스와 불안으로 몇 달 동안 고통 받고 있다. 그는 최근에 사소한 생활 속 사건들을 경험했고 그 사건들은 그의 정신적 안녕감에 큰 영향을 끼쳤다. 그는 특히 자신의 미루는 경향에 대해 불안을 느끼며 그것이 전반적인 스트레스 감정의 원인이라고 믿는다. 그는 이전에 치료를 받은 경험이 있으며(정신분석 치료가 아니라 인간중심 치료를 받음) 앞으로 나올 수 있는 치료의 결과에 대해서는 긍정적이다. 그는 미루는 행동을 감소시키기 위해서 자신의 행동을 이해하고자 한다.

치료 회기: 분석

치료 회기는 아래와 같이 나눌 수 있음.

도 입

부드러운 태도로 내담자를 대하면서 회기 시작하기

이전의 치료경험에 대한 내담자의 생각을 들으면서 치료에 대해 가질 수 있는 기대나 믿음 구축하기

정신분석 치료의 성격에 대한 내담자의 질문에 답해주기

치료 계약과 관련한 세부사항(특히 비밀유지의 한계나 치료 회기의 성격)에 대해 개략적으로 설명하기(치료 시간, 횟수 등)

이야기

치료자는 내담자로 하여금 자신의 이야기를 하도록 요청함. 이 부분이 치료의 가장 큰 부분을 형성

필요한 이야기를 하는 것이 아니라 감정과 내적 경험에 초점을 맞춤.

목 표

치료 목표는 한 번 정해서 끝까지 가는 것이 아니라 치료 과정을 거치면서 주기적으로 탐색하고 수정함.

현재 내담자의 상태와 이상적인 내담자의 모습과 관련하여 목표를 탐색

종 결

치료를 종결하기 전에 미리 내담자에게 알려줌.

치료 과정을 어떻게 경험했는지 되짚어봄.

미래에 다시 치료를 받으러 와도 됨을 알림.

본 치료 회기와 관련한 핵심 고려 사항

정신역동 관점에서 어떻게 내담자를 이해할 수 있을까?

- 내담자의 생각과 행동을 통제하는 것으로 보이는 무의식적 욕구drives가 있는가?
- 원초아, 자아, 초자아가 갈등에 있다는 것이 확실한가?
- 드러난 자아 방어기제가 있는가?
- 내담자가 특정한 심리성적 혹은 심리사회적 발달 단계에 머물러 있는가?

정신분석 치료를 할 때 어떤 치료적 관계를 맺고 있는가?

- 치료자는 '빈 스크린'의 역할을 다하고 있는가?
- 전이, 역전이가 드러나는가?

어떤 정신분석 기법을 사용하였는가?

- 치료자는 고전적 정신분석 치료를 사용하고 있는가, 현대 정신분석 치료를 사용하고 있는가?
- 치료자는 내담자의 행동, 생각, 감정을 직면direct 혹은 해석하고 있는가?
- 치료자는 전이, 저항, 방어 기제, 자유 연상, 꿈을 분석하고 있는가?

내담자의 개인적 경험

회기가 시작될 때만 해도 나는 촬영에서 내담자 역할을 맡는 것에 대한 두려움(또는 부담감)이 많았었습니다. 그러나 치료사 역할을 맡은 Tina가 회기 동안 어떤 주제를 다뤘으면 하는지에 대한 개요를 제시하고 이에 대해 연상하고 떠오르는 것을 자유로이 이야기 하도록 '허락'해주면서 이러한 감정은 곧 가라앉았습니다. 그녀는 나의 '관계'에 대한 그녀의 관심 — 나의 초기 관계, 현재 관계(지금 이 치료사-내담자 관계를 포함하여), 그리고 나 자신과의 관계에 대하여 — 을 명확히 드러내 주었습니다

그리고 회기가 진행됨에 따라 점점 더 편안해지고 덜 불안한 분위기 속에서 치료사와 일정한 유대를 형성할 수 있었습니다. 우선 나의 다른 사람들을 실망시키고 싶어하지 않는 욕구가 어떻게 치료적 관계에 영향을 미칠 것인가에 대해 함께 이야기 해 둘 필요가 있었습니다. 나는 알아차리고 있어야 할 것이 무엇인지에 대해 그녀가 말해주는 방식이 특별히 마음에 들었습니다(예를 들면 회기 초반에 감정이 고착된 부분에 대해 이후에는 생각의 흐름이 자꾸 끊어지는 것에 대하여). 회기 동안 나는 어떠한 생각에도 구애 받지 않고 내가 원하는 대로 아무 것이나 말할 수 있었다는 것에서 굉장한 자유를 느꼈습니다. 혹 내가 너무 조심스러워 했거나 방어적인 태도를 취하였는지는 잘 모르겠습니다. 현재의 내 생각과 감정들을 나의 초기 경험과 연관시켜 볼 수 있겠냐는 흥미로운 질문에 나는 자연스레 떠오른 처음 중학교에 갔던 날 경험에 대해서 스스럼 없이 이야기 할 수 있었습니다(자유 연상 기법).

비록 내가 종종 화제를 이리저리 옮기기는 하였지만 회기 자체는 특정한 방향을 지니고 있었던 것 같습니다. 나는 Tina가 내 생각의 내용을 따라오면서 내 생각을 이해하고자 하고, 인정하며, 알아차리고, 적절하게 생각의 방향을 잡아주고 있었다는 것을 느꼈습니다. 이러한 방향성에도 불구하고 나는 회기 내내 회기 전반의 주도권을 잡고 있는 것은 나 자신이라는 느낌을 받았습니다. 한 예로 내가 중학교에 간 첫날 경험에 대하여 20여 분쯤 말을 이어나간 후에야 그녀는 다시금 6주 전(현재 불안 증상의 시작점)에 어떤 일이 있었는지에 대한 이야기로 초점을 돌려 주었습니다. 이는 나로 하여금 가치감을 가지는 중요성을 깨닫게 해주었습니다.

나는 또한 Tina가 내가 제시하는 이미지(투명 망토)를 가지고 그로부터 새로운 의미를 찾을 수 있

도록 해주는 방식도 마음에 들었습니다. 거기서 나는 이 세션에서 가장 중요한 부분이었던 실수로부터 배우고자 하는 것과 완벽을 추구하고자 하는 욕구 사이의 괴리가 내 안에 있었음을 발견할 수 있었습니다. 이는 다음 회기에서 다시금 다루어야 할 부분일 것입니다.
물론 전이에 대한 가능성을 배제할 수는 없겠지만 나는 전반적으로 Tina와의 관계가 가까워졌다고 느낍니다. 이 관계는 매우 편안하였지만 한편으로 도전적이기도 하였습니다. 이 관계 속에서 나는 Tina가 나를 지지해주고 경청해주고 이해해주었다는 느낌을 받았습니다. 나는 특히 Tina가 이 과정 속에서 깊이 관여하여 새로운 해석을 제시해주고 알아차리게 해주는 것 인도해주고 상냥하게 방향을 제시해 주는 것이 좋았습니다. 이 경험으로 나는 많은 것을 경험하고 느꼈습니다. 앞으로 또 Tina와 함께 작업하는 기회를 가질 수 있으면 좋겠습니다.

—Phil Thomas

Chapter 04

행동주의적 접근법과 행동 치료

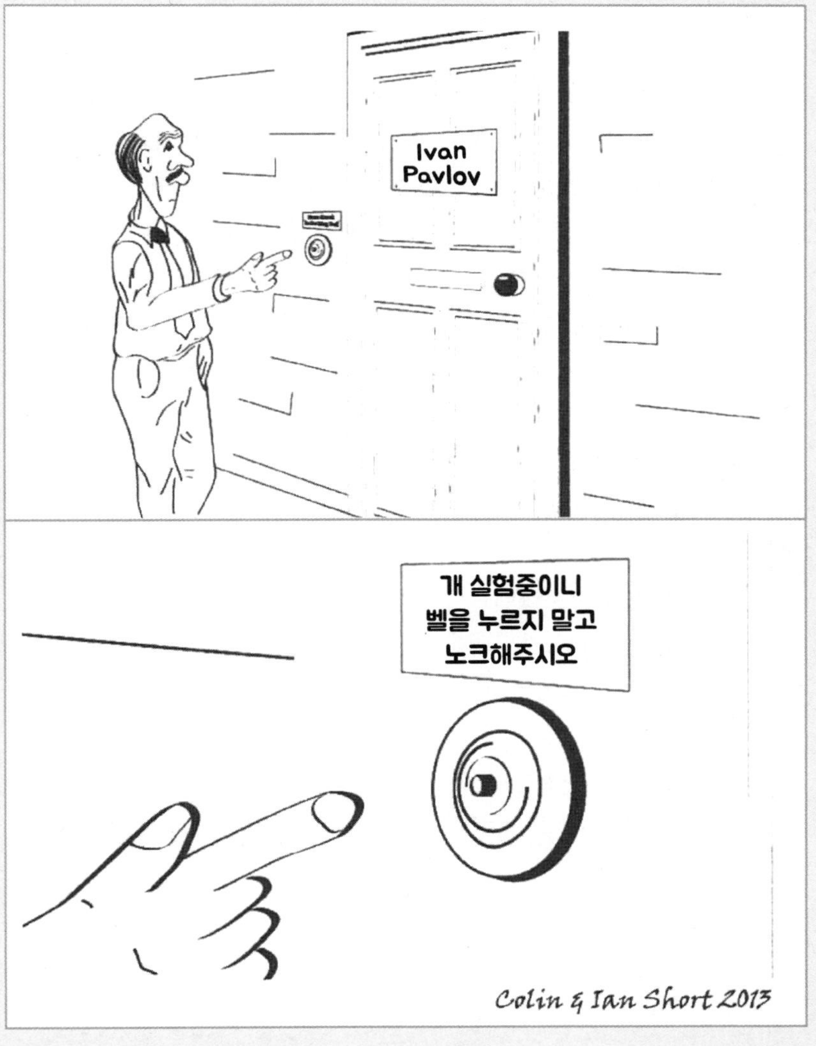

CHAPTER 04 Contents

- 행동주의적 접근법과 행동 치료 소개
- 행동주의적 접근의 발전
  - 심리학의 제 1 세력
  - 행동주의적 접근의 주요 발전
  - 행동주의적 접근의 주요 인물
- Ivan Pavlov, John Broadus Watson, Burrhus Frederic Skinner의 개인적, 학자적 전기
  - Ivan Pavlov의 전기
  - 주요 어록
  - John Broadus Watson의 전기
  - 주요 어록
  - Burrhus Frederic Skinner의 전기
  - 주요 어록
- 인간 본성과 성격에 관한 행동주의적 이론
  - 고전적 조건 형성: 자극 - 반응 모델
  - 조작적 조건 형성: 선행사건 - 행동 - 결과 모델
- 행동 치료에서의 치료적 관계
  - 행동주의적 초점
  - 치료적 심리교육
- 행동 치료의 치료적 기술
  - 노출 치료 기법
  - 유관 계획 기술
  - 행동 변화 프로그램
- 행동 치료 사례
  - 상담 예시: 녹화된 사례 보기
  - 패이 숏의 사례: 내력과 증상
  - 치료 회기: 분석
  - 내담자의 개인적 경험

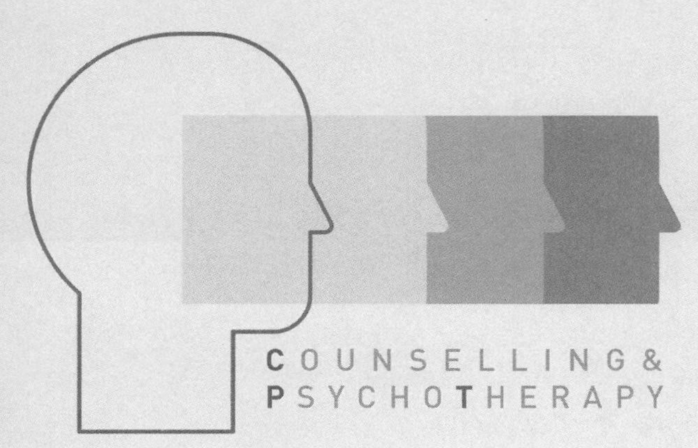

Chapter 04

행동주의적 접근법과 행동 치료

행동주의적 접근법과 행동 치료 소개

이 장은 상담과 심리치료에 있어 행동주의적 접근을 독자들에게 소개하는 것을 목표로 한다. 행동 치료는 행동주의적 접근에 속한 치료 방법의 한 예로서 탐구될 것이다.

학습목표

이 장을 읽고 당신은 다음과 같은 것들을 할 수 있을 것이다:

- 심리학의 제 1 세력, 즉 행동주의적 접근의 발전과정에 대해 설명
- 행동주의적 접근의 발전과정에서 Ivan Pavlov와 John Broadus Watson 그리고 Burrhus Frederic Skinner의 상대적인 영향을 이해
- 행동주의적 접근으로부터 인간의 본성과 성격의 핵심 이론을 논의
- 행동주의적 접근에서 상담자와 내담자 사이의 치료적 관계에 대해 논의
- 행동주의 치료에서 이용되는 주요 치료 기술 개요
- 실제 환경에서 행동주의 치료의 적용

행동주의적 접근의 발전

학습목표

이 섹션을 읽고 당신은 다음과 같은 것들을 할 수 있을 것이다.

- 심리학의 세 가지 주요 세력을 열거
- 역사적 관점에서 행동주의적 접근의 발전과정에 대해 논의
- 행동주의적 접근의 발전에 기여한 주요 요인들을 이해

심리학의 제 1 세력

심리학의 세 가지 세력

행동주의 이론

정신역동 이론

인본주의 이론

행동주의 심리학은 '제 1 세력'이다.

최초의 심리학은 인간의 정신에 대한 연구로 정의되었으며 철학 및 의학과 연결된 학문이었다.

그러나 1900년대 초반의 동물연구를 통해 인간 행동을 일반화 할 수 있게 되었다(Thorndike, 1898; Pavlov, 1928).

이와 같은 결과는 심리학을 인간의 행동에 대한 연구로 재정의하도록 하였다.

빈 서판(Tabula rasa)

행동주의 접근은 오로지 관찰가능하고 측정가능한 행동에만 초점을 둔다.

양육의 중요성을 강조함.

인간은 백지상태로 태어나며 경험을 통해 미래의 행동 유형을 만들어 간다.

행동주의적 접근의 주요 발전

행동주의적 접근에 대한 초기 관심

Thorndike는 1898년 효과의 법칙을 발견함.

행동은 예측될 수 있으며 결과에 따라 통제될 수 있다고 제시

1898년 '동물 지능: 동물에게서 나타나는 연합적인 과정의 실험연구Animal intelligence: An experimental study of the associative processes in animals를 출간함.

Pavlov가 1903년 마드리드에서 개최된 국제 의학회에서 발표

인간의 행동을 설명하기 위한 조건형성의 체계를 생리학 연구에서 보고함.

심리학적 과정은 과학적으로 연구될 수 있다는 아이디어를 제시함.

1928년, '조건 반사에 대한 강의: 고차 신경 활동에 대한 동물 행동의 25년간 관찰연구Lectures on conditioned reflexes: Twenty-five years of objective study of the higher nervous activity behaviour of animals'를 출간함

행동주의적 접근의 정식 확립

왓슨Watson은 1913년에 '행동주의자 선언서Behaviorist Manifesto'를 발표함.

행동주의적 접근의 기초가 되었다.

1913년 '행동주의자의 관점에서 본 심리학Psychology as the behaviorist views it'을 출판

스키너는 1938년에 조작적 조건형성을 통해 행동 형성의 개념을 소개하였다.

인간 행동의 실험적 연구에 대한 원칙을 설립하였다.

1938년에 '유기체의 행동'이 출판되었다.

급진적 행동주의는 1940년대에서 1950년대까지 인기를 끌었다.

인지, 감정 등에 초점을 두지 않고 객관적인 행동만을 연구함. 모든 인간의 과정을 행동으로 설명함.

내적 상태와 정신적 존재는 실제로 존재하지 않는 가설적 구성개념으로 여겨지고 무시되었다.

대신에, 내부과정은 내재적 행동으로 재정립되었다.

감정은 외현적 사건에 대한 생리적 반응으로 간주되었다.

사고는 내현적 언어로 간주되었다.

현대 행동주의적 접근법

행동주의의 인기는 1960년대에서 1980년대로 가면서 감소하였다.

인지 혁명은 심리학 연구의 방향을 행동적 연구로부터 마음의 본질에 관한 이론적 모형에 초점을 맞추도록 돌렸다.

급진적 행동주의는 약화되어 행동 분석이 되었다.

인지 상태의 존재 자체를 거부하는 행동주의는 받아들여지지 않고 행동을 인지 상태를 측정가능한 외부적 증거로서 분석하는 덜 극단적인 형태를 지지하게 되었다.

Staats(1996)는 급진적 행동주의의 실패 원인으로 그것이 인지와 같은 다른 알려진 현상을 통합하지 않았던 점을 꼽았다.

심리학적 행동주의는 심리학의 모든 요소(생물학, 환경, 인지, 정서 등)를 하나의 원대한 이론으로 통합하는 것을 목표로 해야 한다고 주장함.

행동 분석은 학제 간 접근법을 채택함.

이론은 인지, 인본주의 등과 같은 다른 접근법의 요소를 포함함.

영국 행동분석학회는 이것을 학습 과학으로 서술함.

실험 분야는 행동에 대한 실험적 분석이며 인간이 새로운 행동에 대해 얼마나 학습할 수 있는지 조사하는 것을 목표로 함.

응용 분야Applied branch로는 응용행동분석이 있으며ABA, 이는 행동을 분석하고 행동을 개인과 사회에 긍정적인 방향으로 수정하도록 개입을 하는 것을 통해 행동의 변화를 촉진하는 것을 목표로 한다.

행동주의적 접근의 주요 인물

Ivan Pavlov(1849–1936)

주요 영향

고전적 조건 형성

중성 자극과 유발 자극의 반복적 연합이 중성 자극에 대한 반사 반응을 유도한다는 것을 발견함.

예를 들어, 침샘을 자극하는 음식과 중성 자극인 종소리가 연합되어 개가 종소리만 들어도 침을 흘리게 되었다.

주요 저작

1927년 '조건 반사: 대뇌피질의 생리활성 연구Conditioned Reflexes: An Investigation of the Physiological Activity of the Cerebral Cortex' 출판

1928년 '조건 반사 강의: 25년간의 동물의 고차 신경 활동 행동에 대한 객관적 연구Lectures on Conditioned Reflexes: Twenty-Five Years of Objective Study of the Higher Nervous Activity Behavior of Animals' 출판

Edward Lee Thorndike(1874–1949)

주요 영향

동물 행동 연구를 통한 연합이론 수립

고양이가 레버를 눌러서 미로상자에서 탈출하기까지 걸린 시간을 측정함.

반응들은 초기에는 우연히 (레버에 발을 올림으로) 만들어지지만 결과가 바람직할 때는 (상자에서 탈출) 반복되는 것을 발견함.

이전에 만족스러운 결과를 얻었을 경우 행동들을 더 쉽게 완수하는 학습곡선을 발견함.

효과의 법칙

주요 저작

1898년 '동물 지능: 동물의 연합 과정 실험 연구Animal intelligence: An experimental study of the associative processes in animals' 출판

John Broadus Watson(1878–1958)

주요 영향

행동주의

1913년에 '행동주의자 선언서'를 수립함.

'내게 12명의 건강한 아이들을 달라'는 발언을 함(종종 잘못 인용되곤 함).

아동기의 자극–반응 연합에서 비롯되는 성인 행동의 개념 도입

어린 알버트 Little Albert의 공포 조건화

주요 저작

1913년 '행동 주의자의 관점에서 본 심리학Psychology as the behaviorist views it' 출판

1914년 '행동: 비교 심리학 입문Behavior: An Introduction to Comparative Psychology' 출판

1920년 '감정적 조건 반응' Rayner와 함께 발표

1925년에 '행동주의' 초판 발간하고 1930년에 개정판 발간

Burrhus Frederic Skinner(1904–1990)

주요 영향

조작적 조건형성

행동은 선행 혹은 공존하는 자극에만 영향을 받는 것이 아니라(고전적 조건형성) 행동의 결과에도 영향 받음을 밝힘.

행동 후 일어나는 강화 reinforcement와 처벌punishment이 미래의 행동에 영향을 미침.

예를 들어, 레버를 눌러 음식을 보상받은 쥐는 그 후에 레버를 다시 누를 경향이 높음.

주요 저작

1938년 '유기체의 행동The Behavior of Organisms' 출판

아서 스타츠(Arthur Staats; 1924–현재)

주요 영향

급진적인 행동주의를 심리학적 행동주의psychological behaviourism로 불리는 인간 지향적 형태의 행동주의로 변형시킴. 이 접근은 다양한 심리학적 관점(생물학, 학습, 인지, 정서 등)을 통합시키는 것을 목적으로 하는 통일적 접근 방식임.

부적절한 행동에 대해 처벌하고 미래에 그 행동을 반복할 가능성을 줄이는 방법으로 아동을 일시적으로 상황에서 빼내는 '타임아웃 time out' 개념을 도입함.

주요 저작

1968년 '학습, 언어와 인지Learning, Language, and Cognition' 출판

1996년 '행동과 성격: 심리적 행동주의' 출판

요약

세 가지 세력: 행동주의, 정신역동, 인본주의; 심리학의 첫 번째 세력, 행동에 대한 연구, 빈 서판tabula rasa, 인간은 백지의 상태로 태어나며 경험이 그 위에 행동 양식을 채워나감.

주요 진보: 1895년 효과의 법칙을 발견한 Thorndike와 1903년 학회에서 고전적 조건형성을 선보인 Pavlov의 동물 연구에 기반한 초기 개념; 1913년 Watson의 행동주의자 선언 Behaviorist Manifesto을 통해 정식으로 확립되었다. Skinner는 1938년 조작적 조건형성을 통해 행동 조성을 소개; 1940년대~1960년대 급진적 행동주의가 유행함(인간의 모든 활동은 행동 밖에 없으며, 인지적 측면에는 관심을 두지 않고 객관적으로 행동만을 연구); 현대의 접근은 덜 급진적이며 학제적 접근 방식을 채택하는 행동 분석으로 완화되었다.

주요 인물: Pavlov의 고전적 조건형성, Thorndike의 효과의 법칙, Watson의 행동주의자 선언, Skinner의 조작적 조건형성, Staats의 심리학적 행동주의와 타임 아웃

Ivan Pavlov, John Broadus Watson, Burrhus Frederic Skinner의 개인적, 학자적 전기

학습목표

이 섹션을 읽고 당신은 다음과 같은 것들을 할 수 있을 것이다:

- Ivan Pavlov(1849–1936)의 개인 및 학문적 전기 개요
- John Broadus Watson(1878–1958)의 개인 및 학문적 전기 개요
- Burrhus Frederic Skinner(1904–1990)의 개인 및 학문적 전기 개요
- 행동 치료의 발달에 영향을 미친 주요 인물들에 대한 이해

Ivan Pavlov의 전기

'새의 날개가 완벽하다 하더라도 지탱해주는 공기가 없다면,
그 날개는 결코 새를 날게 할 수 없다.
사실이란 과학에 있어 공기와도 같다.
과학자는 사실 없이 결코 성공할 수 없다.
–Pavlov(n.d.)

Ivan Pavlov는 누구인가?

Ivan Pavlov는 고전적 조건형성의 개념을 확립했으며, 행동주의적 접근의 기초를 형성하였다.

Watson과 Skinner 역시 이 접근에 중요한 기여를 함.

Watson은 행동주의의 개념을 소개함.

Skinner는 조작적 조건형성의 개념을 설명함.

생애 초기

1849년 9월 14일 러시아 랴잔Ryazan 출생

아버지Peter Pavlov는 마을의 성직자였으며, 어머니Varvara Uspenskaya는 주부였음.

11명의 아이들 중 장남으로, 형제 중 6명은 성인이 되기 전에 사망

매우 종교적인 가정

부모, 형제들과 좋은 관계를 가지며 활발한 어린 시절을 보냄(Asratyan, 1953).

아버지의 발자취를 따라 성직자가 되도록 권유 받음.

추락사건으로 인해 심각한 부상을 입어 할아버지의 보살핌을 받게 되고 11세가 될 때까지 학교에 다니지 못함(Asratyan, 1953).

할아버지는 그가 학업적으로 발전하도록 격려하였으며 그는 어렸을 때부터 학업적 우수성을 드러냄.

7세에 글을 읽기 시작

교 육

원래는 종교적인 직업을 가지려고 함

사제직을 위해 랴잔 신학대학원을 다님.

1870년 상트페테르부르크 대학으로 편입

Charles Darwin의 책을 읽고 신학에서 과학으로 전공 변경

1875년 상트페테르부르크 대학에서 자연과학 전공으로 졸업 후, 1879년에 군사의학과학원 Military Medical Academy에서 의료 자격 취득

1883년 신경계의 기본 원리에 관한 박사 학위 논문 발표

가 족

1881년 Seraphima(Sara) Karchevskaya와 결혼

결혼생활 초기에 재정적인 어려움과 유산으로 아픔을 겪음.

유산 이후 낳은 아들 Wirchik도 어린 나이에 사망하여 아내 사라가 우울증에 빠짐.

남은 생애 동안 결혼 생활을 유지하였고, Sara는 남편보다 11년 더 오래 삶.

4명의 아들과 1명의 딸을 양육

아들 Wirchik는 어린 시절에 죽음.

경 력

1880년-1925년 군사의학과학원에서 학계 생활

연구 보조원, 대학원생을 거쳐 약리학과 생리학을 강의하는 강사, 교수 및 학과장으로 지냄.

1890년-1900년 연구소Institute of Experimental Medicine에서 생리학과를 조직하고 감독함(Babkin, 1949)

개의 소화 생리학을 연구함.

소화기능을 제어하는 신경계의 역할을 입증함 — 생리학은 오늘날까지도 이 입장을 유지함 (Babkin, 1949).

1895년 '심적 분비psychic secretion' 개념을 탐구(Nobel Lectures, 1967)

심적 분비는 음식을 맛보지 않고 먼 거리에서 보는 것만으로 타액이 분비되는 것을 말함.

이 현상에 대한 주관적인 해석을 거부하고 뇌와 신경계를 연구하기 위한 과학적 접근법을 개발함.

음식이 청각적인 자극과 이전에 연관되었다면 시각적인 음식 자극이 없어도 심적 분비가 일어날 수 있다는 것을 발견함.

조건 반사 — 반사적인(자동적인) 반응은 중성 자극(예: 음식)이 새로운 자극(예: 벨)과 연관됨으로써 조건화 되어질 수 있다는 것을 명시함.

심지어 심리적인 활동(사고 과정)도 이전의 조건화를 바탕으로한 반사적 반응이라고 결론 내림.

1903년 마드리드에서 열린 제14회 국제 의료 대회International Medical Congress에서 동물의 실험 심리 및 정신 병리에 관한 연구 발표(Nobel Lectures, 1967)

조건 반사conditioned reflexes를 정의함.

생리적, 심리적 활동 모두의 관점에서 이러한 조건 반사의 중요성을 강조함.

생리적 반응(행동)과 심리적 반응(사고)은 조건화의 결과로서 반사적인 방식으로 발생함.

모든 생물 활동을 위한 조직의 중심으로써 대뇌 피질의 중요성을 강조(Babkin, 1949).

1904년 소화기능에 대한 연구로 노벨상을 수상하고(Nobel Lectures, 1967) 1915년 명예 훈장 Legion of Honour을 수여받음

1927년 '조건 반사: 대뇌 피질의 생리 활동 조사Conditioned Reflexes: An Investigation of the Physiological Activity of the Cerebral Cortex' 출판

1928년 '조건 반사 강의: 25년간의 동물의 고차 신경 활동에 대한 객관적 연구Lectures on Conditioned Reflexes: Twenty-Five Years of Objective Study of the Higher Nervous Activity Behavior of Animals' 출판

이 두 저서에는 조건 반사와 관련된 파블로프의 가장 유명한 업적들이 집약되어 있음.

현재는 조건 반사에 대하여 파블로프를 기리는 뜻에서 Pavlovian conditioning이라고 부르거나 첫 번째로 발견된 조건화의 형태이기 때문에 고전적 조건형성이라고 부르고 있다.

죽 음

86세의 나이로 1936년 2월 27일 레닌그라드에서 폐렴으로 사망

행동주의 접근의 아버지: Pavlov

Pavlov의 삶에 대해 생각해보고 다음 질문들에 답하여 보라.

1. Pavlov의 이론을 발전시킨 사회 문화적 맥락은 어떠한 것인가?
2. Pavlov의 인생 경험이 인간 본성에 관한 그의 관점에 어떠한 영향을 주었는가?
3. 이러한 Pavlov의 생애는 당신이 행동주의 접근을 이해하는 데에 어떠한 도움을 주었는가?

주요 어록

'우리는 인간과 가장 친근한 동물인 개가 높은 지능을 가지고 있기 때문에 생리학적 실험으로 종종 희생되고 있다는 아픈 사실을 인정해야 한다. 어쩔 수 없는 상황일 경우에만 고양이처럼 조급하고 시끄러우며 악질적인 동물을 가지고 실험을 한다. 특히 장기적인 실험에서 동물이 수술로부터 회복하는 과정을 관찰할 때 개만큼 좋은 실험 대상이 없고 심지어 이 과정에서 큰 감동을 주기까지 한다. 높은 이해심과 복종을 통해 연구가 성공할 수 있도록 돕는다는 점에서 개는 거의 실험의 참여자와 다름없다.'(Pavlov, 1893)

'갈릴레오 시대부터 진행되어온 자연 과학의 불가항력적인 진보가 뇌의 고차원 기능 연구 앞에서 처음으로 멈칫했다고 할 수 있다. 뇌는 동물의 장기 중 외부 세계와 가장 복잡한 관계를 가지는 장기로서, 뇌를 두고 진행되는 연구를 볼 때 자연과학이 정말 중요한 시대를 맞이하였음을 알 수 있다. 뇌 중에서도 가장 복잡한 인간의 뇌는 자연 과학을 만들어냈고 여전히 만들어 내는 과정 중이며 이제 그 스스로 과학의 대상이 되었다.'(Pavlov, 1928)

John Broadus Watson의 전기

'건강하고 보기 좋은 신생아를 10여 명 내게 주십시오.
이들을 내가 지정하는 세계에서 키울 수 있게 해준다면,
저는 이들을 무작위로 선택해 그들의 재능, 취향, 경향, 능력, 소명,
그리고 인종에 관계없이 의사, 변호사, 예술가, 무역상의 대표,
심지어 도둑, 거지와 같은 어떤 유형의 전문가로도
훈련시킬 수 있다고 장담합니다. 이는 현재 제가 가지고 있는
근거와 사실을 넘는 발언임을 인정하지만, 반대자들의 주장 역시 그러하며
또한 그들은 이미 수천 년 동안 그렇게 해왔습니다.' —Watson(1930)

John Broadus Watson은 누구인가?

John Broadus Watson은 행동주의 개념과 행동주의자 선언문을 설립하고 행동주의적 접근의 기초를 형성함.

Pavlov와 Skinner도 이 접근법에 중대한 기여를 함.

Pavlov는 고전적 조건형성의 개념을 설명

Skinner는 조작적 조건형성의 개념을 설명

생애 초기

1978년 1월 9일 사우스 캐롤라이나 그린빌 출생

아버지Pickens Watson는 농부였고, 어머니Emma는 농장 일을 도움.

어려운 유년시절(Buckley, 1989)

어머니는 엄격한 침례교인으로 자녀들이 음주와 같은 죄스러운 행동을 삼가도록 가르침.

아버지는 외도와 불법행위를 저지른 적이 있는 심한 애주가였고, 왓슨이 13세 때 가족을 떠남.

교 육

아버지의 부재로 인해 어머니와 선생님들에게 반항함(Buckley, 1989)

권위에 대한 존경심이 낮았고 가끔 법적 문제를 일으킴.

학업에 대한 동기가 없었던 불량학생으로 자신을 묘사함.

그러나 16세에 Furman University에 입학허가를 받고 공부에 대한 태도가 크게 좋아짐.

1899년 Furman University에서 석사 학위로 졸업하고, 1903년 시카고 대학에서 심리학 박사 학위를 받음.

경 력

1903년-1908년 시카고 대학교에서 가르치고, 1908–1920년 존스홉킨스 대학교 부교수로 재직

1913년 세미나 발표에 이어 '행동주의자 관점에서 본 심리학' 출간

행동주의자 선언문으로 여겨짐.

행동주의적 접근의 기본 원리를 서술함.

심리학은 인간의 행동에 대한 과학이기에 실험실 조건에서 과학적으로 연구되어야 한다고 주장

'행동주의자 관점에서 본 심리학은 객관적인 순수한 자연과학의 실험적 분과다. 심리학의 이론적인 목표는 행동을 예측하고 통제하는 것이다. 내적 성찰은 이러한 방법론의 어떤 본

질적인 부분에도 해당되지 않으며 데이터의 과학적 가치도 의식의 관점에서 해석이 가능한 정도에 비례하지 않는다. 행동주의자들은 동물적 반응에 대한 단일적 도식을 얻기 위해 노력할 때 인간과 짐승 사이의 경계선이 없다고 믿는다. 정교함과 복잡성을 내포한 모든 인간의 행동은 행동주의자들의 총체적 탐구 중 일부분일 뿐이다.'(Watson, 1913)

1914년 '행동: 비교심리학 입문Behavior: An Introduction to Comparative Psychology' 출판

'행동주의의 창립자'로 자신의 입지를 다짐.

인간의 행동은 동물연구에서 찾아진 조건화된 반응으로 설명될 수 있다고 제안함.

1915년 미국 심리 학회의 회장으로 선출됨.

1919년 '행동주의자의 관점으로부터의 심리학Psychology from the Standpoint of a Behaviorist' 출판

1920년 Rayner와 함께 '조건적 감정적 반응Conditioned Emotional Reactions' 출판

(유명한) 어린 앨버트(Little Albert) 실험 실시

공포증의 발달에 대한 파블로프의 고전적 조건형성의 개념을 어린 아이에게 생쥐에 대한 공포반응을 조건 형성함으로써 적용함.

앨버트는 병원에서 유모로 일하는 어머니와 함께 병원 환경에서 자람.

그는 정서적 장애를 보이지 않는 건강한 아동이었음.

9개월 된 아기 앨버트는 자연적 공포반응 실험에 참여하게 됨.

초기 실험에서 흰 쥐, 토끼, 강아지, 원숭이, 가면, 면, 털 등에 두려움을 보이지 않음.

갑작스런 큰 소리(안 보이는 곳에서 쇠막대기를 치는 소리)에는 공포반응들(깜짝 놀람, 울기, 엎어지기)을 보임.

앨버트가 11개월이 되었을 때 시끄러운 소리와 흰 쥐의 갑작스러운 출연 사이의 연합에 노출됨.

실험 결과, 흰쥐의 출연만으로도 공포 반응들(자극으로부터 후퇴, 훌쩍임, 울음)이 나타남을 밝힘.

추후 실험 결과, 조건화된 두려움이 시각적으로 비슷한 물체들(토끼, 개, 털 코트, 흰 털)에게는 일반화되고, 비슷하지 않은 물체(블록, 테이블, 등)에는 일반화되지 않음을 밝힘.

인간의 공포가 조건화 될 수 있다고 결론 지음.

성인기의 공포가 어린 시절에 조건화 되었기 때문이라고 주장하며 유아기의 성적인 트라우마에 대한 프로이트의 관점을 비판함.

연구는 발표 당시에는 비판 받지 않았지만 최근에 비판을 받으며 연구에 있어 윤리적 지침의 필요성을 입증하는 근거로 사용됨(Buckley, 1989).

비판은 대개 어린이에게 두려움을 유발하는 것에 대한 윤리적 우려와, 모든 공포증은 어느 순간에 조건화 된 것이라는 결론의 타당성에 집중되어 있음.

성인이 된 앨버트를 찾기 위해 노력한 결과, 그가 Douglas Meritte일 것이라고 결론지음 (Beck et al., 2009). 만약 Douglas가 Albert라면 Albert는 1925년 여섯 살의 나이로 뇌수종으로 사망한 것이 됨. 그리고 Albert가 어린 시절 겪은 실험으로 인한 부작용으로 고통 받았다는 증거는 찾지 못함 (그가 조건 반사를 소거하는 조치를 받지 않았음에도, 하얀 털이 있는 물체를 두려워했다는 이야기가 가족 내에 없었음).

1920년 존스홉킨스 대학에서 강제적으로 사임

여성들과의 무분별한 행동으로 인해 경력에서 몇 번이고 곤경에 처함.

Watson은 호색의 역사에서 '뭇 여인들의 남자'로 알려졌으며, 1919년 '가장 잘생긴 교수'로 선정되었음(Benjamin et al., 2007).

대학원 조교 Rosalie Rayner와의 불륜이 있은 후 아내와 이혼하게 되고 결국 교수직을 박탈 당함(Buckley, 1989).

그가 해고당한 이유는 학부 내에서 성 관련 실험을 하였기 때문이라는 소문이 있으나 실제 그랬을 가능성은 낮다(Benjamin et al., 2007).

학계를 떠난 후 광고 업계에서 일하기 시작

그의 뛰어난 경력에도 불구하고 학계 내에서는 일자리를 찾을 수 없었음(Benjamin et al., 2007)

1924년부터 1945년까지 J Walter Thompson Agency의 부회장으로 일함.

행동주의 원리를 광고에 적용하여 큰 성과를 거두었고 그가 일하던 당시 가장 큰 광고 캠페인들에 참여했음.

1925년 '행동주의Behaviorism'를 출판하고 1930년에 개정함

더 이상 학술활동을 하지 않음에도 불구하고 심리학에 대한 관심을 이어감.

이 책에는 다른 책들에 종종 인용되는 '내게 한 다스의 건강한 유아들을 맡겨달라.' 어구가 포함됨(이 전기의 시작 부분 참조)

이 어구는 Watson이 끝부분에 했던 말을 생략한 채 자주 인용이 되어 Watson을 지배적이고 강박적인 사람으로 비추게 됨.

실제로 Watson은 자신의 의견이 극단적임을 인정했고, 인간은 각자 어울리는 신분에 맞춰 태어난다고 주장하는 이들과 별반 다를 것이 없다는 점을 지적하고 넘어갔음.

Watson은 진정 본성과 양육 모두의 가치를 알고 있었고 중요하게 여김.

1945년 은퇴

1957년 미국 심리학회에서 심리학 발전에 기여한 공로로 수상

Watson이 직접 참석할 수 없다고 하여 아들이 대신 상을 받음.

가 족

1904년 메리 아이크스Mary Ikes와 결혼

메리는 시카고 대학에 재직할 당시 그의 제자 중 한 명이었음.

메리와 함께 1남 1녀를 양육함.

Watson은 제자들과 여러 번 불륜을 저질렀으며 Mary는 Rosalie Rayenr와의 불륜을 계기로 1920년 이혼하여 결혼생활을 마무리 지음(Benjamin et al., 2007).

Rosalie Rayner와 결혼

Rosalie는 Watson이 존스홉킨스 대학의 교수로 재직했던 시기에 대학원 조교로 근무했으며 둘의 관계는 협회 내에서도 논란을 야기함(Benjamin et al., 2007).

Rosalie과 함께 2명의 아들을 양육함.

1935년 Rosalie이 요절할 때까지 결혼생활 지속

인생 후반에 찾아온 어려움(Buckley, 1989)

Watson은 그의 두 번째 부인이 사망한 후 슬픔에 시달림.

두 번째 아내를 잃고 자녀들과의 어려운 관계가 악화됨.

1945년 은퇴한 후, 사회를 떠나 코네티컷 주의 한 농장에서 은둔자의 삶을 삶.

죽 음

1958년 9월 25일 뉴욕에서 사망

간경화증으로 사망한 것으로 알려짐.

사망 직전에 자신의 출판되지 않은 모든 작품을 태움.

> '사람이 죽을 때, 그 사람의 모든 것이 죽는 것이다.'(Buckley, 1989에 기록된 Watson의 발언)

행동주의적 접근의 아버지: Watson

John Watson의 삶에 대해 생각해보고 다음 질문들에 답하여 보라.

1. Watson의 이론을 발전시킨 사회 문화적 맥락은 어떠한 것인가?
2. Watson의 인생 경험들은 인간 본성에 관한 그의 관점에 어떠한 영향을 주었는가?
3. 이러한 Watson의 생애는 당신이 행동주의적 접근을 이해하는 데 어떠한 도움을 주었는가?

주요 어록

'지금부터 20년 후 프로이트파의 가설이 바뀌지 않는 한, Albert가 성인이 되어 모피코트에 대한 두려움을 분석하기 위해 올 때 그들은 아마 Albert에게서 꿈에 대한 이야기가 나오도록 유도할 것이다. 그 꿈을 분석한 결과, 3세의 앨버트는 어머니 음모를 가지고 놀려고 했고 그로 인해 심한 꾸짖음을 받았다고 주장할 것이다'(Watson & Rayner, 1920)

Burrhus Frederic Skinner의 전기

'사회는 인간이 제일 무력한 어린 때부터 공격한다'

–Skinner(1948)

B.F. Skinner는 누구인가?

Skinner는 조작적 조건 형성의 개념을 정립하였고 이것은 행동주의적 접근의 기초가 됨.

- Pavlov와 Watson 또한 이 접근에 중요한 기여를 함.
  - Pavlov는 고전적 조건형성을 정립함.
  - Watson은 행동주의 개념을 소개함.

생애 초기

1904년 3월 20일, 미국 펜실베이니아 출생

- '따뜻하고 안정적인' 가정 환경(Skinner 2005년에 Vargas에서 인용하였음)
- 아버지William Skinner는 변호사였고 어머니Grace는 가정주부였음.
- 두 형제 중 장남
  - 남동생 Edward는 16살에 뇌동맥류로 사망

어려서부터 지적으로 뛰어남

활발한 발명가(Vargas, 2005)

10대 때 자신이 운영하던 딱총나무 열매 방문판매 사업을 위해 잘 익은 열매를 골라 내도록 부상 시스템flotation system을 만듦.

교 육

1926년 뉴욕의 해밀턴 대학에서 영문학 학사로 졸업

대학생활과 학교의 종교적 배경을 즐기지 못함.

1926년-1928년 작가로서의 성공을 꿈꿨음

소설 창작을 시도하는 동안 집으로 돌아와 부모님과 함께 생활함.

짧은 신문 기사를 써 내보내는 일을 하며 '어두운 한 해'를 보낸 후 그의 문학적 능력에는 인생 경험이 부족하다고 결론을 내리게 됨(Vargas, 2005).

뉴욕에서 일을 하고 여행을 하면서 자유분방한 생활을 함.

1928년-1931년 하버드에서 심리학을 공부함(Smith & Morris, 2004)

Pavlov와 Watson의 저서를 읽고 동기부여가 된 후 학교로 돌아와 심리학을 공부함.

1930년에 석사 과정을 마치고, 1931년에 박사과정을 마침.

가 족

1936년 Yvonne Blue와 결혼함

두 딸을 양육함.

경 력

1931년-1936년 하버드 대학에서 연구원으로 근무(Skinner, 1987)

박사과정 도중과 박사과정을 마친 후 연구원으로서 일하는 동안, 생리학과 심리학 사무실 산하에서 공동으로 근무함.

각 학과에서는 서로 Skinner를 적극적으로 지도하고 있다고 여겼으나, 실제로 그는 '내가 항상 하고 싶은 대로' 했었다고 밝힘(Vargas, 2005).

1931년-1936년 조작적 조건형성의 개념을 발전시킴(Smith & Morris, 2004)

강화 계획을 사용하여 동물을 훈련시키기 위해 조작적 조건 형성 공간인 '스키너 상자Skinner Box'를 고안함.

이 공간에는 음식 배급기food dispenser, 반응 레버response lever, 큰 스피커loudspeaker와 조명이 포함되어 있었음.

자극은 큰 스피커와 조명을 통해 주어지고, 동물은 음식 배급기를 통해 강화를 받기 위해 구체적인 반응을 보여야만 함.

대안적인 Skinner Box 모델은 자극의 구체적인 형태를 제시하는 LCD 화면 또는 처벌을 제공하기 위한 전기자극층을 포함할 수 있음.

자극에 대한 반응을 기록하기 위해 이 기구를 사용하여 쥐 행동을 실험함.

행동이 단지 선행되거나 공존한 자극(고전적 조건형성)에만 의존하지 않고 행동의 결과에도 영향을 받는다는 것을 발견함.

행동 후 발생하는 강화와 처벌은 미래에 발생하는 행동에 영향을 미침.

새로운 형태의 조건 부여에 '조작적 조건형성'이라 이름 붙임.

1936년-1945년 미니애폴리스에 있는 미네소타 대학에서 심리학 강의를 함(Smith & Morris, 2004)

1938년 첫 번째 저서 '생물의 행동The Behavior of Organisms'을 출간

조작적 조건형성의 원리와 행동에 대한 강화의 영향을 설명함.

1944년 그의 두 번째 아이의 출생을 위해 아기 침대baby tender Aircrib를 만듦.

아기 침대는 구식 침대와 관련된 문제를 줄이기 위해 제작함.

아이가 난간 사이에 다리가 끼는 위험

담요에 의한 질식 위험

유아 피부질환과 기저귀 발진 문제

완전히 밀봉되고 온도가 조절되는 특수 아크릴 '아기 상자'도 제작함.

유아시절을 이 상자에서 보낸 딸 데보라로부터 극찬을 받음.

사회로부터는 비평을 받음.

비평가들은 아기 상자를 스키너 상자와 비교했고, 제한된 환경에서 아기를 양육하기 원하는 것으로 그의 동기를 오해함.

심지어 그의 딸이 전적으로 상자 안에서 양육되었고 결국 자살했다는 근거 없는 소문이 유포됨.

실제 아기 상자는 아기 침대의 대체물일 뿐이었고, 아이는 정작 침대 밖에서 대부분의 시간을 보냄.

아기 상자의 효과를 입증하는 실험 증거에도 불구하고, 그 모양이 아기 수족관처럼 보여 거의 판매되지 않음.

제 2차 세계 대전 중, 미국 국방부 연구 위원회National Defense Research Committee를 위해 Project Pigeon(Project Orcon)을 기획함

Project Pigeon은 비둘기 유도 미사일을 의미함.

제 2차 세계 대전 중 스키너는 미사일 유도 시스템의 한계로 인해 폭탄 사용이 제한됨을 인지함.

비둘기가 미사일을 정확한 목적지로 안내할 수 있도록 훈련시킬 지원금을 받음.

미사일 탄두 안의 상자들 속에 3마리의 비둘기가 있음.

각 비둘기는 미사일 앞에 위치하는 것의 이미지를 보게 되고 목표물을 부리로 쪼는 훈련을 받음.

비둘기가 쪼는 평균적인 방향이 미사일의 움직임을 유도함.

매우 효과적인 방법이었음.

비둘기들을 쉽게 훈련시킬 수 있었고 비둘기들은 일관적인 반응을 나타냈음.

비둘기들은 주위의 소음과 추락하는 상황 속에서도 쪼는 것을 멈추지 않음.

실험적 시도에서 비둘기 유도 방법이 미사일 유도에 있어 믿을만한 방법임을 밝혀냈음.

논란을 야기한 이 방법은 군에서 사용되지 않았음.

1944년에 지원금이 취소됨.

누구도 비둘기 유도 미사일이라는 아이디어를 진지하게 받아들이지 않았고 대부분의 권력자들이 일반적이지 않은 이 방법을 쉽게 신뢰하지 못함(믿을 만한 증거에도 불구하고).

1945년-1948년 인디애나 대학에서 심리학 교수로 재직(Smith & Morris, 2004)

실험적 행동 분석 학회Society of the Experimental Analysis of Behavior의 첫 번째 모임이 1946년에 이곳에서 열림.

1948년부터 1990년까지 하버드 대학 종신교수로 재직함(Smith & Morris, 2004).

교육, 연구 및 작문 분야에서 높은 성과를 거둠.

1958년 학습 기계를 고안함(Skinner, 1958)

딸들을 양육하며 겪은 경험들로 인해 조작적 조건형성을 교육에 응용하는 방안을 찾게 됨.

딸의 수학 반을 방문했을 때 교육방법이 조건적 학습의 모든 원리에 위배된다는 것을 깨달음.

'선생님의 탓은 아니지만, 그는 우리가 학습 과정에 대해 알고있는 거의 모든 원리들을 위반하고 있었습니다.'(Vargas, 2005에 인용된 Skinner의 어구)

이후 집에 돌아가 바로 이미 형성된 능력을 향상시키고 새로운 능력을 개발시킬 교육 프로그램을 고안함.

학습기계가 질문을 무작위로 제시하고 즉각적인 피드백을 주도록 구성

학습자에게 바람직한 행동에 대해 즉시 보상을 줌으로써 이 프로그램은 조작적 조건형성 공간과 동일한 원리를 따름.

세분화된 학습자료를 단계별로 제출하고 시간이 지남에 따라 교사의 도움을 점차 축소하는 교습방식을 제공함.

이같은 행동 형성 기술로 학생들이 새로운 능력을 배우도록 도움.

1974년 은퇴

죽 음

1989년 백혈병 진단 받음

병이 심해짐에도 불구하고 말년까지 계속해서 활발히 연구 활동을 하였음.

사망하기 열흘 전에도 미국 심리학회APA에서 강연함(Vargas, 2005).

1990년 8월 19일 사망

사망하던 마지막 날에 APA에서 했던 강연을 바탕으로 한 마지막 원고를 완성함(Vargas, 2005)

1990년 APA 평생공로상 수상

행동주의적 접근의 아버지: Skinner

B. F. Skinner의 삶을 생각해보고 다음의 질문을 답해보라.

1. Skinner가 자신의 이론을 발전시킨 시대의 사회적 문화적 맥락은 무엇인가?
2. Skinner가 겪었던 경험이 인간 본성에 대한 그의 관점에 어떻게 영향을 주었는가?
3. Skinner의 생애가 당신이 행동주의적 접근을 이해하는 데 어떻게 도움을 줄 것 같은가?

주요 어록

'배움이란 망각되지 않고 살아남은 것들이다.'(Skinner, 1964)

'훌륭한 책에 대해 가르치면 안 된다. 읽는 것의 기쁨을 가르쳐야 한다.'(Evans, 1968에서 인용된 Skinner의 어구)

'정말 중요한 문제는 기계에게 생각이라는 것이 있는지 여부가 아니라, 사람이 그러한지의 여부이다.'(Skinner, 1969)

'실패가 항상 실수인 것은 아니다. 그것이 주어진 환경에서 한 사람이 할 수 있는 최선일 수 있기 때문이다. 진짜 실수는 더 이상 시도하지 않는 것이다.'(Skinner, 1972)

요약

Pavlov: 고전적 조건형성의 개념을 확립. 1849년 러시아에서 출생, 신앙심이 강했던 가정에서 태어나 부모님은 성직자가 되기를 바랐으나, 과학자의 길을 걸었고, 어린 시절부터 학업적으로 뛰어났음. 1883년 의학 박사 학위를 받음(중추신경계의 원리에 대한 학위논문을 썼음). 결혼하여 다섯 아이를 낳았음. 실험의학연구소에서 생리학부를 조직하고 학부장을 맡았으며, 심적 분비psychic secretion를 연구하여 개의 조건 반사(고전적 조건형성)를 발견, 연구 업적으로 노벨상을 수상. 1936년 폐렴으로 사망.

Watson: 행동주의자 선언Behaviorist Manifesto을 발표. 1978년 사우스캐롤라이나에서 출생, 그의 아버지가 집을 떠난 후 반항적인 유년기를 보냈음. 아버지의 부재는 교육에 대한 거부로 이어졌으나, 대학교에 진학한 후로 태도가 달라졌고, 시카고 대학에서 심리학으로 박사학위를 받음. 자신의 학생과 결혼하여 두 아이를 낳았으며, 대학원 조교였던 Rayner와의 외도로 이혼을 한 후 성추문에 연루되었음. Rayner와 결혼하여 두 아이를 길렀으며, 아내의 사망 이후 은둔하며 지냈음. Johns Hopkins 대학교의 부교수로 재직, 행동주의의 창시자로서 행동주의자 선언을 직접 발표했으며, 심리학은 인간 행동에 대한 과학이므로 실험실에서 과학적으로 연구해야 한다고 주장함. APA 회장을 지냄, Little Albert에게 공포를 조건 형성시킴, 성추문으로 사임해야 했으며, 더 이상 학계에 머무를 수 없었기 때문에 광고업계에서 일을 하게 됨. 유명한 인용구인 '열두명의 건강한 아이들을 내게 달라.'라는 말을 남김, 심리학 분야의 연구 업적으로 APA에서 수상(아들이 대신 받음), 1958년 간경화로 사망하였으며, 사망하기 전 미출판 원고들을 소각시킴.

Skinner: 조작적 조건형성 개념을 확립, 1904년 펜실베니아에서 화목하고 안정적인 가정에서 태어남. 어릴 적부터 지적으로 뛰어났음. 영문학을 공부하였고 작가가 되고 싶었음. 하버드 대학에서 심리학과 생리학으로 박사학위를 받음. 행동 학습이 공존하는 자극에 의한 것이 아닐 수 있음을 발견했으며, 하버드 대학원 시절 Skinner Box를 이용한 실험을 통해 행동 형성을 하는 강화와 처벌 개념을 소개함. 딸이 태어난 후 아기 침대baby tender인 'Aircrib'을 발명함, 2차 세계대전 당시 Project Pigeon을 수행하였음. 하버드 대학교 종신교수를 지냄. 조작적 조건형성 원리를 이용하여 학습 기계teaching machine를 고안, 은퇴 후에도 사망 전까지 계속해서 저술 작업에 힘씀. 1989년 백혈병으로 사망. APA에서 평생공로상을 받음.

인간 본성과 성격에 관한 행동주의적 이론

학습목표

이 섹션을 읽고 나서 당신은 다음과 같은 것들을 할 수 있을 것이다:

- 순수 조건형성이나 이차적 조건형성이 행동을 어떻게 형성해 나가는지에 대한 설명을 포함하여 고전적 조건형성의 자극－반응 모델에 대해 설명
- 정적－부적인 강화와 처벌이 어떻게 행동을 형성해 나가는가에 대한 설명을 포함하여 조작적 조건형성의 선행사건－행동－결과 모델에 대해 설명

고전적 조건 형성: 자극-반응 모델(그림 4.1)

자극-반응

무조건 자극과 중성 자극이 반복적으로 연합하여 조건 반응을 형성한다(Pavlov, 1928).

무조건 자극은 무조건 자동 반사 반응을 이끌어낸다.

예: 음식(무조건 자극)을 보면 자동적으로 침(무조건 반응)을 흘린다.

중성 자극은 무조건 자극과 반복적으로 연합하여 조건 자극을 형성한다.

예: 종소리(중성 자극)와 음식(무조건 자극)의 연합은 개인이 두 자극을 함께 연결시키도록 만든다.

조건 자극은 무조건 자극과 연합된 이후에 동일한 자동적 조건 반응을 형성한다.

예: 종소리(조건 자극)만 들려주어도 자동적으로 침을 흘린다(조건 반응).

그림 4.1 고전적 조건 형성: 자극-반응 모델

행동에 관한 접근성과 행동에 관한 치료법

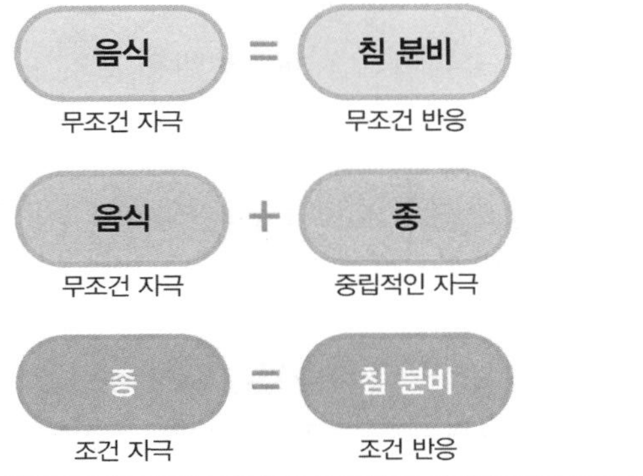

S-R(자극-반응) 모델

자극-반응

일부 자극은 특정 반응과 자동적으로 연합되어 있으며, 비자동적 반응은 조건화 과정을 통해 다른 '중성' 자극과 연합될 수 있다.

조건화 된 공포

공포는 고전적 조건형성으로 형성된다(Watson & Rayner, 1920).

아기 알버트는 선천적으로 쥐를 무서워한 것은 아니었으나 갑작스러운 소음은 선천적으로 무서워했다.

아기 알버트는 쥐와 갑작스러운 큰 소리의 연합이 반복적으로 주어진 이후에, 쥐(쥐를 보자마자 울음을 터뜨림)와 더불어 이와 유사한 물체(흰 털)에 대한 두려움을 나타내기 시작했다.

순수 조건 형성과 이차적 조건 형성

모든 부정적인 인간 반응들은 순수 조건 형성과 이차적 고전적 조건 형성Pure and second-order conditioning으로 설명될 수 있음.

순수 고전적 조건형성Pure classical conditioning

무조건적인 자극과 중성 자극을 직접적으로 짝지음pairing

우리는 사회적인 비난에 대해 자연스러운 혐오를 느낌. 따라서 우리는 비난(무조건적인 자극)에 대한 반응으로 불쾌한 감정을 경험함(무조건적인 반응).

시험(중성자극)과 비난에 대한 반복적인 또는 한 번의 극심한 무조건적 자극과의 짝지음pairing은 학생에게 두 개의 경험을 연합시키도록 가르침.

학생은 시험(조건 자극)에 대한 반응으로 불쾌한 감정(조건 반응)을 경험할 것임.

이차적 조건 형성Second-order classical conditioning

학습을 위한 짝지음(Pairing)

다음의 예시에서 무조건적인 자극과 반응 그리고 조건적인 자극과 반응을 확인해 보아라. 당신은 이러한 조건화를 기초로 미래의 행동을 예측할 수 있는가?

한 2살 소녀가 정원에서 장난감을 가지고 놀고 있다. 갑자기 그녀의 엄마는 아이가 잔디밭에서 거미를 발견했다는 것을 알아차렸다. 아이는 거미를 집어들고 막 그녀의 입에 넣으려고 한다. 그녀의 엄마는 놀라서 아이의 이름을 큰 소리로 부른다. 그 때 작은 소녀는 그 큰 소리에 놀라 거미를 떨어뜨린다. 그녀는 울기 시작하고 그녀의 엄마는 서둘러 그녀를 안정시키기 위해 뛰어온다. 그녀의 엄마는 그 '나쁜' 거미를 짓밟고 아이가 울음을 그칠 때까지 달랜다.

십대 중반의 한 소년이 부엌용 천장에서 버번 위스키 한병을 훔친다. 그는 그 맛을 좋아하지 않는데도 몇 잔을 그의 친구들과 함께 나눠 마셨다. 그 후 그는 어지러움을 느끼기 시작했고 심한 고통을 느낀다. 그 후 그는 두 시간 동안 반복해서 구토를 하고 다음 이틀 동안 고통스러운 두통을 경험한다.

한 젊은 여성은 지역의 광고 회사에서 일을 하기 시작했다. 그녀는 다른 직원들과 잘 지내려고 노력했음에도 다른 사람들로부터 소외되는 것을 느꼈고 종종 그녀를 향한 기분 나쁜 말들을 들었다. 다른 여성 직원들 중의 한 명이 이러한 일의 주동자처럼 보였다 — 그 직원은 계속해서 그녀의 일들을 방해하고 종종 무리지어 복도를 지나갈 때 그녀를 밀치면서 못살게 굴었다. 그녀는 자신을 괴롭히는 여성의 강렬한 꽃 향기 향수 냄새를 맡을 때마다 빈 사무실로 숨으며 이 끔찍한 여성을 피하기 위해 노력했다. 결국 그녀는 다른 지역의 직장으로 이직을 했다.

조건화 된 자극과 중성 자극 간 차후의 연합

한 개인 교사(중성 자극)는 항상 시험(조건화된 자극)이 있는 동안 가르치러 왔기 때문에 학생은 두 자극을 연합하도록 학습하게 되었다.

학생은 개인 교사(조건화된 자극)를 향한 반응으로 불쾌한 감정(조건화된 반응)을 경험할 것임.

그리고 이러한 반응은 모든 교사 혹은 모든 권위있는 인물에게 일반화될 수 있다. 예를 들어, 학교 공포증을 겪는 아동은 고전적 조건형성의 용어로 설명될 수 있음.

조작적 조건형성: 선행 사건-행동-결과 모델(그림 4.2)

그림 4.2 조작적 조건형성의 실행(Skinner, 1938 참조)

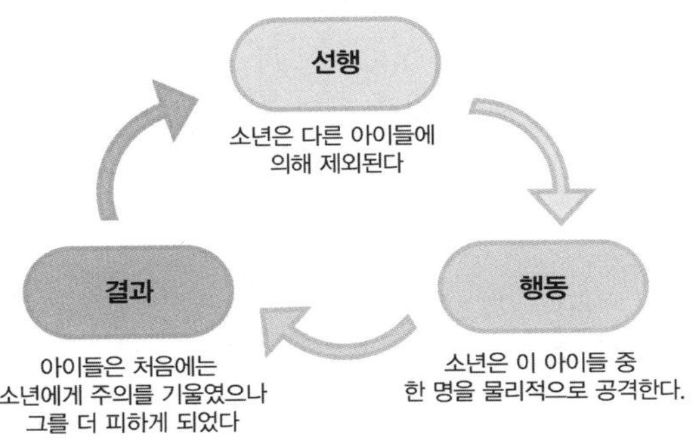

선행 사건–행동–결과

조작적 행동은 결과를 일으키기 위해 환경을 조작하는 행동을 하는 것을 말함(Skinner, 1938).

모든 행동은 결과를 초래하고 이러한 결과는 미래에 반복되는 행동의 가능성에 영향을 미침.

A–B–C 모델

선행 사건–행동–결과

이 모델은 환경에서의 자극에 의해 행동은 자극을 받고(S–R 모델과 유사함) 구체적인 결과를 초래하며 이러한 결과들이 미래 행동의 선행 사건 역할을 할 것이라 제안함.

예를 들어, 친구들에 의해 소외당한 십대의 소년(선행 사건)은 다른 아이들 중 한 명을 공격하고(행동) — 이것은 최초로 다른 아이들의 주목을 끌게 되지만(보상적 결과) 그의 친구들로부터 더 심한 소외의 결과를 가져올 수 있음(결과가 새로운 선행 사건으로 변함).

정적, 부적 강화 및 처벌

힌트: 가치 판단보다 수학적 관점(더하기와 빼기/추가 및 감산)에서 정적 및 부적 측면을 생각해보기

모든 부정적인 인간의 반응은 강화와 처벌을 통해 설명될 수 있음.

강 화

선행 행동을 강화시키는 모든 것

학생은 학급에서 반항하고(행동) 그 결과 교사로부터 더 많은 관심을 초래하게 되었으며 학우들로부터 조롱을 덜 받게 되었다(강화). 이후에 그는 더 반항할 것으로 예상된다.

처 벌

선행 행동을 약화시키는 모든 것

학생은 학급에서 순종적이고(행동) 그 결과 교사로부터 무시 당하게 될 것이다. 그리고 동료로부터 놀림 받으므로(처벌) 후에 그는 덜 순종적으로 행동할 것으로 예상됨.

예를 들어, 학교에서 비행을 저지르는 아동은 조작적 조건형성의 관점으로 설명될 수 있음.

강화는 선행 행동을 강화시키는 모든 것을 말한다(Skinner, 1938).

정적 강화

행동에 대한 결과로 기분 좋은 것을 주면 후에 그 행동이 또 발생할 확률을 높이게 된다.

예를 들어, 아이가 공손히 행동할 때 새로운 장난감을 주면 그 후 다시 공손하게 행동할 가능성이 높아짐.

부적 강화

행동에 대한 결과로 불쾌한 것을 제거해주면 그 행동이 후에 더 나타날 가능성을 높이게 된다.

예를 들어, 아동이 공손하게 행동한 후에, 저녁식사에서 쓴 맛이 나는 야채의 수를 줄

여주면 다시 공손하게 행동할 가능성이 높아짐.

처벌은 선행 행동을 약화시키는 모든 것을 말한다(Skinner, 1938).

정적 처벌

행동에 대한 결과로 불쾌한 것을 더할 때에 그 행동이 다시 발생할 확률을 낮추게 된다

예를 들어, 무례한 행동에 대해 아이에게 소리치면 아이가 다시 무례한 행동을 할 가능성이 낮아짐.

부적 처벌

행동에 대한 결과로 즐거운 것을 제거할 때 그 행동이 다시 발생할 확률을 낮추게 된다.

예를 들어, 한 아동이 버릇없게 행동한 이후 장난감을 없애면 아이가 다시 버릇없는 행동을 할 가능성이 낮아짐.

조합의 결과는 매우 효과적임.

처벌은 강화보다 덜 효과적이나 모든 요소를 합하는 것은 행동에 있어 매우 효과적임.

예를 들어, 학교에서 덜 복종적인 아이들은 그러한 행동을 학습한 것일 수도 있는데, 버릇없는 행동은 선생님으로부터 더 많은 관심을 초래하게 되고(정적 강화) 그리고 학우들로부터 덜 놀림 받는(부적 강화) 반면에, 착한 아이가 되는 것은 학우들로부터 구박을 받게 되고(정적 처벌) 선생님으로부터 관심을 덜 얻게 되기 때문이다(부적 처벌).

일차적, 이차적 강화물과 처벌물

강화물과 처벌물은 대상에게 영향을 미침.

본래 영향을 주는 것일 수도 있고, 영향을 미치게끔 조작한 것일 수 있음.

일차적 강화물과 처벌물

그 속성 자체가 자동적 반응을 이끌어 냄.

예를 들어, 음식, 물, 섹스, 수면은 모두 생존과 관련되어 있으므로 본래 속성상 강화물임.

고통, 배고픔, 목마름, 피곤함은 모두 생존을 방해하므로 본래 속성상 처벌물임.

이차적 강화물과 처벌물

일차적 강화물과 짝지어져야 반응을 이끌어 낼 수 있음.

예를 들어, 돈은 사회적으로 음식, 물, 섹스 등을 얻을 수 있는 능력과 짝지어져 있기 때문에 이차적 강화물임.

저조한 학업 수행은 사회적으로 취업의 어려움과 연관되어 있고, 이는 배고픔, 목마름 등으로 이어지기 때문에 낮은 시험 성적은 이차적 처벌물임.

훈련을 통해 이차적 강화물과 처벌물을 사용할 수 있게 하여 계속해서 일차적 강화와 처벌을 제공하지 않아도 되게 함.

아이에게 매번 보상을 줄 수 없기 때문에 잘 할 때마다 별표를 붙여주어 일차적 강화

물과 짝지어진 이차적 강화물로서 사용할 수 있음.

어떤 일차적, 이차적 강화물/처벌물은 구분하기 힘듦

존경, 사랑, 찬양은 일차적 강화물인가? 아니면 음식, 섹스와 같은 자원을 얻을 수 있게 하는 이차적 강화물인가?

굴욕, 부끄러움, 비판 받는 것은 일차적 처벌물인가? 아니면 음식이나 섹스와 같은 자원을 얻을 기회를 줄이기 때문에 이차적 처벌물인가?

이에 대한 판단은 감정적 필요가 생존에 있어서 본질적으로 중요한 것이라고 보는가의 여부에 따라 달라짐.

강화 계획

강화(그리고 처벌)는 두 가지 종류의 계획을 통해 전달할 수 있음.

연속 강화

부분 강화

연속 강화

행동이 나타날 때마다 강화가 주어짐.

예를 들어, 아이가 학교에서 좋은 성적을 받을 때마다 사탕을 줌.

자업자득의 예시들

아래 예시에서 나타난 강화 혹은 처벌을 찾아보라. 이러한 조건형성을 통해 어떤 행동이 나타날지 예상해보라.

세 살 된 아이가 슈퍼마켓에서 초콜릿을 사달라고 칭얼거리고 있다. 엄마는 큰 딸을 데리러 학교에 가야 하는데 이미 시간이 늦어졌기 때문에 바쁘다. 아이는 바닥에 주저앉아 가지 안겠다고 떼를 쓴다. 얼굴이 벌겋게 되도록 소리를 질렀고 다른 사람들이 아이를 쳐다보기 시작했다. 결국 엄마가 아이에게 초콜릿을 사주자 아이는 울음을 그치고 초콜릿을 먹었다. 엄마는 아이에게 일어나 가자고 하였고 이후 별다른 마찰 없이 물건을 사서 나갔다.

한 젊은 여성은 차를 타는 것을 두려워한다. 불행하게도 이 여성은 집에서 먼 거리에 있는 가게에서 일을 하기 때문에 남편이 매일 데려다 주어야 한다. 매일 출근하는 차 안에서 이 여성은 바짝 긴장한 채 조수석에 앉아 눈을 꼭 감고 있다. 남편은 아내가 차를 타는 것을 두려워한다는 것을 알고 있으며 부드러운 목소리로 안심시키려고 계속해서 노력한다. 한 번씩은 두려움이 너무 커져 덜덜 떨거나 울 때도 있다. 그럴 때 남편은 차를 세우고 안아주며 다시 출발하기 전에 위로해 준다.

한 남자는 중요한 보고서를 완성시키려 고군분투하고 있는데 그의 아내가 아프기 때문에 동시에 어린 두 딸을 돌봐야 하는 상황에 있다. 막내 딸은 조용하게 책에 그림을 그리고 있다. 그 남자는 자신이 온전히 일에 집중할 수 있다는 데에 아주 안도했다. 그러나 안타깝게도 큰 딸이 시끄럽게 노래를 부르며 계속 아빠의 무릎에 올라오려 했다. 결국 그는 큰 딸에게 막대 사탕을 주어 자신이 일을 다 끝낼 동안 노래를 부르지 않도록 주의를 다른 데로 돌리려 했다.

행동을 학습하는 데 매우 효과적인 방법이지만 강화가 계속해서 주어져야 하기 때문에 소거되기도 매우 쉬움.

또한 계속해서 강화나 처벌을 주는 것이 가능하지 않으므로 어느 시점에서는 부분적 강화 계획으로 바뀌게 됨.

부분 강화

행동이 보일 때 중, 특정 시점에서만 강화가 주어짐

예를 들어, 아이가 학교에서 좋은 성적을 받아 올 때, 한 번씩 사탕을 줌.

행동을 유지하는 데 매우 효과적인 방법이며 소거되기 아주 어렵지만, 행동을 학습하는 과정이 느릴 수 있음.

부분 강화 계획에는 네 가지 종류가 있음.

고정 비율 계획: 고정된 횟수의 반응 이후에 강화가 주어짐. 예를 들어, 아동이 학교에서 네 번의 시험을 통과할 때마다 선물을 줌.

변동 비율 계획: 불규칙한 횟수의 반응 이후에 강화가 주어짐. 예를 들어, 아동이 학교에서 정해지지 않은 횟수의 시험을 통과할 때마다 선물을 줌.

고정 간격 계획: 고정된 시간이 지난 후에 강화가 주어짐. 예를 들어, 아동이 계속해서 학교 시험을 통과하고 있다면, 월요일마다 선물을 줌.

변동 간격 계획: 불규칙한 시간이 지난 후에 강화가 주어짐. 예를 들어, 아동이 계속해서 학교 시험을 통과하고 있다면, 가끔씩 선물을 줌.

요약

고전적 조건형성: 자극 – 반응 모델; 무조건적 자극과 중성 자극의 반복적 결합은 조건 반응을 형성한다; 조건적 두려움, 아기 알버트, 순수한 조건형성과 이차적 조건형성

조작적 조건형성: A – B – C 모델; 결과를 만들어내기 위한 환경에서 조작된 활동적인 행동, 정적 – 부적 강화와 정적 – 부적 처벌, 1차·2차 강화물과 처벌물, 계속적이고 부분적인 강화(고정 비율, 변동 비율, 고정 간격, 변동 간격)

행동 치료에서의 치료적 관계

학습목표

이 섹션을 읽고 당신은 다음과 같은 것들을 할 수 있을 것이다:
- 행동에 초점을 맞추는 것의 가치에 대해 논의
- 치료과정에서의 심리교육에 대해 설명하고 평가

행동주의적 초점

행동주의의 이점

'독심술'을 사용하지 않음

타인이 경험하는 사고와 감정의 과정을 아는 것은 불가능하기 때문

인지 치료에서는 사고의 왜곡과 오류를 확인하고 이를 바로잡기 위해서는 개인의 사고와 감정의 과정을 알아야 한다고 주장

정신분석적 치료에서는 이러한 과정뿐만 아니라 내담자가 알지 못하는 무의식적 과정에 대해서도 알 수 있다고 주장

인간중심적 치료는 내담자에 의해 밝혀진 내용에만 집중함으로써 이러한 논란을 피함.

행동주의에서는 상담자가 내담자의 내적 상태에 대해 생각할 필요가 없음 — 상담자는 내담자가 관계나 문제에 있어서 실제로 취한 행동에만 관심을 가짐.

분명하지 않은 행동, 인지, 감정의 관계

우리는 종종 무엇을 할지 결정을 하고(생각), 실행하고(행동), 뒤따르는 결과에 대해 좋고 나쁜 감정을 느낀다(감정).

이것이 사실인가?

적어도 어떤 경우에서 만큼은 먼저 행동하고 그 후에 이미 그 행동을 하는 데에 있어 생각해봤다고 가정을 한다는 증거가 있다.

이른 아침에 울리는 알람을 생각해보라.

당신은 '스누즈' 버튼(기상시간을 5분 미루는 기능)을 누르고 침대에 누워 '일어나야 하는데, 일어나야 하는데, 일어나야 하는데, 일어나야 하는데...'라고 생각한다.

당장 침대 밖으로 내려와야 하는 것을 알고 있고, 자신에게 일어나라고 계속 해서 말하고는 있지만, 아직 당신은 움직이지도 않았다.

그러다 당신은 갑자기 침대에서 내려와 화장실로 걸어간다!

무엇이 변했을까? 당신이 마지막으로 한 생각이 조금 더 강력했던 것인가? 아니면, 생각으로부터 완전히 독립적으로 작용하는 행동도 있는 것인가?

아마도 우리는 가끔 행동을 취하고 나서 그 행동을 정당화하기 위해 사고 과정이 먼저였다는 가정을 하는 것일 수 있다.

이 철학적 문제는 최근 과학적으로 탐구되었다.

한 연구에서 행동에 대한 의도를 관장하는 신경활동은 행동을 하겠다는 의식적인 결정에 선행할 수 있다는 증거를 발견함(Libet et al., 1983).

뇌 활동을 보고된 결정 시간과 비교하는 동안 참가자들은 자발적인 응답을 하도록 요청받음.

시간 분석을 통해 뇌는 참가자가 이동하려는 의식적인 결정을 하기 전에 이동하고자 하는 의도를 활성화 한다는 것을 밝힘.

이러한 연구 결과들은 자유의지의 개념을 반대하는 데 사용되었음.

교육인가 조작인가?

인간중심 치료에서는 상담자가 내담자를 '교육'해서는 안된다고 주장한다. 왜냐하면 이것은 상담자가 전문가이고 상담자는 내담자가 특정한 방식으로 행동을 하도록 조작한다는 것을 암시하기 때문이다. 다음의 사례들을 살펴보고 이 내담자에게 행동 치료가 적합한지 생각해보아라. 내담자의 필요와 치료의 위험성, 또한 내담자의 치료에 관여할 수 있는 자격을 배제시키는 요인들에 대해 생각하려고 노력하라. 당신은 또한 그 내담자를 더 잘 도울 수 있는 대안적 치료로는 어떤 것들이 있는지 고려할 수 있다.

수잔은 거미에 대한 강렬한 공포를 가지고 있다. 그녀는 이 두려움을 극복하기 위해 필사적으로 노력하고 있는데 왜냐하면 그녀는 그녀의 남자친구와 함께 캠핑을 가고 싶어하기 때문이다. 그녀는 매번 거미를 보기만 해도 몸이 굳어버리는데 지난 주에 그녀는 자신의 침대에서 거미를 발견하고 공황발작을 일으켰다.

앤드류는 최근 아내와 떨어져 생활을 하고 있다. 그는 믿을 수 없을 만큼 불행하고 하루 동안 자주 울기도 한다. 그는 자신이 실패자라고 확신하며 일하는 것을 그만 두어야 한다고 믿는다. 그의 동생은 형의 삶이 걱정되어서 형이 상담자를 만나보도록 강요했다. 하지만 앤드류는 그것보다 침대에 머무는 것이 더 낫다고 생각한다—그는 치료가 도움이 될 것이라고 믿지 않는다.

크리스토퍼는 자폐증을 앓고 있는 6살 소년이다. 그는 집에서만 생활을 했고 오직 그의 엄마와만 제한적인 소통을 한다. 그는 다른 사람들과 의사소통을 잘 하지 못하고 특히 새로운 사람을 소개받을 때 벽에 머리를 부딪히는 자해 행동을 보인다.

클레어는 자신을 세 차례나 폭행했던 한 남자와 교제를 하고 있다. 그녀는 그 남자와 사랑하는 사이라고 하며 그 관계를 끝내고 싶지 않다고 말한다. 하지만 그녀의 엄마는 클레어가 도움이 필요하다고 확신하고 상담자를 만날 것을 설득하고 있다.

대안적 관점

인지와 감정도 바로 행동이다.

- 사고와 정서를 포함한 인간의 모든 행동들은 행동의 종류들이며, 그렇기 때문에 행동주의자의 영역일 수 있다고 주장되었다.
- 만약 인지와 감정을 행동으로 본다면, 행동주의자들은 고전적 조건형성과 조작적 조건형성의 핵심 원리를 사용하여 다른 행동 모두를 비슷한 방법으로 수정할 수 있다.
  - 복잡한 해석이나 깊은 수준의 분석에 의지할 필요가 없음.

치료적 심리교육

수동적, 적극적 심리교육

심리교육은 임상가가 내담자의 정신 건강과 행복을 증진하기 위한 목적으로 가르치는 것을 내포함.

수동적 심리교육

- 상담자가 정보와 교육적 자료를 제공하는 치료적 개입(Donker et al., 2009)
- 상담자는 전단지나 유인물을 나눠줄 수도 있고, 웹 사이트나 책, 강의 등으로 내담자에게 교육을 제공할 수 있음.
- 온라인 치료의 일반적인 형태
- 수동적 심리교육만으로 정신 건강과 행복에 유의미한 혜택을 가질 수 있다는 근거를 제안함(Donker et al., 2009).

적극적 심리교육

- 상담자가 일반적인 정보와 교육적 자료에 더하여 구체적인 조언과 지도를 제공하는 치료적 개입(Donker et al., 2009)

상담자는 심리적 과정에 대해 내담자에게 더 나은 교육을 제공하기 위해 특정한 활동이나 완성해야 하는 과제(숙제와 같은)를 하도록 명시적으로 지시함.

상담자와 내담자 사이의 협동

행동치료는 자주 심리교육적 접근으로 여겨져 왔다(Weishaar, 1993; Mkangi, 2010에서 인용).

- 상담자는 교사와 유사한 역할을 수행하며 내담자는 학생과 유사한 역할을 수행함.
- 상담자는 새로운 사고 방식의 유형을 발달시키기 위해 내담자와 협동함.

전문가도 초보자도 아닌...

- 정신분석 접근의 해석적 방법과 인간중심 접근의 비지시적 방법과는 대조적으로, 행동상담자는 전문가로서 자신을 내세우지 않으며, 내담자를 그들의 내면 세계에 대한 초보자로 고려하지도 않음.
- 대신에 상담자는 내담자에게 기본 행동 원칙을 교육하고 삶의 경험에 새로운 지식을 적용하도록 격려할 것임.
- 하지만 내담자를 교육할 때 상담자를 전문가로 간주하지 않도록 하는 것이 매우 어려울 수 있음.
  - 분명히 선생님은 학생들보다 더 전문가로 보여짐.
  - 내담자를 가르치려고 설계한 개입 기법을 사용할 경우 내담자는 상담자를 전문가라 추정할 가능성이 있음.
  - 전문가로서 보여지는 것을 피하는 한 가지 방법은 내담자와 몇 가지 문제를 함께 탐구하는 것임.
    - 예를 들어, 다음 회기까지 상담자와 내담자가 숙제로 각각 더 나은 정보를 찾자고 제안할 수 있음.

미래를 위한 교육

- 이 교육 과정은 내담자에게 미래의 문제를 다루는데 필요한 도구를 제공할 것이고 상담자의 지속적인 지원 없이도 개인 목표를 향한 노력으로 독립할 것임.

요약

행동에 중점을 둠: 행동론의 이점, 독심술이 아님, 행동, 인지, 정서 사이의 불명확한 관계; 인지와 정서는 틀림없이 행동이다.

치료적 심리교육: 수동적이고 능동적인 심리교육은 내담자(학생)와 상담자(전문가와 초보자도 아닌) 간의 협력을 도울 수 있음; 교육과정은 내담자에게 미래의 문제를 다루기 위한 도구를 제공하고 상담자의 지속적인 지원 없이 독립하도록 함.

행동 치료의 치료적 기술

학습목표

이 섹션을 읽고 난 후, 당신은 다음과 같은 것을 할 수 있을 것이다:

- 체계적 둔감화와 홍수기법과 같은 노출 기술에 대해 토의
- 타임아웃과 토큰 경제와 같은 유관 계획contingency management 기법에 대해 토의
- 개인적, 사회적 기술 프로그램과 넛지 프로그램과 같은 행동 변화 프로그램을 나타내거나 평가

노출 치료 기법

재조건 형성

이전의 건강하지 못한 연합을 제거하고 새로운 건강한 연합을 형성하기 위해 내담자를 공포 유발 자극에 노출시킴(Abramowitz et al., 2010).

건강하지 못한 연합을 소거시킬 수 있음

부정적 결과 없이 조건형성된 자극에 노출되게 되면 조건형성된 반응이 소거됨.

어릴 적 경험에 의해 개(중성 자극)와 개에게 물림(자동적으로 공포를 유발하는 무조건적 자극)을 연관 짓게 된 내담자는 개를 무서워하도록 조건형성됨.

개(조건적 자극)와 물리지 않음(연관이 소거됨) 간의 연관을 경험할 수 있다면 내담자는 개에 대해 조건형성된 공포반응을 제거할 수 있을 것임.

건강한 연합을 만듦

긍정적 결과와 병행하여 제시된 자극에 연합되는 노출을 통해 조건형성된 반응을 형성하게 됨.

어릴 적 경험에 의해 개(중성 자극)와 개에게 물림(자동적으로 공포를 유발하는 무조건적 자극)을 연관 짓게 된 내담자는 개를 무서워하도록 조건형성됨.

개(조건적 자극)와 편안한 음악(자동적으로 이완하게 하는 무조건적 자극)의 연합을 경험할 수 있다면 내담자는 개와 마주쳐도 새롭게 조건형성된 침착함을 보이게 될 것임.

재조건 형성은 건강하지 못한 행동이 유지되는 것을 해결할 수 있음.

어떤 내담자는 불안, 공포 혹은 다른 부정적 감정으로부터 자신을 보호하기 위해 안전 행동을 하는 반응을 발달시키게 될 수 있음.

회피는 가장 흔한 안전 행동으로서, 예를 들면 모르는 사람과 만났을 때 얼굴이 빨개지는 것을 두려워하는 내담자는 온종일 집에서 나오지 않으면서 사람 만나기를 피할 수 있음.

안전 행동으로 어떤 사물 혹은 사람이 사용될 수도 있는데, 예를 들어 길을 잃어버릴까봐 걱정하는 내담자는 자신의 남편이 따라가지 않는 한 여행을 가지 않으려 할 수 있음.

특정 행동이나 태도 또한 안전 행동이 될 수 있는데 어떤 내담자는 다른 사람에게 판단 받는 것을 두려워하여 허세를 부릴 수도 있음.

안전 행동은 위안을 주고 불쾌한 감정을 줄여 주기 때문에 단기적으로는 매우 안심시켜주는 효과가 있음.

그러나 장기적으로 봤을 때 안전 행동은 문제를 유지시키는 역할을 할 수 있음.

개인은 안전 행동을 할 때에만 문제가 완화된다고 배움.

문제 행동은 더욱 하도록 강화되어 그로 인해 안전 행동이 미래에 더 많이 나타나게 될 수 있음.

안전 행동이 불필요하다는 것을 배울 수 있는 기회가 없기 때문에 개인은 실제로 문제를 해결할 수 없게 됨.

'도움'을 주려고 하는 많은 시도들이 사실은 이런 비생산적인 안전 행동을 확고하게 만드는 역할을 함.

예를 들어, 불안해하는 아내를 안심시키기 위해 남편은 출장 때마다 아내와 함께 다님.

노출 치료는 내담자가 안전 행동을 하지 않고 공포 유발 자극에 직면하도록 하여 안전 행동 없이 독립적으로 문제를 다룰 수 있음을 배우게 함.

어떤 경우에는 안전 행동이 노출 치료 과정 초반에 허용되며 치료 과정이 진전됨에 따라 점점 제거될 수 있음.

노출 치료의 두 가지 형태

체계적 둔감화

홍수기법

체계적 둔감화

내담자는 안정된 수준의 긴장을 유지하면서 불안을 유도하는 자극에 체계적으로 노출된다(Wolpe, 1958)

성공적인 체계적 둔감화를 위한 3단계

이완 훈련(Relaxation training)

내담자는 안정된 상태에 도달하기 위해 지시에 따라 명상이완법(점진적인 근육이완 혹은 내적 영상이완)을 배운다.

불안 위계(Anxiety hierarchy)

내담자의 불안을 유발시키는 자극의 종류에 대한 정보를 얻어, 불안의 심각도를 증가시키는 상황에 대한 위계적 순위를 만든다.

체계적 둔감화(Systematic desensitization proper)

내담자는 안정된 상태가 되면, 안정 상태를 유지하면서 가장 낮은 수준의 불안 상황을 경험하거나 상상하라는 지시를 받음.

내담자가 성공적으로 해내면 한 단계 상위 수준의 불안 상황으로 넘어가며, 여전히 각 단계에서 안정된 상태를 유지하는 것을 목표로 한다.

심상적 노출 vs 실제적 노출(Imagined versus in vivo exposure)

이 기법은 실제적 자극이 있거나 심상적 상황에서 사용함.

두 가지 모두 이득과 손해가 있음.

심상적 노출법은 내담자에게 보다 안전함.

실제적 노출법은 더 현실적임.

예: 거미 공포증을 가진 내담자

내담자에게 점진적 근육이완법을 사용하는 방법을 알려 준다. 내담자가 거미와 연관된 불안을 유발하는 상황에 대해 순위를 매기도록 한다 — 예를 들어, 첫 단계가 '다른 방에서 거미를 바라보기'라면, 마지막 단계는 '손으로 거미 잡고 있기'라고 할 수 있다.

내담자는 안정된 상태를 취하고, 그런 다음 다른 방에서 거미를 생각하거나 직접 마주하도록 한다.

각 상황을 마주쳤을 때도 안정된 상태를 유지할 수 있을 때까지 이 작업을 지속하며, 이후 다음 단계의 심상과 체험으로 넘어가도록 한다.

결과적으로 내담자는 마지막 단계에 도달하게 되며, 안정된 상태를 유지하면서 거미를 손으로 잡을 수 있게 된다.

다양한 문제에 매우 효과적으로 사용되는 기법이다(Spiegler & Guevremont, 2009).

공포증, 불안, 분노, 천식, 불면증, 악몽, 멀미 등

홍수기법

오랜 시간동안 불안을 유발하는 최대 강도의 자극에 내담자를 노출함(Wolpe, 1958)

내담자는 회피할 수 없기 때문에 반드시 공포에 직접적으로 맞서야 함.

내담자는 종종 공포를 피하기 위한 전략들을 사용하기에 새로운 연합associations을 배우거나 이전의 연합을 소거할 수 없음.

홍수기법Flooding 상황에서는 내담자가 공포나 불안을 회피하는 어떠한 전략도 쓸 수 없게 하

기 때문에, 내담자는 불안을 유발하는 자극들이 사실 실질적인 위험과는 상관없다는 것을 알게 됨.

인간은 아주 긴 시간 동안 높은 강도의 불안을 유지할 수 없음.

결국 내담자는 진정되고, 그 자극들이 위험하거나 위협적이지 않다는 것을 배움.

상상된 노출 vs. 실제 노출

노출기법은 상상으로 만들어낸 상황 또는 실제적인 자극을 사용할 수 있음.

두 가지 선택 모두 장단점이 있음.

상상된 노출은 내담자에게 안전함.

실제적인 노출은 더 현실적임.

광장 공포증을 가진 내담자의 실제 사례

내담자는 그녀가 도망갈 수 없는 최고도의 불안을 유발하는 상황에(붐비는 상점의 중앙에 서 있게 됨) 노출됨.

우선적으로 내담자는 강렬한 불안감을 느끼지만 그녀는 동일한 강도의 불안감을 오랜 시간 동안 유지할 수 없음.

시간이 지나면 결국 그녀는 평온해지기 시작할 것이고 그녀는 상점의 중앙에 있다는 것이 위험에 처한 상황이 아니라는 것을 배우게 됨.

공포와 관련된 장애에서는 매우 효과적이지만(Tryon, 2005), 종종 부가적인 치료적 지지가 필요함(Spiegler & Guevremont, 2009).

특정한 장애들만 이러한 방법으로 치료될 수 있음 — 내담자를 실질적인 위험에는 노출할 수 없고, 어떤 (예를 들면, 화재와 같은) 실제적 상황에 대한 극심한 공포는 홍수기법을 통해 다뤄질 수 없음.

유관 계획 기술(Contingency management techniques)

행동 형성

내담자가 원하는 목적을 달성하기 위한 구체적인 행동을 형성Behavior shaping하기 위해 강화와 처벌을 제공한다(Skinner, 1938).

내담자는 치료과정 초기에 구체적인 행동 프로그램이나 규율들을 따르는데 동의하며 이 치료 계획을 수행하기 위한 강화나 처벌을 받음.

예를 들어, 약물 중독으로 고통받는 내담자는 약물 사용을 줄이기 위한 계획을 고안하고 상담자는 이 계획에 따른 긍정적 변화에 보상을 함.

부적절한 행동이나 자해를 하는 내담자의 경우, 프로그램 고안에 참여하지 않을 수도 있음.

예를 들어, 지적 장애를 가진 내담자는 적절한 행동을 하는데 보상을 받음으로써 사회적으로 수용 가능한 행동을 하도록 지지됨.

두 가지 종류의 유관 계획contingency management

타임아웃time out

토큰 경제token economy

타임아웃

내담자가 프로그램이나 규칙을 지키는 것에 실패할 경우, 단기간 동안 활동이나 사람들로부터 어느 정도 고립되는 처벌을 받는 것

내담자에게 진정할 수 있는 시간을 줄 수 있기에 과잉흥분성 또는 공격성을 보이는 사례에 종종 사용됨.

심한 지적 장애를 가진 사람들 또는 아이(예: '생각하는 의자'naughty step)에게 매우 효과적임.

내담자가 상황에 대해 숙고하게끔 스스로에게 타임아웃을 줄 수 있도록 가르치는 사례에서도 사용될 수 있음.

우발적 관심Contingent attention

타임아웃과 연결되어, 우발적 관심집중 프로그램은 내담자에게 강화 또는 처벌을 관심이 주어지는 여부로 진행

예를 들어, 나쁜 행동을 한 아이는 무시되는 반면, 착한 행동을 한 아이는 칭찬을 받음.

분노 조절 문제를 가진 내담자의 예

내담자는 분노의 첫 번째 징후를 인식한 후 그가 이성을 잃기 전 상황으로부터 벗어나도록 훈련 받음.

내담자는 분노를 일으키는 자극상황에 돌아가기 전 타임아웃을 통해 기분 전환과 자신을 돌아보는 시간을 갖도록 격려됨.

타임아웃을 통한 분리는 내담자를 보다 덜 자극적인 상황에 다시 초점을 맞추게 함으로써 분노를 감소시킬 것임.

사색적 타임아웃은 문제를 가장 잘 다루기 위한 방법을(분노 상태로 돌아가지 않으며) 고려하기 위해 내담자 스스로 차분히 자신이 처한 상황에 대해 생각하도록 함.

토큰 경제

치료 프로그램을 잘 따르거나 목표로 하는 행동에 내담자가 집중할 때 토큰으로 강화함.

토큰은 고유의 가치를 가지고 있지 않지만 나중에 강화적 이벤트를 위해 교환 가능하게 함.

초콜릿 바와 같은 물질 강화물

침대에서의 아침식사와 같은 서비스 강화물

밤에 외출할 수 있는 허가증과 같은 특권 강화물

궁극적으로, 내담자는 내적 행동지침을 발달시키므로 토큰경제에서 독립될 것이며 외부 보상에 의존하기보다는 스스로 자신을 위해 내부적 강화를 할 수 있음.

육체적 체벌이 아닌 심리적 체벌이 더 효과적

B. F. Skinner의 삶을 생각해보고 다음의 질문을 답해보라.

현재 어린이를 체벌하는 관습의 효과와 윤리에 대한 폭넓은 논의가 진행되고 있다. 육체적 체벌 대 심리적 체벌에 대한 반대 의견들을 고려해보고 당신의 지식을 기반하여 질문에 답해보라. 개인적인 신념이 응답에 영향을 주는 것은 불가피하나 당신이 증거를 기반으로 한 응답과 자신의 감정을 기반으로 한 응답의 차이를 의식하는 이상 문제되지 않는다.

1. 잠재적으로 위험한(예: 불 속에 손을 넣는 것) 행동을 즉시 멈추도록 하기 위한 가장 효과적인 유형의 훈육은 무엇인가?
2. 아이에게 옳고 그름을(예: 도둑질은 하면 안되는 것) 구분하게끔 교육하는 가장 효과적인 유형의 훈육은 무엇인가?
3. 엉덩이를 때리는 것과 관심을 주지 않는 것 중, 아이의 변화에 있어 더 장기적인 효과를 가져다 줄 방법은 무엇인가?
4. 아이의 어떤 행동들이 처벌 받아야 하는지 부모님들은 어떻게 결정하는가? 그리고 이러한 결정과 훈육의 유형이 어떻게 연관되는가?
5. 어떤 유형의 훈육이 가장 학대로 이어질 가능성이 높은가? 그리고 그 학대의 장기적인 결과들로 무엇이 있는가?

심한 지적장애를 가진 사람들에게 매우 효과적이고, 아이들에게 있어서는 어느 정도의 성공적인 결과가 보고됨. 또한 중독과 같은 다른 사례에서도 사용될 수 있음.

코카인 중독이 있는 내담자의 사례

내담자에게 코카인을 끊었다는 사실을 증명하기 위한 정기적인 소변 샘플을 받음.

내담자는 소량의 메타톤 복용을 할 수 있는 쿠폰을 보상으로 받음.

메타톤의 복용량을 줄이면서 결국 그것마저 끊게 됨.

행동 변화 프로그램

개인적 및 사회적 기술 훈련

개인적 및 사회적 기술은 넓은 범위의 행동을 포함

- 분노 관리
- 자기주장
- 타인의 관점을 인식하기
- 문제 해결
- 갈등 관리
- 동료와의 협의, 저항 기술
- 능동적 경청, 효과적 대화
- 타인에 대한 수용과 관용의 증가

이러한 기술들은 심리교육, 노출 치료, 유관 계획 등을 통해 가르침을 받을 수 있음.

많은 적용 환경에서 매우 효과적임.

예를 들어, 미국의 학교 프로그램으로 프로젝트 ACHIEVE '멈추고 생각하기' 사회적 기술 프로그램이 있음(Knoff, 2004).

넛지

가벼운 넛지nudge로도 행동에 긍정적인 영향을 줄 수 있음(Thaler & Sunstein, 2008).

사람들이 긍정적인 방향으로 움직이도록 이끄는 정책적 변화를 도입하는 것과 같이 제도적인 수준에서도 적용할 수 있음.

2010년 영국 정부는 넛지 부서Behavioral Insights Team를 조직

부서의 목표는 '사람들이 자신에게 더 좋은 선택을 내릴 수 있게 하고, 지지하고 촉진하는' 혁신적인 방법을 찾아내는 것임Behavioral Insights Team

넛지는 사람들의 행동 변화를 촉진하기 위한 작은 실천

예를 들어, Wales 행동 변화 연구소에서는 지방 병원에서 사람들이 손 세정실로 향하게 하기 위해 층을 가로지르는 발자국을 그리도록 넛지하였음.

넛지는 바람직한 행동 변화를 정하고, 현재 행동을 평가, 행동 변화를 가로막는 장애물을 파악, 그리고 바람직한 행동 변화를 가로막는 논리적 오류와 편향을 다루며, 보다 나은 행동을 고르는 방향으로 사람들을 촉진함으로써 효과를 보임.

예를 들어, 2010년 영국 정부는 다락방 단열 공사 보조금을 지원하겠다고 밝혔지만 이를 이용한 사람은 얼마 없었음. 넛지 부서가 분석한 결과, 그 이유는 사람들이 다락방을 청소

하는 것이 번거롭다고 생각하기 때문이라는 것을 알게 되었고, 단열 공사를 하는 기업이 다락방 청소를 하도록 하자, 300%가 넘는 이용률을 보이게 됨(Bell, 2013).

넛지는 사람들이 긍정적인 공적 활동을 하도록 광범위한 단위로 적용할 수 있음.

넛지는 아래 행동을 하도록 촉진하는 데 쓰이고 있음.

청구서의 표현을 바꾸어 사람들이 세금을 제때 내도록 촉진함.

차량 도난을 막기 위해 길거리에 무료 쓰레기 수거함을 설치해 사람들이 차고에 쌓아 둔 쓰레기를 치우도록 하여 차를 차고 안에 주차하게 촉진함.

재활용 쓰레기 수거함을 등산로에 설치하여 등산객들이 쓰레기를 재활용하도록 촉진함.

환자들이 자신의 약속 일정표를 작성하도록 요청하여 진료 예약을 잊어버리지 않게 촉진함.

수락을 했을 때에만 기부하는 것opt-in이 아니라 거부했을 때에만 기부하지 않는 방식opt-out을 적용하여 운전자들이 주립 공원에 기부하도록 촉진함.

고용 상담소Job Centre에서의 초기 면접에 헌신적으로 참여하게 하여 구직 활동을 촉진함.

넛지는 특정 행위를 강제하여 개인의 자유를 저해하는 것이 아니라 개인에게 선택권을 주므로 규율로 다스리는 것보다 효과적임(Thaler & Sunstein, 2008).

그러나 만약 사람들이 자신이 넛지 당한 것을 모른다면, 사람들이 진정으로 자유로운 상태에서 선택을 한 것인지 논란의 여지가 있을 수 있음.

요약

노출 치료: 재조건 형성, 건강하지 못한 연합을 제거하고, 건강한 연합을 새로 형성함, 재조건 형성으로 도움이 되지 않는 행동이 유지되지 않도록 함; 체계적 둔감화, 이완 훈련, 불안 위계, 엄밀한 체계적 둔감화, 상상을 통한 체계적 둔감화와 실제 상황에서의 체계적 둔감화, 폭넓은 문제에 매우 효과적임(공포증, 불안, 분노, 천식, 불면, 악몽, 멀미); 홍수기법, 최대치의 불안 유발 자극에 오랜 시간 노출함, 강한 불안을 회피하거나 유지하지 못하게 하여 공포를 침착하게 직면할 수 있게 함, 상상을 통한 홍수기법과 실제 상황에서의 홍수기법, 공포와 관련된 장애에 매우 효과적이지만, 추가적인 치료 지원이 필요함.

유관 계획(contingency management): 행동 조성, 특정한 행동을 학습시키기 위해 바람직한 목표로 행동을 조성해 나가도록 강화와 낮은 수준의 처벌을 사용; 타임아웃, 부적절한 행동을 처벌하기 위해 사람들 사이나 활동에서 빠져 나와 있게 하는 것, 우발적 관심contingent attention; 토큰 경제, 적절한 행동을 할 때 보상물로 교환할 수 있는 토큰으로 강화해 줌.

행동 변화 프로그램: 개인/사회 기술 프로그램, 프로젝트 ACHIEVE '멈추고 생각하기' 미국

학교들의 사회기술 프로그램; 넛지, 가벼운 넛지를 통해 행동에 긍정적인 영향을 미칠 수 있음, Nudge UnitBehavioural Insight Team은 대규모의 넛지를 사용하여 긍정적인 공공 행동을 야기함, 선택의 여지를 계속해서 제공하므로 넛지는 규율화된 제도보다 선호됨 (하지만 교묘하게 조작되는 것이라면 개인의 선택이 존중되는지?).

행동 치료 사례

학습목표

이 섹션을 읽고 나서 당신은 다음과 같은 것을 할 수 있을 것이다:

- 행동주의 접근에서 나온 행동 치료가 실제 치료 장면에서 어떻게 적용되는지 이해

상담 예시: 녹화된 사례 보기

이 장은 녹화된 치료 회기를 동반한다. 이 회기는 50분 동안 지속되며 새롭게 시작한 치료 관계에서의 초기 회기이다. 이 회기를 시작하기 전에 내담자는 초기 평가 설문지를 작성하였고, 상담자는 사례에 친숙해지기 위해 내담자의 신상에 대한 문서를 읽어보았을 것이다. 독자들은 완성된 평가와 녹화된 회기 전체의 녹취본을 열람할 수 있다.

이 회기에는 배우를 쓰지 않았다. 내담자는 저자 중 한 명이었고 제시된 문제는 진짜이다. 상담자는 현장 경험이 풍부한 임상가이다. 이 실제 회기의 유일한 사실이 아닌 부분은 내담자가 실제로 치료를 찾은 것이 아니며 이것이 치료 관계에서의 첫 번째 회기가 아니라는 것이다.
회기가 끝난 후, 상담자는 회기에 대한 몇 가지 핵심적인 질문에 답하도록 하였다. 이 질의 응답 시간은 10분을 넘지 않는다. 이 회기의 기록본은 열람 가능하다.

패이 숏의 사례: 내력과 증상

패이 숏은 높은 곳에 대한 심각한 두려움을 가지고 있다. 그녀는 최근 직장에서의 심한 스트레스와 그에 관련된 신체적 증상(두통과 요통 포함)을 경험했다. 그러나 그녀가 치료를 찾는 가장 큰 이유는 높은 곳에 대한 심각한 두려움을 극복하려는 욕구이다. 그녀는 10여 년 전에 짧은 기간 동안 인간중심 치료를 시도했으나 그것은 그녀가 현재 느끼는 두려움에 아무런 효과가 없었다. 그녀는 치료를 통해 이러한 두려움을 극복하여 더 이상 높은 곳과 관련된 활동에 참여하는 데 어려움이 없었으면 한다.

치료 회기: 분석

치료 회기는 다음과 같이 나뉠 수 있다.

소 개

기본 계약의 세부 사항, 특히 비밀 유지에 관한 소개

특히 내담자가 제기한 문제와 이 회기에서 다룰 부분에 대한 소개에 초점을 맞춘다(회기의 지도 형성).

내담자에게 질문을 받는다.

이야기

내담자는 문제가 어떻게 시작되었는지, 시간이 지남에 따라 문제가 어떻게 발전했는지, 문제가 현재의 삶에 어떻게 영향을 미치는지 설명하도록 한다.

문제를 지속시키는 특정 행동을 포함하여 문제를 경험하는 동안 취했던 행동에 초점을 맞춘다.

목 표

강화와 처벌이 어떻게 행동을 형성하고 유지하는가에 대해 설명하며 행동주의적 치료를 소개한다.

문제 상황에 노출되는 것과 적절한 행동에 대한 구조적인 강화를 제공하는 것이 문제의 감소에 어떠한 영향을 주는지 설명한다.

가까운 미래에 다룰 수 있는 치료의 구체적인 목표를 설정한다.

종 결

상담자의 회기 내용 요약

내담자가 경험한 회기에 대해 반영한다.

과제와 치료계획을 비롯하여 행동 문제가 차후 회기에 어떻게 다루어질 것인지 설명한다. 다음 회기에 돌아오도록 초대한다.

치료 회기와 관련된 핵심 질문들

행동주의적 관점으로부터 이 내담자의 특성을 어떻게 이해할 수 있는가?

- 현재 내담자의 문제를 유발한 행동은 무엇인가?
- 최근 그 행동을 형성한 고전적 조건형성이 이전에 있었는가?
- 내담자는 문제 행동을 유발한 중립적인 경험과 감정적인 경험의 짝지음paring을 경험하였는가?
- 최근 문제 행동을 유지하게 하는 자극-반응 연합이 있는가?
- 최근 문제 행동을 형성한 조작적 조건형성이 이전에 있었는가?
- 내담자는 최근 문제 행동을 형성한 강화나 처벌을 경험하였는가?
- 문제 행동을 유지하게 하는 결과들에는 어떤 것들이 있는가?

이 행동 치료 회기에서 치료적 관계의 특성은 무엇인가?

- 상담자는 행동에 초점을 두는가?
- 상담자는 생각과 감정을 탐색하고 있는가? 만약 그렇다면 이것들이 행동 치료 회기에서 언급되는가?
- 상담자는 전문가의 역할을 하고 있는가?
- 상담자는 수동적인 혹은 적극적인 심리 교육적 전략들을 사용하는가?
- 상담자는 현재 문제를 해결하기 위해 내담자와 협력하는가?

어떤 행동 치료 기법들이 치료 회기에서 사용되는가?

- 상담자는 체계적 둔감법 또는 홍수기법과 같은 노출기법을 사용하는가?
- 상담자는 어떻게 내담자에게 재조건화를 격려하는가?
- 상담자는 타임아웃, 토큰 경제나 우발적 관심과 같은 유관 계획 기술들contingency management techniques을 사용하는가?
- 상담자는 내담자에게서 나타나는 긍정적인 변화들을 어떻게 강화하는가?
- 상담자는 내담자가 이전의 문제 행동을 잊어버리고 새로운 해결 중심 행동들을 학습하도록 하기 위해 구체적인 훈련 프로그램을 추천하거나 조언하는가?

내담자의 개인적 경험

나는 이번 회기에 대해서 매우 불안했다. 행동치료가 처음이었으며 영상 촬영이 진행되는 동안 치료를 받는 것 역시 처음 경험하는 것이었기 때문이다. Keith는 처음 몇 분 동안 나를 안심시켰고 대화하기 시작한 후 난 간신히 카메라에 대해 잊게 되었다.

나는 Keith와 매우 긍정적인 라포를 형성했다고 느꼈다. 나의 경험들에 대해 그와 대화할 때 편안했고 Keith가 내 이야기를 들으면서 공감하고 있다고 느꼈다. 이것은 꽤 놀라운 것이었는데 난 이전의 인간중심 치료보다 행동치료가 덜 공감적일 것이라고 예상했기 때문이다. 특히 회기를 시작하면서 내가 너무 많은 말을 했다고 느꼈는데 이것은 행동주의 회기가 내 예상과 달라서였다. Keith는 예상한 것보다 덜 지시적이었고 그가 내 두려움들이 즉시 밀려들도록 요구하지 않는다는 것을 발견하며 안심하게 되었다.

이번 회기는 캄보디아에서 겪었던 두려운 경험과 그 후의 행동에 구체적으로 초점을 맞췄다. 특히 내가 나 자신을 보호하기 위해 사용하는 여러 행동들을 탐색했고 이러한 행동들이 사실 내 문제를 유지시키고 있다는 사실을 깨달았다. 예를 들면, Keith는 내가 어느 순간에 불안과 불편함을 줄이기 위해 높은 것을 피하는 경향을 보이는지 설명했고 이런 행동이 나의 회피성을 강화하고 있기에 어떻게 하면 미래에 이런 회피를 하지 않을 수 있는지 알려 주었다. 이전까지는 이런 관점으로 내 행동을 생각해보지 않았기 때문에 이것 역시 내게 정말 놀라운 경험이었다. 사실 나는 항상 나에게 두려움을 주는 높은 곳을 피하는 것이 합당하다고 생각했었다. Keith는 또한 내가 남편을 지지연결망으로 이용하는데 이 역시 내 문제를 해결되지 못하게 하는 원인 중 하나라고 설명했다. 이전까지 그의 위로가 나의 두려움을 강화한다고 생각하지 못했지만 이번 회기를 통해 이해하게 되었다. 생각해보니 이번 회기 동안 나에 대해 많이 배웠다고 느꼈다.

내가 행동 치료를 통해 기대할 수 있는 부분들을 Keith가 정확히 설명해주어 고마웠다. 이는 나를 더욱 안심시켰고 그의 설명은 내가 예상했던 것보다 훨씬 덜 무서웠고 사려 깊었다. 그는 내가 두려움이 유지되도록 하는 행동들을 바꿈으로써 어떻게 미래의 두려움들을 감소시킬 수 있는지 설명했고 이는 내가 그의 제안대로 연습하고 훈련할 수 있는 자신감과 용기를 주었다. 이 회기를 마치면서 나는 Keith와 함께 나의 공포증을 해결할 수 있을 것이라는 안심과 낙관을 느꼈고 미래를 그렇게 바라보게 되었다.

—Fay Short

Chapter 05

인지주의적 접근법과 인지 치료

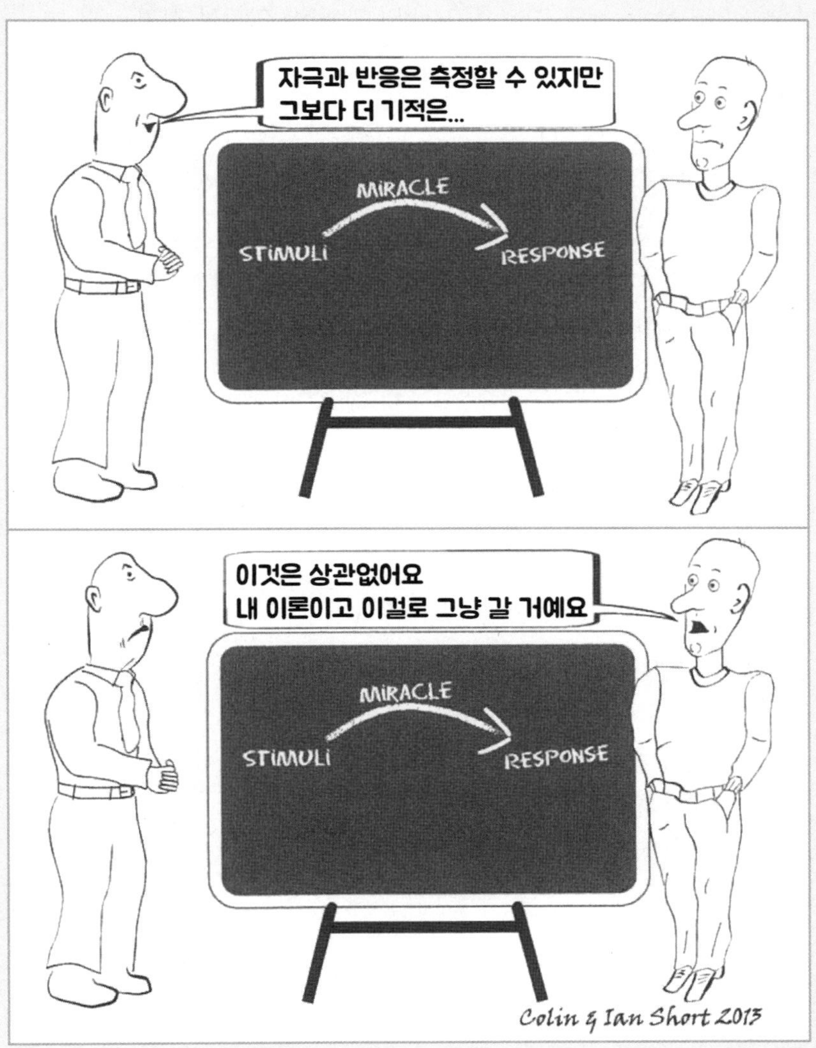

CHAPTER 05 Contents

- 인지주의적 접근법과 인지 치료 소개
- 인지주의적 접근의 발전
  - 인지 혁명
  - 인지주의적 접근의 주요 인물
  - 인지주의적 접근의 주요 발전
- Ulric Neisser와 Aaron Beck의 개인적, 학자적 전기
  - Ulric Neisser의 전기
  - 주요 어록
  - Aaron Beck의 전기
  - 주요 어록
- 인간 본성과 성격에 관한 인지주의적 이론
  - 인지 도식
  - 인지와 행동
  - 인지 왜곡
- 인지 치료에서의 치료적 관계
  - 내담자 치료자의 관계
  - 인지 치료의 문제점
- 인지 치료의 치료 기술
  - 인지의 타당성 시험
  - 소크라테스식 질문
- 인지 치료 사례
  - 상담 예시: 녹화된 사례 보기
  - 패이 숏의 사례: 내력과 증상
  - 치료 회기: 분석
  - 내담자의 개인적 경험

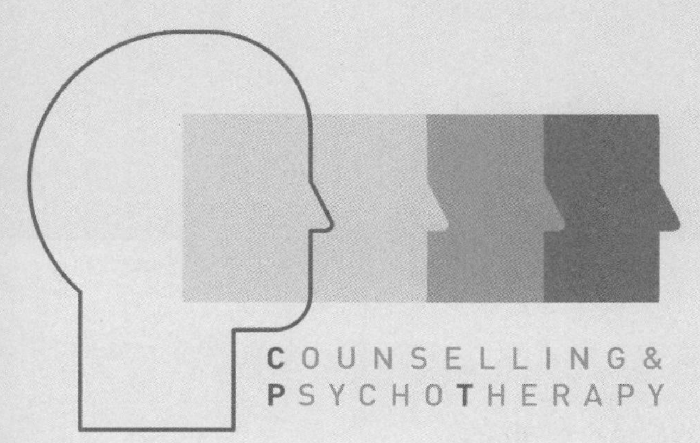

Chapter 05

인지주의적 접근법과 인지 치료

인지주의적 접근법과 인지 치료 소개

이 장은 상담과 심리 치료에 있어 인지주의적 접근을 독자들에게 소개하는 것을 목표로 한다. 인지 치료는 인지주의적 접근에 속한 치료 방법의 한 예로서 탐구될 것이다.

학습목표

이 장을 읽고 당신은 다음과 같은 것들을 할 수 있을 것이다:

- 심리학에서 인지 혁명의 발전을 묘사
- Ulric Neisser과 Aaron Beck이 인지접근법의 개발에 미치는 상대적 영향을 이해
- 인지적 관점에서 인간의 본성과 성격에 관한 핵심 이론을 논의
- 인지 치료에서 치료사와 환자 간의 치료적 관계의 본질에 대해 논의
- 인지 치료에 사용되는 주요 치료 기술 개요
- 실제 환경에서 인지 치료의 적용

인지주의적 접근의 발전

학습목표

이 장을 읽고 당신은 다음과 같은 것들을 할 수 있을 것이다:
- 심리학 및 후속 혁명의 세 가지 주요 세력을 열거
- 역사적 관점에서 인지주의적 접근의 발전과정에 대해 논의
- 인지주의적 접근의 발전에 기여한 주요 요인들을 이해

인지 혁명

심리학을 이끌었던 세 가지 주요 세력은

행동주의 이론

정신역동 이론

인본주의 이론

그리고 이후, 인지 혁명이 있었다.

이 혁명은 심리학의 주류를 이루던 세 가지 이론에 대응하여 1950년대에 시작되었다.

행동주의적 심리학은 행동에 너무 집중하여 인지적 중재의 중요성을 인식하지 못함.

정신역동 심리학은 무의식적인 추동에 너무 심취한 나머지 인간의 인지 능력을 실증적으로 설명하지 못함.

인본주의 심리학은 내담자의 자기성찰에 과도하게 의존하여 전문가의 지도와 이해를 간과함.

인지 혁명은 정보 기술의 발전으로 뒷받침 되었다.

인지적 접근은 정보 처리 접근법을 수용함.

이 접근법은 본질적으로 인간은 능동적인 정보 처리자이기 때문에 컴퓨터 시스템과의 유사성을 사용하여 인간의 마음을 탐구할 수 있다고 가정함.

심리학 연구의 순환적 특성

심리학은 최초에 인간 정신에 대한 탐구로 정의되었다.

그러나 1900년대 초기의 동물 연구는 인간 행동으로 일반화 될 수 있는 결과를 창출함.

그 결과, 심리학이 인간 행동에 대한 연구로 재정의되었음.

인지 혁명은 심리학의 초점을 정신으로 되돌려 주었다.
    심리학은 인간 정신의 과학적 연구로 다시 정의되기 시작함.

인지주의적 접근의 주요 발전

인지주의적 접근에 대한 초기 관심

초기의 심리학은 내면의 갈등과 관련된 문제를 탐구함.
    Wundt는 의식적 과정의 즉각적인 경험을 탐구(인식 및 주의)
    Titchener는 의식이 있는 마음의 구조를 탐구(지각과 주의)
    Ebbinghaus는 언어 기억을 탐구(기억)
    James는 의식의 기능을 탐구(기억)
초기의 심리학은 과학적 방법을 사용하여 인간의 마음을 연구하고자 함.
    그러나 현대 연구방법의 기준만큼 과학적인 방법으로 항상 연구되었다고 할 수는 없음.
        Wundt는 자기성찰을 과학적 관찰방법으로 옹호한 반면, 오늘날에는 객관성을 가진 외부인이 관찰해야 한다고 주장
        Titchener는 모든 연구 참가자들에게 엄밀한 교육을 요구했으나 오늘날 우리는 순진한 참가자naive participant를 요구
    그러나 이러한 방법들도 인간 사고 과정을 탐구하기 위한 경험적 관찰을 적용했다는 의미에서 과학적이었음.
        Ebbinghaus는 기억 연구에서 여전히 사용되는 연구방법을 개발했음.
행동주의가 심리학에서 주된 접근법이었을 때 학문적 초점이 정신에서 멀어짐.
    행동주의는 관찰가능하고 측정가능한 행동에만 집중.
    정신의 개념은 무시되거나 행동의 또다른 (덜 측정가능한) 형태로 간주됨.
행동주의는 1900년대 초반의 심리학에서 주도적이었음.
    Thorndike(1898), Pavlov(1928), Watson(1913), Skinner(1938) 등의 연구는 관찰가능한 행동을 측정하는 통제 연구의 중요성을 강조함.
행동주의는 1950년대에 인기를 잃음.
    인간 실행력의 한계에 대한 연구는 2차 세계대전 동안 필수적이었음.
        조종사가 대형 제어판에 어떻게 반응하는지, 또는 저격수가 압박 받는 상황에서 목표물에 어떻게 접근하는지 이해하는 것이 전쟁 결과에 결정적으로 기여했음.
    그리하여 연구 초점은 사고 과정의 조사로 되돌아 왔고, 행동 패러다임 내에서 이런 질문

들은 효과적으로 연구될 수 없었음.

컴퓨터 공학은 정보 처리에 대한 새로운 이해를 제공하고, 인간의 정신이 정보 처리 장치의 한 유형이라는 가능성을 제시함(컴퓨터 모형).

정보는 암호화 됨

감각(눈, 귀, 코 등)을 통해 자극을 받아들이고 이 정보를 현실의 심적 표현으로 변환

예를 들어, 사람의 입술에서 나오는 소리를 듣고 의미 있는 단어와 문장으로 변환

이는 코드를 컴퓨터에 입력하는 것과 유사

정보는 저장됨

정보 검색이 필요할 수도 있는 준비 기간 동안 정보를 보유함.

이는 컴퓨터 하드 드라이브의 저장 장치와 유사

정보는 인출됨

저장된 정보 복구

일부 정보는 쉽게 되찾을 수 있고

일부 정보는 되찾기 어려울 수 있음

이는 인쇄 또는 컴퓨터의 화면에 정보를 가져 오는 것과 유사

1956년 Miller가 '마법의 숫자 7, 플러스 마이너스 2'를 발표함.

Miller는 정신 속의 계산 과정에 대한 경험적 증거를 제공

인간의 단기 기억이 마법의 숫자 7, 플러스 마이너스 2개의 정보 덩어리로 제한된다는 것을 발견함.

즉, 우리는 우리 머릿속에 언제든지 5~9개의 덩어리를 저장할 수 있음.

예를 들어, 7자리 숫자(1, 4, 2, 6, 3, 9, 4)도 기억할 수 있지만 숫자를 묶으면 숫자의 수가 크게 증가할 수 있다(14, 28, 38, 24, 35, 41, 92).

결과는 인간의 두뇌가 정보를 처리한다는 것과, 이는 행동주의적 패러다임을 통하여 간단하게 설명될 수 없다는 것을 암시함.

1959년 Chomsky가 'B. F. Skinner의 언어행동Verbal Behavior에 대한 검토'를 출판

Chomsky는 자극—반응 패러다임을 통해 설명할 수 없는 인간 활동의 예로서 '언어'를 제안함.

모든 단어, 문구 및 표현을 조건 설정하는 것은 불가능하므로, 언어는 능동적인 인지 과정을 위한 증거가 됨.

인지—행동 논쟁에서의 전환점이 됨.

1956년 Bruner가 '사고에 대한 연구A Study of Thinking' 발표

Bruner는 수용된 행동 접근 방식과 다른, 인간의 생각, 감정 및 행동을 연구하기 위한 전형적인 예를 제안

Pinker(2002)는 전통적인 행동주의적, 정신역동 및 인본주의적 접근에서 벗어나는 데 기여한 '인지주의적 접근'의 다섯 가지 주요 가정을 발견함.

- 마음 속 인지능력은 정보, 계산 및 피드백 과정을 통해 뇌의 신체적 활동을 통해 작동함.
- 빈 석판은 아무 것도 하지 않기 때문에 마음이 빈 석판이 되는 것은 불가능함.
- 마음 속에 있는 유한한 조합 프로그램은 무한한 행동 범위를 일으킬 수 있음.
- 문화 전반에 걸친 인지 과정에는 표면적인 차이가 있지만 기본적인 인지 메커니즘은 보편적임.
- 정신은 상호작용을 하는 많은 부분들로 구성된 복잡한 시스템임.

인지주의적 접근의 정식 확립

1967년 Neisser가 '인지 심리학Cognitive Psychology' 발행

- Neisser는 지각(특히 패턴 인식)은 입력과정, 주의와 문제 해결은 처리과정, 그리고 기억은 출력과정이라 주장함.
  - '"인지"라는 용어는 감각 입력이 변형되고, 축소되고, 정교화되고, 저장되어 회수되고 사용되는 모든 과정을 의미한다.'(Neisser, 1967)

이 책은 현장에 막대한 영향을 끼침.

- '인지 심리학'은 일반적인 이름이 되어 저널, 수업 및 학회가 분야 곳곳에 설립됨.

현대 인지주의적 접근법

인지 심리학은 번성하는 연구 분야임.

- 컴퓨터 시스템 및 인공 지능의 급속한 발전은 인지 이론의 발전에 지속적인 영향을 미치고 있음.

현대 인지 심리학에서는 학제 간 연구가 일반적

- 인지 신경 심리학은 신경과학 연구와 인지 연구가 융합된 분야임.

인지주의적 접근의 주요 인물

Albert Ellis(1913–2007)

주요 영향

- 인지 치료의 원형인 합리적 치료법을 창설함.
- 합리적 치료법을 가장 초기형태의 인지-행동 요법인 '합리적 정서 행동 치료REBT'로 발전시킴.

합리적인 사고 과정의 중요성과 절대적 사고의 위험성을 강조

주요 저작

1957년 출판된 '합리적 심리치료 요법과 개인 심리학Rational Psychotherapy and Individual psychology'

Jerome Bruner(1915–현재)

주요 영향

교육 심리학자

교육에서 학습자 개발을 지원하기 위한 비계설정scaffolding 개념 도입

가난한 어린이들이 동전을 높은 가치로 봄으로써 동전의 물리적 크기를 과대 평가한 것으로 나타남(비슷한 크기의 원판에게는 그러하지 않음; '새로운 모습' 실험).

자극에 대한 반응에서 해석의 중요성을 강조하고, 이는 행동주의 이론으로는 설명할 수 없다는 점을 지적함.

인지 심리 연구를 공식적으로 수립함.

주요 저작

1947년 '인식의 조직화 요인으로서의 가치와 필요성Value and Need as Organizing Factors in Perception' 출판

1956년 '사고에 관한 연구A Study of Thinking' 출판

George Miller(1920–2012)

주요 영향

언어학자이자 컴퓨터 과학자

Chomsky와 함께 행동주의를 비판함.

복잡한 인간 프로세스(예를 들어, 기억)는 행동적 반응만을 측정하여서는 설명할 수 없다고 주장

마법의 숫자 7을 확인(인간의 단기 기억은 한번에 +/−7개의 정보 덩어리를 유지할 수 있음)

기억 연구는 인지 과정의 이론을 지지함.

주요 저작

1956년 '마법의 숫자 7, 플러스 마이너스 2' 출판

Aaron Beck(1921–현재)

주요 영향

인지 심리학의 개념을 정신 건강에 적용

Beck 우울 척도 개발

우울증을 설명하기 위해 인지 삼제와 인지 왜곡을 확립하고 인지 치료를 개발함.

주요 저작

1975년 '인지 치료와 정서 장애Cognitive Therapy and Emotional Disorder' 출판

1967년 '우울증: 임상 실험 및 이론적 측면Depression: Clinical Experimental and Theoretical Aspects' 출판

Noam Chomsky(1928–현재)

주요 영향

언어학자 및 정치 운동가

Miller와 함께 행동주의를 비판

Skinner가 행동주의적으로 주장하는 학습된 언어 구사는 불가능한 개념이며, 행동주의는 인간 언어에 대한 설명으로서 너무 단순하고 피상적이라고 주장

그의 행동주의에 대한 비평은 인지 혁명의 길을 열어 줌.

주요 저작

1959년 'BF Skinner의 언어적 행동에 대한 검토A review of B.F. Skinner's verbal behavior' 출판

Ulric Neisser(1928–2012)

주요 영향

인지 심리학의 창시자로 알려짐

포괄적인 정보 처리 이론을 정립하기까지 지각, 주의, 문제 해결 및 기억의 분야를 결합한 연구를 함.

인지 연구에서 생태학적 타당성의 중요성을 강조

행동주의적 가정에 대한 도전

주요 저작

1967년 '인지 심리학Cognitive Psychology' 출판

1976년 '인지와 현실Cognition and Reality' 출판

1982년 '관찰된 기억Memory observed' 출판

Donald Meichenbaum(1940–현재)

주요 영향

심리치료를 통해 '내면의 대화'를 수정하는 인지의 변화에 집중

행동주의와 인지주의 이론을 통합하여 인지–행동 치료의 원형인 인지–행동 수정요법을

형성(Ellis가 제안한 REBT의 대안)

주요 저작

1977년 '인지-행동 수정: 통합적 접근법Cognitive Behavior Modification: An Integrative Approach' 출판

요약

인지 혁명: 행동, 정신역동, 인본주의; 정보 기술의 발전이 뒷받침된 인지 혁명

주요 발전: 비과학적 방법을 사용하여 인지에 초점을 맞춘 초기 개념들(Wundt, Titchener, Ebbinghaus, James), 1900년대 초반에 행동주의가 현장을 지배했으나 제 2차 세계대전과 컴퓨터 과학이 정신에 대한 연구 관심을 다시 불러 일으킴; Miller, Chomsky와 Bruner는 1950년대의 급진적인 행동주의를 비판하고 인지적 대안을 제시, Pinker는 행동주의에서 인식주의로의 전환을 이끄는 인지주의의 다섯 가지 주요 가정을 제시(정신 활동은 두뇌의 신체 활동을 통해 이루어지며, 빈 서판은 아무런 활동을 하지 않기에 마음은 빈 서판이 아님, 유한한 프로그램은 무한한 범위의 행동을 창출, 문화 간의 표면적 다양성이 있으나 기본 심적 메커니즘은 보편적, 정신은 많은 부분으로 구성된 복잡한 시스템); 1960년대 Neisser의 '인지 심리학'의 발행과 함께 공식적 분야로 설립됨. 현대의 인지주의 접근은 번성하는 다학제적 연구 분야임.

핵심 인물: Ellis의 합리적 치료, Bruner의 학습을 위한 비계설정, Miller의 마법의 숫자 7, Beck의 인지 삼제, Chomsky의 행동주의 비판, 인지 심리학의 창립자 Neisser, Meichenbaum의 인지-행동 수정

Ulric Neisser와 Aaron Beck의 개인적, 학자적 전기

학습목표

이 섹션을 읽고 당신은 다음과 같은 것들을 할 수 있을 것이다:

- Ulric Neisser(1928-2012)의 개인적, 학자적 전기 개요
- Aaron Beck(1921-현재)의 개인적, 학자적 전기 개요
- 인지 치료의 발달에 영향을 미친 주요 인물들에 대한 이해

Ulric Neisser의 전기

'나는 "인지 심리학의 아버지"가 아니고, 단지 그것을 명명한 대부였다.'

-Neisser(2002)

Ulric Neisser는 누구인가?

Neisser는 현대 인지주의적 접근의 아버지로 불림.

행동주의에 도전하며 포괄적인 정보 처리 이론을 산출함.

인지 연구에서 생태학적 타당성의 중요성을 강조

생애 초기

1928년 12월 8일 독일 키엘 출생

아버지Hans Neisser는 경제학자였고 어머니Charlotte는 여성 운동에 적극적이었음.

그가 4살이었을 때 독일을 떠나 미국으로 이민

아버지는 저명한 유태인 가족 출신이었고 반 나치 사회 민주당원이었기 때문에 히틀러가 권력을 잡은 직후 자신의 안전을 위해 가족과 독일을 떠남.

아버지는 펜실베니아 대학에서 자리를 잡음.

펜실베니아 주 Swarthmore에서의 행복한 어린 시절

아버지는 학자로서 높은 급여를 받았음.

청소년기 때 독일 문화적 배경으로 인한 어려움 겪음

학업적으로 우수(우수한 성적, 명예학회 회원)하였지만 운동은 잘 못하였고, 학우와 소녀들 관계에서 미숙

이 시절의 자신 스스로를 '이상한 아웃사이더'라고 묘사함(Neisser, 2002).

전쟁의 공공의 적이었던 독일과 거리를 두기 위해 '100% 미국인'이 되기로 결심(Neisser, 2002).

Ulric이라는 이름조차 너무 독일식이었기에 Dick 또는 Dickie라는 이름으로 바꿈.

이는 그를 부모님의 독일 문화와 학문적 가치를 거부하도록 이끔.

자신의 문화적 유산과 잘 공감하지 못함 — 심지어 자신의 아버지가 유태인이었고, 독일에 남아 있었다면 모두 강제 수용소로 잡혀갈 수 있다는 것조차 알지 못했음(Neisser, 2002).

과학자의 길을 걸으리라 기대 받음

부모님은 상당한 학구파였고, 그는 '모든 것을 다 아는' 아버지에게 경쟁심을 느꼈다고 함(Neisser, 2002).

그는 학문적으로 늘 좋은 성과를 얻었지만 과학적 이론을 잘 이해하지 못했고, 대학에 입학하기 전까지 심리학에 대해 들어 본 적이 없었음(Neisser, 2002).

교 육

하버드 대학교에서 심리학 전공(1946-1950)

감각, 지각 및 학습에 대한 수업을 듣고 심리학으로 전공을 바꿈.

실험 심리학자가 되기로 결심.

'행동주의에 맞선 선한 싸움을 싸우기' 노력(Neisser, 2002).

초심리학, 그리고 초감각적인 지각에 대한 연구에 흥미를 느낌.

하버드 초심리학 연구회 설립(Neisser, 2002)

이 분야를 계속 연구하지는 않았지만, 그의 논란의 여지가 있는 실험에 대한 애정이 이런 초기경험에서 나온 것이라고 밝힘.

1950년 학사 수석으로summa cum laude 졸업

1950년-1952년 Swarthmore 대학원에서 심리학 공부

(행동주의에 반대되는 것으로 인식되던) 게슈탈트 심리학에 대한 흥미를 가졌으므로, 그 곳에 새로 임용되었던 Wolfgang Kohler에 끌려 대학원 진학

학위과정 동안 Kohler와의 접촉은 거의 없었으나 George Miller와 우정을 쌓았고 게슈탈트 이론에서 멀어짐.

George Miller가 그에게 정보 이론에 대해 소개함.

1952년 석사 졸업

1952년-1954년 MIT 대학원에서 심리학 공부

Miller를 따라 MIT에 갔지만 그 연구에는 관심이 없었음.

1953년에서 1954년까지 Swarthmore에서 강사로 일함.

1954년 공부를 마치러 MIT로 돌아 왔지만, 여전히 불행하여 인근의 하버드로 이전하기로 결정

1954년-1956년 하버드 대학에서 심리학 전공

1956년 심리학 박사 학위 취득

가 족

1952년 Anna Pierce와 결혼

세 명의 아들과 한 명의 딸을 키움.

1964년 이혼

1964년 Arden Seidler와 결혼

Arden은 이미 3명의 자녀가 있어 결혼 후 부부와 함께 살았다(Neisser의 4명의 자녀는 그들의 어머니인 Anna와 남겨졌음).

Arden의 세 자녀와 함께 한 아들을 키움.

그녀가 사망할 때까지 결혼생활 지속

직 업

1956년-1957년 하버드에서 연구 및 강사fellowship로 근무함.

감각과 지각에 대한 수업 가르침.

1957년-1965년 Brandeis 대학 부교수로 임직

1964년 '*10개의 타겟을 동시에 찾기*' 를 출판

인간 패턴 인식의 기본 원리를 탐색함.

병렬 시각적 검색을 통해 병렬 처리에 대한 증거 제공

참가자들은 한 글자만큼 빨리 10글자를 검색할 수 있었음.

1965년-1967년 안식년 이후 실험 정신의학과에서의 직위

안식년에 그의 주요 저서인 '*인지심리*'를 씀.

1967년 '인지 심리학' 출판

포괄적인 정보 처리 이론을 산출하기 위한 지각, 주의, 문제 해결 및 기억의 분야에서 결합된 작업

선형 처리보다는 병렬 처리를 주장하였기 때문에 기존의 정보 처리 모델과 다름.

인식(특히 패턴 인식)은 입력, 주의와 문제 해결은 처리과정, 그리고 기억은 출력이라고 주장

'"인지"라는 용어는 감각 입력이 변형되고, 축소되고, 정교화 되고, 저장되고, 복구되고 사용되는 모든 과정을 의미한다.'

공격성 없이 행동주의적 가정들에 대해 저항함.

책은 이 분야에 막대한 영향을 미침.

인지 심리학은 일반적인 이름이 되었고 저널, 수업 및 학회가 현장에 설립됨.

이로부터 Neisser는 '인지 심리학의 아버지'로 알려짐(Neisser, 2002).

1966년-1983년 Cornell 대학에서 심리학 교수로 재직

연구 조사에서 생태학적 유효성과 사실성의 중요성에 대하여 강조한 Gibson에게 소개됨.

1976년 '인지와 현실Cognition and Reality' 출판

1973년 안식년 동안 Palo Alto에 위치한 행동과학 고등 학문센터에서 저술을 시작

인지연구에서 생태학적 타당도의 중요성을 강조

행동주의의 통제 실험실 연구에 대한 직접적인 반대

지각 순환에 대한 개념 소개

입력되는 정보에 의해 형성되는 도식이 그 후 들어오는 정보가 어떻게 처리되는지에 영향을 줌.

예를 들어, 식당에서의 경험들을 바탕으로 우리는 식당에서 어떻게 행동해야 되는지에 대한 도식을 가지고 있다. 이 도식은 우리가 다음 번에 식당을 방문했을 때 어떻게 행동할 것인지에 영향을 주고, 이 경험은 재확인되거나 이미 성립이 되어있는 도식과 충돌을 일으킬 것

1978년 웨일즈에서 개최된 첫 '실용적 기억 학회'에서 혁신적인 기조 연설을 함.

생태학적으로 유효한 방법을 사용하여 실제적 문제를 해결하는 것이 중요하다는 점을 강조

심리학은 일반적으로 흥미롭고 사회적으로 중요한 것을 연구하지 못했다고 주장함(Neisser, 2002).

1982년 '관찰된 기억memory observed' 출판

일상적인 기억에 대한 생태학적 연구의 중요성 강조

허위 기억의 개념을 간략히 다루어 '허위 기억 증후군 재단'의 과학 자문위원으로 초청됨.

1983년-1996년 Emory 대학교에서 교수직을 맡음

1992년 '회상에서의 정서와 정확성: '플래시 전구' 기억 연구Affect and Accuracy Recall: Studies of 'Flashbulb' Memories' 출판

플래시 전구 기억은 특정 순간을 생생하게 기억하는 것

마치 카메라의 플래시 전구가 머리에서 터져 사건을 캡처한 것과 같음.

보통 결혼식이나 재해와 같은 중요 사건과 관련 있음.

예를 들어, 대부분의 사람들은 9월 11일의 테러 사건에 대한 소식을 들었던 순간을 생생하게 기억함.

플래시 전구 기억에 일반적인 오류 유형들을 조사함

주요 사건에 대한 기억을 시간이 지남에 따라 비교한 연구에 보고함

1986년 Challenger 우주선 폭발 직후 학생들에게 질문

3년 후 다시 학생들에게 질문했을 때 기억에 커다란 불일치를 찾음.

많은 학생들은 사건에 대한 부정확한 기억, 또는 완전히 잘못된 기억을 함.

예를 들어, 한 학생은 기숙사 복도에서 한 여학생이 발생한 재난에 대해 비명을 질렀

었다고 주장했으나, 처음 보고할 당시에는 점심 시간에 친구들을 통해 처음 뉴스를 접했었다고 밝혔음.

과거는 비디오 테이프나 사진처럼 저장되지는 않지만 후속 경험을 토대로 왜곡되고 재형성된다고 주장

예를 들어, 위에서 언급한 학생이 Challenger 재난 당시 큰 소리로 비명을 지르는 사람을 경험했을 수 있으며, 뉴스에 처음 노출되었을 때의 기억이 그 새로운 경험으로 인해 수정되었을 수 있음.

논란이 많았던 벨 곡선The Bell Curve(1995)란 책이 불러온 우려 사항들에 대응하기 위해 미국 심리학회 특별대책 위원장을 맡음

IQ 검사에 대한 종합적인 개요를 저술함.

1996년 Emory University의 명예교수로 일하기 위해 Cornell University에서 퇴직

죽 음

파킨슨 병으로 오래 투병한 끝에 83세의 나이로 2012년 2월 17일 사망

인지적 접근의 창립자: Neisser

Ulric Neisser의 삶에 대해 생각해보고, 다음 질문들에 답하여 보라.

1. Neisser의 이론을 발전시킨 사회 문화적 맥락은 어떠한 것인가?
2. Neisser의 인생 경험이 인간본성에 관한 그의 관점에 어떠한 영향을 주었는가?
3. 이러한 Neisser의 생애는 당신이 인지주의 접근을 이해하는 데에 어떠한 도움을 주었는가?

주요 어록

'우리의 가장 오래된 기억들의 대부분은 반복된 리허설과 재건의 산물이다.'(Neisser, n.d.에서)

'인지 과정은 반드시 존재하므로, 이를 연구하는 것이 비과학적이라고 할 수 없다.'(Neisser, 1967)

Aaron Beck의 전기

'나를 믿지 마라. 나를 시험해라.' -Beck(Blenkiron, 2005)

Aaron Beck은 누구인가?

Beck은 1960년대에 인지 치료를 창시함

인지 치료는 Ulric Neisser에 의해 제시된 인지 심리학을 기반으로 만들어짐.

우울증 연구에 인지 원리를 적용하여 우울증의 새로운 이론을 공식화하고 새로운 치료법을 개발함.

생애 초기

1921년 7월 18일 로드 아일랜드의 프로비던스 출생

아버지Harry Beck는 인쇄업자였고 어머니Elizabeth Temkin는 주부였음.

3명 중 막내(그의 출생 전, 어린 나이에 죽은 두 명의 형제도 있었다)

우울증으로 인한 가족의 고통

부모는 러시아 출신의 유태인 이민자

어머니가 우울증에 시달림(Weishaar, 1993)

Beck의 출생 전에 두 자녀를 잃었고 우울한 기분 변화로 힘들어 함.

그녀의 우울증은 Beck을 낳고 완화되었지만 일평생 동안 약하게 지속됨.

Beck은 자신이 사망한 여동생을 대체하는 존재라고 느꼈지만, 자신이 태어남으로 어머니의 우울증이 치료될 수 있었다고 자랑스러워 함(Weishaar, 1993).

8세 때 부상 후 생명을 위협하는 감염에 시달림(Weishaar, 1993)

그의 병 때문에 결석을 많이 하게 됨.

이를 계기로 심한 열등감과 병원에 대한 두려움을 느끼게 됨.

합리적인 사고로 이러한 부정적인 감정을 극복할 수 있는 능력을 길러 인지 치료의 가치에 대한 첫 경험을 하게 됨.

교 육

1938년-1942년 브라운 대학에서 영어학 전공(Weishaar, 1993)
Phi Beta Kappa Society의 회원으로 추대
브라운 데일리 헤럴드의 부 편집인 활동
Francis Wayland 장학금 수여, Bennett Essay 상 및 Gaston 웅변상 수상
1942년 영어와 정치학 전공으로 우수magna cum laude 졸업

1942년-1946년 Yale Medical School 재학
처음에는 정신과 전문의에 관심이 있었지만, 정신분석 이론들의 비합리적 특성으로 인해 그만둠.
1946년에 의학박사 학위를 받고 졸업

가 족

1950년 필리스 휘트먼Phyllis Whitman과 결혼
브라운 대학에서의 인턴 과정에서 만남(그녀는 협력단체인 힐렐 재단의 여자학교에 다니는 학생이었음).
법학 공부를 마치고 펜실베이니아 주 상급 법원 판사로 재직함으로 그녀 역시 Aaron Beck과 못지않은 경력을 쌓음

두 딸과 두 아들을 양육
앨리스 벡Alice Beck – 어머니의 발자취를 따라 법원 판사로 재직
주디스 벡Judith Beck – 아버지의 발자취를 따라 현재 벡 연구소Beck Institute의 책임자임.

직 업

1946년-1948년 로드 아일랜드 병원의 병리학 레지던트
1948년-1949년 Cushings Veterans Administration Hospital의 정신과 레지던트
1950년-1952년 Austin Riggs Center에서 정신과 펠로우
1952년-1954년 펜실베이니아의 밸리포지 병원의 신경정신과 차장
1954년-1958년 펜실베이니아 대학 정신의학과 시간강사, 그 후 준회원
1958년-1971년 펜실베이니아 대학 정신의학과 조교수, 그 후 부교수
우울증 연구 클리닉을 설립하여 우울증의 원인 및 치료에 대한 경험적 연구

1961년 벡 우울증Beck Depression Inventory 척도 개발
현재도 우울증의 임상 진단을 위해 가장 널리 사용되는 평가 척도
최근 정서적 및 인지적 상태를 나타내는 21개 항목으로, 전체 점수는 우울 수준을 나타냄.

예: 0 나는 슬프지 않다
1 나는 슬프다
2 나는 항상 슬프고 기운을 낼 수 없다
3 나는 너무나 슬프고 불행해서 도저히 견딜 수 없다

진단 포인트는 다양하지만 일반적으로 다음과 같이 간주된다:

0－10 ＝ 보통
11－16 ＝ 가벼운 기분 장애
17－20 ＝ 경계선적 임상적 우울증
21－30 ＝ 중등도 우울증
31－40 ＝ 심각한 우울증
40＋ ＝ 극도의 우울증

1967년 '우울증: 임상 실험 및 이론적 측면' 출판
인지 삼제와 인지 왜곡 개념 소개

1971년 펜실베이니아 대학 정신의학과 정교수

1970년대의 인지혁명은 인지치료를 학계에서도 수용하도록 유도함(Weishaar, 1993)
행동 측정만 고집하던 심리학계에서 내적 인지 과정도 수용하게 됨.
정신치료 분야에서는, 정신분석에서 증거 기반 방법으로의 움직임이 일어남.
많은 기관에서 인지 심리학에 대한 강의를 듣기 위해 Beck을 초청하기 시작하며 Beck이 인지 치료의 창립자로 알려짐.

1975년 '인지 치료와 정서 장애' 출판
인지 치료의 개념을 공식화하는 중요한 책
부정적인 자동적 사고 이론을 확립하고, 그것이 우울증, 섭식 장애, 마약 중독, 불안 장애 등 광범위한 정신 장애에 미치는 영향을 조사
정신 장애 치료를 위한 명확한 방법 설명

1994년 딸과 함께 필라델피아에서 인지 치료 및 연구를 위한 Beck 연구소 설립
이 연구소의 목표는, 인지 치료방법(현재는 주로 CBT)을 사용하는 상담자를 교육하는 것과 내담자들의 치료를 제공함으로서 전 세계적으로 이 분야의 성장을 장려하는 것

현재 은퇴했지만, 펜실베이니아 대학의 정신과 명예 교수이자 Beck Institute for Cognitive Therapy and Research의 명예 회장으로 남아 있음.

인지주의적 접근의 아버지: Beck

Aaron Beck의 삶에 대해 생각해보고, 다음 질문들에 답하여 보라.

1. Beck의 이론을 발전시킨 사회 문화적 맥락은 어떠한 것인가?
2. Beck의 인생 경험들은 인간본성에 관한 그의 관점에 어떠한 영향을 주었는가?
3. 이러한 Beck의 인생 이야기는 당신이 행동주의적 접근을 이해하는 데 어떠한 도움을 주었는가?

주요 어록

'우울증에서는 피로감이 두드러지기 때문에, 일부 저자들은 우울증을 "고갈 증후군"으로 개념화했다; 그들은 우울증 발병 전의 기간 동안 환자가 사용 가능한 에너지를 소모하였기 때문에, 우울증 상태는 일종의 동면으로 그 동안 환자가 점차적으로 새로운 에너지를 만들어 낸다고 가정한다.' (Beck, 1967)

요약

Neisser: 인지 심리학의 아버지; *생애 초기,* 1928년 독일에서 태어났지만 미국에서 자라났고, 행복한 어린 시절이지만 십대 동안은 독일인이 아닌 미국인이기를 바라며 반항함; *교육,* 과학자의 길을 걷도록 기대 받았고, 하버드 대학에서 심리학 입문, 박사 학위 취득; *가족,* 두 번 결혼하고 다섯 명의 자녀를 키움; *직업,* Harvard와 Brandeis 대학에서 가르치며 병행 처리과정을 입증하는 증거 발표, 인지주의적 접근의 기초를 제시한 *인지 심리학* 출판, Cornell 대학 교수로서 연구의 생태학적 타당성과 도식의 특성도 강조; Emory 교수로서 플래시 전구 기억의 오류를 탐구하고 허위 기억 증후군의 문제를 해결하기 위해 힘썼으며, 벨 곡선에 관한 논란을 다루기 위해 특별위원회장을 맡았고 지능에 관한 주요 결과들을 설명; 은퇴 후 명예교수로 남았음; *사망,* 2012년 파킨슨 병으로 사망.

Beck: 인지 치료의 설립자; *생애 초기,* 1921년 로드 아일랜드에서 러시아 유태인 이민자로 태어났고, 어머니는 우울증을 앓았으며(Beck 출생 후 어느 정도 완화됨), 어린 시절에 아파 학교 결석을 자주 하게 됨; *교육,* 대학에서 영어와 정치학을 전공, *magna cum laude*로 졸업, 예일 의과대학에서 의학박사 학위를 받음; *가족,* 한 번 결혼하여 네 자녀를 키움; *직업,* 정신과에 관심이 있었지만 정신역동은 좋아하지 않음, 펜실베이니아의 교수가 되기 전에 여러 정신과 부서에서 근무; Beck 우울 척도를 고안하여 인지 삼제 및 인지 왜곡의 개념을 소개, 인지 혁명으로 Beck의 이론이 학문적으로 수용되고, 인지 방법을 정신장애 치료법으로 개요를 씀; 인지 치료 및 연구를 위한 기관Beck Institute for Cognitive Therapy and Research을 딸과 함께 설립, 현재는 은퇴하였지만 펜실베이니아와 기관에서 여전히 명예회원으로 남아있음.

인간 본성과 성격에 관한 인지주의적 이론

학습목표

이 섹션을 읽고 나서 당신은 다음과 같은 것들을 할 수 있을 것이다:

- 인지 도식 논의
- 인지 삼제 묘사
- 인지 왜곡이 어떻게 사고, 감정 및 행동에 영향을 주는지 설명
- 인지와 행동 사이의 연결고리 설명

인지 도식

인 지

인지는 자극(외부 세계)과 반응(우리의 행동)을 중재하는 심적 과정을 의미함.

 인지는 뇌의 고등 수준의 기능이다.

 인지는 생각과 유사함.

  생각은 대개 의식적인 과정

  인지는 종종 의식적이지 않고 자동적이기도 함.

인지는 다음과 관련된다:

 입력－세계로부터 정보 얻기

  예: 사람들이 나와 함께 먹는 것을 피하고 그들이 내가 먹는 모습을 보았을 때 흔히 비정상적인 표정을 짓는 것을 알아챔.

 처리－정보를 의미로 해석

  예: 혐오하는 표정으로 해석하고 사람들이 내가 먹는 방식을 마음에 들어 하지 않는다는 것을 깨달음.

 응답－사회적 단서에 대한 응답으로, 적절한 방식으로 행동함.

  예: 먹을 때 입을 다물고 먹음(또는 다시는 공공장소에서 먹지 않음).

인지 도식

인지 도식은 '속성과 그 속성 간의 관계를 포함하여 자극의 개념이나 유형에 대한 지식을 나타내는 인지 구조'이다(Fiske & Taylor, 1991).

다른 사람, 사물, 사건, 상황 등과 같은 특정 자극에 대한 생각, 태도 및 신념

예를 들어, 학교 교사에 대한 우리의 생각, 신념 및 태도

도식은 경험을 통해 만들어짐.

경험은 미래에 사용할 수 있는 도식을 구축할 수 있도록 내용을 제공함.

예를 들어, 학교에서 교사의 경험은 교사 역할에 대한 우리의 기대를 설명하는 '교사 도식'을 만들기 위해 결합될 것이다.

네 가지 유형의 도식

사람 도식

특정 사람들에 대한 지식 구조

예: 아빠는 친절하고 관대하지만, 농담을 잘 못하신다.

역할 도식

역할에 대한 적절한 활동 및 경계를 포함한 특정 역할에 대한 지식

고정 관념으로도 해석될 수 있음.

예: 경찰관이 나에게 강제로 수갑을 채울 수는 있지만, 걷어차거나 물지는 못한다.

상황 도식 또는 스크립트

적절한 활동과 행동을 포함한 상황에 대한 지식

예: 축구 경기에서는 큰 소리로 외치고 비명 지를 수 있지만, 강의 시간에는 소리 내거나 비명 지를 수 없다(일반적으로).

자기 도식

자신에 대한 지식

예: 나는 강사로 일하면서 영화를 좋아한다.

자기 도식은 종종 다각적이기 때문에 복잡하다.

다른 이론들은 자기 도식이 다른 부분으로 분리되어 있다고 주장함.

자기 개념 이론

두 가지 유형의 자기 도식

존재적 자기 – 자기가 다른 존재와 분리된 존재라는 것을 이해

범주적 자기 – 자신에 대해 갖고 있는 도식(지식)에 따라 자기의 다양한 측면을 이해

자기 불일치 이론

세 가지 유형의 자기 도식

실제적 자기 – 나의 현재 상태에 관한 지식을 담고 있는 도식

이상적 자기 – 내가 어떻게 되고 싶은지에 대한 지식을 담고 있는 도식

의무적 자기 – 내가 어떻게 해야 하는지에 대한 지식을 포함한 도식

사회적 이론

세 가지 유형의 자기 도식

개인적 자기 – 고유한 특성(개인적 정체성)을 가진 개인으로서의 자아: 이 도식은 자신을 세상의 모든 사람들로부터 다르게 만드는 것에 대한 지식을 포함함.

관계적 자기 – 다른 사람과 상호 작용하는 인간으로서의 자아: 나의 인간 관계에 대한 지식을 포함하는 도식

집단적 자기 – 더 넓은 세계의 일원으로서의 자아(사회적 정체성): 이 도식에는 나의 더 넓은 연관성에 대한 지식이 포함되어 있음.

도식은 발견법으로 작동할 수 있다

발견법heuristics은 인지적 지름길

인간 세계의 정보는 제한되어 있을지라도, 우리는 대부분의 상황에서 어떻게든 적절한 반응을 해야만 함.

발견법은 각 예시를 개별적으로 처리하는 복잡함을 피하기 위해 간단한 판단을 가능케 함.

도식은 우리가 사람이나 상황을 신속하게 해석하여 응답을 결정할 수 있도록 인식 집합을 제공하는 발견법의 역할을 함.

예를 들어, 우리의 레스토랑 도식은 레스토랑에서의 명확한 행동 스크립트를 제공한다. 경험을 통해 이미 생성된 도식을 사용할 수 있기 때문에 각 레스토랑을 새로운 경험으로 다룰 필요가 없음.

발견법은 항상 올바른 추론으로 이어지지는 않지만, 일반적으로 올바른 추론을 할 수 있는 빠르고 간단한 방법

발견법은 대부분의 상황에서 정확한 추론을 하는 데 효과적일 수 있지만 특정 오류 및 편향을 범할 수 있음.

일반적 오류

도식에 대한 과도한 의존

모든 상황이 우리의 도식과 일치할 것이라는 가정은 우리를 과도한 일반화로 이끎.

예: 한 행사에 대한 복장 규정이 다른 행사에서도 비슷할 것이라는 가정은 사회 불안장애로 이어질 수 있음.

극단적인 예시의 지나친 영향

개별 사례 또는 작은 표본에서 비롯된 극단적인 예들을 기반으로 한 도식은 우리가 전체에 대해 잘못 일반화하도록 유도할 수 있음.

예: 몇 가지 비행기 사고에 대한 언론의 보도로 인해 모든 비행기가 추락할 것이라는 추측을 하게 된다 — 이는 비행기 여행을 불필요한 정도로 불안하게 느끼게끔 만들 수 있음.

용의성의 오류

최근에 이해된 정보는 우리의 도식에 강한 영향을 미치므로, 미래 정보에 대한 우리의 해석에도 영향을 미침.

예: 무서운 영화를 본 직후에 문 뒤에서 친구가 튀어 나오면, 그를 '괴물'로 해석할 가능성이 높다. 왜냐하면 그 생각이 마음의 가장 선두에 (아마도 무의식적으로) 있기 때문 — 이것은 높은 수준의 불안으로 이어질 수 있음.

기저율 정보 무시

통계적 정보가 흥미롭지 않거나 관련성이 없어 보이는 경우 사실기반의 통계 정보가 무시될 수 있다. 이는 부정확한 결론을 야기함.

예: 평범한 사람들을 담은 영상들은 제품을 판매할 확률이 적기 때문에 미디어는 5%의 매우 아름다운 사람들을 비춘다. 이에 따라 우리는 모든 사람들이 아름답다고 결론 지음으로 통계수치를 제대로 이해하지 못한다 — 이는 비교 사고로 인해 낮은 자아존중감을 야기할 수 있음.

도식은 유용하기도, 위험하기도 하다

도식은 판단과 결정을 내릴 수 있는 명확하고 간결한 지식기반을 제공하는 데 도움이 됨.

비슷한 상황과 사람들에게 빠르고 효율적으로 대응할 수 있음.

예를 들어, 나는 이전에 한 번도 소방관을 만나본 적이 없지만 소방관에 관한 일반적인 도식은 내가 소방관의 명령에 따라 신속하게 대응할 수 있게 함.

새로운 상황에서 적절한 행동을 하도록 일반화 할 수 있음.

예를 들어, 레스토랑에 대한 일반적인 도식은 새로운 공공장소에서 어떻게 행동해야 하는지 알 수 있도록 함.

사전 정보를 기반으로 우리 주변 사람들의 내적 동기를 추측할 수 있음.

예를 들어, '웃긴 아빠'에 관한 나의 도식은 아빠가 내게 넌센스 문제를 묻는 이유를 알게 함.

도식은 잠재적으로 위험하기도 함.

우리는 가정을 내림으로써 사회적인 무례를 범할 수 있음.

예를 들어, 나의 복장 도식이 다른 종류의 장소를 기반으로 하였을 때 나이트 클럽에 어울리지 않는 옷을 입을 수 있음.

우리는 차별로 이어지는 고정 관념을 형성할 수 있음.

예를 들어, 나의 도식이 편향된 범죄 드라마를 기반으로 하였기 때문에, 죄 없는 젊은 흑인 남성이 내 지갑을 훔치려 한다고 믿을 수 있음.

우리는 자신과 우리 주변 세상에 대해 잘못된 판단을 내릴 수 있음.

예를 들어, 나의 도식이 과장된 언론의 보고를 기반으로 할 때 집에서 나가기를 거부할 수 있음.

그림 5.1 인지 삼제(Beck, 1967에서 발췌)

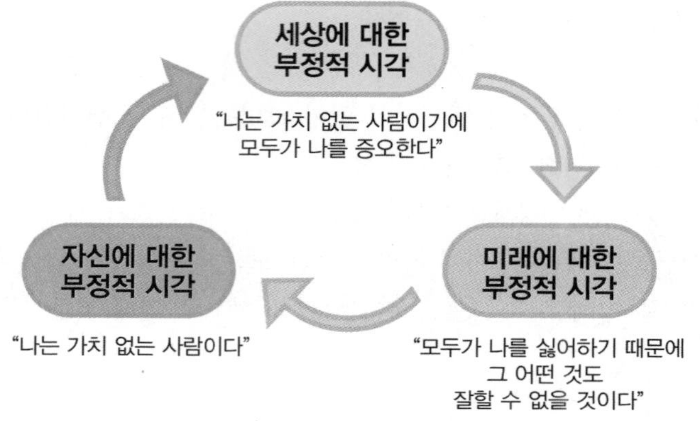

인지 삼제는 우울증의 본질을 설명한다(Beck, 1967)

생각은 세 가지 영역과 관련이 있음.

자신

세상

미래

우울증은 이 세 가지 영역을 부정적으로 볼 때 발생함.

나는 가치가 없는 사람이다.

세상은 불공평하다.

미래는 희망이 없다.

인지 왜곡

인지의 세 가지 단계(Beck, 1967)

1단계

부정적인 자동적 사고

예: '나는 내일 시험을 완전 망쳐버릴거야'

'자동적 사고'라는 용어가 암시하듯이 이러한 생각은 의식적인 노력없이 발생함.

종종 내담자에게 그렇게 느끼고 반응하게 만든 생각이 무엇이었냐고 물었을 때, '모르겠어요'라고 대답함.

그러나, 일단 그들이 그 때 경험한 생각을 생각해보기 시작하면 기억해 낼 수 있음.

자동적 사고는,

감정이 부정적이라면 마찬가지로 부정적이다.

다른 인지단계보다 표면에 더 가깝다.

일반적으로 상황과 관련된다.

상대적으로 바꾸기 쉽다.

2단계

역기능적 가정

예를 들어, '나는 항상 시험을 잘 못 본다'

역기능적 가정은,

자동적 사고보다 일반적이다.

자동적 사고를 낳는 원천이다.

자동적 사고보다 접근하고 변경하기가 더 어렵다.

3단계

핵심 믿음

예를 들어, '나는 쓸모 없다'

핵심 믿음은,

매우 일반적이며 정체성 수준에서 개인에게 영향을 준다.

접근하고 변경하기 매우 어렵다.

잘못된 부정적인 자동적 사고(Beck, 1975)

왜곡은 잘못된 사고로 이어진다

부정적인 인지 삼제는 보통 인지 왜곡에 의한 것

많은 종류의 인지 왜곡

이분법적 사고
임의적 추론
선택적 추상화
과잉일반화
극대화
극소화
개인화
낙인찍기와 잘못된 낙인

이분법적 사고(Dichotomous thinking)

극단적인 기준에서 자신, 다른 사람, 세계를 바라보는 것

양자택일적 사고All-or-nothing thinking

'항상', '모든', '결코', '무슨 일이 있어도' 등과 같은 절대적인 용어에 집중

예를 들어, 나는 항상 시험을 망치고, 학업에 절대 성공하지 못하고, 다른 모든 사람들은 항상 나보다 우수한 성적을 받는다고 생각

임의적 추론(Arbitrary inferences)

많지 않은 증거에 기초한 결론 도출

독심술과 점보기

다른 사람들이 당신을 나쁘게 생각한다고 가정하고, 미래에 상황이 나빠질 것이라고 예측

예를 들어, 내가 질문을 했기 때문에 강사가 나를 멍청하게 생각할 것이라고 가정한다거나, 기말시험에서 끔찍한 질문을 받을 것이라는 예측함.

선택적 추상화(Selective abstraction)

다른 모든 정보를 배제하고 한 가지 세부 사항에 초점을 맞추는 것

심적 필터

상황의 한 가지 부정적인 측면에만 주의를 기울이고 동일한 상황의 가능한 긍정적인 측면은 모두 무시

예를 들어, 채점된 과제에 대한 긍정적인 답변은 모두 무시하고 딱 하나의 비판적인 의견에만 집중함.

과잉일반화(Overgeneralization)

하나의 자극을 모든 자극으로 일반화 하는 것

극단적으로 일반화된 결론

이것들은 항상 이런 식일 것이고, 저것들은 절대 바뀌지 않을 것이고, 이런 것들은 항상 일어난다는 등의 결론을 지음.

예를 들어, 당신이 중간고사에서 한 시험을 망쳤기 때문에 학위 시험에서 모든 시험을 망칠 것이라고 잘못 생각함.

극대화(Magnification)

부정적인 요소들을 확대하는 것

별것 아닌 일을 엄청난 일로 평가하고 만드는 것

문제나 어려움을 과대평가하거나 과장

예를 들어, 다음 과제에 얼마나 많은 작업이 필요한지를 과대평가하여 불가능한 일인 것처럼 느껴지도록 함.

극소화(Minimization)

긍정적인 요소들을 축소하는 것

긍정적인 것을 경시하는 것

긍정인 것과 혜택은 과소평가하거나 무시함.

예를 들어, 이전 과제에서 받은 높은 성적의 가치는 과소평가함.

왜곡 찾기

다음의 각 예시에서 어떤 인지 왜곡이 일어났는지 찾아보라.

사이먼은 최근에 여자 친구와 헤어졌다. 그는 매우 화가 나서 전 여자 친구를 '마녀'라고 묘사하고 '여자는 돈만 따라다닌다'라고 주장한다. 그는 자신의 이성관계는 늘 나쁘게 끝났으며, 함께 정착할 수 있는 여성은 절대 찾지 못할 것이라고 주장한다.

줄리는 7개월 동안 집 밖으로 나가지 않았다. 그녀는 자신이 못생겼으며 사람들이 자신을 평가할 것이라고 생각한다. 그녀가 집에서 나오지 않기 전에 그녀는 지역 상점에 갔다가 카운터 뒤의 사람이 자신을 쳐다보고 있다고 느꼈다. 그녀는 이 사람이 아마 자신이 못생겼다고 생각하고 있었다고 주장한다. 그녀는 메스꺼움을 느꼈고 가게에서 즉시 나가야만 했다. 그녀는 다시 밖으로 나갈 수 있기를 원하지만 자신이 현기증이나 구역질을 느끼지 않고 낯선 사람과 마주 할 수 있을 것이라고 느끼지 않는다.

카렌은 주말에 조카와 함께 해변으로 여행을 가려고 했다. 불행히도 토요일 아침에 일어나 보니 비가 많이 내리고 있었다. 그녀는 여행에 갈 수 없음에 실망했고 마치 자신이 조카를 실망시킨 것처럼 느낀다. 그녀는 그들이 여행을 갈 수 없는 모든 이유가 자신의 잘못이라고 말했으며 그 어느 것도 좋게 느껴지지 않는다고 설명했다.

존은 직장의 연례 검토에서 방금 돌아 왔다. 그의 상사가 그의 판매 수치가 우수하고 그의 고객 서비스가 모범적이라고 강조했지만, 서면 보고서에 개선의 여지가 있다고 언급했기 때문에 그것만 특히 우려하고 있다. 존은 자신이 더 이상 이 일을 할 능력이 없다고 생각하고 해고 당하기 전에 다른 근무처를 찾기 시작해야 한다고 생각한다.

폴은 토요일 저녁 파티에 초대되었다. 그는 파티에 가기를 원하지만 파티가 지루할 것이라고 생각하기 때문에 참석하지 않기로 했다. 그는 사람들이 그를 무시할 것이고 자신은 불편함을 느낄 것이라고 확신한다. 그는 집에 머물기로 결정하지만 저녁 내내 외롭고 불행한 느낌이 든다.

개인화

부정적인 사건에 대한 개인의 책임을 가정하는 것

모든 것이 내 잘못이다.

조종할 수 없는 사건에 대해 개인적으로 책임을 짐.

예를 들어, 시험을 망쳤을 때 내가 어리석게 굴었다며 자신을 비난함(그 날에 아팠다는 사실을 무시함).

모든 것은 그 사람들 잘못이다.

통제할 수 없는 사건에 다른 개인들의 책임을 물음.

예를 들어, 시험을 망쳤을 때 강사가 강의를 잘못했다며 비난함(자신이 검토를 하지 않았다는 사실은 무시).

낙인찍기 및 잘못된 낙인

절대적이고 변경이 불가능한 꼬리표(낙인)를 붙이는 것

고정관념은 깨뜨리기 어려움.

자신이나 다른 사람들, 혹은 상황들에게 그것들이 언제나 그런 특정한 방식으로만 존재할 것이라고 명시하는 꼬리표를 줌.

예를 들어, 자신에게 '어리석은 사람'이라는 꼬리표를 붙여서 더이상 배우려고 시도하지 않거나, 과제에 '불가능'이라는 꼬리표를 붙여서 완료하려고 시도조차 해보지 않음.

인지와 행동

생각, 감정과 행동은 필연적으로 연결되어 있는가?

인지가 행동에 이르게 한다고 가정한다면,

우리는 인지에 기초하여 감정과 행동을 예측할 수 있다.

우리는 인지를 변화시킴으로써 감정과 행동을 바꿀 수 있다.

그러나 이 가정은 두 가지 방법으로 시험을 받을 수 있다.

일부 상황에서는 인지가 행동을(선행하기보다는) 뒤따라갈 수 있다.

어떤 상황에서는 인식이 행동과 완전히 분리될 수 있다.

인지가 행동을(선행하기보다는) 뒤따라갈 수 있다.

연구 결과는 행동의 의도를 담당하는 신경 활동(행동)이 행동에 대한 의식적인 결정(의식)보다 먼저 일어날 수 있다는 것을 발견했다(Libet et al., 1983).

참가자들은 뇌 활동과 자신이 말하는 결정시간이 비교되는 동안 자발적인 응답을 하도록 요청 받았다.

시간을 분석한 결과, 참가자가 의식적으로 이동하기로 결정을 내리기 전에 뇌는 이미 이동할 의도를 활성화시켰음이 나타났다.

이러한 발견은 자유 의지의 개념에 반박하는 데 사용되어 왔다.

인지는 행동으로부터 분리될 수 있다.

사람들이 생각하는 것과 사람들이 행동하는 방식에는 큰 차이가 있는 것으로 보인다.

초기 사회학 연구에 따르면 미국의 많은 장소에서 중국인 고객에게 서비스를 제공하지 않았지만, 연구원이 세 명의 중국인 친구들과 동행했을 때에는 서비스를 제공했다고 주장했다(LaPiere, 1934).

알코올에 대한 태도와 알코올 섭취에 대한 태도 사이에는 연관성이 거의 없다.(Gregson & Stacey, 1981).

행동의 변동성의 9%만이 태도로 설명될 수 있다(Wicker, 1969).

인지 부조화

인지 부조화의 좋은 예로 사고와 행동의 구분이 있다.

사람들은 항상 똑같이 생각하거나 행동하지는 않지만, 자신의 행동이 자신의 태도와 일치한다는 것을 느끼고 싶어한다.

사고와 행동 사이의 불일치는 인지 부조화를 초래할 수 있다.

Festinger(1957)는 인지 부조화를 두 개 이상의 불일치한 인지에 의해 생성된 불쾌한 심리적 긴장 상태라고 주장했다.

두 가지 혹은 그 이상의 정보들이 서로 일치하지 않아서 개인이 불편함을 느낀다.

사람들은 자신의 태도와 행동에 일치를 추구하므로 생각이나 행동을 바꿈으로써 인지 부조화를 줄이기 위해 노력한다

생각에 맞게 행동을 바꾼다.

행동에 맞게 생각을 바꾼다.

큰 인지 부조화는 행동이나 생각을 변화시키려는 더 큰 노력을 하게 할 것이다.

예를 들어, Simon은 자신의 직업을 좋아하지 않지만(생각) 매일 자신의 직장으로 간

다(행동) — 이 두 가지 경험은 갈등 상황(인지 부조화)에 있기 때문에 그는 직장을 그만 두거나(행동을 바꿈) 또는 사실 자신의 직업을 좋아한다고 마음 먹을(생각을 바꿈) 것이다. Susan은 흡연이 건강에 손상을 입힌다는 것을 알고 있지만(생각), 아직 담배를 피우고 있다(행동) — 이 두 경험은 갈등 상황(인지 부조화)에 있기 때문에 그녀는 담배를 끊거나(행동을 바꿈) 또는 흡연이 실제로 많은 해를 끼치지는 않는다고 주장하기 시작한다(생각을 바꿈)

인지, 감정, 행동 사이의 연결

인지와 행동 사이의 직접적인 연관이 없으면 부정적인 감정과 행동을 변화시키기 위해 인지를 변화시키려는 노력이 적절한지에 대한 질문이 생긴다.

종종 내담자는 자신의 잘못된 자동적 사고를 알고, 그에 대한 대안으로 논리적 사고를 생각해 낼 수 있지만, 이러한 깨달음은 감정과 행동의 개선으로 이어지지 않는다.

예를 들어, 자신이 직업을 잃은 것에 대에 대처할 수 있는 방법이 없다고 말하면서 스스로 과장하고 있다는 것을 인식할 수도 있지만, 이러한 인식은 실업과 관련된 우울을 감소시키지 못할 수도 있다.

요약

도식: 인지는 자극(외부 세계)과 반응(우리의 행동) 사이의 매개역할을 하는 정신작용임; 도식은 경험과 네 가지 유형(사람, 역할, 사건/스크립트, 자신)에 기반하고 있으며, 특정한 자극과 관련된 사고, 신념, 혹은 태도이다. 발견법들은 인지의 지름길이며 정보를 효율적으로 처리하는 데 도움을 줄 수 있지만, 오류로 인해 위험할 수도 있다; 일반적인 도식 오류에는 도식에 대한 지나친 의존, 극단적인 예, 용이성의 오류, 기저율 정보 무시 등이 있다.

부정적 인지 삼제: 나는 가치가 없는 존재이다, 세상은 불공평하다, 미래는 절망적이다.

인지 왜곡: 세 가지 단계의 인지(부정적인 자동적 사고, 역기능적 가정, 핵심 신념); 자동적인 잘못된 생각은 인지 왜곡에 의한 것이다. 왜곡에는 이분법적 사고, 임의적 추론, 선택적 추상화, 과잉일반화, 극대화, 극소화, 개인화, 낙인찍기 및 잘못된 낙인 등이 포함된다.

인지와 행동: 인지가 행동으로 이어진다면 우리는 인지에 초점을 맞춤으로써 행동을 예측하고 바꿀 수 있다. 하지만 연구 증거는 이 연결이 직접적이지 않다는 것을 암시한다; 인지는 행동을(선행하기보다는) 뒤따를 수 있다; 인지는 행동과 구분될 수 있다; 인지부조화, 인지와 행동 사이의 연결의 부재는 인지를 변화시키려는 시도에 대한 의문을 제기한다; 때때로 개인은 인지가 잘못 되었음을 알고 있음에도 불구하고 행동을 바꾸지 못한다.

인지 치료에서의 치료적 관계

학습목표

이 섹션을 읽고 당신은 다음과 같은 것들을 할 수 있을 것이다:

- 내담자를 묘사하고 평가 – 치료과정에서 치료자와의 관계
- 인지 치료와 관련된 잠재적 문제에 대해 토론

내담자 치료자의 관계

라포는 필요하지만 라포만으로 충분하지는 않다

라포는 필요하다

인본주의적 접근의 핵심 조건은 긍정적인 협력관계를 수립하는 데 중요하다.

내담자가 상담자와 협력하여 치료적인 변화를 위해 노력하기를 원한다면 긍정적인 관계는 필수다.

핵심 조건은 인지 치료를 위한 견고한 토대를 제공한다.

공감, 무조건적 긍정적 존중과 일치성은 치료의 성공에 대한 결정적 요인이다.

Young과 Beck(1980)은 효과적인 인지 치료사는 따듯함과 걱정을 내비치며 진실성, 진솔함, 개방성을 전달해야 한다고 말했다 — 그들은 또한 긍정적인 라포를 형성하기 위해 유머를 사용할 것을 권고하였다.

라포만으로 충분하지 않다

단순히 따뜻함, 일치성, 공감, 무조건적 긍정적 존중을 제공하기만 하는 것은 효과적인 변화에 충분하지 않다.

지속되는 변화를 만들기 위해서는 인지 치료적 기술이 필수적이다.

라포는 협력적 치료 관계를 발전시키기 위한 가치 있는 치료 전략이다(Young & Beck, 1980).

라포는 '사람들 사이의 조화로운 합의'로 묘사된다(Young & Beck, 1980)

인지 치료의 관점에서의 라포는 안락함과 안전함에서 함께 일하는 상담자와 내담자의 협동작업을 의미한다.

라포는 상담자가 단순히 따뜻함과 공감을 보여주는 것 이상으로 나아갈 것을 요구한다 — 상담자는 각 개인의 다른 필요에 맞게 치료법을 적용할 수 있도록 유연하게 반응해야 한다

(Young & Beck, 1980).

협력적 경험주의는 필수적이다

어떤 내담자는 상담자가 문제에 대한 '해결'을 제공할 수 있다는 생각을 하고 있을지도 모른다.

그러나 사실상 인지 치료의 과정은 함께 목표를 설정하고 협업을 통해 목표를 향해 나아가는 것을 목적으로 한다.

효과적인 치료는 내담자와 상담자가 함께 잘못된 인지 과정을 찾고 교정하는 작업을 하는 것에 달려있다.

'협동적 경험주의는 내담자와 상담자가 치료 목표를 확인하고 내담자의 생각을 확인하는 데 있어 공동 연구자가 된다는 것을 의미한다. 상담자가 안내하여 발견하게끔 하는 방법은 내담자가 회유나 설득보다는 개인적인 관찰과 실험을 통해 자신의 생각을 시험해보도록 돕는 데 사용된다'(Beck & Dozois, 2011).

치료적 관계에서의 협력적 경험주의가 갖는 두 가지 이점(Hutton & Morrison, 2012).

상담자가 내담자를 동등한 동반자로 대할 때 내담자는 더 열심히 참여한다.

치료과정 중에 자신의 의사결정 과정에 참여하는 내담자는 향후 치료 밖 상황에서 더 나은 결정을 내리는 법을 배운다.

협력적 경험주의 또는 조작?

당신이 다음과 같이 이야기하는 내담자와 협동하는 상담사라고 상상해보아라.

'나는 지금 모든 것이 정말 혼란스럽다고 느껴져요. 내 말은, 나는 내 아내를 사랑하지만 우리는 항상 가족이 되는 것을 시작하는 것에 대해 논쟁을 해요. 우리는 갓 결혼을 했지만, 그녀의 주위에 있고 싶지 않게 느껴져요. 나는 가능할 때마다 집에서 벗어나려고 하게 돼요. 나는 아내가 아니라 John과 경기장이나 바에 가거나 John의 집에서 소파에 그냥 앉아있어요. 나는 그냥 John과 함께 있는 거에요. 나는 그와 이야기 할 수도 있고 또 그는 정말로 나를 이해하는 것 같기도 해요. 모르겠어요. 나는 내가 행복해지지 못 할 것이라고 생각해요.'

잘못된 사고(인지 왜곡)를 확인하고, 목표를 설정하고 실천 계획을 수립하는 것에 있어 내담자와 협력하기 위해 지금 물어볼 수 있는 질문을 고려해 보아라.

내담자가 자신의 친구에게 끌리고 있지만 자신의 감정을 받아들이지 않는다고 의심하고 있다고 상상해보아라. 그가 게이일 수 있다는 이론을 시험해보기 위해 어떤 질문을 할 수 있을까?

내담자가 자신의 아내를 사랑하지만 가족을 두려워하는 경우라고 의심하고 있다고 상상해보아라. 헌신에 대한 두려움을 가지고 있을 수도 있다는 이론을 시험해보기 위해 어떤 질문을 할 수 있을까?
당신이 고안한 질문에서 조작의 가능성을 고려하라. 당신이 하고 있는 이 내담자와의 작업은 특정 방향으로 내담자를 조종할 수 있는 가능성을 가지고 있다. 이는 모든 유형의 치료법에서 큰 위험요소이지만, 인지 과정을 바꾸려는 환자에게는 특히 위험하다. 모든 치료자는 이러한 위험을 인식하고 자신의 실천을 조작보다는 협동적 경험주의로 이끌어야 한다.

인지 치료의 문제점

어떤 인지를 시험해봐야 하는지 누가 결정하는가?

대다수의 사람들은 심리적 문제를 경험하지 않고도 비합리적이거나 비논리적인 사고를 가지고 있다.

예를 들어, 많은 종교인들은 비합리적이라 해석될 수 있는 신념을 가지고 있다(실제로 Ellis는 종교가 비합리적이라고 결론을 내렸다).

이러한 모든 사고들을 상담자가 비논리적이라고 판단하고서 시험해보고 수정하려는 것은 적합하지 않다.

많은 사람들이 심리적 문제를 가지지 않고도 틀림없이 비합리적이거나 비논리적인 사고를 가지고 있다.

예를 들어, 복권을 사는 많은 사람들은 그들이 언젠가는 당첨 될 것이라는 믿음을 가지고 있지만 통계적 증거는 이것이 비논리적이라는 것을 입증한다.

이러한 모든 비논리적 사고들을 상담자가 시험해보고 수정해야 한다고 결정하는 것은 적합하지 않다.

많은 인식들은 객관적 요인보다는 주관적인 요인에 기반한다.

예를 들어, 어떤 사람이 매력적인지 아닌지에 대한 인지는 객관적인 논리보다는 주관적인 의견에 기반한다.

주관적인 의견의 논리를 다루는 것은 상담자에게 매우 어렵다 — 대신, 상담자는 반대되는 의견을 탐구하는 데에 집중해야 할 것이다

상담자는 이러한 사고가 내담자에게 문제를 일으키는 경우에만 그것을 다루어야 한다.

부정적 감정을 만들어내는 인지가 논리적인 것으로 판명되면 어떻게 되는가?

일부 인지는 정확하다고 판단되어도 문제를 일으킬 수도 있다.

예를 들어, 사랑하는 사람을 잃은 것에 관한 인지는 절대적으로 옳을 것이다('그 사람은 절대 돌아 오지 않으며, 나는 항상 그 사람을 그리워 할 것이다' 등). 그리고 이러한 인식은 내담자가 우울증을 앓는 것에 기여할 수 있다.

상담자는 이러한 인식이 논리적이라는 사실을 인정해야 할 수도 있지만, 논리가 부족한 숨겨진 인지가 있는지 탐구해야 한다.

대신 상담자는 내담자가 지금까지는 이런 상황에서(또는 비슷한 상황에서) 어떻게 대처하였는지에 초점을 맞추며 '나는 이 상황을 견뎌낼 수 없어'와 같은 숨겨진 인지를 다룰 수 있다.

치료자가 마음을 바꾸려고 노력하는 것은 윤리적인가?

Padesky(1993)는 신념을 바꾸는 것이 치료적일 수 있다고 인정하지만, 이 유일한 목적을 가지고 인지 치료를 사용하는 것은 이 접근법의 경험적 근거를 약화시킬 수 있다고 주장한다.

생각이 비논리적이라고 결정하고 내담자가 그 방향으로 생각을 바꾸도록 유도하는 상담자는 틀림없이 자신이 선호하는 방향으로 내담자의 마음을 바꾸려 할 것이다.

예를 들어, 낙태가 도덕적으로 잘못되었다고 생각하는 상담자는 '나는 지금 당장은 아이를 기를 수 없다'는 논리에 의문을 제기하여 내담자를 원치 않는 출산으로 이끌 수 있다.

거짓 기억의 삽입에 대한 증거는 종종 정신역동 요법과 연관 되어져 왔지만, 인식을 바꾸는 과정에서 유사한 문제가 발생할 수 있다고 시사하는 사례가 존재한다.

예를 들어, 상담자가 집에서 도망가려는 내담자에게 반복적으로 그의 논리에 대한 의문을 제기한다면, 내담자가 방어적인 위치를 취하게 할 것이며 자신의 행동을 학대에 대한 믿음으로 정당화하도록 유도할 수 있다.

이러한 개인적인 윤리적 염려도 있지만, 큰 스케일의 인지 조작의 가능성과 관련된 사회적 우려도 존재한다.

인지 치료(와 CBT)는 다양한 심리적 문제의 주된 해결책으로 강력히 홍보되어 왔다.

'미국 국립 보건 및 임상 연구원'은 가벼운 우울증 환자에게는 전산화된 CBT를 제공해야 하며 중등도 또는 심한 우울증 환자에게는 항우울증제와 함께 개별 CBT를 제공해야 한다고 주장했다'(NICE, 2004, 2007 개정)

영국 정부는 우울증이나 불안 진단을 받은 사람들을 위한 치료법으로써의 CBT를 강조했으며 Alan Johnson 보건부 장관은 CBT와 같은 증거가 확증된 치료법에만 자금이 지원될 것이라는 조건으로 2007년에 정신 건강 요법의 확장을 위해 170억 파운드의 예산을 약속했다(Vaughan, 2007).

이 치료 방법이 대중적으로 널리 알려지면서 많은(취약한) 사람들이 이러한 인지 기술에 이미 노출되어 있다.

인지 치료는 사람들이 사회에서 더 유익한 방식으로 생각하도록 독려할 수 있는 가능성을 가지고 있다.

긍정, 행복과 복지는 모두 정부의 주요 목표로 촉진되었고, 인지 치료는 이러한 감정 상태를 독려하는 방법으로 사용될 수 있다.

이것은 전 세계적이고 전국적인 어려움이 증가함에도 불구하고 그저 일반적인 대중의 불만을 통제하는 수단으로 해석될 수 있다는 논란의 여지가 있다.

요약

내담자-상담자 관계: 핵심 조건들은 중요하며, 라포는 협동적인 치료 관계를 수립하는 데 바람직한 전략이지만, 인지적 기술 또한 필수적이다. 이는 관계에서의 라포가 필요하기는 하지만 라포만으로는 충분하지 않기 때문이다; 협력적 경험주의는 내담자가 경험하는 잘못된 인지 과정을 바로 잡는 데 중요하다.

인지 치료의 문제점: 어떤 인지를 시험해야 하는지 누가 결정하는가? 문제가 되는 인지가 논리적일 때에는 어떻게 되는가? 마음을 바꾸려는 것은 윤리적인가?

인지 치료의 치료 기술

학습목표

이 섹션을 읽고 난 후, 당신은 다음과 같은 것을 할 수 있을 것이다:

- 인지의 타당성 시험에 사용되는 방법에 대해 논의
- 안내된 발견에서 소크라테스식 질문의 사용에 대해 논의

인지의 타당성 시험

인지의 타당성이란 사고의 정확성을 의미함

어떤 사람들은 명백하게 부정확한 인지를 가지고 있다.

예를 들어, 의학적으로 저체중인 여자가 자신이 과체중이라고 생각한다면 부정확한 인지를 가지고 있는 것

이러한 경우 인지의 타당성을 직접적으로 시험해 볼 수 있다.

어떤 사람들은 주관적이고 결론이 없는 인지를 가지고 있다.

예를 들어, 평범한 외모를 가진 여자가 자신이 못생겼다고 생각하는 것

이러한 경우 인지의 타당성을 직접적으로 시험할 수는 없지만 반대되는 의견에 무게를 더할 수 있다.

치료과정에서 왜곡의 여부를 확인하기 위하여 인지의 타당성을 시험해보도록 내담자에게 권한다(Beck, 1975).

타당성 시험을 위한 왜곡 확인

왜곡 자체는 문제가 되지 않지만 경우에 따라 문제를 발생시킬 수 있다.

예를 들어, 어려운 시기에 하나님의 위로의 음성을 들었다고 믿는 사람은 비이성적이거나 비논리적인 인식을 품고있는 사람으로 분류될 수도 있을 것이다. 그러나 이 신념은 문제를 일으키지 않기 때문에 심리적으로 건강하다.

이에 반해, 누군가를 죽이라는 하나님의 음성을 듣고 있다고 믿는 사람 또한 비이성적이거나 비논리적인 인식을 품고 있다고 분류될 수 있지만, 이 신념은 위험한 문제를 일으킬 수도 있다.

인지 치료는 문제를 유발할 수 있는 인지에만 사용된다.

예를 들어, 모든 사람이 자신을 싫어한다는 인지를 가진 우울증 환자는 우울증 증상을 줄이기 위한 목적으로 그 인지의 타당성을 시험해 봄으로써 증상을 완화시킬 수 있다.

생각 방어하기

내담자가 생각을 방어하도록 요구함으로써 인지의 타당성을 시험해 볼 수 있다.

내담자는 그 인식에 대한 믿음을 뒷받침하는 증거를 나타내야 한다.

예를 들어, 모두가 자신을 싫어한다는 인지를 가진 우울증 환자는 모든 사람이 자신을 싫어한다는 증거를 제시해야 한다.

상담자는 내담자가 자신의 인지가 타당하지 않다는 사실을 받아들일 때까지 왜곡과 잘못된 논리를 밝혀내기 위해 내담자에게 계속해서 질문해야 한다.

예를 들어, 자신은 쓸모없는 사람이고 모두가 자신을 싫어한다는 인지를 가진 내담자에게 '당신의 엄마(또는 여자친구)는 어떤가요?' 등의 질문을 한다.

타당하지 않은 인지는 버려지고 새롭고 타당한 인지가 자리를 잡을 수 있도록 한다.

인지를 시험하라

다음의 잘못되었을 수도 있는 인지의 예를 생각해보고 현실과 반대되는 이 생각들을 시험하는 방법을 고안해보아라. 이 시험의 가능한 결과와 내담자가 이러한 결과를 이해하는 데 어떻게 도움을 줄 수 있는지 고려하는 것이 중요하다.

나는 하루 종일 술을 마셔야 한다. 내 직장은 나를 정말 스트레스 받게 하고, 저녁에 마시는 와인 두 잔은 내가 긴장을 풀고 쉴 수 있게 도와 준다. 다른 어떤 것도 나를 그렇게 만들지 못한다. 술을 마시지 않는다면 나는 더 많은 스트레스를 받을 것이고 나는 그에 대처할 수 없을 것이다.

모든 사람들이 나를 바라보기 때문에 나는 밖으로 나갈 수 없다. 그리고 그 사람들은 내가 바보 같고 못생겼다고 생각할 것이다. 그들은 내가 괴짜라는 것을 알게 될 것이고 나를 비웃을 것이다. 집에서 지내는 것이 더 안전하다.

나는 발표를 하지 않는다. 그냥 너무 긴장된다. 사람들 앞에서 이야기하려고 하면 극심한 공포에 빠질 것이다. 내 얼굴은 빨개질 것이고 내 목소리는 꽥꽥거리는 소리로 들릴 것이다. 나는 열이 나고 어지럽다고 느끼기 시작할 것이고 의식을 잃을 것이다. 이것은 끔찍할만큼이나 당혹스러울 것이다.

높은 곳에 올라가면 나는 극심한 공포에 빠질 것이고 분명히 넘어 질 것이다. 내 다리는 나를 버틸만큼 강하지 않으며 떨릴 것이다. 나는 안전하지 않으며 죽을 수도 있다.

사람들은 내가 멍청하다고 생각한다. 선생님은 내가 바보같다고 생각하기 때문에 나는 학교에 가고 싶지 않다. 사람들은 나를 깔보는 듯이 말하고 나를 바보처럼 대한다. 어쨌든 나는 아무 시험도 통과하지 못할 것이기 때문에 아무 의미 없다.

나는 모든 것에 쓸모 없다. 나는 항상 모든 것을 엉망으로 만든다. 내가 없었더라면 세상은 더 좋았을 것이다.

실험하기

내담자에게 실험을 해보도록 하여 인지의 타당성을 시험해 볼 수 있다.

예를 들어, 우울증이 있는 내담자에게 자신은 항상 모든 것에 실패한다는 신념을 시험해보도록 할 수 있다. 이를 통해 자신의 잘못되고 비합리적인 인지를 더 논리적이고 합리적인 인지로 대체할 수 있을 것이다.

최근에 일자리를 잃은 내담자가 자신은 실패자라고 믿기 때문에 우울증에 시달릴 수 있다.

상담자는 내담자가 과거 경험을 탐구하고 새로운 경험을 시도해봄으로써 자신이 실패라고 믿는 이 신념을 시험해 보도록 권장할 수 있다.

그는 자신이 정말 항상 모든 것에 실패했는지 밝히기 위하여 전에 수행한 과제들을 고려해보고 그가 성공했을 때를 나열해 보도록 할 수 있다.

또한 새로운 기술(예: 한 끼 식사 요리 등)을 시도해보도록 할 수 있다.

소크라테스식 질문

교육자 소크라테스

소크라테스는 고대 그리스의 교육자였다.

플라톤과 아리스토텔레스를 가르쳤다.

소크라테스는 자신의 방법론과 이론을 거의 종이에 쓰지 않았기 때문에 플라톤이 대부분 기록했다.

소크라테스는 학생이 자기 자신의 정답을 찾도록 하는 것을 높이 평가했다.

소크라테스식 질문은 학습자가 문제의 쟁점에 대해 더 깊게 생각하게 함으로써 정답을 발견하도록 권장한다.

소크라테스식 질문은 비판적 사고 능력을 확립하는 데 도움이 된다.

소크라테스식 질문의 유형

소크라테스식 질문의 여섯 가지 유형

생각을 분명히 하기 위한 질문

내담자에게 보다 자세하게 설명하도록 요청하라.

예를 들어, 다른 말로 바꿔 말해주시겠습니까?

가정하는 것을 캐내기 위한 질문

내담자에게 자신의 가정하고 있는 것에 대해 질문하도록 요청하라.

예를 들어, 그것이 맞는지 틀린지 어떻게 증명할 수 있습니까?

증거 확립을 위한 질문

내담자에게 실제 증거나 근거를 제공하도록 요청하라.

예를 들어, 이것에 대한 예를 들어 주시겠습니까?

대안적 관점을 탐구하기 위한 질문

내담자에게 다른 사람의 관점에서 의견을 고려해보도록 요청하라.

예를 들어, 이것에 대한 반론은 무엇입니까?

가능한 함의를 조사하기 위한 질문

내담자에게 가능한 결과를 고려해보도록 요청하라.

예를 들어, 그것의 가능한 결과는 무엇입니까?

질문에 의문을 제기하기 위한 질문

내담자에게 왜 그 질문을 처음에 하게 되었는지 생각해 보도록 요청하라.

예를 들어, 왜 그 질문이 중요했습니까?

소크라테스식 저녁 파티

당신이 저녁 파티를 주최한다고 상상해보아라. 역사, 문학, 영화 등에서 6명의 손님을 선택하고 아래 표에 그들의 이름을 적어라. 이제 각 손님에게 어떤 질문을 하고 싶은지 생각해보아라. 이러한 관심 분야를 탐색하기 위하여 어떻게 소크라테스식 방법을 사용할 것인가?

손 님	질 문

당신의 질문이 손님을 어떻게 더 말하게 할 수 있을지 생각해보아라. 이 정도 수준의 안내에 혹시 위험이 있는가?

치료에서의 안내된 발견

소크라테스식 질문은 치료 과정에서 발견을 안내하는 데 사용될 수 있다.

> 효과적인 안내적 발견은 내담자가 대답할 수 있는 범위 내에서 소크라테스식 질문을 사용하고 현재의 초점 밖에 있는 관련 정보로 내담자의 주의를 환기시키고 내담자를 구체적인 것에서 추상적인 수준으로 이끌어 새로운 결론을 가지고 옛 인지를 재평가할 수 있도록 돕는다(Padesky, 1993)

Padesky(1993)는 치료를 위한 다음과 같은 '좋은' 소크라테스적 질문을 규명하였다.

이전에 비슷한 상황에 처한 적이 있습니까?

어떻게 했습니까?

어떻게 됐습니까?

그때는 몰랐지만, 지금이라면 어떻게 하겠습니까?

친구라면 어떻게 하라고 충고하겠습니까?

Padesky(1993)는 안내된 발견에서 소크라테스식 질문의 중요성을 강조한다

안내된 발견 과정의 네 단계

1. 정보 얻기
2. 듣기
3. 요약하기
4. 종합하기

이 과정은 한 회기 내내 반복되어 내담자가 자신의 인지에 대해 더 많은 것을 발견하도록 안내할 수 있다.

내담자: 저의 아이들은 저를 싫어해요. 저는 그냥 모든 것에 쓸모 없는 사람이에요.

상담자: 많이 화가 나신 것처럼 들리는군요. 이번 주에 해낸 것이 하나라도 있나요? (인지의 타당성 시험을 위한 정보 얻기)

내담자: 아니요. 일주일 내내 일하러 가서 아이들과 아무 것도 할 수 없었어요.

상담자: 이번 주에 매일 일하러 갔나요? (상담자로 하여금 내담자가 일주일 내내 일을 했다는 사실을 듣고 알아차릴 수 있었다)

내담자: 네. 고객이 의뢰한 프로젝트를 마무리해야 했기 때문에 매일 매일 늦게까지 있었어요. 일주일 내내 8시 전에는 집에 들어갈 수 없었죠.

상담자: 그래서 매일 성공적으로 일하고 프로젝트를 완료한 거네요? (말의 요점에 주의를 집중시키기 위해 요약하기)

내담자: 네.

상담자: 이 모든 것이 어떻게 맞아 떨어지는지 조금 혼란스럽네요. 이전에 내담자께서는 자신이 모든 것에 쓸모가 없다고 말했는데 이게 프로젝트를 성공적으로 마무리 하는 것과 어떻게 맞아 떨어지나요? (내담자가 기존에 가지고 있던 인지에 새로운 정보를 적용할 수 있도록 격려하는 분석적 질문)

내담자: 맞아 떨어지지 않는 것 같네요. 저는 모든 것에 쓸모 없지 않아요. 저는 그저 직장과 가정에서 균형을 맞추기가 어렵다고 생각하는 것 같아요.

지나친 일반화 왜곡은 확인되고 수정되었기에 이제 내담자가 실제 문제에 집중할 수 있다.

요약

인지의 타당성 시험: 인지의 타당성은 생각의 정확성이다. 일부 생각은 명백히 부정확하며, 일부 생각은 주관적이다; 치료에서는 타당성 시험으로 왜곡을 확인한다(문제를 일으키는

인지들만); 타당성 시험은 생각을 논리적으로 방어하기 위해 노력하거나(방어할 수 없는 생각들은 잘못된 것이다) 실험(생각을 시험하는 실험)을 통해 이루어진다.

소크라테스식 질문: 생각을 분명히 하기 위한 질문, 가정하는 것을 캐내기 위한 질문, 증거 확립을 위한 질문, 대안적 관점을 탐구하기 위한 질문, 가능한 함의를 조사하기 위한 질문, 질문에 의문을 제기하기 위한 질문; 내담자 자신의 정답으로 이끌기 위한 안내된 발견; 안내된 발견을 돕기 위한 소크라테스식 질문은 정보를 얻고, 듣고, 요약하고, 종합함으로써 사용된다.

인지 치료 사례

학습목표

이 섹션을 읽고 나서 당신은 다음과 같은 것을 할 수 있을 것이다:

- 치료환경에서 인지주의적 접근에서의 인지 치료의 적용에 대해 인식

상담 예시: 녹화된 사례 보기

이 장은 녹화된 치료 회기를 보여준다. 이 회기는 50분 동안 지속되며 새롭게 시작한 치료 관계에서의 초기 회기이다. 이 회기를 시작하기 전에 내담자는 초기 평가 설문지를 작성하였고, 상담자는 사례에 친숙해지기 위해 내담자 신상에 대한 문서를 읽어보았을 것이다. 독자들은 완성된 평가와 녹화된 회기 전체의 녹취본을 열람할 수 있다.

이 회기에 배우를 쓰지 않았다. 내담자는 저자 중 한 명이었고 제시된 문제는 실제였다. 상담자는 현장 경험이 풍부한 임상가이다. 이 실제 회기의 유일한 사실이 아닌 부분은 내담자가 실제로 치료를 찾은 것이 아니며 이것이 치료 관계에서의 첫 번째 회기가 아니라는 것이다.

회기가 끝난 후, 상담자는 회기에 대한 몇 가지 핵심적인 질문에 답하도록 하였다. 이 질의 응답 시간은 10분을 넘지 않는다. 이 회기의 기록본은 열람 가능하다.

패이 숏의 사례: 내력과 증상

패이 숏은 높은 곳에 대한 심각한 두려움을 가지고 있다. 그녀는 최근 직장에서의 심한 스트레스와 그에 관련된 신체적 증상(두통과 요통 포함)을 경험했다. 그러나 그녀가 치료를 찾는 가장 큰 이유는 높은 곳에 대한 심각한 두려움을 극복하려는 욕구이다. 그녀는 10여년 전에 짧은 기간 동안 인간 중심 치료를 시도했으나 그것은 그녀가 현재 느끼는 두려움에 아무런 효과가 없었다. 그녀는 치료를 통해 이러한 두려움을 극복하여 더 이상 높은 곳과 관련된 활동에 참여하는 데 어려움이 없었으면 한다.

치료 회기: 분석

치료 회기는 다음과 같이 나뉠 수 있다

소 개

기본 계약의 세부 사항, 특히 비밀 유지에 관한 소개

특히 내담자가 제기한 문제와 이 회기에서 다룰 부분에 대한 소개에 초점을 맞춘다(회기의 지도 형성).

내담자에게 질문을 받는다.

이야기

내담자는 문제가 어떻게 시작되었는지, 시간이 지남에 따라 문제가 어떻게 발전했는지, 문제가 현재의 삶에 어떻게 영향을 미치는지 설명하도록 한다.

인지의 힘을 평가하는 것을 포함하여 문제를 경험하는 도중에 경험한 사고에 중점을 둔다.

목 표

인지 치료는 사고가 우리의 감정과 행동에 어떻게 영향을 미치는지에 대한 관점으로 설명된다.

문제가 되는 인지를 줄이기 위해 어떻게 사고의 타당성을 시험할 수 있는지 설명한다.

가까운 미래에 다룰 수 있는 치료의 구체적인 목표를 설정한다.

종 결

향후 회기에서 예상되는 지속 기간 및 내용 요약(회기의 지도 역할)

매 회기마다 사고 과정의 타당성을 시험해보는 시험, 숙제 과정의 유효성을 시험하는 실험, 또는 생각을 기록하는 일기와 같은 숙제가 정해질 것임을 설명한다.

독서 과제를 초기 숙제로 설정한다.

내담자가 회기를 어떻게 경험했는지를 반영한다.
다음 회기에 돌아오도록 초대한다.

치료 회기와 관련된 핵심 질문들

인지주의적 관점으로 바라볼 때 이 내담자의 본성은 어떻게 이해될 수 있는가?

- 내담자는 자신에 대해 어떻게 생각하는 것 같은가?
- 내담자는 세상에 대해 어떻게 생각하는 것 같은가?
- 내담자는 미래에 대해 어떻게 생각하는 것 같은가?
- 내담자는 자신과 세상과 미래에 대해 긍정적 시각을 갖고 있는가 혹은 부정적 시각을 갖고 있는가?
- 내담자는 증거에 근거한 생각을 갖고 있는가?
- 인지 왜곡의 징후가 있는가?
- 내담자가 갖는 생각은 자신의 감정과 행동에 어떻게 영향을 미치는가?

이 인지 치료 회기에서 치료 관계는 어떠한가?

- 치료자는 정직하고 개방적인가?
- 치료자는 내담자와 좋은 관계를 가지고 있는가?
- 치료자는 내담자가 가지고 있는 인지에 도전하려 하는가?
- 내담자가 가지고 있는 인지에 대한 도전에 긍정적 또는 부정적 영향이 있는가?
- 치료자는 인지를 시험해보기 위한 실험을 제안하는가?

이 치료 회기에서 어떤 인지 기술이 사용되었는가?

- 치료자가 사용하는 소크라테스식 질문은 무엇인가?
- 내담자는 소크라테스식 질문에 어떻게 반응하는가?
- 치료자는 내담자가 어떻게 인지 왜곡을 구분하도록 하는가?
- 치료자는 내담자가 어떻게 인지 왜곡을 방어하도록 하는가?
- 치료자는 인지의 타당성을 시험하는가? 그 시험의 결과는 무엇인가?

내담자의 개인적 경험

이 회기는 내가 내담자로서 겪는 인지 치료의 첫 경험이었기 때문에 조금은 불안했다. (그리고 나의 잠재적인 개인 정보를 공개할 때 녹화가 되고 있다는 것이 조금 걱정되었다!) 그러나 Keith와 이야기를 시작하자마자 나의 두려움은 줄어들기 시작했다. 우리는 좋은 라포를 형성했고 나는 그의 경험을 공유하는 것이 편하게 느껴졌다. 나의 예상과는 반대로 그는 내 이야기에 진심으로 관심이 있는 것처럼 보였다(나는 이전에 인간 중심 치료를 받아보았고, 인지 치료는 이보다 덜 관계중심적이고, 더 업무중심적일 것이라고 생각했다).

회기가 시작하고 나는 Keith에게 나의 이야기를 들려주었고 카메라가 있다는 사실을 잊어 버렸다. 그의 질문은 나를 때로는 사로잡았고 때로는 좌절시켰다—나는 종종 무엇이 어떻게 느껴졌는지에 대해 이야기하고 싶었지만 그는 계속 나의 사고 과정으로 돌아 가도록 했다. 처음에는 다소 어렵게 다가왔지만, 그가 내 생각이 내 감정에 영향을 미칠 수 있는 방법을 설명하기 시작함에 따라 그가 맞추는 초점의 가치가 보이기 시작했다. 회기의 뒷부분에 해주었던 설명이 특히 도움이 되었고 내 생각이 내 문제를 유지하는 데 어떻게 영향을 끼치고 있었는지 잘 이해할 수 있었다.

이 회기에서 처음으로 깨달은 것들이 있다. 특히 내가 높은 곳에 대해 가지고 있는 주요 걱정 중 하나는 나의 자신감과 직접적으로 관련이 있었음을 깨달았다. 내가 극심한 공포에 빠진다면 바보같아 보일 것이라는 나 자신에 대한 확고한 신념을 가지고 있었다. 그리고 이 신념은 나 자신을 부정적인 방식으로 평가하게 만들었다. 이것은 내가 나 자신과 넓은 세계에 대한 통제를 끊임없이 유지해야 한다고 느꼈다는 것을 의미하며, 이는 비합리적이고 불가능하다는 것을 알았다. 내 자신의 두려움에 대한 넓어진 이해는 내 불안을 조금 더 잘 이해하는 데 도움이 되었으며, 이제는 이 공포에 부딪히는 것만이 통제를 잃어버린다는 게 항상 바보같은 것은 아니라는 것을 나 자신에게 증명할 수 있다는 것을 알았다. 낮은 자신감과 통제의 필요성과 함께, 나는 추락에 대한 좀 더 정당한 두려움을 가지고 있음을 깨달았다. 이것은 회기가 시작할 때에는 나에게 매우 합리적인 것처럼 들렸다(그리고 나는 이것이 내 공포증이 정당화될 수 있는 이유라고 생각했다). 그러나, 회기가 진행되는 동안, 내 두려움이 상황 속에서 합리적이라기보다 훨씬 과장되었다는 것이 분명하게 느껴졌다.

회기가 끝날 때, 나는 인지 치료와 향후 회기의 계획에 대해 명확하게 이해했다. 나는 나의 걱정들과 씨름하는 나의 능력에 확신을 가졌고, 실제로 회기에서 추천되었던 독서과제들을 얼른 하고 싶었다.

-Fay Short

Chapter 06

통합절충적 심리치료법

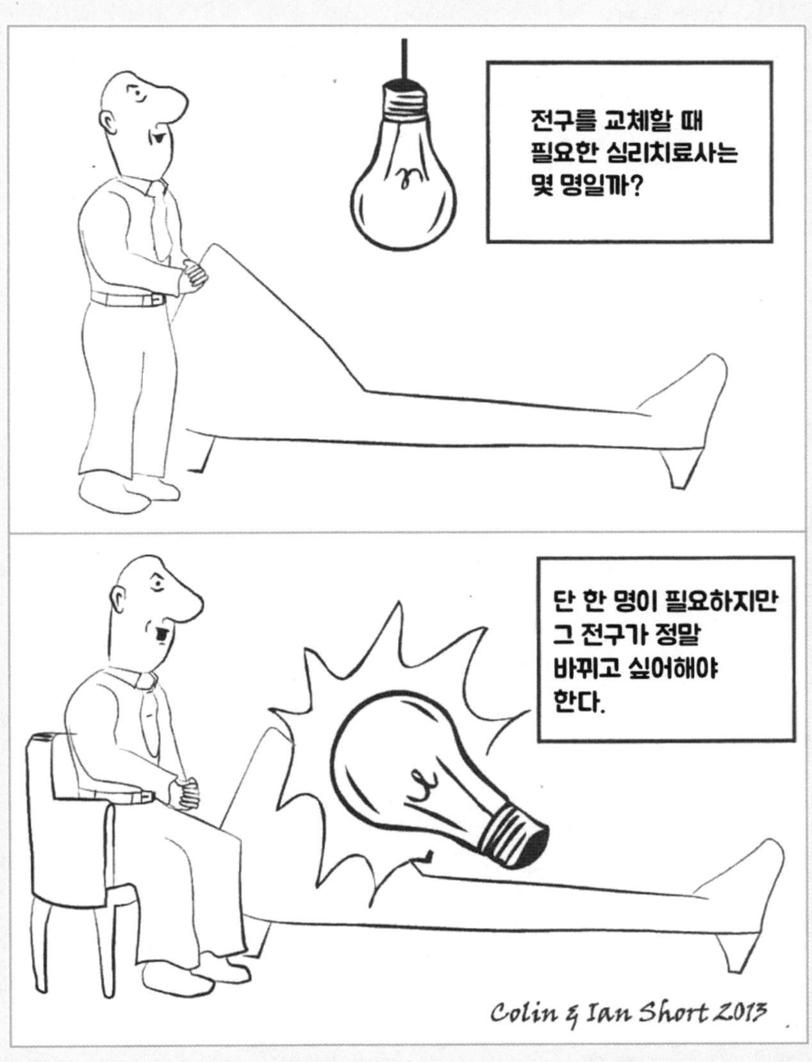

CHAPTER 06 Contents

- 통합절충적 심리치료법 소개
- 게슈탈트 치료법

  - 인본주의적 접근과 정신역동 접근의 통합
  - 게슈탈트 치료법의 발전
  - 전체론과 완결론
  - 관점들
  - 자기와 환경에 대한 인식
  - 접촉경계
  - 역설적 변화 이론
  - 대화 관계
  - 지금-여기에서의 언어
  - 치료 내 경험적 학습
  - 게슈탈트 치료법을 적용한 사례연구

- 교류 분석

  - 교류 분석: 인본주의와 정신역동적 접근
  - 교류 분석의 발전
  - 성격의 자아 상태 모델
  - 교류와 스트로크
  - 사람들이 자주 하는 게임들
  - 게임의 정반대
  - 생활자세 및 각본
  - 치료적 과정
  - 교류 분석을 적용한 사례 연구

- 합리적 정서행동치료

  - 합리적 정서행동치료: 인지 및 행동적 접근
  - 합리적 정서행동치료의 발달
  - ABCDE 모델
  - 당위성의 위험
  - 비합리적인 신념 논박하기
  - 인지적 재구성
  - 수치심 공격 연습
  - REBT를 적용한 사례 연구

- 인지행동 치료

  - 인지행동 치료: 인지 및 행동 접근
  - 인지행동 치료의 개발
  - 인지 주도 감정
  - 평가 및 공식화
  - 인지치료 및 행동치료 기술의 응용
  - 상담회기의 구조
  - CBT에 대한 경험적 증거
  - 전산화 CBT
  - 제 3의 동향의 인지행동 치료
  - 인지행동 치료를 적용한 사례 연구

- 중다양식 치료법

  - 중다양식 치료: 절충주의
  - 중다양식치료법의 개발
  - 심리적 문제의 기초
  - 평가과정
  - BASIC ID
  - 프로파일링
  - 추적하기와 연결하기
  - 중다양식 치료를 적용한 사례연구

- 신경언어 프로그래밍

  - 신경언어 프로그래밍: 절충주의
  - 신경언어 프로그래밍의 발전
  - 표상 시스템
  - 메타 모델
  - 자극심기와 순간변화
  - NLP에 대한 논쟁
  - 신경언어학 프로그래밍을 적용한 사례연구

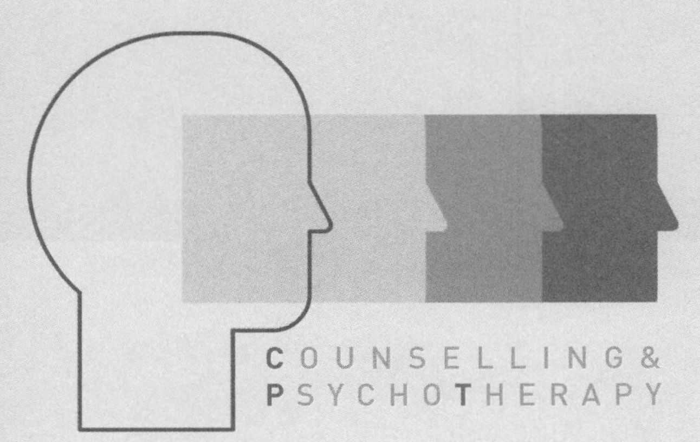

Chapter
06

통합절충적 심리치료법

통합절충적 심리치료법 소개

이 장은 독자들에게 현재 세계 곳곳에서 시행되고 있는 여러 통합적이고 절충적인 심리치료법을 독자들에게 소개하는 것을 목표로 한다. '통합'과 '절충주의'라는 용어는 새로운 치료법을 생산하기 위해 두 가지 이상의 접근법을 결합한 치료법을 설명할 때 사용된다(통합 및 절충주의에 대한 자세한 내용은 1장을 참조할 것).

학습목표

이 장을 읽고 당신은 다음과 같은 것들을 할 수 있을 것이다:

- 다양한 상담 및 심리 치료 방법 및 기법을 설명하고 평가
- 각 치료법의 기원을 설명하고 심리학의 핵심 접근법들과 어떻게 연관되는지 설명

게슈탈트 치료법

학습목표

이 섹션을 읽고 당신은 다음과 같은 것들을 할 수 있을 것이다:

- 게슈탈트 치료법이 정신역동 접근과 인본주의 접근을 결합한 통합적 치료법임을 설명
- Friedreich 'Fritz' Perls의 전기와 게슈탈트 치료의 역사 토론
- 전체주의와 완결의 중요성을 설명
- 현상학적, 실존적 관점 및 장 이론의 관점들에 대한 토론
- 사람이 자신과 환경에 대한 인식을 어떻게 하는지 설명
- 접촉 경계의 교란에 대해 토론
- 역설적인 변화 이론을 설명
- 상담자와 내담자 사이의 대화적 관계에 대한 토론
- 언어를 지금-여기에 기반하도록 할 수 있는 방법을 설명
- 치료에 사용되는 경험적 학습을 기술하고 평가
- 게슈탈트 치료법의 적용 이해(사례 연구)

인본주의적 접근과 정신역동 접근의 통합

게슈탈트 치료법은 인본주의적 접근 방식에 기초를 두고 있지만, 창시자는 사실 정신역동 접근을 통해 이 치료법에 도달함.

내담자 중심 치료법과 정신분석 치료법의 통합

실존적-인본주의적 접근으로 종종 기술됨.

인식, 선택 및 책임이 기본 목표임.

게슈탈트 치료법은 다른 접근법과 같은 방식으로 목표지향적은 아니지만(예를 들어, 인지행동 또는 문제해결 중심 치료법) 몇 가지 일반적인 목표를 가지고 있다.

프리츠 펄즈Fritz Perls는 사람의 인식을 높이는 것에 초점을 맞춤.

자기, 타인 및 환경에 대한 인식

자기에 대한 인식은 자연스러운 변화로 이어질 것이라 주장

지금-여기에서의 경험적 인식은 향후 더 큰 선택의 폭을 줌.

현재에 대한 인식은 과거의 미해결된 과제가 드러날 수 있게 하며, 이것을 현재로 가

져와 치료적 교류 안에서 실험과 연습을 통해 풀 수 있음.

Laura Perls는 대외관계와 지원에 힘씀.

현대의 게슈탈트 상담자는 치료적 관계 발전에 초점을 맞추는데, 관계가 바로 변화를 이룰 수 있는 수단이기 때문이다.

초기 프릿츠Fritz의 "Hotseat" confrontation 스타일은 게슈탈트 치료법의 발전을 저지하는 결과를 초래했다.

Gloria라는 환자와의 유명한 회기영상은 흥미롭지만 근대의 게슈탈트 치료를 나타내지 않음.

현대의 게슈탈트 치료법은 내담자가 생각하고, 느끼고, 행동하는 것에 대한 책임을 질 수 있도록 돕는다.

내담자 자신을 책임지는 동시에 타인(의 생각, 감정 및 행동)에 대한 책임은 지지 않을 만큼 관계에서 충분히 성숙하도록 독려함.

자신이 원하는 것을 요구할 수 있고, 다른 사람들을 도울 수도 있도록 독려함.

게슈탈트 치료법의 발전

게슈탈트 치료의 역사

1940년대 프리드리히Friedreich와 로라 펄즈Laura Perls에 의해 창시

'Gestalt'는 형태 / 패턴 / 구성이란 뜻을 지닌 독일어

게슈탈트 치료법은 정신역동 접근법에서 유래함(Perls는 정신분석 훈련을 받았으며 첫 저서에서도 게슈탈트를 프로이트 이론의 개정안으로 소개했다)

꿈 분석과 접촉경계의 교란에 초점을 두는 것은 정신역동 접근법에서 나옴

그러나 본질적으로 게슈탈트는 실존 – 인본주의적 접근임.

내담자 중심으로 지금 – 여기에서의 주관적인 경험에 중점을 두는 것은 인본주의적 접근에서 유래함.

'게슈탈트 치료법은 실존 – 현상학적 접근임으로, 따라서 경험적이며 실험적이기도 하다.' (Perls, 1992)

과정에 집중(치료 상황 안, 지금 – 여기에서 일어나고 있는 일)

자신과 타인, 그리고 그 사이의 모든 것에 대한 자각에 집중

1942년 게슈탈트 치료법을 소개하는 첫 저서를 <자아, 배고픔, 그리고 공격성: 프로이트 이론과 방법의 개정>으로 발표함 — 1966년 부제를 <게슈탈트 치료의 시작>으로 변경

'게슈탈트 치료'라는 용어는 Perls, Hefferline, Goodman(1951)이 저술한 <게슈탈트 치료법: 성격의 기쁨과 발달>에 처음 쓰여짐.

1951년 뉴욕의 Fritz와 Laura Perls의 가정에서 뉴욕 게슈탈트 치료 연구소New York Institute for Gestalt Therapy를 설립하여 워크숍과 세미나를 개최함.

그 후 전국에서 워크숍과 세미나가 개최되었으며, 1954년 APA 총회에서 심화 게슈탈트 워크숍을 주최함.

Laura는 게슈탈트 치료법 발달에 있어 주요 공헌자였지만 종종 간과되었다.

Fritz는 카리스마 넘치는 쇼맨이었다면 Laura는 기획자이며 조력자

'Fritz는 나와 친구들의 끊임없는 격려와 협조가 없었다면 결코 한 줄의 글도, 그 무엇도 창안하지 못했을 것이다.'(Perls, 1990)

Friedreich 'Fritz' Perls(1893–1970)의 전기

'나는 내 할 일을 하고 당신은 당신의 할 일을 하자. 내가 당신의 기대에 부응하기 위해 이 세상에 존재하지 않듯이 당신 또한 나의 기대에 맞추려 태어난 것이 아니다. 너는 너, 나는 나. 그러다 우연히 서로를 발견한다면 그것은 아름다운 일일 것이고, 그렇지 않다면 어쩔 수 없다.'

—Perls(1969, Gestalt Prayer)

Friedreich 'Fritz' Perls는 누구인가?

1940년대 Perls가 아내와 함께 게슈탈트 치료법을 창안함.

치료 관계에서 '지금-여기'의 중요성을 강조

실존적 인본주의의 새로운 유형

생애 초기

1893년 7월 8일 독일 베를린 출생

싸움에 둘러싸인 '불행한' 가정에서 자랐다.

그의 어머니가 카펫을 때리는 막대로 그를 때려 눕히곤 했지만, 그녀는 그의 정신을 깨뜨리지 못했다(대신 막대를 부러뜨렸다).

교 육

(삼촌의 뒤를 이어) 법을 공부하기 바라던 가족의 기대와 달리, 세계 1차 대전 참전 전과 후에 의학을 공부함.

의사자격 취득 후 부상병 전문의로 일함.

직 업

비엔나에서 정신분석을 배우고 William Reich에게 분석 받음.

Reich는 그 후 'Reich 신체분석치료'를 개발

Perls는 정신분석에 초점을 두고, 히틀러 정권이 들어선 후 남아공에서 정신분석 훈련원을

설립
방문 정신과 의사로 잠시 일하다 미국에서 정착하여 치료이론에 대한 글을 씀.
1951년 게슈탈트 치료법 발표
1952년 Laura Perls와 함께 뉴욕 게슈탈트 치료법 연구소 설립
뉴욕에서 캘리포니아 주의 Big Sur로 이사하게 되며 Esalen Institute에서 활동
일본의 사원에 머물면서 선(禪)불교 개념을 치료법에 적용함.
캐나다에 게슈탈트 공동체 설립
1960년대 샌프란시스코에서 유명세를 타며 워크숍에서 그의 대립적인 스타일을 선보임.
관객들은 그를 매우 인상 깊게 보거나 교묘하게 자신의 필요를 충족시키는 사람으로 보기도 함.
본인은 사람들에게 각광받기를 즐겨함.

가 족

1930년 Laura Perls 결혼
두 자녀를 키움.
Laura는 Fritz의 아내인 동시에 게슈탈트 치료법을 개발하고 홍보하는 동역자였다(Leibig, 1990).
Laura Perls는 1905년 8월 15일 독일 Pforzheim에서 태어남.
16세에 Freud의 꿈 연구에 대해 읽은 후 심리학에 관심을 갖게 됨.
Frankfurt University에서 게슈탈트 심리학으로 박사 학위를 딴 후 Buber와 실존주의 철학을 공부하며 Kurt Lewin과 함께 일함.
베를린의 게슈탈트 심리학자 그룹의 일원이었음.
Fritz가 세계 곳곳으로 게슈탈트 치료법을 시연하고 홍보하며 다니는 동안 Laura는 뉴욕 연구소 운영과 유지에 중요한 역할을 함.
Fritz의 사망 후에도 그녀는 계속해서 게슈탈트 치료의 발전에 기여하다 1990년 본인의 출생지와 가까운 곳에서 85세로 사망
"나는 정신분석 이전에 게슈탈트 심리학자였고, Fritz는 게슈탈트 심리학에 입문하기 전에 정신분석가였다. 이것이 때때로 우리에게 갈등을 빚게 했다."(Leibig, 1990에 인용된 Perls의 어구)

죽 음

1970년 3월 14일 미국 시카고에서 심장마비로 사망

주요 어록

'너의 이성을 버리고 감각을 깨워라'(Perls, 1970)
'우리의 자존감에 의존하는 것은 우리를 노예로 전락시킨다. 다른 사람들로부터의 격려, 칭

찬, 다독임이 필요하다면 그 모두를 우리의 평가자로 삼는 것이나 마찬가지이기 때문이다.' (Perls, n.d.)

'지혜로운 사람과 바보 사이의 유일한 차이점이란, 지혜로운 사람은 자신이 그저 그런 척하고 있다는 것을 안다는 것이다.'(Perls, n.d.)

'난 다른 사람들의 기대에 부응하려 이 세상을 사는 게 아니니, 이 세상도 내 기대에 미쳐야 한다고 생각하지 않는다.'(Perls, n.d.)

전체론과 완결론

'게슈탈트'라는 용어는 영어 번역이 없는 독일어로, 가장 가까운 의미의 단어는 형식, 구성 또는 패턴이다.

- 게슈탈트는 온전함과 완성도를 내포한 개념
  - 무언가 또는 누군가를 이해하기 위해서는 그 개인의 관점에서 경험의 모든 측면을 고려해야 함.
- 인간은 사물만을 보지 않고 사물의 맥락에서 보며 패턴을 인식하는 경향을 가짐.
  - 끊임없이 '게슈탈트' 형식들을 완성하려 노력하고 경험들을 의미있는 '전체'로 조직하려 함.
  - 완료되지 않은 것은 '미해결 과제unfinished business'가 됨.
  - 예를 들어, 아래와 같이 나열된 점들을 볼 때, 점 사이를 채워 사각형으로 인식함.

```
* * * *
*     *
*     *
* * * *
```

  - 또는 전에 함께하는 것을 보지 못한 낯익은 두 사람이 함께 쇼핑하는 모습을 봤을 때, 그 상황을 이해하기 위해 잘 알지 못하는 빈 공간을 추정으로 채워 넣기도 한다 ("나 방금 누가 누구랑 같이 있는 걸 본 줄 알아요?")

전경과 배경(그림 6.1)

루빈의 꽃병(Rubin, 1915)은 전경과 배경의 잘 알려진 예시

검은 색이나 흰색 중, 어떤 부분을 '전경'으로 보는지에 따라 꽃병, 아니면 두 사람의 옆모습을 보게 됨.

전경이 최전방으로 다가오는 반면 배경은 뒤로 물러남.

전경과 배경의 이론은 우리의 주의집중이 어떻게 작용하는지 보여줌.

무언가가 완료될 때까지 중요해지고(전경) 완료 후에는 퇴색되는(배경) 과정을 시사함.

예를 들어, 위와 같이 함께 쇼핑하는 두 사람을 목격했을 경우, 새롭게 접하는 그 상황을 이해하고 정보의 공백을 채우기 위해 여러 추측을 하게 됨.

목격한 두 사람이 전경이 되고 다른 모든 것은 배경이 됨.

목격하기 이전에는 배고픔이 전경이었을 수 있다.

그러나 두 사람을 목격함으로 잠시 산만해지며, 잠시 배가 고픈 것을 잊게 된다.

사고의 공백을 채운 후에 (예를 들어, 둘은 틀림없이 사귀고 있다) 배고프다는 사실을 다시 깨닫는다.

굶주림을 먹는 것으로 달래지 않고 잠시 억제하는 것은 불완전한 게슈탈트이기에 일시적일 수밖에 없다(미해결 과제).

그림 6.1 전경-배경 화병(Rubin, 1915에서 발췌)

관점들

현상학적 관점

Fritz와 Laura Perls는 후설Husserl, 하이데거Heidegger, 사르트르Sartre와 같은 현상학적 철학자들에게 큰 영향을 받음.

현상학은 1인칭 관점에서 주관적 경험을 고찰함(Woldt & Toman, 2005)

각 개인은 자신의 감각을 통해 세상을 경험한다.

경험은 주관적이며 개별된 현실을 창출한다.

내담자를 이해하는 가장 좋은 방법은 그의 세계관을 탐구하고 현재에 대한 인식을 높이는 것

인본주의적 치료법을 뒷받침하는 현상학적 관점은 세계를 해석하는 것에 중점을 두기보다는 내담자의 세계를 이해(공감)하는 데 의존한다.

이 관점에서 상담자가 가져야 할 치료적 만남에 대한 태도는, 자신의 개인적 신념, 태도, 가정 등을 인식하고 차단하는 태도이다.

상담자는 내담자를 그의 세계 안에서 만나고 그 안에서 순간순간 겪는 경험에 대한 의미를 공유할 수 있도록 자신의 개인적인 경험을 격리해 두어야 한다.

내담자는 의미를 부여함에 있어 능동적인 주체이며, 내담자와 상담자가 함께 관계에서의 '무엇'과 '어떻게'를 의미적으로 만들어 감.

장(場) 이론의 관점

장 이론은 1940년대에 Lewin이 개발한 개념(Lewin, 1943)

장 이론은 개인과 환경 간의 상호 작용을 탐구한다(전체 장).

장은 각 부분이 다른 모든 부분에 의존한다는 의미에서 '역동적'이다(Woldt & Toman, 2005).

이 이론은 전체주의의 원리를 뒷받침하므로, 상담자는 내담자를 부분적으로 보거나 그를 그의 환경과 별개로 보지 않아야 한다.

내담자는 그의 총체적 사고, 느낌, 행동, 신체적 감각, 과거 및 현재 경험, 사회 및 문화적 영향들의 총합이다.

사람은 환경에 영향을 끼치기도 하고 영향을 받기도 하는 환경의 일부로, 환경과 분리되어 있지 않다.

게슈탈트 치료법에서의 가장 직접적인 장은 치료적 관계 안에서 순간마다 겪는 경험이다.

실존적 관점

실존주의에서는 철학적 사고의 출발점은 개인의 경험에서 시작해야 한다고 주장한다(Woldt & Toman, 2005).

실존적인 선택은 인간성의 핵심이다.

사람은 무엇을 생각하고 느낄지, 그리고 어떻게 행동할지에 대한 선택을 한다.

그러므로 우리는 우리의 상황을 선택할 수는 없을지라도 상황들에 어떻게 대응할 것인지 선택할 수 있다.

사람은 인생에서 네 가지의 주요하고 궁극적인 주제 또는 고민을 해소해야 한다(Yalom, 1980).

고 립

사회적 존재들은 상호 작용을 필요로 한다.

상호 작용은 소속감을 제공한다.

이러한 상호 작용은 자존감에 중요한 영향을 미친다.

무의미함

'삶의 의미'에 대한 큰 질문

우리는 인생을 이해하고 의미를 부여하기 위해 노력한다.

의미를 가질 때 풍성한 삶을 살 동기가 부여된다.

죽 음

사람은 필연적인 죽음을 받아들여야 한다.

어떤 이들은 내세에 대한 믿음을 가지고 종교를 찾는다.

주위를 둘러싼 가족과 친구들이 있어도 죽음은 홀로 죽는 것

자 유

우리는 관계를 갖기 위해 자유를 포기하지만 그로 인해 고립을 피하게 됨.

이 때도 여전히 상황에 대처하는 방식(생각하고 느끼고 행동하는 방식)을 선택할 자유가 있음.

모두가 인간으로서 행동을 해야 하고 자신의 행동에 대해 책임을 져야 함.

실존적 치료는 내담자의 주관적인 경험을 치료 과정의 중심에 둠.

자기와 환경에 대한 인식

인식의 영역

세 가지의 인식 영역(Perls, 1969)

세 영역으로 인식을 분할함으로써 내담자가 자신의 모든 측면에 초점을 맞추어 볼 수 있도록 도움을 주고, 언제든지 그가 어디에 주의를 집중하고 있는지 식별할 수 있게 한다. 그러나 궁극적으로 게슈탈트 치료법은 전체론적이며, 따라서 모든 영역은 서로 연결되어 있다.

내부 영역

우리의 내면의 세계를 가리킴.

개인이 인식하지 못할 수도 있는 신체적인 감각, 긴장감, 이완감, 그리고 기타 감정 등을 포함

상담 중,

내부 영역에 대한 정보는 상담자가 알 수 없다.

그러나 상담자는 내담자가 느낄 수 있는 것에 집중하도록 지시함으로써 그가 자신의 내면을 인식하도록 도울 수 있다.

예를 들어, '잠시 동안 당신 안에 무엇이 일어나고 있는지 느껴보세요 — 지금 어떻게 앉아있는지 — 긴장된 부분은 있는지 — 호흡에 집중해보시고 — 감정상태에 한번 주의를 기울여 보세요.'

중간 영역

이것은 우리의 사고 영역으로, 각종 표상, 환상 및 반응을 포함한다.

경험을 해석하고 의미와 이해를 하는 영역이다.

상담 중,

내담자의 구체적인 생각을 물어봄으로써 이러한 인식에 초점을 맞출 수 있게 도울 수 있다.

예를 들어, '지금 어떤 생각하고 계신가요?', '내면에 집중해보라고 권한 것에 대해 어떻게 생각하세요?', '지금 떠오르는 표상에 주목해보세요.'

외부 영역

외부 세계와의 접촉 또는 철회에 관한 인식을 말한다.

개인과 환경이 만나는 영역

사람은 세상에서 일어나는 일은 물론 우리와 세상과의 관계를 인식해야 한다.

상담 중,

내담자가 외부환경에 집중하도록 지시함으로써 이러한 인식에 초점을 맞추도록 도울 수 있다.

예를 들어, '주위 보이는 것들에 주목해보세요 — 어떤 소리가 들리는지도 느껴보세요 — 여기 이 관계에서 지금 어떠신가요?'

움직임의 자유

삶의 모든 면을 온전히 경험하기 위해서는 이 다른 영역 사이를 자유롭게 움직일 수 있어야 한다.

예를 들어, 우리는 환경의 무언가가(사랑하는 사람의 부정적인 행동) 우리 내면에 어떤 영향을(조이는 배) 미치는지 감지하고 결정을 내리게 된다(그 행동을 자제해야 한다).

경험의 한 영역에만 주로 집중될 때, 이로 인해 문제가 발생할 수 있다.

예를 들어, 청소년이 다른 사람의 평판에만 신경을 써 바른 결정을 못 내리거나, 여자가 자신의 신체상에 강박증세를 보일 때

게슈탈트 주기

인식주기 또는 경험주기라고도 함.

게슈탈트 주기는 7단계로 이루어져 있음(Clarkson, 1989)(그림 6.2).

1. 감각

   무언가가 배경에서 전경으로 나오며 우리의 관심을 끎.

   사물을 감지하고 느끼기 시작함.

2. 인식

   감정과 감각이 인식에 도달함.

   인식 정도가 높아짐.

   감각에 관심을 갖게 되고 더 느끼게 됨.

   이것이 바로 새로운 형상이 됨.

그림 6.2 게슈탈트 주기(Perls, 1969에서 발췌)

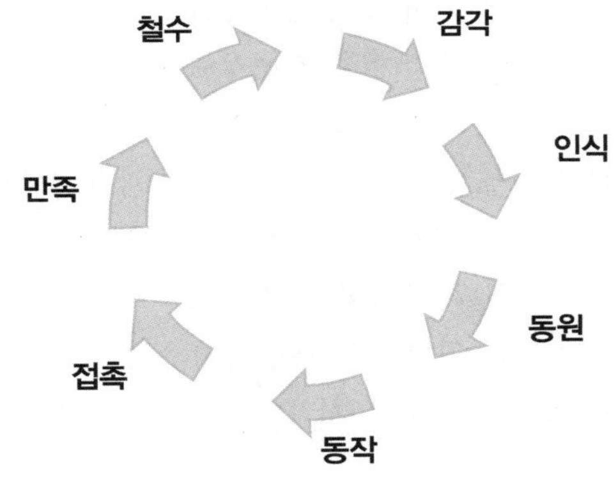

3. 동원

   새로운 필요를 충족시키기 위한 행동을 준비함.

   의사결정과 행동계획 수립

4. 동작

   필요를 충족시키기 위해 행동함.

   동작은 자신과 환경의 경계선에서 일어남.

   완전한 접촉 이전에 일어남.

5. 접촉

   행동에 완전히 참여하게 됨.

   다른 사람들이나 환경과 완전 교감하는 상태임.

   어떤 시점에 완성감을 느끼게 됨.

6. 만족
   행동의 필요성이 충족되었음을 더 인식함.
   완성감과 만족감을 느끼며 누릴 수 있음.
   수용과 통합이 이루어지며 철수할 준비가 됨.
7. 철수
   행동을 마치고 만족감을 느낌.
   관심을 잃고 그 특정 형상을 내어버림.
   평형상태로 되돌아 감.
   새로운 형상이 나타나며 주기가 다시 시작될 수 있는 시점

게슈탈트 주기는 작거나 클 수 있으며 단기간 또는 장기간에 걸쳐 일어날 수 있다.

예를 들어, 앉은 자세로 독서를 하던 중 몸에서 어떤 감각을 느끼게 된다고 하자. 어쩌면 이것은 너무 오랫동안 앉아 책을 읽어 등이 뻣뻣해진 것일 수도 있다. 휴식할 때가 되었다고 판단하여 일어나 조금씩 걸어 다니며 스트레칭도 한다. 그렇게 몇 분이 지난 후 다시 앉아서 책 읽을 준비가 된다면, 단순한 게슈탈트가 완성된 것이다.

또다른 예로, 22년간 결혼생활을 한 여자가 점차적으로 부부관계에 대한 불만이 커져감을 느낀다고 하자. 그 느낌을 무시해보려고 했던 과거를 넘어, 이제는 감정에 주의를 기울이며 대처하기 위한 생각과 계획을 한다. 관계를 깨뜨리기로 결정하고 행동으로 옮기면서 그 과정에 충실하는 것은 그녀에게 큰 인생의 변화를 가져다 주지만, 궁극적으로 그녀는 이것이 자신을 위한 좋은 길이라 생각하게 되고 시간이 지나면서 자신을 다시 한 여성으로 보게 된다.

이 7단계를 모두 거치면 게슈탈트를 완성하게 되고 다음 형상이 나타날 수 있게 됨.

이 완료과정, 또는 완료하려는 욕망은 '유기체적 자기조절'로 알려진 게슈탈트 치료의 핵심 원칙이다(Yontef, 1993).

하지만 어느 단계에서든 경계혼란에 의해 주기가 차단될 수 있다.

이 경우 게슈탈트가 완성되지 않고 미해결 과제로 남아 개인에게 보류상태가 계속된다.

게슈탈트 주기 체험하기-1부

잠시 독서를 멈추고 일시적 평형으로부터 무엇이 드러나는지 주의를 기울여 보라.
완성된 게슈탈트의 예시를 보며 7단계를 거쳐 평형 상태로 돌아 간 다음, 느낀 것을 묘사해 보라. 혹시 위험이 있는가?

감 각	
인 식	
동 원	
동 작	
접 촉	
만 족	
철 수	

접촉경계

자기와 환경의 구별

'사람은 다른 사람과 자신을 구별하고 또 다른 사람과 자신을 연결함으로써 존재한다'

—Yontef(1993)

자아와 세상 사이의 경계는 우리로 하여금,

경계 한계를 인정함으로써 건전한 독립의식을 형성한다.

의식적으로 경계를 넘어 세상과 접촉을 한다.

견고하지만 투과성이 있는 접촉경계

생각, 감정과 행동의 자율성을 허용할 만큼 경계는 충분히 확고해야 함.

자기와 타인과의 교류가 이루어지도록 충분히 투과성도 가지고 있어야 함.

접촉경계의 혼란

경계가 너무 견고해지거나(불투과적) 너무 투과적이 될 수 있다.

불투과적 경계는 고립으로 이어질 수 있다.

고립은 개인과 세상의 접촉이 끊어지는 것을 뜻함.

예를 들어, 자신의 인생에서 아무도 필요하지 않다고 주장하는 여성은 고립감을 느끼고 있을 수도 있다.

약한 경계는 자신을 타인과 연관지었을 때 불분명한 자의식을 초래할 수 있다.

흐려진 자의식은 다른 사람의 의견, 신념과 가치를 맹목적으로 받아들이게 되는 경향을 동반함.

예를 들어, 고등학교 선생님이 한때 자신을 어리석다고 비난했기에 정말 자신이 바보라고 생각하는 사람은 흐려진 자의식을 가지고 있을 수 있다.

경계혼란의 7가지 패턴(Polster & Polster, 1988)

반전
내사
투사
융합
편향
무감각
자의식

정신분석에서 기술한 자아방어기제와 개념적으로 유사함

반전은 환경에 대해 하고 싶은 행동적 충동에 저항하는 것을 말함.

행동이 내면화 되어 자신이 다른 사람에게 하고 싶은 행동을 자기 자신에게 하는 것, 또는 타인이 자신에게 해주기를 바라는 행동을 자기 스스로에게 하는 것

예를 들어, 상사에 대한 분노로 자해행동을 함.

내사는 환경을 무비판적으로 내면화하는 것을 말함.

다른 사람들의 생각, 태도와 의견이 과연 정확한지 고려하지 않고 그것을 받아들이고 내면화하여, 후에 이러한 내사된 가치를 스스로에게 부과하는 것

예를 들어, 고등학교 때 역사 선생님이 자신에게 한번 멍청하다고 말했기 때문에 자신이 바보라고 생각하는 학생투사는 자신의 모습에서 받아들일 수 없는 부분들을 환경에 귀인하는 것을 말함.

투사는 만족스러운 자아상에 걸맞지 않는 자신의 속성들을 부인하고 다른 사람들에게 귀인하는 것

예를 들어, 자신의 성(性)적 편향을 인정하고 받아들이지 않았기 때문에 다른 사람들 모두가 '게이'라고 주장하는 것

융합은 개인과 세상의 구별을 상실하는 것을 말함.

개인 환경의 무언가에게 의무감 또는 제약을 느끼는 것

예를 들어, 자녀를 위해서만 사는 여성은 융합을 겪고 있는 것일 수도 있음.

편향은 환경의 어떤 측면을 인식하거나 인정하지 못함을 뜻함.

누군가와 또는 어떤 상황과 접촉하는 것을 피하거나 이를 인식하는 것조차 피하는 것

예를 들어, 어떤 동료와 대면하지 않으려고 아예 그 동료를 바라보지 않고, 그녀에 대해 말하며, 문제점에 대해 물었을 때 막연한 답을 할 뿐만 아니라 의견충돌이 발생할 때 주제를 돌리는 것

무감각은 감정과 감각에 주의를 기울이지 않는 것을 말함.

감정과 감각을 등한시 하는 것으로, 부정적일 수 있음.

예를 들어, 가슴 통증이 의미하는 바를 두려워하기 때문에 통증을 무시할 수 있다.

긍정적이 될 경우도 있는데, 예를 들어, 마라톤에서 뛸 때 다리의 피로감이나 발바닥의 물집에 덜 민감해지도록 함.

자의식은 중립적인 관찰자가 되기 위해 자신을 환경과 분리하는 것을 말함.

자의식은 개인이 자신을 벗어나 자신에 대한, 또는 자신과 환경의 관계에 대한 관객 또는 주석가가 되는 것(Clarkson, 1989)

외부에서 관찰만 한다면 우리는 진정한 경험자가 되지 못함.

그림 6.3 게슈탈트 주기의 경계혼란(Perls, 1969에서 발췌)

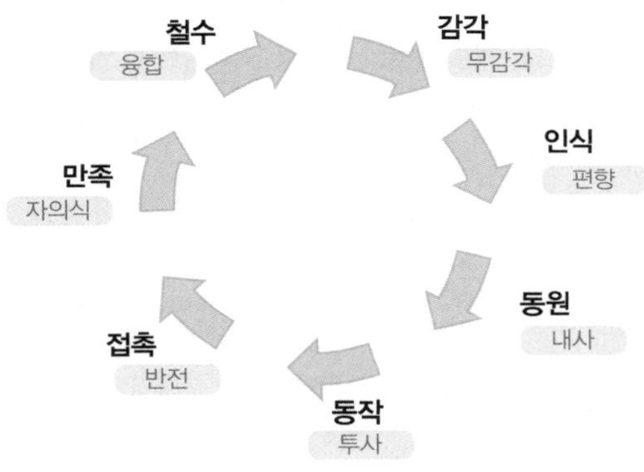

예를 들어, 비디오 카메라를 통해서만 휴가를 즐기는 사람들 — 휴가를 녹화하는 일에 너무 바빠 직접 경험하지는 못한다

접촉 경계에서 혼란이 생기면 게슈탈트가 주기를 완료하지 못하게 됨.

7가지의 경계혼란은 게슈탈트 주기의 7단계와 일치한다(그림 6.3).

무감각으로 인해 감각이 중지될 수 있음.

편향에 의해 인식이 중지될 수 있음.

내사로 인해 동원이 방해될 수 있음.

투사로 인해 동작이 중단될 수 있음.

반전에 의해 접촉이 중단될 수 있음.

자의식에 의해 만족이 중단될 수 있음.

융합에 의해 철수가 중단될 수 있음.

미완성된 게슈탈트는 언제나 미해결 과제가 됨.

단기간에 많은 작은 게슈탈트들을 처리할 수 있다.

예를 들어, 교통체증으로 차 안에 갇혔을 때 화장실에 가야 하는 것은 주의를 산만

하게 하며 잠깐 견딜 수 있지만, 뭔가 행동을 취해야 함을 상기시키듯 신호가 다시 강하게 돌아올 것

다른 게슈탈트는 더 복잡할 수 있다.

예를 들어, 중요한 사람과 사별했을 때 바쁜 장례 준비로 애도반응을 보류할 수 있지만, 이 복잡한 형태의 게슈탈트를 미해결 상태로 계속 억제하기에는 많은 에너지가 소비된다.

게슈탈트 주기 체험하기-2부

이전의 과제를 다시 생각해보라. 완성된 게슈탈트의 예시를 통해 잠시 독서를 멈추고 일시적인 평형상태 속에서 드러나는 것들에 주의를 기울이도록 하였다.

이제, 7가지 경계혼란들이 어떻게 그 게슈탈트의 완성을 막을 수 있었을지 생각해보라. 그 게슈탈트의 완성이 막혔을 때 어떤 느낌이 들 것이며, 성공적인 완성을 위해서는 방해를 어떻게 극복할 수 있을지 생각해 보라.

주기의 각 7단계에서 가능한 방해요소들을 고려하여 아래에 적어보라.

무감각에 의한 감각 차단	
편향에 의한 인식 차단	
내사에 의한 동원 차단	
투사에 의한 동작 차단	
반전에 의한 접촉 차단	
자의식에 의한 만족 차단	
융합에 의한 철수 차단	

역설적 변화 이론

'변화는 한 사람이 자신의 참 모습이 될 때 일어나는 것이지, 자신이 아닌 모습이 되려고 할 때 나타나는 것이 아니다.'

—Beisser(1970)

이 개념은 지금-여기에서 자기를 존중하는 것을 뜻함.

변화에 대한 요구없이 지금 있는 자신의 모습 그대로 수용하는 것

자신에 대한 선입견을 충족시키기 위해 변화하려 노력하기보다는 현재의 자신에 대해

더 많이 인식하고 받아들여야 한다.

이렇게 하면, 이미 상당한 변화가 일어날 것이고 다른 변화는 자연스럽게 따라 올 것임.

개인이 현재의 자기를 진정으로 인식하지 못하면 변화는 불가능함.

내가 지금 누구인지에 대한 인식과 수용은 미래의 변화 가능성을 열어준다.

우리는 타인의 강압이나 압력을 통해 바뀔 수 없다.

지금 이 순간 존재하는 모습 그대로의 수용은 변화를 위해서 필수적이다.

고집 센 당나귀를 움직이려 한다고 생각해보자 — 당나귀의 고삐를 더 많이 당길수록 더 머물러있게 된다.

그러나 당기는 것을 그만두고 당나귀가 자신이 원하는대로 있음을 받아들이면, 그는 이제 선택할 수 있는 자유가 있기 때문에 아마도 움직일 것임.

상담치료에서 상담자는 지금-여기에 초점을 맞춤으로써 수용도가 높아지도록 해야 한다.

상담자는 지금 이 순간 내담자가 누구인지에 대한 존중을 표명하는 동시에 성장과 변화의 가능성을 인식해야 함.

상담자는 내담자가 자신을 받아들이고 미래의 변화 가능성에 열릴 수 있도록 안전하고 무비판적인 환경을 조성하며 내담자의 현 상태에 초점을 맞춰야 함.

강자/약자

Perls는 인간의 내적 갈등을 묘사하기 위해 프로이트의 초자아와 자아 개념과 유사한 용어로 강자/약자'topdog / underdog'를 사용했다.

내담자들은 자신의 삶을 변화시키고, 문제를 극복하거나 감당하고, 삶을 더 완전하게 살기 위해 상담을 청한다.

게슈탈트 상담자는 변화과정에서 촉발인의 역할을 거부하는데, 그 역할을 맡음으로써 전문가의 위치에 오르게 되어 동등한 관계를 이루지 못하게 되기 때문이다.

상담자와 내담자 사이에 강자/약자 관계를 형성하기 때문

'게슈탈트 상담자는 강자/약자의 양면이 내담자의 내면에 이미 존재하며, 한 부분이 다른 부분을 바꾸려고 시도하고 있다는 것을 전제로 그 두 가지의 역할 중 하나에 빠지지 않도록 노력해야 한다. 내담자가 그 두 부분을 한 번에 하나씩, 자신의 것으로서 동일하게 받아들이도록 격려하여 이 함정을 피해야 한다.'(Beisser, 1970)

강자와 약자의 관계는 내적 갈등의 본질을 보여준다.

강자는 권위주의적으로 요구를 한다('이렇게 해야 해 / 하면 안돼', '반드시 해야만 해/절대 하면 안돼')

약자의 내부반응은 방어적이며 때로는 미안해 하는 것 같지만 항상 교활함.

약자는 원하는 것을 얻기 위한 효과적인 전략을 씀.

강자와 약자 간의 전투는 언제나 진행형임.

'인간은 통치자와 지배된 자로 분열되어 있다. 강자와 약자 간의 내적 갈등, 이 투쟁은 결코 끝나지 않는다. 그 둘 다 서로 생존을 위해 목숨 걸고 싸우기 때문이다.'(Perls, 1969)

대화 관계

게슈탈트의 변화 과정은 내담자와 상담자의 관계를 통해 진행된다.

관계의 질은 지속되는 상호작용의 질에 따라 결정됨.

게슈탈트 대화는 진정성과 책임을 구현한다(Yontef, 1993).

게슈탈트 상담자는 목표를 향해 내담자를 교묘히 조정하지 않고 대화에 참여하도록 한다.

상담자가 내담자를 목표를 향해 이끌면 그의 책임감과 주인의식을 떨어뜨리게 되고, 다른 사람에게 의존하도록 유도하게 된다.

대화는 상담자가 자신의 진실한 모습을 보여주며 정직하고 일관될 것을 요구한다.

'게슈탈트 치료사는 진심으로 이야기하고 환자도 똑같이 하도록 돕는다.'(Yontef, 1993)

대화의 네 가지 특성(Yontef, 1993)

포용

포용Inclusion은 로저스의 '공감' 개념과 유사하다.

현상학적 관점에서 내담자의 경험을 인식하는 것이다.

판단하지 않으므로 무조건적인 긍정적 존중을 제공한다.

이것은 내담자가 자신의 세계를 온전히 경험할 수 있는 안전한 환경을 조성해준다.

존재함

게슈탈트 치료에서의 존재함Presence이란 상담자가 치료과정에서 능동적으로 활동하는 것을 말한다.

상담자는 적절한 자기개방을 통해 자신의 생각, 감정과 경험을 공유함으로써 내담자에게 즉각적으로 현상학적 경험과 어떻게 접촉하는지, 그리고 그 과정에서 자신을 더 잘 알아갈 수 있는지에 대한 모델링을 제공한다.

'게슈탈트 치료에서 상담자는 환자를 미리 설정된 목표에 부합되도록 조종하지 않고 환자가 자율적으로 자기조절하도록 돕는다'(Yontef, 1993)

대화에 대한 전념

대화에 대한 전념Commitment to dialogue은 상담자와 내담자 간의 접촉에 관한 것이다.

대화적 관계는 게슈탈트 치료 과정의 핵심이며, 이를 통해 상담자는 내담자에게 관계를 '수행'하는 방법을 모델링 할 수 있다.

상담자는 그 과정에 전념하여 내담자를 통제하거나 조작하려는 의도 없이 동등하게 하기 위해 최선을 다한다.

살아있는 대화(Dialogue is lived)

간단히 말하면, 상담자와 내담자 사이의 관계는 지금-여기에서 활발히 실행된다.

이 진행 중인 관계에 대한 즉시성immediacy이 있다. 말로만 이야기되는 것이 아니라 실제로 실행된다.

언어적 의사 소통과 함께 비언어적 의사 소통 또한 이 살아있는 대화의 일부이다.

내담자과 상담자 간의 즉시적인 대화

게슈탈트 치료는 존재하는 모든 것은 지금-여기에 있으며, 경험이 해석보다 더 믿을만하다는 것을 강조한다.

내담자는 5분 전(또는 지난 밤이나 20년 전) 일어난 일에 대해 이야기하는 것과 현재를 경험하는 것의 차이점에 대해 배우게 된다(Yontef, 1993).

내담자는 과거 사건에 대해 이야기하더라도 그 사건이 지금 이 순간에 자신에게 어떻게 느껴지는지에 대해 이야기해야 한다.

상담자는 내담자의 표현을 해석하는 전문가 입장을 취하지 않고, 그저 내담자가 현재에 머물러 자기에 대한 책임을 수용함으로써 자기 인식을 향상시킬 수 있도록 격려한다.

내담자 내면의 즉시적인 대화

내담자에게 자기 자신 안에서 이루어지는 대화에 참여하는 것이 도움이 될 수 있다.

내담자의 내면은 두 부분으로 분리되어 있을 수 있으며, 내담자는 그 두 부분 간의 대화를 장려하기 위해 다양한 기법들을 사용할 수 있다.

예를 들어, 빈 의자 기법

지금-여기에서의 언어(Language in the here and now)

게슈탈트 치료는 내담자가 지금-여기에 뿌리내릴 수 있도록 돕는다.

언어는 종종 경험의 충만함으로부터 거리를 두기 위해 사용될 수 있다.

지금-여기에 있는 경험을 소유하는 대신 개인은 언어를 사용하여 그 경험이 자신과 동떨어져 있거나 마치 다른 누군가에게 일어나고 있는 것처럼 여길 수 있다.

예를 들어, 내담자가 과거에 어떤 느낌을 경험했다고 말하면, 느낌은 현재에서만 처리될 수 있기 때문에 상담자는 내담자에게 그 느낌을 현재로 가져오라고('지금-여기에서 그 분노를 느낄 수 있습니까?') 격려한다.

표현 소유하기

내담자는 자신의 감정, 생각 및 행동을 암시할 뿐 이러한 감정, 생각 및 행동이 자신의 것이라고 하는 것을 피하기 위해서는 언어를 사용한다.

예를 들어, '그가 당신에게 소리 쳤을 때 어떻게 느꼈습니까?'라는 질문에 내담자는 '글쎄요. 인간은 종종 누군가가 자신에게 못되게 굴 때 다소 짜증을 느끼죠.' 혹은, '누군가가 못되게 굴 때 우리는 짜증을 느끼는 경향이 있죠.'라고 대답할 수 있다.

상담자는 이러한 언어 사용에 관심을 집중시켜 내담자의 표현을 '나'에 대한 것으로 바꾸어 자신의 것으로 만들도록 할 수 있다.

예를 들어, 상담자는 '누가 짜증이 난 거죠?'라고 묻고 내담자가 소리 내어 '제가 짜증이 납니다.'라고 말하도록 권장할 수 있다.

말에 대한 책임 수용하기

내담자는 상담자에게 자신의 표현이 사실인지 확인해달라고 요구함으로써 자신의 표현에 대한 책임을 거부하기도 한다

예를 들어, 내담자는 '그렇지만 전 질투해서는 안되죠, 그렇죠?'라고 질문을 던질 수 있다.

상담자는 이러한 언어 사용에 주의를 기울여 내담자가 자신이 언급한 말의 내용에 대한 책임을 수용할 수 있도록 질문을 서술형으로 변경하도록 격려할 수 있다

예를 들어, 상담자는 '그 질문을 서술형으로 바꿔보세요.'라고 말하고, 이에 내담자는 '저는 질투심을 느껴서는 안됩니다.'라고 말할 수 있다. 이로써 내담자는 그 진술을 자신의 것으로 받아들였으므로 다른 사람의 확인에 의존하는 것이 아니라 자신 스스로 그 진술을 실제로 믿는가 아닌가를 고려할 수 있다.

제한시키는 말(꼭 해야 한다/하지 말아야 한다) 피하기(should and shouldn't/ must and mustn't)

우리는 모두 종종 어린 시절에 부모와 중요한 사람들에 의해 내면화된 내적 규칙과 한계를 갖고 있다.

예를 들어, 내담자는 다음과 같은 말을 할 수 있다.

너는 열심히 일해야 해.
너는 화를 내면 안돼.
나는 더 열심히 노력해야 해.

나는 화를 내면 안돼.

상담자는 내담자로 하여금 이러한 언어가 현재 자신에게 어떤 영향을 미치고 있는지를 보도록 도전할 수 있다.

예를 들어, 상담자는 내담자의 이러한 말에 대해 다음과 같이 대답할 수 있다.

'그래야 해'라고 말하는 것이 당신에게 어떤 영향을 가져옵니까?

만약 당신이 그렇게 한다면 (화를 낸다면) 무슨 일이 일어날까요?

'해야 한다'라고 말을 하는 것이 현재 당신을 어떤 식으로 제한합니까?

'너'를 '나'로 바꿔보시겠어요?

행동에 대한 통제 설정

내담자는 어떤 것이 자신의 통제를 벗어났음을 암시하는 단어들을 사용함으로써 자신의 행동에 대한 책임은 외부의 힘에 있다고 주장할 수 있다.

예를 들어 남편이 절대 설거지를 하지 않아 화를 느끼고 있는 내담자는 '그릇들을 싱크대에 그냥 내버려 둘 수 없기 때문에 제가 그냥 설거지를 하게 돼요.'라고 말할 수 있다.

상담자는 이러한 언어에 주목하여 내담자가 '할 수 없다'를 '하지 않는다'로 대체하고 스스로 자신의 행동을 통제할 수 있음을 받아들이도록 격려할 수 있다.

예를 들어, 상담자는 그릇들을 싱크대에 내버려둘 수 없는 이유를 묻고 내담자가 '저는 그릇들을 싱크대에 그냥 두지 않는다'라고 표현을 바꾸도록 격려한다.

언어의 인식 증대

자신의 자연스러운 대화를 녹음해 보라. 사실 우리는 녹음할 때 평소와는 다르게 행동하는 경향이 있으므로 자연스러운 모습을 녹음하는 것은 약간 까다로울 수 있다. 따라서 녹음 장치를 장시간 틀어놓고, 중간 부분에만 초점을 맞추는 것이 좋다.

녹음된 내용을 듣고 지금-여기 밖에서 언어를 사용하는 횟수를 메모하라. 2인칭 혹은 3인칭을 사용하면서 자신의 행동에 대한 책임을 피하거나, 질문을 함으로써 책임을 거부하거나, 이러이러 해야 한다라는 주장을 하며 제한을 설정하거나, 통제 부족을 암시함으로써 외부 세력이 자신의 행동을 통제한다고 주장하는 경우가 있는가?

치료 내 경험적 학습(Experiential learning in therapy)

현재 순간에 머무르기

게슈탈트 치료에서 내담자들은 과거나 미래로 도망치지 않고 현 순간에 머무르도록 격려받는다.

예를 들어, 내담자들은 불편한 생각이나 감정을 경험할 수 있다(주제를 바꾸거나 하는 방법으로). 상담자는 내담자들이 이러한 감각들을 피하기보다는 그 생각이나 감정에 머무르고 그것들을 충분히 경험하게 한다.

내담자를 지금-여기에 머무르게 하는 것은 불안을 제거한다. 펄즈(1969)는 다음과 같이 주장한다. '불안이란 현재와 그때 사이gap에서 오는 것이다. 만약 당신이 현재에 있으면 불안해 할 수 없다. 왜냐하면 흥분excitement이 즉각적으로 계속해서 즉흥적으로 진행되는 활동으로 흘러가기 때문이다. 만약 당신이 현재에 있다면, 당신은 창조적이고, 독창적일 것이다.'

내담자는 외부의 문제들을 치료의 현실로 가져옴으로써 지금-여기에 머무르도록 격려받을 수 있다.

이것이 경험적 학습이다.

내담자들은 현 순간의 실제 경험을 통해 학습한다.

이것은 실험, 연습활동exercises, 꿈 작업 등을 통해 이루어질 수 있다.

실 험

실험은 내담자와 상담자 간의 대화로부터 나온다.

상담자들은 무엇인가를 알아챈 후 내담자가 그의 관찰을 바탕으로 실험을 시도할 수 있도록 한다.

예를 들어, 상담자는 내담자가 긴장을 느끼고 있음을 알아차리고 내담자가 그가 방금 한 말을 다시 반복하기 전에 깊게 심호흡을 하도록 제안하여 심호흡 전후의 차이를 실험해보도록 할 수 있다.

아래는 실험의 한 예시다.

상담자는 내담자가 자신의 양손을 깍지를 낀 후 지금은 두 손을 떼어놓으려고 하는 것을 알아차린 후 대화를 시작한다.

상담자: 손으로 무엇을 하고 있습니까?
내담자: 음, 제 손이 깍지 껴 있어서 떼어놓으려고 하고 있습니다.
상담자: 두 손이 모두 똑같나요? 아니면 한쪽 손이 다른 쪽 손을 조절하고 있나요?
내담자: 글쎄요, 지금 선생님이 말한 것을 들으니 오른쪽 손이 조절하고 있는 것 같네요.
상담자: 그렇다면 왼쪽 손은 오른쪽 손에게 뭐라고 말하고 싶어할까요?

연습활동(Exercises)

게슈탈트 상담자는 치료적 관계의 지금－여기에서 내담자를 위한 실험들을 창의적으로 설계할 수도 있지만, 빈번하게 사용되는 잘 정립된 치료기법 또한 존재한다.

수련받는 상담자들은 내담자들과의 작업에서 '연습활동'이라고 알려진 이러한 기법들을 어떻게 사용하는지를 배우게 된다.

연습활동들은 치료 과정을 촉진하기 위해 잘 만들어진 미리 계획된 기법들이다.

상담자들은 치료 중 당면한 순간에 내담자에게 적합하다고 생각되는 기법이 있다면 사용할 수 있다.

흔하게 사용되는 연습활동에는 내적 대화하기, 반대로 하기, 과장하기 그리고 반복하기 등이 있다.

내적 대화하기(빈 의자 기법)

내적 대화를 이어가는 것 대신에, 내담자들은 빈 의자를 다른 사람이라고 생각하고 내적으로 이루어지는 대화를 표현한다.

이러한 기법은 내담자가 자신의 다른 부분들과 대화를 나누거나, 현재 함께 있지 않은 사람과 말하는 것을 연습하거나, 혹은 다른 사람의 관점에서 세상을 탐색하도록 하는 데 사용될 수 있다.

예를 들어, 갑자기 어머니를 잃은 내담자에게 빈 의자를 어머니라고 생각하고, 어머니에게 하고 싶었던 말을 모두 할 수 있는 기회를 제공할 수 있다.(어머니로 빙의하여 대답도 할 수 있을 것이다.)

반대로 하기

내담자는 실제로 자신의 모습이라고 생각하는 것과 정반대의 모습을 가져보도록 한다.

이러한 기법은 내담자가 안전한 환경에서 친근하지 않은 역할을 시도하면서, 자신의 다른 여러 부분들을 받아들일 수 있도록 한다.

예를 들어, 항상 밝은 모습을 보이려고 하는 내담자는 잠시 동안 슬픈 척을 하면서 그게 어떤 느낌인지 경험할 수 있다.

또한 내담자는 상담자와 역할을 바꾸어 볼 수 있다. 이 기법은 내담자가 세상을 다른 관점으로 보도록 격려한다.

예를 들어, 상담자는 내담자에게 '만약 제가 당신의 문제를 가지고 있다면, 저에게 뭐라고 말씀하시겠어요?'라고 묻고 서로 반대되는 역할을 해볼 수 있다.

과장하기

내담자는 특정 움직임이나 자세, 표현들을 과장하도록 격려된다.

이러한 기법은 행동과 관련된 감정들의 강도를 증폭시켜 내담자가 현 순간에 그 감정들을 충분히 경험할 수 있게 한다.

예를 들어, 억압된 분노를 경험하고, 그러한 분노를 살포시 주먹을 쥐는 걸로 미묘하게 표현하는 내담자가 있다면 주먹을 더 꽉 쥐도록 요구하여 내담자가 자신의 감정들을 받아들일 수 있도록 할 수 있다.

반복하기

내담자는 특정한 단어나 어구를 반복하도록 격려된다.

이러한 반복의 효과는 과장하기의 효과와 유사하다. 이 기법은 관련된 감정들의 강도를 증폭시켜 내담자가 현 순간에 그 감정들을 충분히 경험할 수 있게 한다.

예를 들어, 한 내담자가 이런 말을 할 수 있다. '그는 나를 정말 화나게 해요.' 이때, 상담자는 내담자가 지금-여기에서 그 감정을 경험하고 표현하여 안도와 해방감을 느낄 수 있을 때까지 그 말을 계속해서 더 큰 소리로 반복하도록 격려할 수 있다.

아래의 예시에서는 위에서 언급된 여러 연습활동들이 함께 사용되었다.

대화는 내담자가 자신이 아버지에게 화가 나 있다는 말을 하면서 시작된다.

상담자: 당신은 당신의 아버지에게 화가 나 있다는 말을 하셨습니다. 그에게 정말 하고 싶은 이야기가 무엇인가요?

내담자: 내가 정말 아버지에게 말하고 싶은 것이요?

상담자: 해보세요. 여기서는 안전하게 해볼 수 있어요.

내담자: 글쎄요, '죽어버렸으면 좋겠어'라고 말하고 싶은 것 같기도 하네요.

상담자: 그럼 그렇게 말해보세요. 아버지가 저기 의자에 앉아있다고 생각하고 무엇이든지 하고 싶은 말을 해보세요.

내담자: (조용히) 죽이고 싶어요.

상담자: 더 크게 말하세요.

내담자: (더 크게) 죽어버려.

상담자: 다시 말해보세요.

내담자: 죽어버려. 죽어버려. (소리치며) 죽어버려. 개자식아.

꿈 작업

펄즈는 정신분석에 대한 훈련을 받았다. 때문에 그는 꿈 작업을 무의식에 접근하는 수단으로 이해했다.

정신분석에서는 꿈을 분석하고 해석한다.

게슈탈트에서는 꿈을 탐색하고, 지금-여기로 가져와서 내담자가 그 꿈에 의미를 부여하도록 한다.

이 의미를 통해 자기의 다른 측면으로 간주되는 꿈의 다른 측면들이 통합될 수 있다.

꿈은 통합으로 가는 지름길

예를 들어, 내담자는 지역 자선 단체를 위한 강의를 하러 가는 도중 도로 작업으로 인해 강의 장소로 갈 수 없었던 장면이 생생했던 꿈을 회상한다. 꿈에서 내담자는 어느 길로 가야 할지 몰라서 경찰관에게 길을 물었는데, 그 경찰관은 내담자에게 도움을 주기는커녕 그가 길을 잘 못 찾고 있고 너무 늦게 출발하여 충분히 준비하지 못했다는 점에 대해 비난을 하였다. 꿈이 계속되는 동안 다른 장애물들까지 등장하면서 내담자의 진전을 방해하였다.

1단계: 상담자는 위와 같이 내담자가 꿈을 떠올릴 수 있도록 한다.

2단계: 상담자는 내담자에게 그 꿈이 마치 지금 일어나는 듯이 재현해보도록 요청한다. 내담자는 이런 식으로 시작할 수 있다. '난 지역 단체에서 강의를 하러 가는 중입니다. 운전을 해서 강의 장소로 가고 있는데 지금 앞 도로가 막혀있고 우회로가 있어요. 늦을까봐 불안감이 올라오고 있습니다.'

3단계: 상담자는 내담자가 꿈에서 등장하는 다른 인물 또는 다른 부분들과 대화를 하는 상황을 설정할 수 있다. 예컨대, 경찰관과 나눈 대화를 더 상세하게 재현해보거나, 도로 작업의 입장이 되어 자신에게 무언가를 말해보도록 할 수 있다. ('도로 작업이 당신에게 뭐라고 하고 있나요? 거기에 대해 당신은 또 도로 작업에게 뭐라고 대답할 건가요?')

4단계: 연습활동이 진행되면서 내담자는 꿈에 대해(상담자의 관점이 아닌) 자신의 관점에서 어느 정도 이해할 수 있게 된다. 여기에서 꿈의 모든 부분은 꿈을 꾼 내담자의 부분들이라는 것에 주목하는 것이 중요하다. 즉, 내담자는 자기 자신뿐만 아니라 경찰관, 도로 작업, 우회로, 기타 장애물 등 그 모든 것이 자신의 부분이라는 것을 알아야 한다. 이것을 이해하면 내담자는 자신의 여러 측면을 인식하고 통합할 수 있는 기회를 얻게 된다.

다음은 내담자와 진행한 꿈 작업의 예시다.

내담자가 꿈의 영향을 받고 있다('계속 꿈에서 벗어나지 못하고 있어요.')는 것을 언급한 후 대화가 시작된다.

상담자: 네, 그럼 당신의 꿈에서 무슨 일이 일어났는지 말해보세요.

내담자: 음, 꿈은 제가 소나무 숲으로 난 길을 걷는 장면부터 시작이 돼요. 햇살이 좋은 밝은 날이었고 나무 사이로 바람 소리를 들을 수 있었어요. 코너를 도니 참나무 두 그루가 있었는데, 하나는 길 위에 쓰러져 있었어요. 그래서 저는 쓰러져 있는 나무를 넘어 가려고 했고, 조금 어려웠지만 결국엔 넘어갔죠. 근데 걸어가면서 왜 소나무 숲에 참나무 두 그루가 있었을까 궁금했어요.

상담자: 혹시 그것이 의미하는 바에 대해 짐작 가는 것이 있을까요?

내담자: 글쎄요, 몇 가지 확실한 것은 있다고 생각합니다. 길을 막는 나무는 제 직장이나

인생에서 다루어야 할 것들을 의미할 수 있을 것 같아요.

상담자: 꿈에 대해 다시 한 번 이야기해줄 수 있을까요? 이번에는 현재의 시제로 꿈이 지금 여기에서 다시 재현되는 것처럼요.

내담자: 네. 저는 양쪽에 소나무들이 늘어서 있는 숲 길을 걷고 있습니다. 화창한 날이고, 나무 꼭대기에서 바람이 부는 소리가 들려요. 모퉁이를 돌았더니 길을 가로질러 쓰러져 있는 커다란 나무가 보여요. 두 그루의 참나무 중 하나가 그렇게 쓰러져 있고, 또 하나는 그 옆에 서 있네요. 많은 소나무들 사이에서 참나무는 어울리지 않아 보여요. 참나무 하나가 쓰러져서 나머지 하나가 혼자 외로이 서 있는 것을 보니 슬프네요.

상담자: 이제 아직 서있는 그 참나무가 되어 이야기해보세요. 그 나무는 뭐라고 말할까요?

내담자: 나무는 '나는 크고 강하다. 화창한 날에는 그늘을, 비가 오는 날에는 피할 수 있는 곳을 제공한다. 내 안에는 동물들이 산다.'라고 얘기할 것 같아요.

상담자: 그리고 나무는 당신에게는 뭐라고 말할까요?

내담자: '너도 여기서 쉬어 가도 돼.'라고 말할 것 같아요.

상담자: 그러면 당신은 뭐라고 대답할건가요?

내담자: '난 그럴 수 없어. 난 멈출 수 없어. 난 시간이 없어.'

상담자: 다시 한 번 말해보시겠어요?

내담자: 나는 멈출 수 없어. 나는 시간이 없어. 나는 항상 시간이 없어(그녀는 조용히 생각에 잠긴다). 나는 늘 시간이 없어(그녀는 울기 시작한다).

꿈 작업을 하는 것이 항상 새로운 통찰력으로 이어질 것이라는 가정은 없지만, 이 예시에서 내담자는 꿈 작업을 통해 보다 명백한 메시지(장애물들을 극복하면서 항상 바쁜 나)와 덜 명백했던 메시지(시간이 없다는 것에 대해 슬프다는 느낌)를 확인하게 되었다.

꿈을 재탐색하면서 이 내담자는 아직 서 있는 참나무를 혼자 살고 계시는 자신의 어머니와 동일시하였다. 내담자는 상담에서의 대화를 기억을 하면서 어머니와 더 많은 시간을 보내기로 결심하였다.

꿈에서 의미 찾기

게슈탈트 치료에 관한 부분을 쓰기 시작하면서 나는 마라톤을 뛰는 꿈을 꾸었다. 나는 마라톤 시작 시간을 맞추지 못했고, 마라톤은 내가 도착하기 전에 시작되었다. 옷을 갈아입고, 귀중품을 안전하게 보관할 수 있는 공간을 찾은 후, 출발점을 찾아야 했다. 나는 마라톤이 시작하고 상당한 시간이 지났다는 것을 알았기 때문에 점점 불안해졌다. 나는 누군가에게 전화를 걸어서 내가 아직 시작하지 못했고, 약속한 시간 안에 도착점에 도달하지 못할 거라고 알릴 필요가 있었다. 보통 나는 내가 꾼 꿈들을 거의 기억하지 못했지만, 이 꿈은 매우 생생했다.

이 꿈의 의미는 나에게 영향을 주었다. 나는 내 공동 저자에게 전화를 하였고, 내 글쓰기 신발을 신고 달리기 시작했다.
최근에 꿨던 꿈을 떠올려보아라. 꿈의 다양한 부분들과 등장 인물들을 모두 생각해보면서 꿈을 재현해보라. 중요한 부분의 역할을 맡아 대화들을 시도해 보면서 만족스러운 꿈의 의미를 찾게 된 것 같을 때까지 꿈의 구석구석을 돌아 다녀보라.

게슈탈트 치료법을 적용한 사례연구

수잔(42세)은 그녀가 마케팅 매니저로 있는 지역 회사의 산업 보건 부서를 통해 상담을 받게 되었다. 그녀는 우울증으로 인한 업무 관리의 어려움과 최근에 잦았던 결근 때문에 치료 권고를 받게 되었다. 그녀는 자신의 관리 능력이 '압력을 받고' 있고 일상 생활에 갇힌 느낌이라고 하였다. 치료는 여섯 회기로 제한되어 있었다.
다음의 대화에서 상담자는 상담자이고, 내담자는 수잔이다. 비밀 보장과 계약 내용은 앞서 논의된 상태다. 상담자는 내담자에게 자신의 이야기를 하도록 초대하였지만, 그녀는 말하기를 꺼려하며 자신의 손을 쳐다 보며 앉아 있다.

상담자: 상담을 오게 된 이유에 대해서 말하는 것이 불편하다면, 지금 당장 어떤 느낌인지부터 말해 줄 수 있습니까?

내담자: 그냥 불안해요.(내담자는 자신 앞에 모은 손을 풀기 시작한다.)

상담자: 손으로 뭘 하고 있으세요?

내담자: 글쎄요. 깍지를 꼈다가 지금 풀려고 하고 있어요.

상담자: 두 손은 서로 동등합니까, 아니면 한 손이 다른 손을 통제하고 있습니까?

내담자: 글쎄요. 지금 선생님이 그 말씀을 하시니까 오른손이 통제를 하고 있는 느낌이 드네요.

상담자: 그럼 당신의 왼손은 그 상황에 대해 오른손에게 무엇을 말하고 싶을까요?

내담자: 잘 모르겠어요. 아마 '날 내버려둬.'라고 말할 것 같아요. 날 그냥 내버려둬.

상담자: 그럼 그렇게 한 번 말해보세요. 왼손이 되어서 오른손에게 말하고 싶은 말을 해보세요.

내담자: 나를 내버려 둬. 그냥 모든 것을 멈추고 떠나. 나는 평화가 필요해. 나는 좀 쉬어야 해. (잠시 침묵.) 이렇게 하니 제가 꿨던 꿈이 하나 생각나요. 그렇게 무서운 꿈은 아니었는데, 깨어나서도 계속 생각이 났어요.

상담자: 그 꿈을 한 번 탐색해보는 건 어떨까요? 우리는 당신의 꿈이 지금 당장 일어나는 것처럼 이야기하면서 그것이 당신에게 무엇을 의미하는지에 대해 생각해 볼 수 있어요.

내담자: 네. 한 번 해볼게요.

상담자: 알겠습니다. 자, 그럼 당신 꿈 속에서 무슨 일이 있었는지 말해보세요.

내담자: 꿈은 제가 소나무 숲으로 난 길을 걷는 장면부터 시작이 돼요. 햇살이 좋은 밝은 날이었고 나무 사이로 바람 소리를 들을 수 있었어요. 코너를 도니 참나무 두 그루가 있었는데, 하나는 길 위에 쓰러져 있었어요. 그래서 저는 쓰러져있는 나무를 넘어 가려고 했고, 조금 어려웠지만 결국엔 넘어갔죠. 근데 걸어가면서 왜 소나무 숲에 참나무 두 그루가 있었을까 궁금했어요. 그러다가 갑자기 길을 잃어버린 느낌이 들었어요. 바람 소리가 여전히 들렸는데, 보면 나무는 바람에 흔들리고 있지 않았어요. 그 때 저는 그 소리가 바람이 아니라는 것을 깨달았습니다. 그것은 바다였어요. 그리고 나는 긴 해변 위에 있었습니다. 저 멀리 사람들이 보이길래 그 쪽으로 뛰기 시작했어요. 그런데 해변이 너무나도 길어서 몇 시간이나 걸린 느낌이었어요. 마침내 사람들에게 다가갔을 때 저는 그들이 사람이 아니라 조각상들이라는 걸 알았죠. 조각상들은 서로 떨어져서 바다를 바라보고 있었어요. 그 조각상들은, 그 예술가 이름이 뭐였죠? 북쪽의 천사Angel of the North라는 조각으로 유명한 그 사람이요. 그 사람의 작품과 비슷했어요. 여하튼 바닷물이 들어오고 있어서 다시 모래사장 쪽으로 걸었고, 까페같이 생긴 곳을 발견했는데, 까페는 아니었어요. 그 곳은 도살장 아니면 고기를 포장하는 장소 같았어요. 시체가 가득했습니다. 저는 채식주의자에요. 막 그 곳을 벗어나려고 할 때 한 노인이 방에서 나와 저를 안다고 말하는 거에요. 전 그가 거짓말을 하고 있는 걸 알고 겁이 나서 도망쳤어요. 그는 저를 쫓아 왔고, 저는 발이 젖은 모래 위로 뛰었어요. 저 멀리 등대가 보였고, 거기로 가면 안전할 것이라는 걸 알았죠. 그게 다에요. 그리고는 깼어요. 보통 꿈을 꿔도 기억을 잘 못하는데, 그 꿈은 너무 선명했어요.

상담자: 혹시 그것이 의미하는 바에 대해 짐작 가는 것이 있을까요?

내담자: 글쎄요, 몇 가지 확실한 것은 있다고 생각합니다. 길을 막는 나무는 제 직장이나 인생에서 다루어야 할 것들을 의미할 수 있을 것 같아요. 너무 오랫동안 계속 달려왔어요. 저는 직장에서 늘 뒤쳐지지 않으려고 뛰어온 거 같아요. 그런데 조각상이나 등대가 무엇을 의미하는지, 노인이 누구인지는 모르겠어요.

상담자: 꿈에 대해 다시 한 번 이야기해줄 수 있을까요? 이번에는 현재의 시제로 꿈이 지금 여기에서 다시 재현되는 것처럼요.

내담자: 네. 저는 양쪽에 소나무들이 늘어서 있는 숲 길을 걷고 있습니다. 화창한 날이고, 나무 꼭대기에서 바람이 부는 소리가 들려요. 모퉁이를 돌았더니 길을 가로 질러 쓰러져 있는 커다란 나무가 보여요. 두 그루의 참나무 중 하나가 그렇게 쓰러져 있고, 또 하나는 그 옆에 서 있네요. 많은 소나무들 사이에서 참나무는 어울리지 않아 보여요. 참나무 하나가 쓰러져서 나머지 하나가 그녀 혼자 외로이 서 있는 것을 보니 슬프네요.

(이 시점에서 상담자는 선택을 할 수 있다. 그는 내담자와 쓰러진 나무 사이에 대화를 설정할 수도 있지만, 내담자는 이미 쓰러진 나무에 대해 의미를 부여하고 있었고, 여전히 서있는 나무에 대한 정서적 반응을 보였기 때문에 그 부분을 탐색하기로 결정한다.)

상담자: 이제 아직 서있는 그 참나무가 되어 이야기해보세요. (내담자가 서 있는 나무를 '그녀'라고 말한 것을 듣고) 그녀는 뭐라고 말할까요?

내담자: 나무는 '나는 크고 강하다. 화창한 날에는 그늘을, 비가 오는 날에는 피할 수 있는 곳을 제공한다. 내 안에는 동물들이 산다.'라고 얘기할 것 같아요.

상담자: 그리고 그녀는 당신에게는 뭐라고 말할까요?

내담자: '너도 여기서 쉬어 가도 돼.'라고 말할 것 같아요.

상담자: 그러면 당신은 뭐라고 대답할건가요?

내담자: 난 그럴 수 없어. 난 멈출 수 없어. 난 시간이 없어.

상담자: 다시 한 번 말해보시겠어요?

내담자: 나는 멈출 수 없어. 나는 시간이 없어. 나는 항상 시간이 없어(그녀는 조용히 생각에 잠긴다). 나는 늘 시간이 없어(그녀는 울기 시작한다).

(꿈 작업은 여기서 일단락 끝나지만 내담자는 회기 후반에 자신의 일에 대한 부담감을 탐색한 후 다시 꿈 작업을 하기를 원한다. 대화는 조각상에 도착한 시점에서 다시 시작된다.)

상담자: 이제 조각상 중 하나와 대화를 나누십시오. 조각상은 뭐라고 말하고 싶어하나요?

내담자: 나는 항상 여기 서서 지평선을 바라 보고 있어. 나는 아무것도 느끼지 않지만 천천히 바람과 바다에 의해 침식 당하고 있지. 나는 소금물로 녹이 슬고 있어.

상담자: 그것은 당신에게 어떤 의미입니까?

내담자: 제 안에 늙어 가고 있는 부분이라는 생각이 들어요. 전 항상 제 자신이었지만, 어떤 날에는 늙고 피곤하다고 느껴지는 걸 알고 있어요. 젊은 사람들이 저와 같은 종류의 일을 하고 있는 것을 보면서 저도 그들의 나이었을 때 활기찬 모습이었다는 것이 기억나요. 녹슬고, 부식되어 없어지는 것이 무서워요.

상담자: 그리고 지평선은요?

내담자: 아, 그것도 잘 들어맞네요. 전 항상 제 시야를 살짝 넘어 서서 손이 닿지 않는 어떤 완벽한 삶을 찾고 있어요.

상담자: 그리고 등대는요?

내담자: 가까이 가보니 이제 등대가 더 이상 사용되지 않고 있어 빛도 없었어요. 그것은 한 때 안전의 등대였지만 지금은 유용하지 않아요. 이렇게 이야기하면서 그 쓰러진 참나무가 떠오르네요. 그리고 갑자기 제 아버지가 생각나요. 아버지는 6년 전에 돌아가셨어요. 오랫동안 아버지에 대해 생각하지 않았는데, 등대와 쓰러진 참나무가 아버지를 의미하는 것 같네요. (흐느낀다.) 아버지는 훌륭한 분이셨어요. 아직도 아버지가 그리

워요.

상담자: 그 등대는 당신에게 뭐라고 말할까요?

내담자: (조용히) 괜찮아. 나는 아직 너의 꿈에 이렇게 있단다. 다른 사람들이 그것을 볼 수 없더라도 나는 여전히 너의 길을 비출 수 있어.

상담자: 당신은 뭐라고 말할 건가요?

내담자: 아빠, 사랑해요. (내담자는 울기 시작하고 잠시 동안 이야기를 이어갈 수 없었다.) 그런데 전 그에게 너무 화도 나요.

상담자: 지금도 화가 느껴지나요?

내담자: 네. 아버지는 절 실망시켰어요. 그는 저를 혼자 두고 갔고, 전 아버지 없이 모든 것을 다 처리해야 했어요.

상담자: 당신은 그가 당신을 화나게 한다고 말하고 있습니다. 그에게 뭐라고 말하고 싶나요?

내담자: 제가 아버지에게 정말 말하고 싶은거요? 말하기 어려워요. 아버지에 대해 이런 식으로 생각하면 안 되잖아요. 게다가 아버지는 이미 이 세상에 없는 걸요.

상담자: 누가 그런 식으로 생각하면 안된다는 거죠?

내담자: 음, 제가 그래서는 안 된다는 얘기에요.

상담자: 그렇게 한 번 말해보시겠어요?

내담자: 전 아버지에 대한 나쁜 생각을 해서는 안돼요. (잠시 멈춘다.) 그런데 왜 그래야 하죠? 그렇게 느끼고 있는데. 전 그렇게 느끼고 있어요.

상담자: 당신이 말하고 싶지 않다면, 말하지 않아도 괜찮습니다. 그러나 당신이 그것을 말하는 느낌을 알아보고 싶다면 여기에서는 시도해 봐도 안전합니다.

내담자: 글쎄요, '죽어버렸으면 좋겠어'라고 말하고 싶은 것 같기도 하네요.

상담자: 그럼 그렇게 말해보세요. 아버지가 저기 의자에 앉아있다고 생각하고 무엇이든지 하고 싶은 말을 해보세요.

내담자: (조용히) 죽이고 싶어요.

상담자: 더 크게 말하세요.

내담자: (더 크게) 죽어버려.

상담자: 다시 말해보세요.

내담자: 죽어버려. 죽어버려. (소리치며) 죽어버려. 개자식아. 넌 날 홀로 그녀와 남겨두었어. 상담자는 여기서 수잔이 처음으로 그녀의 어머니를 언급한 것을 알아차렸다. 좀 더 탐색해본 결과, 수잔은 어린 시절 내내 어머니의 언어폭력에 시달렸었다. 어머니는 자주 그녀를 비난하고 이로 인해 그녀는 자신이 쓸모없다는 느낌을 갖게 되었다. 상담자는 그녀가 어머니에 대해 어떻게 느꼈는지를 물어보며(과거의 사건에 초점을 맞추는 대신) 방안에서 이야기를 계속 하게 하려고 노력했다. 결국 수잔은 어머니에게 편지를 씀으로써 어머니에 대한 문제를 다룰 수 있게 되었다.

사례 연구 분석

게슈탈트 치료에 근거하여 다음 질문에 답하라.

- 수잔Susan이 겪고 있을 수 있는 경계 장애의 유형은 무엇인가?
- 수잔은 의식의 순환 중 어느 지점에서 막혀 있는가?
- 수잔의 어느 부분이 강자topdog이고 어느 부분이 약자underdog인가?
- 상담자는 논의를 어떻게 지금-여기에 유지하는가?
- 수잔은 어떤 방법으로 자신의 표현을 소유하고 자신의 생각에 대해 책임을 지도록 권장받았는가?
- 상담자는 어떤 실험을 활용하였는가?
- 상담자는 어떤 연습활동을 사용하였는가?
- 수잔은 꿈 작업을 통해 어떻게 도움을 받았는가?

요약

인본주의와 정신역동: 게슈탈트는 인본주의적 접근방식에 기초하고 있지만, 창시자는 정신역동 접근을 하는 사람이었다.

발전: Perls 부부Fritz와 Laura에 의해 1940년에 창시되었고, Perls는 1942년 게슈탈트 치료법을 소개한 첫 책을 출간하였다. 1951년에 '게슈탈트 치료'라는 용어가 창안되었으며, 1951년에는 Perls 가정에서 워크숍과 세미나를 위한 뉴욕 게슈탈트 치료 연구소가 설립되었다.

전체주의(holism)와 완결(completion): 패턴을 전체적으로 보고, 미완결 과제를 피하기 위해 일을 완결하려고 한다. 전경figure과 배경ground은 우리가 전경에 떠오른 개체(전경)가 완결되고 관심 밖으로 물러날 때까지(배경), 그것에 주의를 기울인다는 것을 강조한다.

관점: 현상학적, 현장 이론, 실존적

알아차림: 인식 영역(내부, 중간, 외부), 영역 간 이동의 자유; 게슈탈트 주기(감각, 인식, 에너지 동원, 동작, 접촉, 만족, 철수)

접촉 경계: 자기와 환경의 구분, 경계는 확고하지만 여전히 열릴 수 있어야 한다. 혼란은 고립 또는 융합을 초래한다. 접촉경계 장애의 7가지 유형은 반전retroflection, 내사introjection, 투사projection, 융합confluence, 편향deflection, 무감각desensitization, 자의식egotism이다. 접촉 경계 장애는 게슈탈트 주기와 부합한다.

변화의 역설적 이론: 변화가 가능하려면 지금-여기에서 자아를 받아 들여야 한다. 강자/약자.

대화 관계: 진정성과 책임성; 포용, 존재함, 대화에 대한 전념, 살아있는 대화; 내담자 내면의 즉시적인 대화 및 내담자와 상담자 간의 즉시적인 대화

지금-여기서의 언어: 표현을 소유하고 '그것it'또는 '너you'를 '나'로 바꾼다. 진술에 대한 책임

을 수용하고, 진술로 질문을 변경한다. 제한시키는 말은 피하고, '꼭 해야 한다' / '하지 말아야 한다'를 나의 바람을 반영하는 식으로 바꾼다. 행동에 대한 통제를 설정하고 내담자가 '할 수 없다'를 '하지 않는다'로 대체한다.

경험적 학습: 현 순간에 머무르기; 대화로부터 탄생하는 실험; 연습활동, 잘 정립된 치료기법, 내적 대화하기(빈 의자 기법), 반대로 하기, 과장하기, 반복하기; 꿈 작업, 자기 자신의 다른 측면들을 통합하기 위해 꿈 탐색하기, 꿈은 통합으로 가는 지름길

교류 분석(Transactional Analysis)

학습목표

이 섹션을 읽고 당신은 다음과 같은 것들을 할 수 있을 것이다:

- 교류분석은 정신 역동과 인본주의적 접근을 결합한 통합 치료라는 것을 설명
- 에릭 번Eric Berne의 간단한 전기와 함께 교류분석의 역사를 기술
- 자아 상태 모델의 부모 자아 상태, 성인 자아 상태 및 아동 자아 상태에 대해 논의
- 상보적, 교차적, 이면적 교류에서 긍정적인 스트로크 및 부정적인 스트로크의 역할에 대해 논의
- 사람들이 하는 게임의 대가payoff에 대해 논의
- 게임을 뒤집기 위한 치료 방법들을 설명
- 유아기 메시지의 중요성을 강조하면서 생활자세life position과 인생 각본life script에 대해 논의
- 5가지 핵심 단계를 통해 치료 과정을 기술
- 치료 환경에서의 교류분석의 적용(사례연구)을 이해

교류 분석: 인본주의와 정신역동적 접근

교류 분석TA은 인본주의 및 정신역동적 접근법에 기반을 두고 있다.

인간중심과 정신분석 치료의 통합

'교류 분석은 개인의 성장과 개인적 변화를 위한 성격 및 체계적인 심리치료 이론이다'(국제교류분석학회, 2013)

TA와 다른 이론들 사이의 차이에 대해 Berne은 (웃으며) 다음과 같이 말했다.

"대부분의 다른 치료법은 생각과 느낌에 대해 이야기한다. 내담자에게 우리가 던지는 질문은 뭐라고 생각하는지, 무엇을 느끼는지가 아니라 그것에 대해 무엇을 할 것인가 이다. 다소 불공평하지만, 내가 말하고자 하는 내용을 보여주는 이야기 하나를 하려고 한다. 어느 날 내담자가 치료를 받으러 와서는 정신과 의사에게 이렇게 말했다. "사실은 어제 밤에 아내를 죽이고 시신을 옷장 안에 숨겼습니다." 이걸 들었을 때 어떤 사람들은 "아하, 이제서야 뭔가 다룰 거리가 생겼군요. 옷장에 무슨 관심이 있으셔서 그러셨어요?"라고 반응할 수도 있다. 반면, 우리는 "당신은 왜 아내를 죽입니까?"라고 반응할 것이다."(Berne, 1966)

TA는 여러 분야에서 응용 가능성이 있다.

이론은 광범위하다.

성격 이론

커뮤니케이션 이론

인간 발달 이론

TA는 자율성을 주요 목표로 삼고 있다(Berne, 1961).

이것은 각본의 신념에 반응하기보다는 지금-여기에 대한 반응으로 행동하고 생각하고 느끼는 것을 의미한다.

자율성을 향해 나아가기 위해서는 세 가지 연결된 영역, 즉 자각awareness, 자발성spontaneity 및 친밀intimacy을 고려해야 한다.

자 각

지금-여기에 대한 반응으로 행동하고 생각하고 느끼기 위해서는 현재에 살 수 있어야 한다.

우리는 종종 현재에 온전히 참여하지 못하고 과거를 기억하고 미래를 예상하면서 시간을 보낸다.

우리는 교류, 게임 및 익숙한 패턴 재생을 통해 과거를 현재로 가져온다.

우리는 스트로크stroke를 얻기 위해 게임을 한다. 스트로크는 우리의 생활자세와 어린 시절의 각본결정을 강화하며, 우리는 이러한 각본을 가지고 있으면 현재에 온전히 참여할 수 없다.

자발성

자발적으로 행동하는 것은 현재에서 선택을 행사하는 것과 관련이 있다.

익숙한 게임을 하지 않기 때문에 위험하다고 느낄 수 있다.

현재를 자각하게 되면, 우리는 자각과 선택을 통해 현재에 반응해야 한다.

친 밀

친밀감이란 진정한 관계를 맺는 것과 관련이 있다.

개방적이고 정직하며 종종 우리가 외부 세계에 보여주는 가면 뒤에 숨어 있지 않는다.
우리의 진정한 생각을 말하고 진정한 감정을 드러내는 것은 우리를 다른 사람들에게 드러내고 취약하게 만들기 때문에 우리는 거의 그렇게 하지 않는다.
그러나 우리가 진정한 우리의 모습을 보여줄 때, 우리는 보다 풍성하고 의미있는 관계를 경험하게 된다.
예를 들어, 우리가 사랑에 빠졌을 때처럼.
이러한 현상은 치료적 관계에서의 친밀감에서도 일어난다.
자율성은 바람직한 목표이지만 그것을 향한 여정은 도전적이다.
자율성은 우리의 어린 시절의 결정이 현재 우리에게 영향을 미치는 방식을 자각할 것을 요구한다.
자율성은 우리가 행동하고 사고하고 느끼는 오래된 방식으로부터 벗어나 지금－여기에 더욱 적절하게 반응할 것을 요구한다.
자율성은 우리가 위험을 감수하고 스스로 취약하게 되어 나 자신과 다른 사람들과 더욱 의미 있고 친밀한 관계를 맺을 것을 요구한다.

교류 분석의 발전

교류 분석의 역사

에릭 번에 의해 정신 치료의 '후기 프로이트extra-Freudian' 방법으로 소개되었다.
종종 정신 분석 치료로부터의 논리적 진보로 여겨지긴 하지만, 이 치료법은 인본주의적 접근에 더욱 많이 의존하고 있다.
무의식적 욕구보다는 사람 간의 상호 작용에 초점을 두고 있다.
1964년 국제 교류분석 협회 설립
이 접근법은 실무자들 사이에서 인기를 얻었지만 많은 연구자들과 순수주의자들은 이 접근법을 분파offshoot로 여겼다.
비전문적인 용어로 인해 논란이 많다.
일반 대중에게 매우 인기가 있다.
Games People Play(Berne, 1964)는 500만 부가 넘는 판매량을 기록했다.
비평가들에 의해 가짜 과학으로 여겨지기도 한다.
자아상태나 게임에 대한 증거를 제시하지 못하고 있다.

에릭 번(1910–1970)의 짧은 전기

'자각은 다른 곳, 과거 또는 미래가 아니라 지금–여기에 살 것을 요구한다.' –Berne(1964)

에릭 번은 어떤 사람이었나?

번은 1960년대에 TA를 창안하였다.

개인 간의 상호작용과 이러한 상호작용 안에서 사람들이 하는 게임의 중요성을 강조했다.

생애 초기

에릭 번스타인Eric Bernstein으로 1910년 5월 10일 캐나다에서 태어나 자랐다.

아버지는 1921년에 세상을 떠났고 어머니는 두 자녀를 홀로 키웠다.

교 육

1935년 McGill University에서 MD 학위 취득

경 력

예일에서 정신과 레지던트를 하면서 정신분석 공부

초기에는 Erik Erikson의 샌프란시스코 정신 분석 연구소에서 일했으나 전통적 정신분석학으로부터 벗어나기 시작했다.

제 2차 세계 대전 중에 육군 의료 봉사단에서 소령으로 복무하였으며 1945년에 제대하였다.

직감과 사회적 상호작용의 본질에 특히 중점을 두었다.

1950년대에 자신의 치료 스타일에 교류 분석이라는 용어를 붙였다.

1961년 학술지 Psychotherapy에 Transactional Analysis를 발표하였다.

1964년 베스트셀러 Games People Play를 출간하였다.

1964년 국제 교류 분석 협회를 설립하였다.

1972년 What Do You Say After You Say Hello?를 출간하였다.

가 족

세 번 결혼하고 4명의 자녀를 두었다.

죽 음

1970년 7월 15일에 심장 마비로 사망하였다.

주요 어록

'어린 아이가 어떤 새가 까마귀고 어떤 새가 참새인지에 관심을 갖는 순간 그는 더 이상 새를 볼 수 없고 새가 노래하는 것을 들을 수 없다.'(Berne, 1964)

'개인은 각자 자신의 삶을 설계하고, 자유는 자신의 설계대로 수행할 수 있는 힘을 부여하며, 권력은 다른 사람들의 설계에 간섭할 수 있는 자유를 준다.'(Berne, 1972)

성격의 자아 상태 모델

인간의 성격은 3개의 자아-상태로 구성된다

그림 6.4 **세 가지 상태**(Eric Berne, 1964)

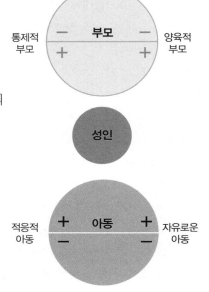

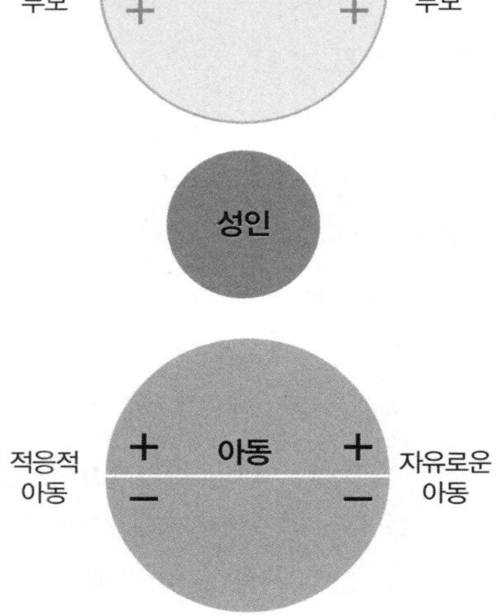

구조적 모델은 우리가 항상 이러한 3개의 자아 상태 중 한 가지 상태에 있다고 주장한다(Berne, 1964).

부모

아동

성인

기능적 모델은 우리가 항상 이러한 자아 상태 중 한 가지의 유형으로 존재한다고 말한다.

양육적 부모

통제적 부모

자유로운 아동

적응적 아동

성인

부 모

'외심리적'exteropsyche 상태로 알려져 있다.

부모의 관점으로 현실을 인지하고, 부모의 방식대로 다른 사람에게 반응한다.

지각된 실제 부모의 행동에 의해 영향을 받는다.

부모 상태는 친절하고 지지적일 수 있다.(양육적 부모)

예를 들어, 나는 부모 상태를 채택하여 사람들이 감기에 걸릴까 걱정하면서 그들에게 따뜻하게 입으라고 말해줄 수 있다.

부모는 비판적이고 강요적일 수 있다.(통제적 부모)

예를 들어, 나는 부모 상태를 채택하여 다른 사람의 의상을 비판하고 다른 것을 입게 할 수 있다.

아 동

'고(古) 심리적'archaeopsyche 상태로 알려져 있다.

아동의 관점에서 현실을 인지하고, 아동과 같은 태도로 다른 사람에게 반응한다.

어린 시절 자신의 행동에 영향을 받는다.

아동 상태는 자발적이고 재미를 추구할 수 있다(자유로운 아동).

예를 들어, 나는 도로에서 신호를 기다리는 동안 차 안에서 자유롭게 큰 소리로 노래를 부름으로써 아동 상태를 취할 수 있다.

아동 상태는 규칙이나 다른 사람들의 요구에 적응할 수 있다(적응적 아동).

예를 들어, 나는 새 신발을 사기 전에 친구의 허락을 받음으로써 아동 상태에 들어갈 수 있다.

성 인

'신 심리적'neopsyche 상태로 알려져 있다.

현실을 객관적인 관점에서 인지하고, 감정에 치우치지 않은 논리적인 방식으로 다른 이들에게 반응한다.

논리, 이성 및 세상에 대한 과학적 이해로부터 영향을 받는다.

성인 상태는 보통 지금－여기에 있으며, 현재의 감정과 생각과 신념의 논리적 해석을 판단한다.

예를 들어, 나는 중요한 시험 전날 밤 파티에 가고 싶지만, 시험 성적이 나의 미래를 위해 중요하다는 것을 알고 집에서 시험을 준비하기로 선택함으로써 성인 상태를 채택할 수 있다.

어른 자아 상태는 합리적이고 논리적인 상태이며, 하위 유형으로 나뉘지 않는다.

자아 상태는 실제 역할을 결정하지 않는다

자아 상태는 우리가 행동하고, 생각하고, 느끼는 방식을 명명한 것이다.

항상 대문자로 표시된다. 부모(P), 성인(A), 아동(C).

자아 상태 모델은 PAC 모델로 알려져 있기도 하다.

우리의 역할은 다른 사람과의 실제 관계를 나타낸다.

나는 누군가에게 부모일 수도 있고, 누군가의 아이일 수도 있다.

자아 상태는 우리의 실제 역할과 충돌하기도 한다.

예를 들어, Absolutely Fabulous라는 TV 시트콤에서 Saffy는 자신의 어머니 Eddy에게 부모 상태를 취하고, Eddy는 자신의 실제 자녀인 Saffy에게 아동 상태를 취한다.

자아 상태는 본질적으로 좋고 나쁨이 없다

양육적 부모가 긍정적으로 보일 수도 있지만(지지적, 친절함), 이것이 의존성을 불러일으킨다면 부정적이 될 수도 있다.

제한적인 부모가 부정적으로 보일 수도 있지만(비평적, 지시적), 우리가 어떠한 일에 책임을 져야 할 때 이러한 것은 긍정적이다.

기능적 자아 상태는 이점이 많을 수도 있다.

부모 상태는 우리가 다른 사람을 돌보게 한다.

아이 상태는 우리가 편안히 쉬고, 흥미를 추구할 수 있게 한다.

어른 상태는 우리가 문제를 논리적으로 해결할 수 있게 한다.

기능장애적 자아 상태는 해로울 수 있다.

부모 상태는 지나치게 제한적이거나 자신에게 지나치게 비판적일 수 있다.

아이 상태는 요구적이거나 위험할 정도로 무모할 수 있다.

어른 상태는 모든 것을 지나치게 분석하고, 우리가 어떠한 재미도 느끼지 못하게 할 수 있다.

자아 상태 추측해보기

아래에 나오는 시나리오들을 보고 주인공들의 자아 상태를 알아내 보라.

- 알코올 중독으로 고통받는 여자. 그녀는 월급을 받자마자 모든 재산을 보드카를 사는 데 써 버린다.
- 5분 늦은 직원에게 생색을 내며 지나치게 혼내는 남자
- 시험에서 좋은 성적을 받기 위해 밤에 열리는 파티에 가지 않는 십대
- 아버지가 술에 취해 돌아오면 침대에서 그의 아버지를 돕는 남자 아이
- 어린 아이 목소리와 속눈썹을 아래로 늘어트리고 남자친구에게 새 신발을 사주기를 조르는 여자 아이
- 자신의 연금에 따라 아주 신중하게 소비하는 한 나이든 여성

우리는 유연하게 자아 상태를 전환할 수 있어야 한다

자아 상태는 개인별로 다른 성격유형이 아니다.

대신 이것은 순간의 구체적인 상호작용을 알리기 위해 고안되었으며 우리의 자아 상태는 순간마다 변한다.

우리는 내적 혹은 외적으로 자아 상태를 변화시킬 수 있다.

예를 들어, 당신은 애인을 장난스럽게 괴롭힌다.(아이)

하지만 당신은 그녀가 화난 것처럼 보이면 갑자기 걱정을 한다.(부모)

한겨울의 어둡고 추운 밤, 당신의 알람은 꺼졌다. 당신은 침대에 누워 있는 상태로 내적 대화를 한다.(5분만 더.(아이), 하지만 나는 진짜 지금 일어나야 한다.(부모) 하지만 지금은 너무 춥고, 나는 너무 피곤하다.(아이) 나는 진짜 일하러 가야 한다.(부모) 지금 일어나지 않으면 지각하게 된다.(어른))

예외는 우리가 이들 중 하나 혹은 두 개의 자아 상태를 상호작용과정에서 제외시키면 생겨난다

모든 자아 상태에 자유롭고 적절하게 접근할 수 있고 변환을 하는 것이 건강하다.
그러나, 우리는 하나 혹은 두개의 특정 자아 상태에 머무는 경향이 있다.
　　예를 들어, 무모한 자아는 종종 아이 상태에 머문다.
우리는 또한 특정한 사람이나 상황에 있어서 하나의 특정 자아 상태를 가진다.
　　예를 들어, 평범하게 성숙한 여성에 경우 아버지와 함께 있는 동안은 아이 상태에 있는다.
　　예를 들어, 한 자신감 넘치는 어른은 경찰 앞에만 서면 어린이 상태가 된다.
만약 한 사람이 주로 아이 상태가 거의 없이 어른 혹은 부모 상태라면,
　　그들은 자발성이 결핍되어 있고 재미를 추구하는 것에 어려움을 느낄 것이다.
　　그들은 심각하고 논리적이며 규칙을 아주 잘 알 것이다.
만약 한 어른이 어른 상태가 거의 없고 아이와 부모 상태에 있다면,
　　그들은 현실을 확인할 수 없고 판단할 때 균형을 맞출 수 없을 것이다.
　　그들은 좀 더 넓은 범위의 감정, 행동 반경을 가지고 있을 것이다.
만약 한 사람이 주로 부모 상태가 없고 어른과 아이 상태를 가지고 있다면,
　　그들은 규칙에 관해 잘 알지 못할 것이다.
　　그들은 충동에 의해 행동할 것이고 결과를 합리적으로 평가할 수 있을 것이다.
　　그들은 그들의 기준에 맞추어 규칙을 만들 것이다.

지금 당신은 제외하는 상태에 있는가?

당신의 다른 사람과의 상호작용에 대해 생각해보고 다음의 질문에 답하시오.

- 주로 많은 시간 동안 하나, 혹은 두 개의 자아 상태에 의지하는가?
- 특정 사람과 함께 있을 때 단 하나의 자아 상태만을 사용하는가?
- 특정 상황에서 하나의 자아 상태만을 사용하는가?
- 그 특정 사람과 함께 할 때의 자신의 자아 상태를 확인할 수 있는가?
- 당신의 자아 상태가 어떻게 다른 사람과의 관계에 영향을 끼치는가?
- 그 사람과의 관계에서 다른 자아 상태를 취한다면 무슨 일이 일어나는가?

우리가 생각하는 것과 다른 자아 상태에 있을 때 오염이 일어난다

우리는 합리적이고 분별력 있기를 원하기 때문에 우리의 응답이 어른 상태일 것이라 가정한다.

그러나, 우리는 종종 부모 혹은 아이 상태로 응답하기도 한다. 하지만 우리는 이러한 상태에서 우리는 어른 상태에 있다고 믿음으로써 우리의 행동/생각/감정을 정당화한다.

만약 어떤 사람이 자신이 어른 상태라 생각했으나 실제로는 부모 상태였을 때, 그들은 무의식적으로 부모 상태를 받아들이고 그것이 진실이라고 믿는다.

예를 들어, 모든 스코틀랜드 사람들은 무례하다는 신념, 모든 금발머리는 멍청하다는 신념, 사랑은 단지 당신을 해칠 뿐이라는 신념, 당신은 아무도 믿을 수 없다는 신념 등등

만약 한 사람이 그들이 어른 상태라고 생각했으나 어린 아이 상태였을 때, 그들은 그들의 신념을 어린 시절에 형성된 것이 현재에 나타나는 것이라 생각하고 그것들이 진실된 것이라 생각한다.

예를 들어, 나는 수학을 잘 못한다는 신념, 나는 삶에 잘 적응하지 못할 것이라는 신념, 나는 무조건 계속 시도해야 한다는 신념, 저 사람들이 나를 비웃고 있다는 신념 등등

치료를 통해 우리는 우리의 자아 상태를 이해하고 제한하기를 강화할 수 있다

우리가 우리의 자아 상태를 치료에서 분석할 때, 우리는 우리의 건강하지 않은 행동, 감정, 생각들을 이해하기 시작할 수 있다.

예를 들어, 권위자 앞에서 어린 아이 상태로 돌아가려는 경향이 있는 내담자의 경우 이 성향을 깨닫는 것이 그들의 어른 상태를 강화하는 데 도움이 된다.

한 개인의 성격을 이해하기 위해 자아 상태 모델을 사용하는 것을 '구조적 분석'이라고 한다.

치료는 자동적으로 우리의 자아 상태가 바뀌지게 하기보다, 우리가 스스로 자아 상태를 변환하기를 선택할 수 있는 기회를 제공한다.

모든 자아 상태에 적절하게 접근하고, 자아 상태를 바꿀 수 있는 것이 건강한 상태이다.

교류와 스트로크

교류란 사람 사이의 상호작용을 말한다

교류는 두 명 이상의 사람들 간의 의사소통을 수반한다.

- 사람들은 하나의 자아 상태에서 의사소통을 한다.
  - 교류는 개인이 취하는 자아 상태가 실제로 응답하는 자아 상태인지의 여부에 기반을 둔다.
- 세 가지 종류의 교류
  - 상보적(혹은 상호적)
  - 교차적

암시적(혹은 이면적)

상보적 교류

개개인이 상대방의 자아 상태를 소환하는 상태

아동이 아동에게: 이 강의 듣지 말고 점심 먹으러 가자.

아동이 아동에게: 좋아. 햄버거 먹을까?

자아 상태가 서로 같아야 됨을 의미하는 것이 아니다. 그저 한 사람이 소환하는 자아 상태에 상대방이 있다는 것을 의미한다.

부모가 아동에게: 이 일을 즉시 끝내야 해.

아동이 부모에게: 하지만 나는 오늘 밤 나가 놀고 싶어.

상보적 교류는 종종 단순한 교류이다.

성인이 성인에게: 안녕하세요! 오늘 기분이 어떠신가요?

성인이 성인에게: 좋아요, 당신은 어떠세요?

첫 번째 사람은 두 번째 사람이 성인 상태에서 응답할 수 있도록 대화에 초대하였고, 두 번째 사람은 성인 상태에서 대답을 했으므로 이 대화는 상보적 교류이다.

즉, 소환된 자아상태가 반응한 자아 상태였으므로, 대화는 편안하게 느껴져 지속될 수 있다.

교차적 교류

개개인이 상대방이 취하고 있는 자아 상태와 다른 자아 상태를 소환하는 상태

아동이 부모에게: 새로운 신발을 사도 괜찮을까?

성인이 성인에게: 이건 너의 돈이니까 네가 하고 싶은 대로 해.

교차적 교류는 관계에 부정적인 영향을 끼칠 수 있다.

아동이 아동에게: 이 강의 듣지 말고 점심 먹으러 가자.

부모가 아동에게: 너는 항상 이런 식으로 행동하네. 학점은 포기할거니?

학생은 그녀의 친구가 아동 상태로 함께 하기를 원했지만, 돌아온 반응은 부모의 반응이었으므로 교류는 엇나갔다.

대화는 한 사람이 자신의 자아 상태를 전환하여 대화를 상보적으로 만들지 않는 한 편안하지 않다.

예를 들어, 친구가 부모 상태에서 반응하였고, 학생을 아동 상태로 초대하였기 때문에 대화는 학생이 아동 상태에서 응답('아오. 나는 근데 가고 싶지 않아')해야만 다시 상보적인 대화가 될 수 있다.

우리가 기분이 좋지 않은 대화를 하고 있을 때는 교차적 교류가 발생했을 가능성이 크다.

암시적 교류

개개인이 서로 다른 암시적 자아 상태와 명시적 자아 상태를 가지고 있는 상태

명시적 성인이 성인에게: 우리는 오늘 이 작업을 끝내기 위해서 사무실에 밤 늦게까지 머물러야 할거야.

명시적 성인이 성인에게: 그거 정말 합리적인 생각이다.

내면적 아동이 아동에게: 좀 더 늦게까지 있다가 성관계를 갖자.

내면적 아동이 아동에게: 신나는데!

암시적 교류는 메시지는 명시적(혹은 사회적)인 수준에 있지만, 진짜 의미는 암시적(혹은 심리적)인 수준에 있을 때 발생한다.

엄마는 퇴근 후 집에 돌아와 집안이 엉망인 상태에 있는 것을 발견하고, 방 가운데에 놓여있는 신발 한 켤레를 가리키며 말한다. '여기 있는 이게 뭐지?"

답은 물론 한 켤레의 신발이다. 하지만 그녀의 말의 진짜 의미는 '이 신발을 제자리로 갖다 놓아라'이다.

이 질문('이게 뭐지?')을 받는 사람은 신발을 치우는 것으로 반응할 가능성이 크다.

행동적 반응은 교류의 진짜 의미를 내포하고 있다.

암시적 교류는 게임의 근저를 이룬다.

교류 알아맞히기

아래의 시나리오를 보고 어떤 자아상태가 사용되고 있는지, 그리고 그 교류가 상보적인지, 교차적인지, 암시적인지를 알아맞혀보라. 만약 암시적이라면 그 밑에 깔려 있는 진짜 의미를 찾아내라.

관리자: 지각이네요.
직원: 죄송합니다. 다시는 그러지 않겠습니다.

사람 1: 끔찍하네요! 은행원들 때문에 우리가 이렇게 혼란을 겪고 있는데, 그들은 보너스를 받는다니요.
사람 2: 그러게 말이에요. 그들 스스로 부끄러워야 할텐데.

남편: 오늘 지옥 같은 하루를 보냈어.
부인: 당신도 내가 오늘 얼마나 복장이 터졌는지 좀 알아야 돼.

부인: 쓰레기통이 가득 찼어요.
남편: 정말로?

자동차 판매원: 이 차가 고객님께 딱이네요.
고객: 이걸로 할게요!

남편: 외출할 때 따뜻하게 입고 나가요.

아내: 아, 근데 오늘 미니스커트를 입고 싶었는데.

부인: 날씨가 점점 추워져서 이번 주말에 보일러 수리를 해야 해요.

남편: 아, 이번 주말에 축구 경기에 가고 싶었는데.

스트로크란 다른 사람들로부터 얻은 관심을 의미한다

모든 개인은 인정, 답례 및 관심attention을 갈구한다.

우리는 종종 어떤 유형의 관심을 받는지는 상관하지 않는다.

스트로크는 언어적일 수도 있고 비언어적일 수도 있다.

언어적 스트로크

다른 사람들이 우리를 대화에 참여시키거나 대화에서 우리를 언급함으로써 우리에게 관심을 줄 때

비언어적 스트로크

다른 사람들이 우리에게 혹은 우리를 위해 무언가 함으로써 우리에게 관심을 줄 때

스트로크는 조건적일 수도 있고 무조건적일 수도 있다.

조건적 스트로크

다른 사람들이 우리가 특정한 방식으로 행동할 때만 우리에게 주의를 기울일 때

무조건적 스트로크

다른 사람들이 우리가 어떻게 행동하는지와 관계없이 우리에게 주의를 기울일 때

스트로크는 긍정적일 수도 있고 부정적일 수도 있다.

긍정적 스트로크

다른 사람들이 찬사, 칭찬, 친절, 사랑 등을 주고, 우리는 그 결과로 긍정적인 느낌을 경험할 때

부정적 스트로크

다른 사람들이 우리에게 비판, 처벌, 잔인함 등을 주고, 우리는 결과로 부정적인 느낌을 경험할 때

우리는 항상 긍정적인 스트로크를 받기를 원하지만 아무런 스트로크가 없는 것보다는 부정적인 스트로크라도 받기를 원한다.

예를 들어, 아이는 어머니로부터 칭찬을 받기를 원하지만(긍정적 스트로크), 그는 자신이 좋은 행동할 때 무시당하고(스트로크 없음) 나쁜 행동을 하면 처벌의 형태(부정적 스트로크)로 관심을 받는다는 것을 습득한다. 아무런 관심을 받지 못하는 것보다 어떤 관심이라도 받는 것이 낫기 때문에 그는 계속해서 나쁜 행동을 한다.

스트로크 알아맞히기

다음 시나리오들을 보고 스트로크가 언어적/비언어적, 조건적/무조건적, 또는 긍정적/부정적 인지를 알아맞혀보라.

- 아내가 TV 채널을 바꿨더니 남편이 아내를 쏘아본다.
- 여자친구는 '그냥'이라고 적힌 쪽지와 함께 꽃 한 다발을 우편으로 받는다.
- 엄마는 아이가 잘못했을 때 때린다.
- 친구가 새로운 집으로 이사하는 것을 도와줬더니 친구는 전화로 '너는 정말 친절한 사람이야' 라며 말한다.
- 여자친구가 남자친구에게 차 한 잔을 가져다 주니 남자친구는 그녀에게 키스를 해준다.
- 선생님은 학생에게 "훌륭한 에세이야"라고 말한다.

상담치료는 우리 자신의 교류와 그러한 교류의 결과로 주고받는 스트로크에 대한 이해를 높인다.

치료에서 자신의 교류를 분석할 때, 우리는 건강하지 못한 관계를 맺는 패턴의 일부를 이해하기 시작할 수 있다.

예를 들어, 교차적 교류에 자주 참여해왔던 커플이 그 대신 상보적 교류를 하려고 할 때 긍정적인 변화를 경험할 수 있다.

삶에서 발생하는 스트로크를 분석할 때, 우리의 건강하지 못한 습관들이 스트로크를 얻어내는 비효과적인 방법이라는 것을 이해하고, 우리가 다른 사람들에게 스트로크를 주면서 어떤 영향을 미치는지를 볼 수 있다.

예를 들어, 부정적 스트로크를 주고 긍정적 스트로크를 보류하는 경향이 있는 내담자는 이러한 자신의 행동이 자녀에게 어떤 영향을 미치는지를 알게 되어 도움이 될 수 있다.

사람들이 자주 하는 게임들

게임은 예측 가능한 대가로 이어지는 일련의 교류를 수반한다

게임은 다른 사람들과 상호작용할 때 우리가 무의식적으로 하는 습관적인 사회적 행동의 집합이다.

'게임이라 함은 명료하고 예측 가능한 결과를 향해 진행해 가고 있는 일련의 상보적이고 이면적인 교류이다. 즉, 이는 숨겨진 동기나 속셈이 있는 반복해서 일어나는 일련의 교류라고 할 수 있다.'(Berne, 1964)

대가**payoffs**는 우리가 게임을 하는 이유이다(Berne, 1964).

우리는 각각 대가를 추구하고 있다.

관심 얻기

자극 받기

내가 옳다는 확인 얻기

불안 회피하기

죄책감 피하기

책임 회피하기

대가는 우리에게 일시적인 만족감을 준다. 하지만 게임으로 인해 우리는 결국 불만족과 좌절감을 느낀다.

게임이 진행되는 동안 게임은 스트로크의 원천이 된다(Berne, 1964).

대가는 우리에게 친숙하지만 부정적인 느낌을 준다.

이러한 '라켓 감정racket feelings'은 어린 시절부터 시작되었으며 우리는 이 감정을 경험하기 위해 무의식적으로 일련의 교류들(게임)을 설정한다.

라켓 감정은 친숙하고 예측 가능하며 안전하다. 하지만 궁극적으로는 부정적이다.

다양한 유형의 게임(Berne, 1964)

이렇게 하면 어떻겠니? / 그래, 그렇지만(Why don't you / yeah but)

첫 번째 사람은 문제를 제시하고 두 번째 사람은 문제에 대한 가능한 해결책들을 제공하지만 첫 번째 사람은 모든 해결책을 거부한다.

학생: 시험을 망칠까 봐 걱정이 돼요.

강사: 교정하는 계획을 세워보지 그래?

학생: 좋은 생각인데, 제가 언제 시간이 날지 모르겠어요.

강사: 자, 그럼 밤에 한 시간씩 교정 해보는 게 어때?

학생: 네, 하지만 학교 갔다가 일도 하고 오면 늘 피곤해요.

강사: 그러면 주말에 해보는 건 어때?

학생: 그렇지만 토요일에는 일을 해야 하고 일요일에 엄마를 방문해야 해요.

게임을 진행하는 동안 각 사람에게 돌아가는 대가는 서로 문제 해결을 위해 노력하고 있다는 느낌이다.

당신만 아니었으면(If it weren't for you)

각 사람은 자신의 행동이나 행동 결과에 대한 책임을 부인한다.

아내: 당신만 아니었으면, 난 지금쯤 경력이라는 것을 가질 수 있었을 거예요.

남편: 글쎄, 당신만 아니었으면, 나는 대학에 갔을 거야.

게임을 진행하는 동안의 대가로 각 사람은 현재의 문제가 자신의 잘못이 아니라는 느낌을 받게 된다.

이제 넌 죽었어, 이 개자식아(Now I've got you, you son of a bitch)

첫 번째 사람은 자신의 억압된 분노를 풀 수 있도록 두 번째 사람이 빠질 만한 함정을 설치한다.

어머니: 네 유니폼 어디에 있니?

아 들: 위층 제 방에요.

어머니: 빨래해야 한다고 여기로 갖다 놓는다고 하지 않았니!

아 들: 깜박했어요.

어머니: 넌 항상 깜박하지. 너를 뒤쫓아 다니면서 엄만 어떨 거 같아? 엄마의 인생은 없다고 생각하니?

게임이 진행되는 동안 첫 번째 사람이 받는 대가는 감정의 방출이다.

날 때려(Kick me)

첫 번째 사람은 주로 과거에 긍정적 스트로크 경험이 부족했기 때문에 부정적 스트로크를 받을 수 있도록 자신의 입장을 배치한다.

딸이 낡은 옷을 입고 외출하려고 한다.

어머니: 다른 애들 좀 봐라. 너도 예쁘게 입으려고 노력 좀 하지 그러니?

첫 번째 사람이 받는 대가는 부정적인 관심을 받는 것이다.

왜 나에게 항상 이런 일이 일어날까?(Why does this always happen to me?)

첫 번째 사람은 여러 불행을 겪는 자리로 자신을 위치시킨다.

직원은 이미 기한을 맞추어야 하는 일들로 압박감을 느끼고 있음에도 불구하고 더 많은 업무를 맡는다.

그는 자신의 업무를 완료하지 못 하고 징계를 받는다.

첫 번째 사람이 얻는 대가는 자신의 불행이 다른 사람들의 불행보다 더 크다는 것을 아는 형태의 역 자부심inverse pride이다.

카르프만(Karpman, 1968)은 게임에 3가지 역할이 있다는 것을 확인하였다(그림 6.5)

박해자, 희생자, 구원자가 '드라마 삼각형'을 형성한다.

게임의 각 플레이어는 먼저 하나의 역할을 취한다.

게임이 끝나기 직전에 역할이 바뀐다.

각 플레이어는 결국 부정적인 감정을 느끼게 된다.

'이렇게 하면 어떻겠니? / 그래, 그렇지만' 게임을 보자.

문제에 대한 가능한 해결책을 제공하는 플레이어는 구원자이며 도움을 구하는 플레이어는 희생자이다.

학생: 시험을 망칠까 봐 걱정이 돼요.
강사: 공부하는 계획을 세워보지 그래?
학생: 좋은 생각인데, 제가 언제 시간이 날지 모르겠어요.
강사: 자, 그럼 밤에 한 시간씩 공부해보는 게 어때?
학생: 네, 하지만 학교 갔다가 일도 하고 오면 늘 피곤해요.
강사: 그러면 주말에 해보는 건 어때?
학생: 그렇지만 토요일에는 일을 해야 하고 일요일에 엄마를 방문해야 해요.

학생은 희생자이고 강사는 구원자이다.
둘 다 게임에서 어떤 대가를 얻는다.

그림 6.5 **드라마 삼각형**(Karpman, 1968에서 발췌)

그 후 역할의 교대가 일어나서 첫 번째 플레이어가 희생자가 되고 두 번째 플레이어가 박해자가 된다.

강사: 글쎄, 나는 그 외에 무엇을 제안해야 할지 모르겠다.
학생: 그럼 선생님은 절 전혀 도와주실 수 없으시네요.

강사는 이제 피해자이고 학생이 박해자이다.
두 사람 모두 결과에 만족하지 못한다. 친숙한 느낌은 무력감(학생)과 쓸모 없다는 느낌(강사)일 것이다.

게임의 정반대

게임의 첫 번째 규칙

당신이 게임을 하고 있다는 것을 알게 되면 게임을 끝내라.

게임에서 반대 역할을 맡는 것을 거부하라.

예를 들어, 내담자가 아동 자아 상태에 들어가 얼마나 자신의 결혼생활이 싫은지를 설명할 때 당신은 부모 자아 상태를 취하여 그녀의 관계를 개선하기 위한 조언들을 제공하려고 노력할 수 있다. 이 때, '당신이 이렇게 하면 어떻겠니? / 그래, 그렇지만' 게임을 하고 있다는 것을 깨닫고 게임을 중지할 수 있다.

어떻게 게임을 중단할 수 있는가?

두 번째 규칙으로 넘어가라.

게임의 두 번째 규칙

게임의 대가를 얻지 못하게 함으로써 게임을 중단하라.

어떤 게임이 진행되고 있는지 살펴보고, 각 플레이어들이 얻을 수 있는 대가(동정, 옹호 등)를 알아낸 후, 그 대가를 제공하는 것을 중단하라.

예를 들어, 내담자는 부모 자아상태를 취하여 자신이 집에서 모든 일을 맡아서 해야 한다고 설명할 때 당신은 그녀가 '날 때려' 게임을 하고 있다는 것을 깨닫고, 동정어린 반응을 제공하는 것을 거부함으로써 게임을 중단할 수 있다.

다른 자아 상태에서 응답함으로써 게임을 중단하라.

상대방이 어떤 자아 상태를 당신에게서 기대하고 있는지를 살펴보고, 그와 다른 자아 상태로 반응하라.

예를 들어, 내담자는 아동 자아 상태를 택하여 인생이 불공평하다고 주장할 때, 그가 당신이 부모 자아 상태에서 그를 위로해주기를 바라고 있으며, '왜 나에게 항상 이런 일이 일어날까?'라는 게임을 하고 있다는 것을 깨달을 수 있다. 이 때 당신은 아동 자아 상태를 취함으로써 게임을 중단할 수 있다.

생활자세 및 각본

생활자세는 우리가 다른 사람들과 자신에 대해 취하는 기본 태도이다

게임은 우리의 생활자세를 강화시킨다

우리가 게임을 하는 이유 중 하나는 우리의 생활자세를 강화시키기 위함이다.

생활자세는 어린 시절에 형성된다

우리는 초기 경험을 토대로 다른 사람들과 자신에 대한 우리의 견해를 확립한다.

네 가지 생활자세(Harris, 1967)

자기긍정 – 타인긍정I'm OK, you're OK

자기긍정 – 타인부정I'm OK, you're not OK

자기부정 – 타인긍정I'm not OK, you're OK

자기부정 – 타인부정I'm not OK, you're not OK

자기긍정-타인긍정

이 자세를 갖고 있는 사람은 자신감이 있고, 낙관적이며, 삶에 잘 참여하고, 다른 사람들과 도 잘 지낸다.

자신과 다른 사람들을 가장 건강한 관점으로 보는 자세이다.

명백한 게임이나 라켓 감정이 없다.

상담자가 상담에서 가져야 할 자세이다.

자기긍정-타인부정

이 입장에 있는 사람은 자신을 다른 사람보다 우월하다고 본다.

다른 사람들에 대해 비판적이다(익숙한 자아상태: 통제적 부모)

다른 사람들에 대해 자주 분노(라켓 감정)를 느낀다.

박해자로 모든 게임을 시작한다.

자기부정-타인긍정

이 입장에 있는 사람은 자기를 다른 사람보다 열등하다고 본다.

다른 사람의 기분에 맞추고 적응하는 경향이 있다(익숙한 자아상태: 적응적 아동)

종종 다른 사람들에게서 멀어지려고 노력하고, 우울하거나 두려워한다(라켓 감정).

구원자나 희생자로 모든 게임을 시작한다.

자기부정-타인부정

이 입장에 있는 사람은 자기 자신과 다른 사람들을 쓸모 없는 존재들로 보고 세상 모든 것을 절망적으로 본다.

활동을 피하거나 방해할 가능성이 있다.

종종 비관적이고 절망감을 느낀다(라켓 감정).

피해자로 모든 게임을 시작한다.

생활자세는 우리가 느낄만한 라켓 감정과, 할만한 게임, 편안하게 생각하는 자아 상태, 자주 갖는 교류, 주고받는 스트로크의 유형 등에 대해 알려주기 때문에 중요하다.

이 모든 요소들은 우리 인생각본을 강화하는 역할을 한다.

인생각본은 우리 삶에 대한 이야기다(Steiner, 1966, 1974).

인생각본은 시작, 중간, 결말이 있는 인생 이야기를 쓰는 것을 말한다.
교류와 스트로크과 관련된 이론의 상당 부분은 인본주의적 접근법에 부합하지만, 인생각본은 어린 시절에서 일어난 사건, 메시지 및 의사결정들의 중요성을 강조하기 때문에 정신역동 이론에 기반을 두고 있다.
인생각본은 어린 시절에 만들어진다(Berne, 1964).

- 이 각본의 기초는 유아기에 작성된다.
  - 우리가 말을 시작하기도 전부터 우리는 부모님과 중요한 사람들로부터 메시지를 받는다. 예를 들어 따뜻하게 안기거나 방치당하는 등 비언어적 스트로크를 받을 수 있고, 얼굴 표정을 인식할 수 있다.
  - 우리는 언어능력이 거의 없을 때 이러한 말하기 전preverbal 메시지를 강화할 수 있는 언어적 메시지를 받는다. 예를 들어 우리는 '착하다' 또는 '잘했어' 등의 형태로 언어적 스트로크를 받는다.
- 어린 시절 더욱 성장함에 따라 더 많은 세부 사항들이 추가된다.
- 변경이나 추가는 청소년기에 이루어진다.
- 어린 시절에 형성된 각본은 성인기에도 영향을 미친다.
  - 우리는 이 각본이 우리 삶에 미치는 영향을 알지 못한다.

초기 메시지는 매우 강력하고 성인기에서는 식별하기 어려울 수 있다(Steiner, 1966, 1974).

- 부정적인 메시지는 금지령injunction으로 알려져 있다.
  - 금지령은 '하지 마라'로 끝난다.
- 긍정적인 메시지는 허용permission으로 알려져 있다.
  - 허락은 '해야 한다/할 수 있다.'로 끝난다.

금지령

Goulding과 Goulding(1979)은 상담장면에서 반복적으로 드러난 12개의 금지령을 확인하였다.

- 존재하지 마라.
- 너로 있지 마라.
- 아이처럼 행동하지 마라.
- 성장하지 마라.
- 성공하지 마라.
- 하지 마라.
- 중요한 인물이 되지 마라.

어딘가에 속하지 마라.
가까워지지 마라.
잘 지내지 마라.
생각하지 마라.
느끼지 마라.

금지령은 대체로 실제 부모의 아동 자아 상태에서 비롯된다.

다른 모든 사람들과 마찬가지로, 실제 부모는 항상 아동, 부모 또는 성인 자아 상태에 있게 된다.

아동 자아 상태에서 부모는 당신에게 금지령을 줄 수 있다. 금지령은 아이가 말을 하기 전 메시지로 시작하며, 부모는 자신의 인식 밖에서 메시지를 전달할 가능성이 높다.

예를 들어, 부모 중 한 사람 또는 양쪽 부모가 아기를 방치함으로써 '존재하지 마라'라는 메시지를 보낼 수 있다.(아기는 성인처럼 합리적인 결정을 내릴 수 있는 능력이 없을 것이므로, 이러한 결정은 보다 극단적일 수 있다.)

아이가 말을 하기 전 메시지는 유아기의 후반에 언어적 메시지에 의해 강화될 수 있다.

예를 들어, 부모는 자녀에게 '너를 가졌을 때 놀랐다' 또는 '널 가질 계획이 없었다' 또는 '실수로 널 가졌다' 또는 '네가 생기는 것을 원하지 않았다'라고 말한다.

금지령은 우리의 인생각본에 영향을 미친다.

우리는 이러한 메시지를 내면화시켜 우리 자신의 아동 자아 상태의 일부로 만든다.

허 용

허용에는 두 가지 유형, 즉 규칙과 속성이 있다.

규칙 및 명령

예를 들어, '하라는 대로 해라.', '더 열심히 노력해야 한다.', '큰 아이는 울지 않는다.', '최선을 다해라.' 등

속성

예를 들면, 아이에게 직접적으로 '넌 착한 아이야.', '넌 언니만큼 똑똑하지는 않아.'라고 말한다.

예를 들면, 아이에게 간접적으로 '저 아이는 사고뭉치야.', '저 아이는 날 참 잘 챙겨.', '저 아이는 조용한 아이야.'라고 말한다.

허용은 대체로 실제 부모의 부모 자아 상태로부터 온다.

다른 모든 사람들과 마찬가지로, 실제 부모는 항상 아동, 부모 또는 성인 자아 상태에 있게 된다.

부모 상태에서 부모님은 당신에게 무언가를 허용할 수 있다.

허용은 아이가 말을 하기 전 메시지로 시작하며, 부모는 자신의 인식 밖에서 메시지를

전달할 가능성이 높다.

예를 들어, 부모 중 한 명 또는 양쪽 부모는 아기가 조용할 때마다 아기를 안아줌으로써 '조용해라'라는 메시지를 보낼 수 있다.(아기는 성인처럼 합리적인 결정을 내릴 수 있는 능력이 없을 것이므로, 이러한 결정은 보다 극단적일 수 있다.)

아이가 말을 하기 전 메시지는 유아기의 후반에 언어적 메시지에 의해 강화될 수 있다.

예를 들어, 부모는 아이에게 '조용한 소년이 되어라'라고 말한다.

허용은 우리의 인생각본에 영향을 미친다.

우리는 이러한 메시지를 내면화시켜 우리 자신의 아동 자아 상태의 일부로 만든다.

프로그램

금지령과 허용 외에도 우리는 부모님들로부터 어떻게 행동해야 하는지에 대한 정보를 제공받는다.

이 정보는 세상과 상호작용하는 방법에 대한 프로그램을 제공한다.

예를 들어, 글자를 어떻게 읽고, 신발 끈은 어떻게 매고, 칼과 포크 등은 어떻게 사용하는지.

프로그램은 우리의 실제 부모님의 성인 자아 상태에서 비롯하여 우리 자신의 성인 자아 상태에 투영된다.

어린 시절에 우리는 부모와 중요한 사람들로부터 수천 건의 언어적 및 비언어적 메시지를 받는다.

금지령: 타인의 아동 상태에서 보내오는 규제와 통제로 이것은 자신의 아동 상태에 통합된다.

허용: 다른 사람의 부모 상태에서 보내오는 언어적 규칙, 명령, 속성 등으로 자신의 부모 상태에 통합된다.

프로그램: 타인의 성인 상태에서 보내오는 유용한 '방법'에 대한 메시지로 자신의 성인 상태에 통합된다.

이러한 메시지들은 우리 자신과 타인에 대해 내린 결정(생활 자세)의 기초를 형성하고 우리가 스스로를 위해 쓰는 인생각본을 뒷받침한다.

어린 시절에 개발된 각본은 성인기에 영향을 미친다.

이 인생 각본은 우리의 삶을 통해 실현된다.

우리는 이 대본이 우리 삶에 미치는 영향을 알지 못한다.

치료는 각본 분석을 통해 내담자가 현재 인식하지 못하는 것을 인식하도록 돕는다.

우리는 항상 우리의 각본을 실현하고 있는 것은 아니다. 지금-여기에서 생각하고, 느끼고, 행동할 때도 있다.

한 사람이 각본대로 재생할 가능성을 높이는 두 가지 요소(Stewart & Joines, 1997)

지금-여기 상황이 개인에게 스트레스를 줄 때

어린 시절의 스트레스 사건과 지금-여기의 상황에서 경험되는 사건 사이에 유사성이 있는 경우

각본의 '무엇'(내용)은 각 개인마다 다르지만 각본을 '어떻게' 실행하는지(과정)는 여섯 가지 주요 패턴으로 나뉘어진다(Berne, 1972; Kahler, 1978).

항상Always

절대Never

까지Until

이후After

거의Almost

개방형Open ended

항 상

'항상' 각본을 사용하는 사람은 친숙한 패턴의 행동(예: 관계)을 항상 동일한 결과로 실현하기 마련이다(예: 왜 나에게 항상 이런 일이 일어날까?).

그렇지 않으면 그는 항상 똑같은 일(같은 일, 같은 관계)을 할 수도 있다.

어린 시절에 그는 계속해서 정진하고, 잘하려고 노력하며, 성공해야 한다는 일관되고 강력한 허용을 받았을 수도 있다.

치료에서 그는 상황이 어떻게 달라질 수 있는지 생각해 보도록 도전 받을 수 있지만, 그는 물론 "항상" 치료를 받을 수도 있다.

절 대

'절대' 각본을 사용하는 사람은 절대 자신이 원하는 것을 얻지 못한다.

그는 계획을 세우지만 절대 계획을 수행하지 않는다.

그는 일을 시작하지만 절대 끝내지 못한다.

어린 시절에 '성공하지 마라'와 '(아무것도) 하지 마라'라는 금지령을 받았을 수 있다.

치료에서 그는 구체적인 목표에 초점을 맞추고 조그마한 성공이 발생하더라도 스트로크를 제공받아야 한다.

까 지

'까지' 각본을 사용하는 사람은 계속해서 행동을 미룬다.

그는 모든 일을 마칠 때까지 즐기지 않을 것이다.

그는 아이들이 집을 나갔을 때서야 자신이 하고 싶은 일을 할 것이다.

그는 어린 시절에 '완벽해라'와 '열심히 해라'(숙제를 하고 나면 나가 놀 수 있어)와 같은 일관된 허용을 받았을 수 있다.

치료에서 그는 자신이 완벽한 내담자가 아닐 것을 우려하여 치료 과정에 집중하는 것을 거부할 수 있을 것이다. 그는 미래에 집중하기보다 지금-여기에서 작업하도록 격려 받아야 한다.

이 후

'이후' 각본을 사용하는 사람은 내일의 공포 때문에 오늘을 즐기지 못한다.

내일 아침에 후회할 것이라는 생각에 오늘을 즐기지 못할 것이다. 그녀/그는 건강이 좋아도 자신이 병에 걸릴까봐 걱정한다.

그는 문장을 긍정적으로 시작하더라도 '그러나'와 부정적인 부분을 추가할 가능성이 높다.

어린 시절에 그는 '즐기지 마라'와 같은 강한 금지령을 받았을 수 있다.

치료할 때 그는 '그러나'라는 말을 하기 전에 문장(및 생각)을 멈추거나, 말하려던 문장을 바꾸어 긍정적인 요소로 끝내도록 격려 받아야 한다. 치료 세션은 언제나 긍정적인 모습으로 끝나야 한다.

거 의

Kahler(1978)는 Berne의 이론을 바탕으로 '거의' 각본 과정을 '거의 유형 1'과 '거의 유형 2'로 나누었다.

'거의 유형 1' 각본을 사용하는 사람은 목표를 거의 달성해내지만 끝까지 해내지는 않을 것이다.

그는 이번에도 거의 해내거나 거의 끝낼 것이다.

그는 어느 지점까지는 정말 열심히 노력하고 활동에 참여할 것이다. 그는 어린 시절에 '열심히 노력해라'라는 메시지와 '성공하지 마라'라는 메시지를 받았을 수 있다.

'거의 유형 2' 각본을 사용하는 사람은 자신의 목표를 달성하긴 하지만 자신의 성취를 즐기지 않고 어느새 새로운 목표에 집중한다.

그는 잇달아 승진을 하는 등 성공을 맛보지만 만족하는 법이 없다.

치료에서 유형 1은 작은 목표를 설정하고 달성해야 하지만 유형 2는 성취감을 경험하는 데 시간을 할애하도록 격려 받아야 한다.

개방형

개방형 각본을 사용하는 사람은 인생의 특정 시점에서 방향이 결여되는 것을 경험한다.

그는 단기간에 뭔가를 성취할 수는 있지만, 다른 목표가 생기기 전까지 '이제 뭘 하지?'라고 생각하는 경향이 있다.

삶의 큰 사건들(예: 독립을 위해 집을 떠나거나 퇴직)이 오면 '이제 뭘 하지?'라는 질문이 그에게 더 크게 다가오고, 불안이나 우울증을 초래할 수 있다.

치료에서 그는 이것을 축복으로 재구성하도록 권장된다. 그는 다른 각본 과정에 존재하는 패턴에서 벗어나 '이제 뭘 하지?'라는 질문에 대한 자신만의 답을 적도록 권장된다. 그는 보다 장기적인 목표와 관련된 작은 목표들에 집중해야 한다.

치료적 과정

내담자-상담자 관계

상담자와 내담자가 치료 작업에 대한 공동 책임을 지는 심리교육적 접근

상담자는 자기긍정-타인긍정의 생활자세를 갖는다.

내담자가 인생에서 더 큰 자율성을 가질 수 있도록 필요한 지원을 제공한다.

내담자에게 관련 이론을 가르친다.

예를 들어, 자아 상태 모델, 교류, 스트로크 및 게임

내담자는 이 교육적인 과정을 통해 자신의 심리적 과정을 보다 잘 이해하게 된다.

이러한 인식을 바탕으로 그들은 자신이 상담실 안팎에서 맺고 있는 관계들 안에서 보다 자발적으로 행동할 수 있도록 격려된다.

내담자는 치료적 관계에서 친밀감을 경험할 것이다.

Lister-Ford(2002)는 치료 과정의 5단계를 발견하였다.

1단계

내담자는 자신의 과거에 대해 말한다.

상담자는 경청하고, 반영하고, 관련 정보를 얻기 위한 질문을 한다.

상담자는 필요 시 관련된 이론을 가르친다.

상담자와 내담자는 함께 안전하고 상호적인 치료적 관계를 발전시킨다.

2단계

내담자는 자신의 문제와 그 패턴 및 문제를 유지하는 데 있어서 자신이 어떤 역할을 하고 있는지에 대해 보다 잘 이해하게 된다.

내담자는 과정 중에 올라오는 감정들을 알아차린다.

내담자는 그 과정에서 더욱 책임을 지기 시작한다.

3단계

내담자는 감정이 더 강렬해지면서 문제를 해결하기 시작한다.

내담자는 삶을 재평가하기 시작한다.

어려운 작업이 시작된다.

4단계

내담자는 더욱 의식적으로 자신이 어떻게 살고 싶은지에 대한 선택을 한다.

내담자는 자신의 오래된 각본에 의한 행동, 생각, 감정에 도전하기 시작한다.

내담자는 기존의 각본을 지금-여기에 더 적합한 각본으로 대체한다.

5단계

치료가 끝난다.

내담자는 자신의 인생에 대해 더 큰 자율성을 갖게 된다.

상담자와 내담자는 치료 과정을 검토하고 더욱 앞으로 나아가기 위해 계획한다.

상담자가 내담자의 문제에 대한 초기 평가를 하고 효과적인 목표를 설정하기 위해 계약을 하는 적극적인 접근 방식은 다음과 같다.

치료 계획에는 3가지 부분이 있다.

진 단

문제를 평가하고 중재를 계획한다.

계 약

내담자와 치료 목표에 대한 동의를 한다.

치료 방향

단기 및 장기 목표를 위해 사용할 기법을 결정한다.

치료 과정 중 새로운 정보가 나오고 내담자가 변화함에 따라 치료 계획은 계속해서 유연하게 수정된다.

개입을 위한 실용적인 팁

내담자의 존재하는 방식에서 일어나는 모든 변화는 내담자를 변화시킨다.

개입은 내담자에게 도움이 된다면 어느 시점에서나 가능하다.

예를 들어, 내담자가 권위 있는 인물과 의사 소통하는 데 문제가 있다면, 그는 자아 상태 모델과 교류가 어떤 식으로 일어나는지를 배울 수 있다.

이것은 내담자를 위한 의미 있는 변화를 가져올 수 있으며 그는 그 변화에 만족할 수 있다.

상담자는 더 깊은 수준에서 내담자가 관계를 맺는 방식에 대해 탐색하고, 각본, 부모의 메시지, 게임 등을 분석하는 것이 도움이 되는 것을 알게 된다.

관계 개선을 위한 단기 목표를 달성할 수 있다.

각본으로부터 자유로워지려는 장기 목표는 여전히 존재한다.

내담자의 자각을 높이고, 성인 자아상태에서 결정을 내리는 데 더 많은 시간을 할애할 수 있도록 돕는 추가적인 단기간 개입이 실시된다.

내담자는 점차 오래된 각본을 버리고 지금-여기에서 살게 될 수 있다.

교류 분석을 적용한 사례 연구

로이(33세)는 그가 보건 및 안전 분야에서 일하고 있는 지방 카운티 협의회의 산업 보건 부서를 통해 상담실을 방문하였다. 그의 세 번째 결혼이 끝난 후 5개월이 지난 시점이었다. 그는 왜 '이런 일이 항상 나에게 일어날까'라는 의문을 가지며 '인생에 대해 불만족'스러워 하고 있었다. 관계가 끝난 여파로 그는 다시 심하게 술을 마시기 시작하였고, 현재 직장을 잃을 위험에 처해있었다. 치료는 6회의 회기로 제한되었으나 예외적인 경우 동의 하에 연장할 수도 있었다.

다음의 대화에서 상담자는 상담자를, 내담자는 로이를 나타낸다. 비밀보장과 비즈니스 계약에 대해 논의한 후, 로이가 자신의 이야기를 꺼내면서 회기가 시작되었다.

내담자: 어디서부터 시작해야 할지 솔직히 잘 모르겠습니다. 제 직장 상사가 제게 상담이 필요한 것 같다고 말했기 때문에 제가 지금 여기 와 있는 것 같아요. 최근 며칠간 결근을 한 적이 있었고, 몇 번 늦은 적도 있었어요. 상사가 저한테 술 냄새를 맡고는 절 보건소로 보냈고, 그 덕분에 지금 제가 여기 와 있네요.

상담자: 여기 와 있는 게 정말 싫으신 것 같아요.

내담자: (주저하면서 아이 목소리를 내며 몸짓이 경직됨.) 별로에요. 낯선 사람과 제 감정에 대해 이야기하는 것, 그렇지만 상사가 이걸 꼭 받아야 한다고 하니 한 번 해보죠 뭐.

상담자: 선택권은 당신에게 있어요. 전 강요받는 느낌으로 온 분과 작업하고 싶지는 않아요. 한 번 해본다는 자세로 하는 것은 유용할 수 있어요. 오늘 회기가 끝날 때쯤 결정할까요?

내담자: 좋아요. (잠시 말을 멈춘 후, 거의 변명을 하듯이 다시 말하기 시작함.) 약 6개월 전 제 아내가 절 떠나겠다고 말했어요. 너무나도 갑작스럽게요. 전혀 예상하지 못했어요. 전 우리가 꽤 잘해내고 있다고 생각했거든요. 그건 마치 ... (멈칫) ... 그냥 불행이 제게 다시 일어났어요.

상담자: 예측하지 못한 일이었지만, 전에도 이런 일이 있었군요.

내담자: 네, 두 번이나요. 세 번째 결혼도 이렇게 망해버렸네요. 저에게 왜 항상 이런 일이 일어날까요? 전 사랑에 빠졌는데, 그들은 날 떠나버려요. 아직 제가 정신을 못 차렸나봐요. 그들을 믿지 말았어야 했는데. 여자들은 모두 이기적인 인간들이에요. 내가 어떻게 되든 상관하지 않고, 자신들 챙기기에 바쁘죠. 아버지 말씀을 들었어야 했어요. 아버지는 여자들을 증오했어요. '여자에게 너의 돈이나 삶을 결코 주지 말아라.'라고 말씀하시곤 했죠. 아무튼 그녀가 떠나고 전 그냥 저 스스로가 너무 딱하다고 느끼면서 멍해졌어요. 생활은 어찌어찌 해내갈 수 있었지만 기분은 정말 쓰레기 같았어요. 슬픔과 분노로 뒤죽박죽 했죠. 그래서 친구들 몇 명에게 전화해서 같이 술을 마셨어

요. 그게 한 5개월 전 즈음이네요. 그 이후로 계속해서 술을 마셨어요.

상담자: 전에도 이렇게 술을 마신 적이 있었나요?

내담자: 네, 예전에 두 번 이혼했을 때. 그렇지만 전 그때와 같은 상황이 발생하는 건 원치 않아요. 첫 이혼 이후 전 직장과 집을 잃었었어요. 거의 일년 가까이 술을 엄청 마셔 댔던 것 같아요. 두번째 이혼 이후에는 그 기간이 좀 더 짧았지만, 상태는 더 안 좋았어요. 싸움질을 해서 감옥에도 갔었죠. 원래 폭력적인 사람은 아닌데.

상담자는 로이가 자신의 상황을 설명하는 방식을 살펴보았다. 그의 이야기는 잔인하고 무자비한 여성들에 의해 부당한 대우를 받은 한 남자에 대한 이야기였다. 이 이야기에 등장하는 패턴은 로이가 맺는 관계들에 대해 또 다른 무언가를 시사하였다. 회기 후반부에서 드러난 사실은 로이가 결혼생활이 끝날 때 술을 마시기 시작한 것이 아니라 사실은 결혼 생활 중에 이미 술을 마시기 시작했고, 술을 마실 때 로이가 아내에게 언어 폭력을 행사했다는 점이었다. 그는 '그렇지만 저는 절대로 그들을 때리지는 않았다.'라고 말했다. 그의 어린 시절에 대해 물었더니, 그는 자신의 어머니는 소심한 분이셨고, 종종 자신에게 "너만 아니였으면 난 오래 전에 죽었을 거야."라고 말했다고 하였다. 그는 어머니가 자신을 사랑하긴 하지만 원하지는 않았던 것 같다고 말했다. 상담자가 조금 더 이야기 해보라고 했을 때 로이는 그는 조용히 사색에 잠긴 듯하더니 눈물을 살짝 비추고는 곧 주제를 바꾸었다. 그는 자신이 겁이 많은 아이였다고 하였다. 그는 아버지가 집에 오기를 기다렸다가 아버지가 현관 문을 닫는 소리만으로도 아버지의 기분을 알 수 있었다고 하였다. 그의 아버지는 친절하고 애정이 많았지만, 때때로 로이의 어머니와 로이에게 언어 폭력을 행사하기도 하였다. 목요일 밤은 최악이었다. 로이의 아버지는 매주 목요일에 현금으로 돈을 받았고, 그날은 술집이 문을 닫을 때까지 술을 마시고 취해서 집에 돌아 왔다. 대부분의 목요일은 로이는 침대에 누워 그의 아버지가 소리치고 어머니를 때리는 소리를 들어야 했다. "하지만 아버지는 나는 절대 때리지 않았다."고 그는 말했다. 후속 회기들이 진행되면서 로이는 더 많은 이야기들을 꺼내놓았다. 상담자는 로이에게 회기에서 진행되는 작업에 대한 책임을 지도록 권유하였으며, 그가 자신의 행동 패턴과 그 패턴에서 자신이 취한 역할, 경험했던 익숙한 감정들, 그의 생각, 감정, 행동에 영향을 주었던 어린 시절에 받은 메시지들, 그리고 이 모든 것들이 그의 각본과 어떻게 연결되어 있는지를 발견하도록 도왔다.

처음에는 상담에 참여하기를 꺼려했지만 로이는 곧 상담이 유용하다고 생각하게 되었고, 통찰을 얻으려고 적극적으로 노력하였다. 이러한 새로운 인식을 행동 변화로 전환하는 것은 더 어려운 작업이었지만, 로이는 변화하고자 하는 동기가 컸다.

로이는 고용주의 계획 하에서 허용된 최대 여섯 회기가 끝난 후 추가적으로 4회기를 더 진행하였다. 상담치료가 끝났을 때, 로이는 즉각적인 변화(문제에 대한 단기 관리)가 필요하다는 점에 대해 잘 알고 이해하였지만, 자신의 어린 시절의 영향과 결정으로부터 벗어나기 위해서는 해야 할 일이 많다는 것 또한 알고 있었다(각본으로부터 자유로워지려는 장기적인 작업).

사례 분석하기

교류 분석에 대한 정보를 사용하여 다음 질문에 답하라.

- 상담 초기에 이루어진 대화에서 로이는 어떤 자아 상태에 있었는가?
- 상담자는 이에 대해 어떻게 대응하였나?
- 로이가 맺고 있는 관계들에서 어떤 게임이 진행되고 있나?
- 그는 어떤 입장을 취했으며, 결과적으로 어떤 위치에 놓이게 되었나?
- 그의 배우자들은 어떤 입장을 취했으며, 결국 어떤 위치로 이동하였는가?
- 그가 받은 주요 각본 메시지들 중 여성과의 관계에 영향을 준 것은 무엇이었는가?
- 로이는 어떤 각본 과정을 가지고 있는가?
- 로이의 생활 자세는 무엇이라고 생각하는가?

요약

인본주의와 정신역동: 주요 목적은 자율성(인식, 자발성과 친밀감)

발달: 번Berne이 장애를 치료하기 위한 'extra－Freudian' 접근법을 소개함; 1964년 국제 교류 분석 협회International Transactional Analysis Association가 창립됨; 비전문적인 용어로 인해 논쟁의 여지가 있음.

성격의 자아 상태 모델: 부모(비판적, 양육적) 자아 상태는 부모의 관점에서 현실을 인식하고 부모 입장에서 다른 사람들에게 반응함. 아동(자유로운, 적응적) 자아 상태는 아동의 관점에서 현실을 인식하고 아동적인 방식으로 다른 사람들에게 반응함. 성인 자아 상태는 객관적인 관점에서 현실을 인식하고, 감정에 좌우되지 않는 논리적인 방식으로 다른 사람에게 반응함. 자아 상태는 실제 역할이 아니며 좋지도 나쁘지도 않음. 자아 상태 간에 자유로운 이동이 있어야 함. 우리가 한두 가지 상태가 없을 때 예외가 발생함. 우리가 생각하는 것과 다른 자아 상태에 있을 때 오염이 발생함. 상담은 자아 상태의 이해와 통제를 향상시킴.

교류 및 스트로크: 교류(상보적, 교차적, 암시적)는 긍정적 혹은 부정적 스트로크로 나타날 수 있음(언어적/비언어적, 조건적/무조건적)

게임: 예측 가능한 대가로 이어지는 일련의 교류; 이렇게 하면 어떻겠니? / 그래, 그렇지만, 당신만 아니었으면, 이제 넌 죽었어, 이 개자식아, 날 때려, 왜 나에게 항상 이런 일이 일어날까?; 드라마 삼각형, 박해자, 희생자, 구원자

게임의 정반대: 첫 번째 규칙은 게임을 중지하는 것임. 두 번째 규칙은 플레이어가 대가를 얻지 못하게 하고 다른 자아 상태에서 응답하게 함으로써 게임을 중단하는 것임.

생활 자세 및 인생각본: 생활 자세는 자아긍정–타인긍정, 자아긍정–타인부정, 자아부정–타인긍정, 자아부정–타인부정을 포함함. 인생각본은 금지령, 허용, 프로그램을 포함함. 각본은 부모와 중요한 다른 사람들로부터 받은 언어적 및 비언어적 메시지를 기반으로 어린 시절에 형성됨. 각본이 재생되는 6가지 패턴(항상, 절대, 까지, 이후, 거의, 개방형).

치료적 과정: 공동 관계 책임, 심리교육적; 인식 향상을 위한 5단계; 치료 계획에는 진단, 계약, 치료 방향이 포함됨. 개입의 실용적 팁.

합리적 정서행동치료(Rational Emotive Behaviour Therapy)

학습목표

이 섹션을 읽고 당신은 다음과 같은 것들을 할 수 있을 것이다:

- 합리적 정서행동치료가 인지적 접근과 행동적 접근을 결합한 통합 치료임을 설명
- 알버트 엘리스Albert Ellis의 약력을 포함하여 합리적 정서행동치료의 역사에 대해 논의
- ABCDE 모델의 개요를 서술
- 당위성musterbation, 즉 비합리적 신념의 '신경증을 유발하는 당위적 측면'의 위험성에 대해 논의
- 비합리적 신념을 논박하는 기술들을 설명하고 평가
- 인지적 재구성 기술들을 설명하고 평가
- 수치심–공격연습을 위한 기술들을 설명하고 평가
- 치료적 환경에서 합리적 정서행동치료의 적용을 평가(사례 연구)

합리적 정서행동치료(REBT): 인지 및 행동적 접근

합리적 정서행동치료는 인지적 및 행동적 접근에 근거한다.

인지 및 행동 치료의 통합

인지 치료와 행동 치료는 더 이상 독립적으로 수행되지 않는다.

대신, 그 둘은 새로운 형태의 치료법을 생산하기 위해 종종 통합된다.

합리적 정서행동치료는 이러한 통합적 접근 중 하나이다.

: 합리적 정서행동치료의 발달

합리적 정서행동치료의 역사

합리적 정서행동치료는 1950년대에 창시되었다.

초반에는 합리적 치료Rational Therapy; RT로 처음 소개되었다.

1961년에 RT는 합리적 정서적 치료Rational Emotive Therapy; RET로 변경되었다.

비합리적 및 합리적 사고와 정서를 연결함.

합리적 정서적 치료RET는 1993년에 합리적 정서행동치료REBT로 변경되었다.

비합리적 및 합리적인 사고와 정서를 행동과 연결함.

행동인지 치료법의 가장 초기 형태라고 할 수 있음.

REBT의 역사는 알버트 엘리스의 역사라고 할 수 있다.

알버트 엘리스(Albert Ellis, 1913~2007)의 전기

'당신의 우울증은 당신이 대부분 구성한 것이다.
우울증은 당신에게 주어진 게 아니니 당신이 또 그것을 해체할 수 있다.'
-엘리스(n.d.)

앨버트 엘리스는 어떤 사람이었나?

엘리스는 1950년대에 합리적 정서행동치료를 창안하였다.

행동치료와 함께 정서와 인지의 개념을 도입하였다.

인지행동 치료의 첫 번째 유형이다.

(Beck보다 10년 전에) 비합리적 사고라는 개념을 도입하였고, 그것이 우울증, 성기능 장애, 미루기, 불안 등 광범위한 정신 장애에 미치는 영향을 조사하였다.

1964년 비영리단체인 알버트 엘리스 연구소를 설립하였다.

REBT에 관한 600편 이상의 논문과 50권의 책을 남겼다.

REBT치료는 행동인지치료CBT의 가장 초기 형태이기에 흔히 CBT의 아버지라 불림.

생애 초기

1913년 9월 17일에 태어남

피츠버그에서 태어나 뉴욕시에서 자랐다.

신체적, 정서적으로 먼 가족

아버지는 사업가로, 사업상 자주 집에 없었다.

어머니는 주부였지만 자녀들로부터 정서적인 거리를 두었다.

어머니는 종종 어머니로서 의무를 다하지 못했고, 엘리스는 종종 어린 동생들을 돌보아야 했다.

엘리스는 자신의 어머니를 자신에게만 몰두한 여성으로 대부분의 사안에 대해 강한 의견을 갖고 있었고 그것을 말로 표현했지만 증거로 자신의 견해를 뒷받침하지 못했다고 묘사하였다(Ellis et al., 2005).

엘리스는 3명의 자녀 중 첫째였다.

엘리스는 일찍 일어나 동생들을 등교를 준비시키기 위해 자신의 돈으로 알람 시계를 구입했다고 기억하였다(Ellis et al., 2005).

엘리스가 12살 때 부모님이 이혼했다.

가족 간의 갈등에서 대처하기 위해 책들에 파묻힌 생활을 했으며 학업적으로 모범적인 청소년이 되었다.

수많은 어린 시절의 건강 문제

5세에서 8세 사이에 8차례나 입원(신장 질환, 편도선염, 연쇄상 구균)을 했다.

아플 때에도 그는 가족으로부터 거의 지원을 받지 못했다. 병문안이나 그를 위로하기 위한 노력은 거의 없었다(Ellis et al., 2005).

이러한 경험은 성장하는 엘리스에게 강한 독립감을 심어주었다.

극심한 거절에 대한 두려움을 경험했던 십대 시절

자신의 수줍음과 여성과 말을 하지 못하는 성격을 극복하기 위해 이성으로부터 거절받는 것에 무감각해지도록 노력하였다.

'나는 브롱크 식물원의 공원 벤치에 앉아있는 100명의 여성들에게 말을 걸었고, 그들 모두 나와 데이트하기를 거부했다.(한 여자는 공원에서 나에게 키스를 했고 그날 저녁에 데이트를 하기로 했지만, 그녀는 결국 나타나지 않았다!)'(Ellis, 1996)

학 력

1934년 뉴욕시립대학교City University of New York에서 경영학 학사 학위를 취득했다.

처음에는 회계 분야에서 경력을 쌓아 30세에 은퇴할 수 있을만큼 돈을 번 후, 훌륭한 미국 소설가가 되는 것을 목표로 삼았다.

불행하게도, 대공황으로 인해 사업적으로 성공하지 못했고, 소설 또한 쓰지 못했다

(Albert Ellis Institute, 2012).

논픽션 글쓰기에 재능을 발견하고 성적 해방에 관한 논문 작성에 중점을 두었다. 많은 친구들은 그를 성적 문제에 대한 전문가로 여겼으며 그는 이 시점에 비공식적 치료를 하기 시작했다(Ellis et al., 2005).

1943년 콜롬비아 대학의 Teachers College에서 임상 심리학 석사 학위 취득

1947년 콜롬비아 대학교의 임상 심리학 박사 학위 취득

개인 상담소에서 파트타임으로 성관련 및 가족 치료를 제공하는 심리학자로 일했으며 심리학은 당시 미국에서는 심리학 관련 자격증이 없었다(Ellis et al., 2005).

박사 과정 중 여러 논문을 출간하였다.

그 중 한 논문은 지필식 성격 검사에 대한 비판이었다(Ellis, 1946).

카렌 호나이 연구소Karen Horney Institute의 리처드 훌벡Richard Hulbeck 밑에서 정신 분석가로 훈련을 받았다.

비 의대생이 훈련생으로 받아들여지는 것은 매우 드문 일이었다.

처음에는 정신분석의 효과에 감명을 받았지만, 그는 곧 과학적 및 경험적 근거가 부족하다는 점에 대해 환멸을 느끼게 되었다(Albert Ellis Institute, 2012).

경 력

1940년대 후반 뉴욕대학교와 Rutgers 대학교에서 강사

1940년대 후반 북부 뉴저지 정신 위생 클리닉에서 수석 임상 심리학자

1950년 뉴저지 주에서 수석 심리학자

여전히 뉴욕에서 파트타임으로 개인 상담소 유지

1952년 개인 상담소 일을 전일제로 확대

성 관련 학자로서의 그의 명성은 그를 찾아오는 내담자 수를 증가시키는 데 기여하였고, 감정인으로써 법률 사건에도 참여함(예를 들어, 음란물 출판사 소송 사건)(Ellis et al., 2005).

그러나 성적 자유 옹호자로서의 그의 명성은 자신의 대학원을 포함한 몇몇 주요 대학에서 강사로 채용되지 못하게 함(Ellis et al., 2005).

1955년 합리적 치료 도입

정신 분석학을 버리고 비합리적인 사고에 직면하고 합리적인 사고로 바뀔 수 있도록 하여 행동을 변화시키는 데에 중점을 둠

1956년 시카고에서 APA 학회 첫 논문 발표

1957년 '합리적 심리 치료와 개인 심리학Rational Psychotherapy and Individual Psychology'이라는 접근법을 소개하는 독창적인 논문 발표

1959년 합리적 생활 연구소 설립(Ellis et al., 2005)

일반 대중을 교육시키기 위한 비영리 단체
1961년 합리적 치료를 합리적 정서치료로 변경
비합리적 및 합리적 사고를 정서와 관련 지음.
1962년 합리적 치료에 정서를 통합하기 위해 "심리치료에서의 이성과 정서Reason and Emotion in psychotherapy" 출간

1964년 앨버트 엘리스 연구소Albert Ellis Institute를 위해 맨해튼 65번가에 있는 맨션을 구입
이 건물의 꼭대기 층에 살았고 환자들과 계속해서 작업함.
연구소에서 발생되는 이익의 대부분을 연구소에 돌려 주고, 연봉으로 12,000달러와 거처, 의료보험 혜택만 받은 것으로 추정됨(REBT Network, 2006).

1993년 합리적 정서치료를 합리적 정서행동치료로 변경
비합리적 및 합리적 사고와 정서를 행동과 관련지음.
가장 초기 형태의 인지행동 치료임.
1995년 '합리적 정서치료RET에서 합리적 정서행동치료REBT로의 변화'를 발표하여 행동적 요소를 포함하게 된 변화 과정에 대해 설명함.

인생 후반은 갈등과 논쟁으로 훼손됨(REBT Network, 2006)
불행히도 엘리스가 심각한 질병을 앓은 후 이사회는 2004년에 엘리스에게 의료비를 더 이상 지원하지 않기로 결정함. 그는 집에서 계속 거주하고 일을 하면서 자신이 저축한 돈을 사용하여 간호 비용을 지불함.
40년 동안 연구소에서는 금요일 밤마다 워크숍을 열어왔으며 워크숍에서는 참석자가 내담자로 참여하는 REBT 상담사례 시연이 진행되었음.
불행히도 이사회는 2005년부터 연구소에서 워크숍을 진행하지 못하게 하였고, 엘리스는 인근 임대 건물로 이전해야 했음.
엘리스는 2005년에 이사회가 그를 이사회 및 모든 직업적 의무에서 철수시키기로 결정했을 때 연구소를 상대로 소송을 제기함.
2006년 대법원은 엘리스가 이사회에 복귀해야 한다는 결론을 내렸지만, 이사회는 계속해서 그의 참여를 제한시키고 전문가로 일하는 것을 막음.
엘리스는 결국 연구소를 버리고 연구소가 추진하는 일들이 더 이상 자신의 사명을 반영하지 않는다고 선포함.
연구소에서는 엘리스의 옹호자들을 대상으로 상표권 침해에 대해 고소하겠다는 위협을 해왔지만, 대부분의 엘리스의 팬들은 그의 기존 지침에 따라 REBT를 계속 가르치고 실습함.

가 족

3번의 결혼(Ellis et al., 2005)

첫 번째 결혼은 무효로 끝맺음.

두 번째 결혼은 우호적인 이혼으로 끝맺음.

2004년 데비 조프Debbie Joffe와의 세 번째 결혼은 죽을 때까지 지속됨.

데비 조프는 엘리스의 아내, 간병인 및 조교의 역할을 하였으며, 엘리스가 사망한 후에도 REBT를 계속 홍보함(REBT Network, 2006).

자녀는 없었음

적어도 합법적인 자녀는 없었음.

죽 음

2007년 7월 24일, 93세에 자연사로 사망함.

죽을 때까지 계속 일했음.

그는 92세의 나이에 마지막 질병이 생길 때까지 매일 적어도 16시간 동안 일을 함(REBT Network, 2006).

그 해 그의 병원 침대에서 그가 자신의 지지자들에게 보낸 마지막 메시지 중 하나는 '더 열심히 일하라'였음.

주요 어록(Significant learnings)

'그냥 해, 생각하지 말고!'(Ellis, 1997)

'그 무엇도 끔찍하거나 불쾌하지 않다. 아무리 나쁘고, 불편하고, 불공평하더라도 그 무엇도 끔찍하지는 않다.'(Ellis, 1999)

'잘못되고 비윤리적이고 어리석인 행위가 당신이나 다른 사람들을 절대 나쁘거나 썩은 사람들로 만들 수 없다는 견해를 완전히 받아들임으로써 자신과 다른 사람들을 저주하지 말아라.'(Ellis, 1999)

'마법도 없고 공짜 점심도 없다. 자기 변화는 거의 항상 가능하지만, 지속적인 노력과 연습이 요구된다.'(Ellis, 1999)

'완벽해지기 위해 당신의 요구를 포기하라.'(Ellis, n.d.)

ABCDE 모델

ABC(Ellis, 1996)

REBT는 모든 인간의 궁극적인 목표는 행복의 달성이라고 제안한다.

목표는 우리 본성에 내재된 것이지만, 종종 삶의 길에서 마주치게 되는 무수한 문제에 의해 차단되기도 한다.

이러한 장애물에 대한 반응은 우리가 세상과 우리 자신에 대해 가지고 있는 신념에 달려 있다.

이는 ABC 틀 안에서 보여지고 있다.

A－B－C

선행 사건(A)

삶에서 일어나는 선행 사건(A)은 개인이 행복을 향해 움직이는 것을 막을 수 있다.

사건에 대한 신념(B)

사건에는 그 사건에 대한 신념(B)이 뒤따르게 되며, 이 신념은 논리적으로 주어진 증거에 기반하거나 비논리적으로 편견과 미신에 기반할 수 있다.

신념의 정서적 행동적 결과(C)

이러한 신념은 이후 발생하는 정서적 및 행동적 결과(C)에 영향을 미치며, 이러한 결과는 심리적 건강에 이롭거나 해로울 수 있다.

예를 들어, 수잔은 정리해고를 당했고(A) 그녀는 이 사건이 자신이 실패자라는 증거라고 믿고(B) 있으므로 그녀는 다른 직장을 찾기보다는 우울감에 빠져있다(C).

신념은 사건과 결과 사이에서 중재한다.

ABC 모델은 사건과 결과 사이의 중재 요소로서의 신념의 중요성을 강조한다.

정서적 교란은 사건 그 자체보다는 사건에 대한 신념에 근거한다.

일단 당신이 이에 대한 이해를 하게 되면, 통제의 소재는 다시 당신에게로 돌아온다.

당신은 사건에 영향을 미칠 수는 없더라도 이러한 사건에 대한 자신의 신념은 바꿀 수 있다.

예를 들어, 수잔은 정리해고라는 사건(A) 그 자체가 아니라 자신이 실패자라는 신념(B) 때문에 다른 일자리를 찾고 있지 않으며 우울감에 빠져있다(C). 그녀가 자신의 신념을 바꿀 수 있다면 결과 또한 바꿀 수 있다.

비합리한 신념은 부정적인 결과로 이어질 수 있다.

엘리스는 치료가 이러한 비합리적 신념들이 어떻게 형성되었는지에 초점을 두어야 한다고 제안하지 않았다.

대신에 그는 상담자가 어떻게 이러한 신념들을 유지하고 있는지에 초점을 두고 그에 논박해야 한다고 주장했다.

비합리성에 대한 선천적인 경향에 대한 치료 반응으로서, 엘리스(1996)는 기존의 ABC 틀에 추가될 2단계를 만들어냈다.

신념에 대한 논박(D)

새로운 합리적 신념의 효과(E)

ABCDE(Ellis, 1996)

D 및 E를 포함하도록 모델 확장이 확장되었다.

선행 사건(A)

삶에서 일어나는 선행 사건(A)은 개인이 행복을 향해 움직이는 것을 막을 수 있다.

사건에 대한 신념(B)

사건에는 그 사건에 대한 신념(B)이 뒤따르게 되며, 이 신념은 논리적으로 주어진 증거에 기반하거나 비논리적으로 편견과 미신에 기반할 수 있다.

신념의 정서적 행동적 결과(C)

이러한 신념은 이후 발생하는 정서적 및 행동적 결과(C)에 영향을 미치며, 이러한 결과는 심리적 건강에 이롭거나 해로울 수 있다.

신념에 대한 논박(D)

치료는 질문하는 과정을 통해 비합리적 신념을 발견하고, 이에 도전하고 결국 논박하는 것을 목표로 한다(D).

새로운 합리적 신념의 효과(E)

논박된 비합리한 신념은 결국 세상에 대한 합리적인 철학으로 대체될 것이며, 그 결과로 미래에 부정적인 결과를 감소시킬 것이다(E).

예를 들어, 수잔은 정리 해고라는 사건(A) 그 자체가 아니라 자신이 실패자라는 신념(B) 때문에 다른 일자리를 찾고 있지 않으며 우울감에 빠져있지만(C), 치료 과정은 그녀가 자신의 삶에서 드러나는 다른 성공 경험들에 초점을 두도록 하여 자신이 실패자라는 신념에 의문을 갖게 되도록 만든다(D). 그녀는 결국 자신의 회사에서 발생한 정리 해고는 자신의 책임이 아니라는 것을 받아들이면서 자신감과 낙관성을 가지고 미래를 내다 볼 수 있게 된다(E).

나의 ABCS (그리고 DES) 배우기

자신의 삶에서 겪은 부정적인 경험을 떠올리고, ABCDE를 확인하기 위해 다음 표를 완성하시오.

A. 선행사건 부정적인 사건은 무엇이었습니까?	
B. 사건에 대한 신념 그 사건에 대해 어떤 신념을 가졌습니까?	
C. 결과 어떻게 느끼고 무엇을 했습니까?	

D. 신념에 대한 논박 사건에 대해 다른 신념을 가질 수 있습니까?	
E. 새로운 합리적 신념의 효과 이 새로운 신념은 당신이 어떻게 달리 느끼고 행동하게 합니까?	

당위성의 위험

'신경증을 유발하는 당위적 사고'(Ellis, 1996)

주요 비합리적 신념은 일반적으로 비합리적인 요구를 포함한다.

비합리적 요구 신념체계 = must / ought / should / need

합리적 선택의 신념체계 = like / want

비합리적인 요구는 종종 절대주의적이다.

개인은 자신의 요구가 충족되지 않는 세상은 받아 들일 수 없다.

비합리적 신념은 자신의 요구만을 고려했을 때 세상은 어떠해야 한다라는 잠재의식적 사고패턴으로 정의될 수 있다(Batte, 1996).

Must의 파생물

주요 비합리적 신념('must'와 같은 요구)은 일련의 다른 2차적 또는 파생적인 비합리적인 신념에 이르게 한다(Ellis, 1995a).

파국화Awfulising

좌절감에 대한 내성이 낮음I-can't-stand-it-it is

자기 / 타인 / 삶에 대한 경멸

Must의 세 가지 유형

엘리스(1996)는 비합리적 신념의 세 가지 '신경증을 유발하는 Musts'를 확인하였다.

자아의 행동과 관련된 Musts

타인의 행동과 관련된 Musts

인생과 관련된 Musts

자아의 행동과 관련된 Musts

"나는 항상 철저하게 유능하고, 적절해야 하며 무언가를 성취하지 못하거나 사랑스럽지 않다면 무능하고 무가치한 사람이다."(Ellis, 2003)

이러한 신념은 우울증과 죄책감 등 건강하지 못한 정서적 결과로 이어지며 이에 따른 위험 회피와 미루기 등 건강하지 못한 행동 결과를 초래할 것이다.

타인의 행동과 관련된 Musts

"내 인생의 다른 중요한 사람들은 항상 나를 친절하고 공정하게 대우해야 한다. 그렇지 않으면 나는 참을 수가 없다. 그들은 나를 끔찍하게 대한 결과로 심하게 비난받고, 저주받고, 보복적으로 처벌받아야 하는 나쁜, 썩은, 악한 사람들이다."(Ellis, 2003)

이러한 신념은 격렬한 분노, 화 등 건강하지 못한 정서적 결과로 이어지며 이에 따른 폭력과 편협 등 건강하지 못한 행동 결과를 초래할 것이다.

Ellis(2003)는 이것이 불화, 전쟁, 싸움, 집단 학살, 원자력 대참사와 같은 극단적인 행동으로 이어질 수 있다고 하였다.

인생과 관련된 Musts

"사물과 상황은 절대적으로 내가 바라는 방식이어야 하며 너무 힘들거나 절망적이어서는 안 된다. 그렇지 않으면 인생은 끔찍하고, 불쾌하고, 지긋지긋하며, 비극적이어서 견딜 수 없다."(Ellis, 2003)

이러한 신념은 자기 연민과 우울 등 건강하지 못한 정서적 결과로 이어지며, 이에 따른 미루기, 일 회피 등 건강하지 못한 행동 결과를 초래할 것이다.

당위성(musterbation)은 치료에서 논박된다(표 6.1)

'Musts' 논박하기

우리가 세상이 특정 방식으로 '절대적으로 기능해야' 하는 정당한 이유가 없다는 것을 깨닫게 되면 생각의 비합리적인 특성을 인정하게 된다.

논박된 비합리적인 신념은 점차 세상에 대한 합리적인 신념체계로 대체될 것이며, Ellis (1996)는 이것이 세상에 대한 주요 진리에 대하여 더욱 명확한 통찰로 이어진다고 제안하였다.

'우리는 경직된 신념을 갖고 있으면서 스스로를 힘들게 하고, 이러한 비합리적인 신념에 집착하면서 계속해서 불편감을 느낀다. 우리는 우리의 신념을 바꾸기 위해 열심히 노력해야 한다.'(Ellis, 1996)

이러한 통찰을 통해 우리는 조건이나 가정 없이 현실의 모든 측면을 완전히 수용할 수 있게 된다.

자신의 행동과 관련된 Musts 논박하기

자기 수용은 우리 자신을 다른 모든 인간들처럼 완벽하지 않지만 여전히 동등하게 가치 있는 인간으로 볼 수 있도록 돕는다.

타인의 행동과 관련된 Musts 논박하기

타인 수용은 다른 사람들이 반드시 공평하게 사람들을 대할 의무가 없으며, 나쁘게 행동하는 사람들조차도 다른 모든 인간들처럼 동등하게 가치 있다는 점을 받아들일 수 있도록 돕는다.

인생과 관련된 Musts 논박하기

인생 수용은 개인이 원하는 방향으로 인생이 흘러가지 않더라도 인생은 끔찍하지 않으며, 거의 항상 견딜만 하다는 것을 이해하도록 돕는다.

표 6.1 '해야 한다' 대 '원한다'

다음 진술을 다른 방식으로 표현하고 새로운 표현이 나에게 미칠 수 있는 잠재적 영향을 고려해보아라.

요구하는 신념체계	선호하는 신념체계	새로운 신념체계에 대한 영향
나는 시험에서 A를 받아야 한다.		
남편은 내가 두통이 있을 때 나에게 친절해야 한다.		
나는 복권에 당첨되어야 한다.		
나는 항상 집을 청결하게 유지해야 한다.		
어떤 사람도 자신의 배우자를 속이지 말아야 한다.		
나는 나가기 전에 화장을 해야 한다.		
내일 인터뷰에서 모든 것이 잘 진행되어야 한다.		
그녀는 내가 살을 빼야 하는 것처럼 대해서는 안 된다.		
나는 앞으로 더 잘해야 한다.		

비합리적인 신념 논박하기

인지 치료는 인지에 초점을 맞춘다

인지는 세상에 대한 생각이다.

내담자는 잘못된 생각을 바로 잡도록 도움을 받지만, 이 과정은 그 기저에 있는 신념을 다루지 못할 수 있다.

때로는 인지가 잘못된 것이 아닐 수도 있다.

REBT는 신념에 초점을 맞추고 있다

신념은 세상에 대한 더 깊은 가치관이다.

내담자는 잠재적으로 비합리적인 신념을 발견하고, 이러한 신념의 합리성에 대해 토론하고, 합리적/비합리적 사고를 분별할 수 있도록 격려받는다.

비합리적일 수 있는 신념 감지하기

내담자는 비합리적인 신념들의 파생물들(파국화, 좌절감에 대한 내성이 낮음, 경멸)로 향하는 자신의 경향을 자각할 수 있게 된다.

그 후, 내담자는 신경증을 유발하는 musts의 3가지 유형 중 하나를 발견하게 될 때까지 스스로 "이렇게 되는 이유는 뭘까?"라는 질문을 함으로써 자신의 문제를 감소시키도록 격려받는다.

신념의 합리성에 대해 토론하기

내담자는 논리, 개인적 경험, 치료적 실험 등을 통해 자신의 신념을 검토하도록 격려된다.

논리는 특정 신념이 근본적인 결함이나 모순이 있는지를 확인하는 데 사용될 수 있다.

개인적 경험은 과거에 비추어 특정 신념이 근거가 있는지를 확인하는 데 사용될 수 있다.

치료적 실험은 특정 신념이 경험적으로 사실인지를 확인하는 데 사용될 수 있다.

위의 토론을 토대로 내담자는 특정 신념이 합리적인지 비합리적인지를 결정할 수 있다.

비합리적인 신념은 폐기된다.

낮은 자아존중감을 가진 내담자의 예시

내담자는 자신이 너무 못생겨서 아무도 자신을 사랑할 수 없을 거라고 주장한다.

인지 치료는 인지만을 다룰 것이다.

내담자는 '사랑받기 위해서는 아름다워야 한다'라는 잠재적으로 잘못된 인식을 가지고 있다.

내담자는 논리(못생겼지만 여전히 긍정적인 관계를 맺고 있는 사람을 떠올려볼 수 있나?), 개인적 경험(당신은 어머니로부터 사랑을 받았나?), 그리고 실험(공원으로 가서 손 잡고 걷고 있는 커플들을 보라. 그들은 다 매력적인가?)을 통해 이러한 인식의 합리성에 대해 토론하도록 권유를 받는다.

내담자는 자신이 너무 못생겨서 아무도 자신을 사랑할 수 없을 거라고 믿는 것이 합리적인지를 판단하도록 요청받는다.

내담자는 이러한 비합리적인 생각을 다른 사람들을 만나려고 더 노력함으로써 사랑을 찾을 수 있다는 더 합리적인 생각과 구분한다.

하지만 내담자가 정말 매우 못생긴 경우는 어떻게 할까?

어떤 사람들은 너무 매력적이지 않아서 사랑을 찾는 데에 실패할 수도 있다.

그러나 사람이 꼭 사랑을 받아야 하는가?

REBT는 뿌리깊은 근본적 신념 또한 다룬다.

인지를 받아들이고, "그게 나쁜 점이 뭘까?"라는 질문을 하게 된다.

인지에 대해서는 논박할 필요가 없다.(사람들은 인지에 대해 매우 완고할 수 있다.)

대신, 그것이 사실이라고 가정하고, 근본적인 신념을 탐색하는 데 집중하라.

내담자는 비합리적인 신념의 파생물들(예: 내가 사랑 받지 못하면 견딜 수 없다, 내가 사랑 받지 못하면 세상은 끔찍한 곳이다, 내가 사랑 받지 못하면 나는 끔찍한 사람이다)을 자각하도록 격려된다.

내담자는 그 밑에 있는 'must'(예: 나는 사랑을 받아야만 한다)를 감지하는 것을 배운다.

내담자는 자신과 관련된 must('나는 사랑을 받아야만 한다)를 가지고 있다.

내담자는 논리(당신은 사랑받지 못하는 사람으로서 살아가고 있는데, 그렇다면 당신은 정말 반드시 사랑을 받아야만 할까요?), 개인적 경험(사랑받지 못하더라도 살면서 행복을 느낀 적이 있나요?), 그리고 실험(당신을 행복하게 하는 무엇을 해봄으로써 당신이 사랑을 꼭 받지 않아도 된다는 것을 증명해보세요.) 등을 사용하여 이 'must'의 합리성에 토론하도록 격려된다.

내담자는 '나는 사랑을 받아야만 한다'라는 자신의 비합리적인 요구를 '난 사랑받고 싶다'라는 보다 합리적인 선호에 대한 표현으로 바꾸도록 격려된다.

이 때 내담자는 비로소 어떤 것이 절대적으로 틀림없이 일어나지 않으면 세상이 무너질 것이라는 압박으로부터 자유로워진다.

우리는 'must'가 과할 때 막혀있거나 갇힌 느낌을 받는 경향이 있으므로 이러한 압박을 없애는 작업은 내담자를 자유롭게 할 수 있다.

내담자는 이제 사랑에 대한 자신의 바람을 채울 수 있는 행동을 하는 것에 집중할 수 있게 된다.

인지적 재구성

비합리적인 잘못된 신념은 합리적인 건설적 신념으로 대체된다.

내담자는 자기 대화를 조정하는 것을 배운다(Spiegler, 2008).

- 자기 대화는 각 개인 내에서 작동하는 내적 독백이다.
  - 긍정적인 자기 대화는 동기 부여, 의욕 고취, 문제 해결에 도움이 된다.
  - 부정적인 자기 대화는 동기를 저하하고, 우울하며, 자멸적일 수 있다.
- 내담자는 당위성의 위험에 대해 배우고, 자기 대화에서 절대적인 용어를 사용하지 않도록 권장된다.
  - 예를 들어, 내담자는 '이 시험에서 좋은 성적을 받아야 해'와 같은 내적 사고가 당위적 사고의 예시라는 것을 깨닫고, '이 시험에서 좋은 성적을 받으면 좋겠다'라는 사고로 바꾸는 것이 도움이 된다는 것을 자각할 수 있도록 격려될 수 있다.
  - 당신이 갖고 싶은 무엇을 갖지 못하는 것은 당신이 반드시 가져야만 하는 것을 얻지 못하는 것보다 덜 파괴적이다.
- 적응적인 자기 대화는 현실적이고 합리적이며, 이로 인해 내담자는 실패할 수도 있다는 사실에 압도되지 않은 채 성공을 향해 나아갈 수 있게 된다.

수치심 공격 연습

수치심과 부끄러움은 불편하지만 치명적이지는 않다.

- 견딜 수 없는 것이 거의 없다는 사실을 받아들이는 것은 불가능해 보이는 상황에서 살아남을 수 있다는 증거 없이는 어려운 일이다.
  - 수치심 공격 연습은 내담자에게 위험하고 부끄러운 상황을 경험하고도 살아남을 수 있는 기회를 주기 위해 고안되었다(Ellis, 1995b).
  - 내담자는 큰 소리로 노래하거나 이상한 걸음걸이로 걷거나, 낯선 사람에게 접근하는 등 일상적으로 부끄러움을 유발할 수 있는 공공 활동에 참여하도록 요청 받는다.
  - 수치심 경험에서 살아남은 내담자는 부끄러움을 견디는 것이 가능하다는 것을 배우게 된다.
  - 통제된 수치심 유발 상황에 반복적으로 노출되면 내담자는 무덤덤해지면서 더 이상 수치심에 대한 두려움으로 인해 제약을 받지 않는다.
- 수줍음이 많은 내담자의 예시

내담자는 대중 앞에서 큰 소리로 노래를 불러 보기로 한다.
그 경험은 부끄럽지만 해롭지는 않다.
내담자는 자신이 부끄러움을 극복할 수 있다는 것을 배우고, 그 결과로 덜 수줍어하게 된다.

수치심 공격 연습의 위험

수치심은 강렬한 정서이다.

제대로 계획되지 않은 연습 상황은 수치심에 대한 두려움을 관리하고 감소시키는 학습 기회를 제공하는 것이 아니라 오히려 내담자의 두려움을 키울 수도 있다.
반복되는 수치심 경험은 내담자가 회피 전략을 더 많이 사용하게 되거나 스스로 가지고 있던 부정적인 자기 신념을 확인시켜주는 결과를 초래할 수 있다.
연습을 하는 동안 경험이 압도적인 경우에 언제든지 철수할 수 있다는 것을 알고 있을 수 있게 내담자가 통제력을 갖고 있는 것이 중요하다.
연습 이후 빠른 시간 안에 광범위한 디브리핑 시간을 가지는 것이 중요하다. 디브리핑은 내담자가 어떻게 성공적으로 자신의 불편감을 극복할 수 있었는지에 대한 긍정적인 틀을 통해 내담자의 경험에 대해 토론하는 형식으로 진행되어야 한다.

수치심을 공격하라!

'당신을 가장 불안하게 만드는 것들에 대해 신중하게 생각해보고, 그 불안의 원인이 무엇일지 생각해보라. 많은 경우, 사람들은 수치심을 경험하는 것을 두려워한다. 예를 들어, 대중 앞에서 말을 하는 것을 싫어하는 사람은 그 상황에서 자신이 우물거리거나 얼굴이 빨개지거나 머리가 하얘질 것을 두려워한다. 하지만 이러한 것들은 그 자체가 무서운 것들이 아니다. 두려움은 부정적으로 평가받는 것과 관련된 수치심으로부터 온다. 수치심에 대한 두려움을 줄이는 한 가지 방법은 부끄러움에 점차 무감각해질 때까지 적극적으로 수치심 유발 활동에 참여하는 것이다.

당신을 당혹스럽게 만드는 무언가를 찾아보라. 아이디어가 떠오르지 않는다면 다음 활동을 참고해봐도 좋다. 공공장소에서 노래 부르기, 화장하지 않은 맨 얼굴로 파티 가기, 옷에 음식이 묻은 채로 길 걸어가기, 모르는 사람들 앞에서 연설하기, 누군가에게 데이트 신청하기, 우스꽝스러운 옷차림으로 마트에서 장 보기. 수치심을 유발하는 활동을 찾았다면, 다음 질문들에 답하라.

1. 낯선 사람이 그 수치스러운 행동을 하고 있는 것을 목격했다고 상상해보아라. 당신은 그/그녀에 대해 어떻게 생각할 것인가?
2. 당신의 가장 친한 친구가 그 수치스러운 행동을 하고 있다고 상상해보아라. 당신은 그/그

녀에 대해 어떻게 생각할 것인가?

3. 당신이 그 수치스러운 행동을 한다고 상상해보아라. 눈을 감고 그 경험을 시각적으로 상상해보아라. 당신이 어떻게 보이나/들리나? 다른 사람들은 어떤 반응을 보이고 있는가? 수치심이나 부끄러움이 느껴지는가? 이러한 감정에 어떻게 대처할 수 있는가?

그 경험을 상상해보았으므로 이제는 그것을 시도해볼 시간이다. 안전하고 적절한 시간과 장소를 선택한 다음, 수치심을 유발하는 경험을 시도해 보아라. 이 실험의 목표는 당신이 부끄러움을 느끼는 것이기 때문에, 불편감이 올라오더라도 그만두지 말아라. 그 대신, 당신이 얼마나 그 당혹감에 잘 대처하고 있는지에 집중하고, 이 상태가 당신에게 지속적인 피해를 주지 않는 일시적인 상태라는 것을 기억하라.

중요한 점

수치심을 유발하는 활동을 선택할 때 법적, 도덕적, 및 안전성을 고려하라. 불법(예: 공공 장소에서 알몸으로 있기)이거나 안전하지 않은 활동(예: 낯선 사람과 말싸움 시작하기)을 해서는 안 된다. 당신이 이 학습 경험을 통제할 수 있다는 것을 기억하고, 만약 경험이 너무 압도적일 경우에는 언제든지 그만 둘 수 있다.

법적, 도덕적, 안전성 지침에 따라 활동은 제한된다.

- 가장 수치심을 유발하는 활동들 중 일부는 잠재적인 위험 때문에 권장해서는 안 된다.
  - 예를 들어, 자신의 몸에 대해 부끄러워하는 여성이 자신의 수치심에 직면하기 위해 공공장소에서 알몸으로 있는 것은 절대 권장되어서는 안 된다.(대신, 그녀는 해변에서 비키니를 입어볼 수 있다.)

어떤 상황에서는 수치심이 예상될 수 있으며, 어떤 경우에는 수치심 경험이 우리로 하여금 더 나은 행동을 하도록 동기 부여를 할 수 있다.

- 수치심 경험은 때로는 후회를 표현하는 데에 사용되며, 이것은 내담자의 주관적 세계에 대한 통찰을 제공해 줄 수 있다.
- 이러한 유형의 수치심은 수치심 유발 활동에 적절하지 않다.
  - 예를 들어, 자신의 아내를 대하는 자신의 행동에 대해 부끄러워하는 남자는 절대로 그 행동을 반복함으로써 수치심을 공격하도록 권장되어서는 안 된다.

REBT를 적용한 사례 연구

19세인 세라는 지역 대학을 다니고 있는 대학생이며, 그녀의 여자친구와의 관계가 예기치 못하게 끝난 후 상담을 찾아오게 되었다. 그녀는 자신의 여자친구가 다른 여자와 바람을 피고 있다는 사실을 그녀의 핸드폰으로 온 문자를 보고 알게 되었다. 그녀는 관계를 유지시켜보려고 노력했지만, 그녀의 파트너는 2주 뒤에 이별을 통보하고 다른 여자와 동거하기 시작하였다. 그녀는 이 상실로 인해 매우 낙심하였고, 자신의 파트너가 바람을 피운 것은 최근 자신이 살이 쪘기 때문이라고 확신하고 있었다. 그녀는 '다시는 사랑을 찾지 못할 것'이라고 주장하였다. 상담은 대학상담센터의 규정상 8회기로 제한되어 있었다. 다음 대화에서 상담자는 상담자, 내담자는 세라를 가리킨다. 비밀보장에 대한 안내와 상담 동의서에 대한 논의가 이루어졌다. 다음 대화는 세라가 자신의 이야기를 마친 후 나온 내용이다.

내담자: 그래서 이제 제가 뭘 어떻게 해야 하는지 모르겠어요. 다시 그녀를 되찾을 수 있는 방법에 대해 계속 생각하게 돼요. 다시 살을 빼고 우연히 도서관에서 그녀와 마주치게 되면 어떨까? 이런 일이 벌어진 게 믿겨지지가 않아요. 견딜 수가 없어요. 마치 집으로 돌아가면 그녀를 볼 수 있을 것만 같아요. 어떻게 저한테 이럴 수 있죠?

상담자: 그녀에게 화가 난 것처럼 들리네요.

내담자: 맞아요. 감히 어떻게 나한테 이럴 수 있죠? 사람을 이런 식으로 상처 줘서는 안되잖아요.

상담자: 누가요?

내담자: 사람들. 그녀요. 이런 짓을 한 그녀는 정말 끔찍한 사람 같아요.

상담자: 그러니까 그녀가 당신에게 이런 행동을 해서는 안 된다는 말이죠?

내담자: 네, 그래서는 안되죠.

상담자: 왜죠?

내담자: 왜냐하면, 제가 싫으니까요.

상담자: 네, 다른 사람에게 이런 대우를 받는 것을 싫어한다는 것은 알겠어요. 그렇지만 그렇다고 그녀가 당신을 이렇게 대해서는 절대로 안 된다고요? 정말 사람들이 항상 당신이 원하는 방식으로 당신을 대해야 할까요?

내담자: 음, 아니요, 그렇지만 제가 원하는 방식으로 대해주면 정말 좋을 것 같아요.

상담자: 동의합니다. 사람들이 우리를 친절하게 대해주면 참 좋죠. 그렇게 표현하는 게 더 나을 것 같아요.

내담자: 제가 친절하게 대우 받기를 바란다고요?

상담자: 네. 사람들은 당신에게 반드시 친절하게 대해줘야 할 의무는 없지만, 그렇게 해주면 좋을 거라는 식으로요.

내담자: (한숨) 만약 제가 좀 더 날씬했더라면 그녀는 저에게 좀 더 잘 대해줬을 거에요.

상담자: 당신이 더 날씬했다면 그녀가 당신에게 더 잘해줬을 거라고 믿나요?

내담자: 네, 그랬을 거 같아요. 이런 모습의 저를 사랑해 줄 사람은 절대 찾지 못할 거에요.

상담자: 당신을 사랑해줄 누군가를 찾는 것에 당신에게 매우 중요하군요.

내담자: 음, 네. 당연하죠.

상담자: 그게 왜 당연할까요?

내담자: 누구나 사랑이 필요하지 않나요?

상담자: 그런가요?

내담자: 그럼요! 사랑이 없다면 이 삶을 혼자 살아나가야 하잖아요.

상담자: 그게 그리 나쁜가요?

내담자: 글쎄요, 그것은 혼자라는 것을 의미하잖아요. 모든 시간을 혼자 보내야 하고.

상담자: 그게 그리 나쁜가요?

내담자: 그럼요. 혼자인 것은 당연히 좋지 않죠. 당신 곁에 아무도 없다는 것을 의미하니까.

상담자: 계속 반복해서 얘기하게 되는데, 다시 한 번 질문해야겠네요. 독립적으로 살면서 곁에 아무도 없는 것이 그렇게 나쁜 일인가요?

내담자: 네. 좋지 않아요. 모르겠어요. 그냥 나빠요.

상담자: 그렇군요. 그래서 당신은 꼭 사랑을 받아야만 하나요?

내담자: 글쎄요. 그건 아니에요. 꼭 사랑을 받아야 하는 건 아니에요. 사랑받지 않아도 살아갈 수 있어요. 하지만 사랑 받으면 좋겠죠.

상담자: 그래요. 그럼 사랑을 받으면 좋고, 또 다른 사람들이 당신을 친절하게 대해주면 좋은 거군요.

내담자: 네.

상담자: 그럼 그 '좋은' 것들을 얻지 못하면 어떻게 되나요? 견딜 수 있나요?

내담자: 그럴 수 있겠죠. 나에게 친절하게 대해주는 사람에게 사랑을 받고 싶지만, 그렇지 않더라도 견딜 수는 있을 거예요.

다음 회기들이 진행되면서 상담자는 세라가 가지고 있는 이별에 대한 당위적인 신념들을 확인하는 작업을 하였다. 세라는 자신이 사랑을 받아야만 하고(자기-must) 그렇지 않으면 인생은 끔찍할 것이며(파국화) 견딜 수 없고(좌절에 대한 낮은 인내력) 다른 사람들은 자신을 친절하게 대해야 하고(타인-must) 그렇지 않을 경우 그 사람들은 잔인한 사람들(타인에 대한 경멸)이라는 신념을 가지고 있다는 것을 확인하였다. 세라는 자신이 현재 경험하고 있는 고통이 이별 그 자체 때문이라기보다 이별에 대한 자신의 해석 때문이라는 것을 점차 알게 되었다. 그녀는 대안적인 해석이 보다 긍정적인 감정과 행동을 이끌어낼 수 있을 거라는 점을 인정했다. 또한 그녀는 낮은 자아존중감이 자신의 어려움에 기여하고 있을 수 있다는 점을 자각하고, 부정적인 평가에 대한 두려움을 다루기 위해 지역 연극 동호회에 가입하였다. 세라는 5회기를 마친 후 자신의 삶에 대해 자신감이 더 생겼고 만족스러워졌다며 상담을 종결하기로 결정하였다.

사례 분석하기

합리적 정서행동치료에 대한 정보를 사용하여 다음 질문들에 답해보라.

- 세라에게 선행사건, 사건에 대한 신념, 신념의 정서적/행동적 결과는 무엇이었나?
- 상담자는 그 신념을 어떻게 반박했는가? 내담자의 새로운 합리적인 신념체계의 결과는 무엇이었나?
- 세라는 어떤 '신경증을 유발하는 musts'를 보이고 있었나?
- 세라는 must들의 어떤 파생물을 경험했는가?
- 이러한 must들은 어떻게 반박되었으며, 그 결과는 무엇이었나?
- 상담자는 세라가 자기대화를 바꾸도록 어떻게 격려하였는가?
- 세라를 위해 어떤 수치심 공격 연습활동이 추천될 수 있는가?

요약

인지 및 행동: 독립적으로 시행되는 경우는 거의 없음; REBT는 최초의 통합 치료 중 하나였음.

발전: 1950년대에 RT로 Ellis에 의해 창시되었고, 1961년에 RET로, 1993년에 REBT로 변경되었음; 인지행동 치료의 첫 유형.

ABCDE: 선행사건(A), 사건에 대한 신념(B), 신념에 대한 정서적, 행동적 결과(C), 신념에 대한 논박(D), 새로운 합리적 신념의 효과(E); 신념은 사건과 결과 사이에서 중재함, 비합리적 신념은 부정적인 결과로 이어질 수 있음

당위성의 위험: 비합리적인 요구 신념체계 = must / ought / should / need; 합리적인 선호 신념체계 = like / want; 비합리적인 신념의 절대적인 '신경증을 유발하는 must' 세 가지, 자기의 행동과 관련된 musts, 타인의 행동과 관련된 musts, 인생과 관련된 musts; 치료에서 당위성이 논박됨, 자기수용, 타인수용, 인생수용

비합리적 신념 논박하기: 인지 대 신념; 감지하고 논박하기

인지적 재구성: 적응적인 자기대화는 현실적이고 합리적임.

수치심-공격 연습: 당혹감은 불편하지만 치명적이지는 않음; 연습활동은 수치심과 같은 불쾌한 경험에서 살아남을 수 있다는 것을 받아들이기 위해 당혹스러운 행동들을 하는 것을 포함함; 이러한 연습활동과 관련된 위험들

인지행동 치료

학습목표

이 섹션을 읽고 당신은 다음과 같은 것들을 할 수 있을 것이다:

- 인지행동 치료는 인지와 행동 접근을 결합한 통합적 치료임을 설명
- 다양한 심리 분야에서 기여한 학자들을 포함한 인지행동 치료법의 역사에 대해 토론
- 인지가 외부사건에 대한 감정적 반응을 어떻게 유도하는지 설명
- 사정 및 사례개념화가 치료를 통해 어떻게 활용되는지 설명
- 인지치료와 행동치료 기술들이 결합된 응용을 토론
- 상담기간 동안 상담회기의 구조를 대략적으로 설명
- 상담 효능을 평가하는 경험적 증거를 토의
- 전산화 인지행동 치료법의 사용을 기술하고 평가
- 인지행동 치료에서 파생된 '제 3의 물결' 치료법들을 설명하고 치료환경에서 적용하는 법을 이해(사례 연구)

인지행동 치료(CBT): 인지 및 행동 접근

인지－행동 치료는 인지 및 행동 접근법에 기반한다.

- 인지 및 행동 치료법의 통합
  - 인지 치료와 행동 치료는 더 이상 독립적으로 수행되지 않음.
  - 대신, 그 둘은 새로운 형태의 치료법을 생산하기 위해 종종 통합됨.
  - 인지 행동 요법은 이러한 통합적 접근 중 하나임.

인지행동 치료의 개발

인지행동 치료의 역사

행동치료는 1900년대 초반에 행동주의 심리학자들Pavlov, Watson, Skinner의 연구에서 개발되었다.

- 20세기 초반에 특히 지배적이었던 정신역동 접근법에 대한 도전이었으며 동시대에 개발되었다.

- 본능적 행동과 무의식적 과정에 중점을 둔 정신역동 접근과 달리, 행동적 접근은 관찰가능하고 측정가능한 행동과 학습 과정에 중점을 두었다.
- 이 접근법은 경험적 증거에 의해 뒷받침 될 수 있는, 보다 과학적인 접근을 제시했다(Freudian 접근에 대한 비판)
- 행동적 접근은 다양한 문제, 특히 불안 문제 및 공포증을 호소하는 내담자들에게 효과적으로 작용하는 것으로 나타났다.
- 하지만 모든 내담자들이 행동적 접근에 반응하지는 않았고, 순수하게 행동에만 집중을 하는 것은 인지적 과정을 무시하는 것임이 드러났다 — 사람들은 확연히 그들의 신념, 생각, 그리고 그들이 만들어낸 심상에 영향을 받기 때문이다.

인지치료는 인지 심리학자Neisser, Beck들의 연구를 통해 1900년대 중반에 개발되었다.

- 정서장애(특히 우울증)에 대한 인지적 해석은 행동에서 인지로 전환하는 데 중요한 역할을 했다.
- 이것은 인지와 행동적 접근의 통합(인지행동 치료; CBT)을 위한 토대를 마련하였다.

CBT의 보급

- 영국의 국립보건임상연구소NICE는 CBT가 불안 또는 우울증을 앓고 있는 사람들을 위한 우선적 치료법이어야 한다고 말했다(NICE 지침 2004, 2007 개정).
- 마찬가지로 미국 정신의학회APA에서도 불안이나 우울증 환자에게 CBT가 일차 정신 치료법으로 간주되어야 한다고 주장했다(APA, 2000).
- NHS에 대한 이러한 지침의 결과로 영국 정부는 CBT를 우울증이나 불안으로 진단받은 사람들을 위한 치료법으로 강조했으며, 이 권고안을 확고히 하기 위해 2007년, 1억 7천만 파운드의 예산을 정신건강 치료법의 확장을 위해 주어졌다. 단, CBT와 같은 근거기반 치료들만 지원을 하겠다고 약속했다
- 이 정책의 발표에 여러 엇갈린 반응이 있었다.
  - 찬성자들은 추가 기금으로 인해 사람들이 정신질환으로부터 회복될 가능성이 높아질 것이라고 주장했다.
  - 반대자들은 CBT의 효과가 다른 형태의 치료법보다 뛰어나지 않으므로 이 정책은 환자들의 선택을 제한할 것이라고 주장했다.
- NICE의 첫 지침에서 10년이라는 시간이 흘렀지만 CBT는 여전히 불안과 우울증을 치료하기 위한 최선의 방법으로 여겨지며 NHS 내에서 가장 널리 사용되는 치료법이다.

여러 기여자

CBT의 '창시의 아버지 / 어머니'로 간주되는 개인은 없음.

- 대신, 여러 핵심 인물이 이 접근법의 개발에 기여함.

CBT는 행동 및 인지적 관점을 통합한 접근법이기에 각 관점의 주요 인물이라고 여겨지는 학자들이 CBT의 발달에서의 기여자로 간주될 수 있다(이 기여자들의 약력에 대해서는 이전 장들을 참조).

Pavlov
Thorndike
Watson
Skinner
Staats
Ellis
Bruner
Miller
Beck
Chomsky
Neisser

현대적인 CBT 개념에 대한 주요 기여자로는 Donald Meichenbaum를 꼽을 수 있다.

Donald Meichenbaum(1940 – 현재)의 간략한 전기

"'이것이 만병통치 치료법이다'라고 주장하거나 '혁명적인' 접근법을 제안하는 사람은 당신의 관심이나 돈을 받을 자격이 없다."

–Meichenbaum(Howes, 2008에서 인용)

Donald Meichenbaum은 누구인가?

심리치료로 '내적 대화' 수정을 통한 인지변화에 초점을 맞추었다.

인지와 행동주의 이론을 통합함으로 인지적 행동수정(인지행동 치료의 초기 형태; Ellis가 제안한 REBT의 대안)을 형성하였다.

생애 초기

1940년 6월 10일 뉴욕에서 출생

교 육

뉴욕의 City College에서 심리학 학사

Illinois University Career에서 대학원 과정 마침.

원래 산업분야에서 일을 하려고 하였지만 정신과 병원의 연구조교로 일한 후 임상심리에 집중하게 됨.

1966년에서 1998년까지 온타리오 주의 워털루 대학교University of Waterloo 교수로 재직

1977년 *인지적 행동수정: 통합적 접근*을 발행하며 고전적 행동적 기술과 더 최근에 부상하는 인지적 기술을 결합한 새로운 통합적 접근법을 제시

1982년, 800명의 임상 및 상담심리학자를 대상으로 한 설문조사에서 20세기의 가장 영향력있는 심리상담자 10명 중 1명으로 선정됨(Smith, 1982).

1985년 스트레스 예방 훈련 출간

1998년 은퇴

주요 어록

'전 세계에서 상담자들을 교육하고 감독하며 본 제일 큰 문제는 상담자들이 내담자들의 말을 듣지 않는 것이다. 듣기보다 내담자에게 명시적인 조언을 함으로써 내가 흔히 말하는 '전 전두엽'의 역할을 한다.'(Meichenbaum, Howes, 2008에서 인용)

'질문하는 기술은 상담자의 가장 중요한 도구이다. 이것은 주로 '질문하는 무엇'에 관한 질문이다.'(Meichenbaum, Howes, 2008에서 인용)

'심리치료라는 고귀한 직업이며 내가 이 공동체의 일원인 것은 영광이다.'(Meichenbaum, Howes, 2008에서 인용)

인지 주도 감정

'마음은 하나의 장소이며 그 자체에서 지옥을 천국으로, 천국을 지옥으로 만들 수 있다.'

—Milton(잃어버린 천국, 제 1권)

종종 내담자들은 삶에서 일어나는 사건들이 감정을 느끼게 한다고 생각한다.

'발표가 나를 불안하게 만들었다.'

'그가 나를 무시했기 때문에 나는 화가 났다.'

그러나 사건 그 자체가 감정적인 반응을 일으킨 것이라면 모두가 동일한 감정을 느껴야 하는데

이것은 분명히 사실이 아니다.

'나는 발표가 기대된다.'

'나는 나를 무시하는 것에 진절머리가 난다.'

우리의 정서적 반응을 불러 일으키는 것은 우리가 그 사건에 대해 가지고 있는 인식(생각, 믿음, 해석)이다.

CBT는 기본적인 ABC 모델을 사용한다(Ellis, 1996).

A는 사건, B는 사건의 인식(우리의 해석), C는 B의 감정적(그리고 행동적) 결과이다.

CBT는 내담자의 문제를(문제의 시작과 유지 둘 다) 다음과 같은 요소들의 상호 작용으로 간주한다.

인지

감정

행동

신체적 감각

인지는 이 과정의 시발점으로 간주된다.

내담자가 삶의 모든 분야에서 자신이 쓸데없고 가치가 없다는 강한 신념이 있다면,

시험이 다가올 때, 이 강한 신념은 시험을 원래 잘 못친다는 역기능적 가정으로 이어질 것이고, 이는 곧 치르게 될 시험에 대한 부정적 자동 사고로 이어질 것이다('이번 시험은 망할 거야')

CBT 상담자는 내담자와 함께 이러한 부정적 자동사고에 대한 인식을 높이고, 그를 보다 현실적인 생각으로 대체한다.

치료는 역기능적인 가정과 핵심 신념을 바꾸는 것을 목표로 삼을 수도 있다.

이것들은 더 변화시키기가 어렵지만 내담자의 삶에 많은 영향을 미칠 수 있는 변화로 이어질 수 있다.

CBT의 또다른 유형인 REBT는 신념의 변화를 상담의 초점으로 맞추어 더욱 깊고 근본적인 변화를 야기한다.

평가 및 공식화

내담자에 대한 정보 수집이 상담자로 하여금 평가를 할 수 있게 함

정보수집은 다음과 같은 영역에 초점을 맞춘다

증상

선행 요인

촉발 요인

촉발(계기)

신념과 가정

지속 과정

증 상

문제에 대한 생각, 느낌, 행동 및 신체적 감각과 이들이 상호작용하는 방식

사고, 감정, 신체적 감각 및 행동이 어떻게 상호 작용하는지를 볼 때 각 내담자가 문제에 어떻게 접근하는지 알 수 있다.

내담자는 환경과 연계된 문제가 있는 것(내담자에게 영향을 미치는 외부 요인)

그렇기 때문에 이러한 상호 작용에 대해 수집된 정보가 상세할수록 내담자와 상담자가 가지는 문제의 본질과 정도에 대한 이해도가 높아진다.

예를 들어, '폐소 공포증 환자는 작은 방에 있는 것에 대한 반응으로 불운한 느낌이 든다, 심박 수가 높아진다, 그리고 죽을 것 같다.'라는 묘사를 할 수 있다.

선행 요인

현재의 문제에 영향을 미칠 수 있는 내담자의 내력적 측면

내담자의 과거, 특히 어린 시절의 사건은 자신, 타인, 세계 및 미래에 대한 신념과 가정에 영향을 미쳤을 가능성이 크다.

CBT의 주된 초점은 현재와 미래지만, 중요한 과거사건에 대한 이해는 현재 문제가 어떻게 유지되고 있는지에 대한 이해를 도울 수 있다.

예를 들어, 우울증을 겪고 있는 성인 내담자는 어렸을 때 부모로부터 사랑 받지 못한다는 메시지를 받았었음을 깨달을 수 있다.

촉발 요인

내담자에게 문제를 일으키는 맥락이 되는 과거 경험, 신념 등

과거의 사건이 내담자에게 특정 문제에 대한 성향을 갖게 할 수는 있지만, 생활 속 사건(또는 일련의 사건들)이 발생할 때까지 문제는 촉발되지 않는다.

예를 들어, 결혼생활이 파경에 이른 후, 내담자는 자신이 어릴 적에 부모가 자신을 아끼지 않는다는 메시지를 받았던 것을 알게 되었다.

촉발(계기)

문제가 발생하기 직전에 내담자의 삶에서 일어난 일들

이것이 문제를 유발한 현재의 요소들이다.

예를 들어, 거미를 봤을 때 공포 반응을 불러일으킬 수 있다.

이것은 다른 요소(예를 들어, 거미의 크기와 얼마나 가까이 있는지)에 따라 더 악화될 수 있다.

신념과 가정

내담자가 자신, 타인 및 미래에 대해 가지고 있는 신념과 가정

우리가 자신, 타인 및 세계에 대해 엄격하고 비합리적인 신념을 가지고 있다면 문제가 생기고 문제가 지속될 수 있다.

역기능적 가정도 부정적인 자동 사고를 뒷받침한다.

지속 과정 또는 주기

문제가 지속되는 것에 대한 내담자의 역할이 무엇인가

CBT는 내담자가 문제를 어떻게 지속되게 하는지에 중점을 둔다.

몇 가지 일반적인 지속 과정은 다음과 같다.

회피: 예를 들어, 엘리베이터를 두려워하는 사람은 계단을 사용할 것이다.

후퇴: 예를 들어, 그룹에서 의견을 제시하면 멍청해 보일 것이라고 생각하는 사람은 거리를 두고 토론에 참여하지 않을 가능성이 높음.

지나친 경계: 예를 들어, 병에 걸리는 것을 두려워하는 사람은 질병의 증상에 과민 반응을 보이고 신체적 징후 및 증상을 잘못 해석할 수 있다.

이 정보의 상당 부분은 내담자와의 첫 회기에서 수집된다.

치료가 진행됨에 따라 더 자세한 내용이 추가될 수 있지만 초기에 내담자를 통해 얻은 정보로도 충분히 기본적인 것들을 공식화할 수 있을 것이다.

평가는 초기 공식화의 기초를 형성한다(그림 6.6)

그림 6.6 공식화 템플릿

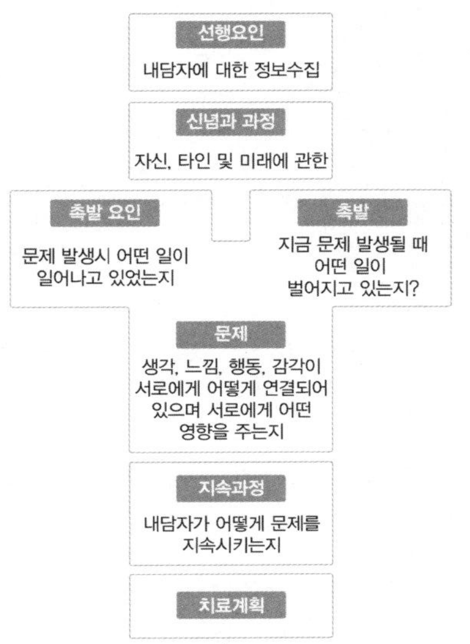

'공식화 Formulation'는 내담자의 문제에 대한 이해를 구축하는 과정을 나타낸다.

이 과정은 문제가 어떻게 전개되었으며, 지속되었고 치료될 수 있는지에 대한 정보를 포함한다.

공식화는 평가 과정에서 모은 모든 정보를 종합하여 상황을 전체적으로 파악할 수 있도록 한다.

문제 공식화하기

당신에게 문제가 될 수 있는 상황을 생각해보라. 직장에서 발표를 하거나 엘리베이터를 사용하거나 비행기를 타는 것이 될 수도 있다.

당신이 문제를 어떻게 대처하는지에 대해 몇 분 동안 생각해보라. 다음 질문에 답하여 자신만의 공식을 완성해 보라.

증상 문제가 발생할 때 무엇을 생각하고 느끼고 행동하는가?	
선행 요인 과거에 문제의 원인이 될만한 것을 떠올릴 수 있는가?	
촉발 요인 문제가 발생했을 때 당신 인생에서 무슨 일이 일어나고 있었는가?	
계기 어떤 일이 문제를 발생시키는가?	
신념과 가정 문제에 대해 어떠한 신념을 가지고 있는가?	
지속 과정 문제가 지속되도록 자신이 하고 있을 법한 것은 무엇인가?	

문제에 대해 명확한 이해가 생기면 무엇을 할 수 있는지에 대해 생각할 수 있게 된다(치료).

그 후, 공식화에 치료계획을 넣어 상담자와 내담자 모두에게 치료과정이 어떻게 진행될 것인지 알게 해준다.

추후 회기들을 통해 더 많은 정보를 탐색하면서 상담의 기본적 개요가 성립될 것이다.

평가 및 치료계획 과정 중에 수집된 모든 정보를 나타내는 유용한 방법은 공식화 템플릿을 사용하는 것이다.

이것은 내담자가 가지고 있는 문제의 모든 측면을 다방면으로 보여줄 수 있는 간단한 방법이다.

인지치료 및 행동치료 기술의 응용

인지행동 치료는 주로 심리교육적이다

내담자가 문제의 작동 방식과 문제를 대처하고 극복하는 방법에 대해 더 많이 알수록 내담자는 스스로의 상담자가 될 수 있다.

약간의 우울증 또는 약간의 불안증이 있는 내담자에게 CBT는 자가 지침서나 관련 서적 및 설명서(독서치료)의 사용을 권한다.

또 다른 대안은 전산화 CBT를 사용하는 것인데, 이것은 최근 개발된 접근법 중 하나이다.

다양한 인지 및 행동기술

CBT는 우울증과 불안증과 같은 심리장애에 경험기반 치료접근법을 제공하기 위해 행동주의 심리학 및 인지심리학 분야에서부터 온 광범위한 기술을 사용한다.

소크라테스식 질문

소크라테스식 질문은 CBT 치료과정 전반에 걸쳐 사용되는 중요한 기술이다.

CBT 상담자에게 필수적인 역량 중 하나로 지목되었다(Roth & Pilling, 2007).

소크라테스식 질문은 과정의 어느 단계에서나 물어볼 수 있다.

그리스 철학자 소크라테스의 이름을 따서 명명된 소크라테스식 질문은 내담자에게 그가 아직 인지하지는 못하지만 답을 알고 있는 질문을 함으로써 새로운 시각을 발견하도록 안내하는 방법이다.

이러한 질문은 새로운 인지적 통찰력을 얻고 행동 변화의 바탕이 될 수 있는 생각, 감정, 신체적 감각 및 행동에 집중할 수 있도록 돕는다.

소크라테스식 질문의 예

~ 때 무슨 생각을 했나요?

~ 기분일 때 무슨 생각이 떠오르나요?

~ 때 어떤 기분이었나요?

만약 ~이라면 당신에게 어떤 의미가 있을 것 같나요?

~ 때 어떤 다른 생각이나 기분이 들었나요?

~ 때 뭘 하셨어요?

~ 전에 어떤 일이 있었지요?

~ 때 어떤 신체적인 감각을 느낄 수 있었나요?

~ 때 무엇을 더 할 수 있었을까요?

~ 라고 믿는 것이 얼마나 용이한가요?

소크라테스식 질문은 이러할 때 사용될 수 있다.

평가 및 공식화 단계에서 정보를 수집할 때

생각, 감정, 감각 및 행동을 관련 지을 때

불합리한 신념과 부정적인 생각에 도전할 때

해법 탐색 및 문제를 해결할 때

훌륭한 소크라테스식 질문은 내담자에게 효능감을 향상시키며, 상담자가 지시를 줬다기 보다는 내담자 자신이 직접 해답에 도달했다는 느낌을 받게 한다.

다음 예제의 차이점을 살펴보자

내담자: 4살짜리 아들이 비명을 지르기 시작해서 아이를 때렸어요. 제가 그랬다는 것이 믿겨지지 않아요

상담자: 스스로 생각을 할 수 있는 시간을 만들기 위해 열까지 세었을 수도 있었겠지요.

내담자: 네, 그럴 수도 있었겠죠.

소크라테스식 질문 적용하기

다음의 내담자 진술에 대해 소크라테스식 질문을 세 가지씩 생각해보시오.

'제가 무엇을 해야 할지 모르겠어요'

'아니, 당신도 화나지 않으셨겠어요?'

'이유없이 계속 울음이 나요'

'절망적이에요'

'이 모든 것은 일년 전부터 시작되었어요'

'그 때 공황상태에 빠지기 시작했어요'

'발표가 있는 아침에 일어날 때부터 몸이 안 좋았어요'

'이렇든 저렇든 상관없어요'

'그녀가 저를 이렇게 대하면 안 되죠'

'그게 나로 하여금 어떤 기분이 들게 했을 것 같아요?'

이 첫번째 예시에서는 상담자가 제안을 했으며 내담자는 주장권이 없었다.

내담자: 4살짜리 아들이 비명을 지르기 시작해서 저는 그 아이를 때렸어요. 제가 그랬

다는 것이 믿겨지지 않아요

상담자: 그렇다면 어떻게 행동할 수 있었을까요?

내담자: 열까지 센 후에.

이 두 번째 예시에서는 소크라테스식 질문을 통해 내담자가 자신의 대답을 생각해낸다.

인지적 오류 식별하기

생각은 감정과 연결되어 있다.

- 우울증은 '절대로 아무 것도 변하지 않아. 나는 아무 쓸모도 없고 사랑받을 수 없어'와 같은 생각과 관련이 있다.
- 분노는 '나를 그렇게 대하면 안 되지'와 같은 생각과 연관이 있다.
- 불안은 '끔찍한 일일거야'와 같은 생각과 연결되어 있다.

소크라테스식 질문은 내담자에게 감정과 생각을 연결하는 데 도움을 줄 수도 있다.

- '그런 감정을 느낄 때에는 어떠한 생각을 하나요?'
- '그런 기분이 들 때 당신의 생각에 어떠한 영향을 미치는 것 같나요?'
- '자신에 대해 그렇게 생각할 때, 어떤 기분이 드세요?'
- '자신에게 그런 말을 할 때 어떤 기분이 드나요?'

우리 모두는 때때로 잘못된 생각을 가지고 있다.

- 그러나 문제를 겪을 때에 이러한 잘못된 생각은 더 빈번하고 극단적으로 나타난다.
- 일부 생각의 편견은 특정 문제와 연관되어 있다.
  - 예를 들어, 우울증을 앓고 있는 사람들은 부정적인 사건에 집중하고 긍정적인 사건을 걸러낸다.

많은 공통된 사고 오류가 있다(Beck, 1975).

'모 아니면 도' 사고

이런 유형의 사고에는 회색 영역이 없으며 흑과 백만 있다.

예를 들어, '내가 원하는 것을 지금 얻지 못하면 절대로 얻을 수 없을 거야.'

재앙화

최악의 시나리오 생각

예를 들어, '운전면허 시험에 합격하지 못하면 운전을 할 수 없고, 그러면 그 일을 할 수 없을거야. 나는 쓰레기 더미에서 살아야 할거야.'

완벽주의

달성 불가능한 기준 설정

'반드시should'와 '꼭must'을 과하게 사용하는 것에서 종종 볼 수 있음.

예를 들어, '내가 이것을 완벽하게 하지 않으면 이것은/나는 쓸모가 없어'

일반화

한 사건을 모든 것에 적용시킨다.

예를 들어, '오늘 차 시동이 안 걸렸어. 그 차는 항상 그래.'

부정적인 것에 집중

삶의 부정적인 요소에만 집중한다.

우울증을 강화시키는 과정의 일부가 될 가능성이 있음.

예를 들면, '나한테 좋은 일은 안 일어나. 절대로.'

긍정적인 것은 배제하기

삶의 긍정적 요소의 가치 또는 중요성을 감소시킨다.

일반적인 오류이지만, 문제가 있을 때 확대됨.

예를 들어, '그는 뭔가를 원하기 때문에 나를 칭찬했다.'

마음읽기(독심술)

제한된 정보(몸짓 언어와 같은)에 근거한 역기능적 가정

예를 들어, '그녀가 내게 말을 하지 않는 걸 보니 나를 싫어하나봐.'

새로운 시각의 개발

내담자가 자신의 잘못된 생각을 인식하기 시작하게 되면, 새로운 시각과 새로운 사고 방식을 개발하는 데 도움을 주는 기술들이 있다.

CBT 상담자는 내담자가 부정적인 생각들을 시험해봄으로써 오류를 식별하도록 권면한다.

내담자가 부정적인 생각을 가질 때마다 그 생각이 옳은지를 판가름 하기 위해 도전할 수도 있다.

예를 들면, '내게 좋은 일은 절대 안 일어나. 절대.'란 발언에 '지금까지 좋은 일이 일어난 적이 한 번이라도 있습니까?'라는 질문을 통해 테스트해 볼 수 있다.

'이것을 완벽하게 하지 않으면 이것/나는 쓸모가 없어'라는 발언에 '꼭 완벽하게 해야 한다고 누가 말해주었나요?' 또는 '완벽하게 하지 않으면 정말 어떤 일이 일어날까요?'라는 질문을 통해 테스트 할 수 있다.

실 험

실험을 통해 잠재적으로 잘못된 부정적인 사고들을 실험해 볼 수 있다.

실험을 통해 부정적인 행동이 지속되는 요인을 밝힐 수 있다.

어떤 내담자는 공황발작이 일어날 가능성을 없애기 위해 집안에만 머물 수도 있는데, 회피는 바깥이 안전하다는 것을 학습하지 못하게 하여 문제행동을 지속시킬 수 있다.

논리적인 전략으로 시작된 것이('어제 공황 발작이 있었기 때문에 오늘은 위험을 감수하지 않을래') 큰 한계점이 될 수도 있다(하루가 이틀, 일주일, 한 달, 일 년이 되고.).

행동 실험은 회기 사이에 간단한 단계적 과제로 포함된다.

예를 들어:

첫번째 날 정문까지 걷기

두번째 날 정문 밖에 발 디뎌보기

세번째 날 정문으로부터 열 걸음 걸어보기 등

이러한 과제는 내담자와 상담자 간에 합의되어야 한다.

이것은 매우 간단한 단계별 탈감각화 체계이지만, 과제를 수행할 때 떠오르는 생각과 감정의 강도 및 지속시간을 기록하는 측정도구와 함께 사용할 수도 있다.

호흡이나 긍정적인 시각화에 집중하는 이완기술도 과제에 포함할 수 있다.

부정적 자기 대화를 긍정적으로 변화시키기

인지행동 수정은 내담자의 자기 대화를 변화하는 데에 집중시켜 원치 않는 행동을 바꾼다.

내담자가 현재 자신의 내적 대화를 더 잘 자각하게 하고, 이 대화가 감정과 행동에 어떤 영향을 주는지 조명하며, 부정적인 자기 대화를 보다 유용하고 적응적인 대화로 바꾸는 방법을 제시한다.

이 방법은 Beck과 Ellis와 같이 불쾌한 감정과 원치않는 행동들은 역기능적, 부정적 생각들의 결과임을 조명하지만, 그 방법들에 비해 덜 대립적이라고 할 수 있다.

Meichenbaum(1977)은 3단계의 변화 과정을 제시했다.

1. 자기 관찰

   감정과 행동, 그리고 그들에 영향을 끼치는 내적 대화를 더 잘 알게 된다.

2. 내적 대화의 변화

   도움이 되지 않는 내부 대화를 알게되면, 그 것을 바꾸기 시작할 수 있다.

   보다 긍정적인 대화는 보다 긍정적인 감정과 행동을 유도하며, 동시에 긍정적인 내적 대화를 강화한다.

3. 새로운 기술

   내담자에게 보다 효과적인 대처방법을 가르쳐주어 자신감을 높여준다.

과 제

CBT에서는 내담자에게 종종 과제를 내준다.

특히 상담의 초기단계에서 문제를 '측정'하기 위해 관련된 데이터를 수집하도록 한다.

데이터 수집은 유용하다.

과제는 회기를 벗어나서도 내담자가 상담활동에 참여하게 한다.

문제 발생시점에서 기록된 생각, 감정 및 행동은 회기 안에서 보고하는 것보다 정확하기 마련이다.

내담자는 흔히 상담초기에 자신의 문제가 얼마나 심각했었는지를 잊기 때문에, 변화과정을 지속적으로 기록하는 것도 도움이 된다.

내담자가 문제를 느끼기 시작할 때 자신이 어떠한 생각을 하는지에 집중하는 것만으로도 이점이 있어, 데이터 수집 자체가 치료적 도구 역할을 한다.

측정 단위는,

빈도(예: 내담자가 얼마나 많이 앞 문이 잠겨있는 것을 확인하는지)

기간(예: 집에서 나서기까지 얼마나 걸리는지)

강도(예: 1에서 10의 척도로 볼 때, 얼마나 기분이 안 좋았는지)

측정방법에는 다음이 포함된다.

평가척도

생각일기

표와 차트

상담에서의 동기와 행동 기술

인지치료(5장)와 행동치료(4장)에 대한 장을 다시 읽고 다음 사례들을 보라. 각 내담자의 주요 쟁점을 파악하고 인지기술과 행동기술을 모두 포함하는 치료계획을 짜보라.

- 일에서 정리해고를 당한 후, 캐롤라인은 술에 의존하며 못 끊고 있다. 다른 일자리를 찾는 데에 동기를 찾지 못하며, 오로지 저녁에 와인을 마실 때만 행복을 느낀다고 한다.
- 존은 애완견의 죽음을 받아들이지 못하고 있다. 평생 혼자 살아오며 지난 10년 동안 개가 그의 유일한 동반자였던 것이다. 그는 자신의 유일한 친구 없이 더는 계속 살고싶지 않다고 느끼고 있다.
- 재닌Janine은 최근 아이를 낳고 그 아기가 아프거나 상처를 입을까 봐 심히 두려워하고 있다. 그녀는 아기와 함께 밖에 나가지 않으려고 하며 집에서도 수시로 아기가 잘 있는지 체크한다고 한다. 남편은 그녀를 지지해주려 노력하고 있지만, 그녀의 행동들이 부부관계에 큰 영향을 미치고 있다고 한다.
- 드레이크Drake는 우수한 학생이지만 최근에 들어 수업을 빠지며 과제 제출을 하지 않고 있다. 그는 수업에서 낙제할 것을 두려워하는데, 그는 A보다 낮은 점수는 모두 F로 느끼는 실정이다.
- 헤이즐Hazel은 급성 사회적 불안으로 고통받고 있다. 그녀는 걸을 때 약간 절뚝거리는데, 이

문제를 아주 크게 의식하고 있다. 사람들이 뒤에서 자신을 향해 웃고 있다고 확신하고 있으며 조롱받을 것을 피하기 위해 공석에 전혀 참석하지 않고 있다.

내담자가 수행해야 하는 모든 측정과제는 아래와 같아야 한다:

수행하기 쉬운
의미있는
구체적인
관련성 있고 적절한
측정하는 무언가가 거의 일어나자마자

상담회기의 구조

회기의 구조는 내담자가 상담과정에 처한 위치에 따라 다르다

상담과정의 시작과 끝은 모두 다른 형식을 가지며, 과정이 진행됨에 따라 내담자가 가지는 책임에 대한 초점은 더욱 커진다.

그러나, 상담의 주요 단계 동안 50분간의 회기는 다음과 같이 진행될 확률이 높다.

회기의 내용에 대해 토론(5분)

상담자와 내담자가 서로 같이 한 회기 동안 집중하기에 용이한 주제가 무엇인지 나눈다.

지난 주 검토(10분)

지난 주에 일어난 일들과 내담자가 수행한 과제들이 어떻게 진행되었는지에 대한 업데이트

주요 내용(25분)

회기의 시작 부분에서 결정된 구체적 작업과 CBT 기술의 적용

다음 한 주 동안 수행할 작업 설정(5분)

상담자와 내담자가 동의한 과제

CBT는 내담자가 회기 사이에 과제를 수행하도록 한다. 상담과정이 진행됨에 따라 작업설정과 변화과정에 대한 책임을 내담자가 더욱 많이 져야 한다.

회기 검토(5분)

회기 중에 내담자가 유용하거나 유용하지 않다고 느낀 것들을 확인

CBT에 대한 경험적 증거

CBT의 경험적 특성으로 인해, 이 방법이 정신건강에 미치는 영향을 조사한 많은 연구가 나왔다.

연구결과들은 CBT가 우울증과 불안증상을 줄이는 데 효과적이라고 제시하고 있다.

심한 우울증을 앓고 있는 외래환자의 치료결과를 조사한 대조군 시험은 증상 완화에 CBT가 항우울제 약물만큼 효과적이라는 사실을 밝혔다(DeRubeis et al., 1999).

지금까지의 연구는 CBT가 우울과 불안 치료에 효과적이라는 것을 입증하는 중요한 증거를 제공했지만, 경험적 치료 접근을 비판하는 목소리도 있다.

초기에 있던 비판 중 하나는, 치료효과가 상담과정 전후의 설문지에서 얻은 점수에 따라 측정된다는 사실이었다.

내담자들이 상담자에 대한 의무감으로 나아지고 있다는 것을 설문지에 나타낼 편향 가능성이 있다는 것

또 다른 비판은 정신건강을 위해 노력하겠다는 동기가 이미 있는 내담자들로 구성될 것이라는 점이다.

작은 실험, 활동 및 과제를 거부하는 내담자에게는 CBT가 부적절하다.

동기부재 또는 상담에 참여하지 않으려는 증상을 나타내는 우울증 환자에도 CBT는 부적절하다.

최근 CBT와 일반 치료법을 비교한 대조연구 10개를 메타분석한 결과, CBT가 우울증 환자에게는 미미한 치료효과가 있고 조울증 환자에게는 치료효과가 없다고 나타났다(Lynch et al., 2010).

또 하나는 CBT가 가장 효과적인 치료법이라 주장하는 것은 논리적 오류라는 것이다.

Cooper et al.(2008)은 최근 연구에서 나온 결론들은 논리적 오류에서 나온 한 예라고 주장했다.

더 많은 연구자들이 CBT 접근법을 사용할수록 더 많은 연구 보조금이 그쪽으로 몰리게 되며, CBT의 장점에 대한 더 많은 연구가 발표된다는 것

CBT에 대한 많은 양의 연구가 효율성을 나타내는 것으로 오해될 수 있지만, 사실상 이 접근의 인기도를 나타낼 수 있다는 것

이 비판점들을 감안한 연구들은 CBT와 다른 치료법 사이에 별다른 차이를 발견하지 못했다.

NHS의 1차 진료 서비스를 통해 인지행동 치료, 정신역동 치료, 또는 인본주의적 치료를 받은 환자들을 연구한 결과, 세 가지 접근법 간에 유의미한 차이가 없음을 확인했다(정기검진의 임상적 평가 척도(CORE–OM); Stiles et al., 2005; Stiles et al., 2008).

비지시적 상담이나 인지행동 치료를 받은 환자들의 치료 만족도를 비교했을 때에도 두 접

근법 간에 유의미한 차이가 없었다(Ward et al., 2000).

이러한 결과들은 모든 치료 방법이 결과 측면에서 거의 동등하다고 제안하므로 동등성의 역설, 또는 '도도의 판결'을 보여준다.

'모두가 이겼으니 모두가 상을 받아야 한다.'(Carole, 1865/1946 Stiles et al., 2008에서 인용)

모든 종합적인 증거를 토대로 CBT가 우울증과 불안증 증상에 긍정적인 영향을 미친다는 결론을 내릴 수 있다.

그러나 CBT의 긍정적인 효과는 다른 치료법보다 크지는 않다.

CBT는 우울증과 불안을 앓고 있는 모든 사람들에게 적합하지 않다.

CBT는 상담자와 내담자가 함께 정신건강의 증진을 위해 노력하는 협력관계를 필요로 한다.

이 치료법에서 쓰여지는 기술 중 일부는 상담실을 넘어 세상에서 수행하는 과제와 적극적인 실험을 포함한다.

따라서, CBT는 변화동기가 있고 상담과정에 참여할 내담자를 필요로 한다.

내담자가 상담참여에 대한 동기가 있어도, 일부는 이 접근법의 지시적인 성격에 불편을 느낄 수 있다.

CBT가 불안과 우울증을 앓고 있는 모든 사람들에게 적절하지 않기 때문에 다른 심리치료법도 주위에 있어야 한다.

전산화 CBT

가벼운 우울증 진단기준에 맞는 사람들에게는 전산화 CBT(CCBT)가 적합할 수 있다.

CBT 기반 컴퓨터 프로그램을 통해 자신이 원하는 속도대로 진행할 수 있다.

이러한 프로그램은 점점 더 많이 사용되고 있으며, 대부분의 프로그램은 전화 지원 서비스와 종합적인 자조 프로그램과 함께 제공한다.

사용자들의 경험에 따르면 이 방법은 매우 효과적이며, 삶의 질을 향상시키고 삶의 변화를 가져온다고 한다.

그러나 본질적으로 프로그램 참여에 동기가 있었던 사람들의 증언이기에 프로그램을 그만 둔 사람들의 피드백은 듣기 힘들다.

CCBT의 장점

치료에 대한 접근성 확대

CBT 상담자 수가 적은 시골 지역에서는 특히 유용하다.

비용 효율성

전산화 상담 패키지를 개발하고 구현하는 데에 있어 주요 찬조 중 하나는 상담자의 임금이 절감되어 운영비용이 낮아진다는 것

편리한 사용

개인이 느끼기에 적절한 시간과 속도로 프로그램을 진행할 수 있다.

"비용 효율성 및 유용성 분석은 CCBT에 유리하게 작용한다. 모든 치료법이 낮은 순응도와 우울증과 삶을 개선하는 데에 작은 효과를 나타냈지만, 그 중 CCBT가 가장 효율적인 치료전략으로 보인다."(Gerhards et al., 2010)

CCBT의 단점

자기동기 부여 필요

이것은 특히 우울증으로 고통받는 사람들에게 문제가 될 수 있다.

연구에 따르면 높은 중도탈락률이 있다.

컴퓨터 및 인터넷 연결이 필요

접근성의 평등과 관련된 문제가 명확히 있음.

대부분의 사람들은 이제 컴퓨터와 인터넷에 접속할 수 있고 자신있게 사용할 수 있지만 모든 사람이 그런 것은 아니다.

'치료 후 우울증이 단기적으로 감소했음에도 불구하고, 장기적으로 추적했을 때 관찰되는 기능적 향상은 크지 않았으며, 유의적으로 높은 중도탈락률을 보였다. 편견의 위험을 고려할 때, 우리의 메타분석은 성인 우울증에 대한 CCBT의 임상적 유용성이 실제구현과 방법론의 타당성 측면에서 그리 높이 평가되지 않는 방향으로 다시 고려될 필요가 있음을 암시한다.'(So et al., 2013)

제 3의 동향의 인지행동 치료

CBT는 계속 확장되며 발전하고 있다.

최근의 전개는 다음과 같다.

마음챙김에 기초한 Mindfulness-based 인지치료
수용전념 치료
변증법적 행동치료

마음챙김에 기초한 인지치료(MBCT)

MBCT는 Teasedale과 동료들(1995)에 의해 개발되었다. 그들은 CBT가 신념을 변화시키며 부정적인 자동사고를 보다 긍정적인 생각으로 대체하기에 효과가 있다는 가정에 도전했다.

대안적으로 제안된 것은, 신념과 생각에 집중하는 과정을 통해 변화가 된다는 것이었다.

신념과 생각에서부터(새로운 관점에서 보며) 한발짝 물러나는 것 자체가 치료적이다.

MBCT는 내담자에게 다음을 권장한다.

지금-여기에 집중하고 현재에 유의하여, 과거의 사건에 머무르지 않고 미래를 예상하지도 말라.

사건들을 좋게도 나쁘게도 보지 않기 위해 판단을 피하라.

생각은 현실이 아니라는 것을 명심하라.

지금-여기에 머무름으로 내담자는 회피와 예측적 불안의 익숙한 주기 안으로 들어가지 못한다.

마음챙김은 변화를 시행하기보다 우리의 생각을 수용하는 것을 말한다.

수용전념 치료(ACT)

ACT는 관계형 틀 이론(relational frame theory; Barnes-Holmes et al., 2002)에서 개발되어, 이것 또한 마음챙김에 기초한 행동치료법이다.

ACT의 두 부분

수 용

생각을 바꾸려고 하기보다 받아들여 그 생각이 무엇을 뜻하는지 파악하도록 한다.

우리의 생각은 우리가 세상을 바라보는 방식(현실의 표상)에 영향을 미치지만 생각 자체가 현실은 아니다.

자신이 더 수용적인 사람이 되면, 삶 또한 덜 경직되고 유연해질 것이다.

전 념

자신이 택한 가치관과 일치하는 행동변화를 향한 내담자의 헌신

ACT는 보다 자아실현적인 삶을 얻기 위한 6가지의 핵심 과정을 제시한다.

현재에 접촉하기

내담자가 지금-여기를 인식하고 경험하고 있다.

탈융합

도움이 되지 않는 생각들과 그들이 불러 일으키는 걱정이나 염려에서 벗어난다.

이러한 생각들을 볼 때 새로운 입장을 취함으로써 내담자는 더 객관적으로 그들을 '관찰' 할 수 있다.

수 용

자신의 생각을 다른 시각에서 보게 될 때, 그것을 더 많이 받아들일 수 있다.

ACT는 생각을 바꾸려하지 않고, 오히려 생각을 더 많이 인식하고 받아들이도록 한다는 점에서 CBT와 다르다.

자기 관찰

연습을 통해 내담자는 자신의 생각과 감정을 더욱 순간적으로 인식할 수 있게 된다.

가 치

참으로 중요한 것들에 초점을 맞추는 것

인생에서의 큰 질문: 내담자는 어떤 사람이 되고 싶은가? 인생에서 원하는 것은 무엇인가? 내담자의 삶에서 중요하고 의미있는 것은 무엇인가?

행동전념

내담자가 택한 가치와 일치한 목표를 향해 행동을 취하는 것

어려울 때에도 실행하기로 하는 헌신

변증법적 행동치료(DBT)

Linehan(1993)은 경계선 성격장애BPD로 진단받은 자살행동 여성들을 위해 특별히 DBT를 개발했다. 네 가지 주요 기술영역을 가르친다(개별적으로 또는 집단으로).

마음챙김(유념하기)

지금－여기에서 일어나고 있는 일을 관찰하고, 온전히 존재하며, 비판적이지 않은 태도를 취하는 것

감정조절

감정을 식별하고 이름을 부여할 수 있는 것

강력하고 때로는 압도적인 감정을 인내할 수 있는 것

고통 인내

강력한 감정으로부터 주의를 다른 곳으로 전환시킬 수 있는 능력

감정에서 한발짝 물러나 그것을 있는 그대로 받아들일 수 있는 능력

대인관계 효율성

보다 효과적인 의사소통을 통해 자신이 필요하고 원하는 것을 얻을 수 있는 능력

관계 안에서 자기와 타인을 존중하고 가치있게 여기는 것

'제 3의 물결'이라고도 불리는 CBT의 이러한 최근 발전은, CBT가 유연하고 변화하는 접근방식임을 보여준다; 향후 발전들은 이러한 유연성을 바탕으로 이루어 질 것이며, CBT가 실천과 원칙에서 모두 통합적인 접근법임을 보여줄 것이다.

인지행동 치료를 적용한 사례 연구

Margaret(32세)은 주치의의 의뢰를 통해 상담을 받게 되었다. 그녀의 의사는 단순히 '범불안 장애'를 의뢰사유라고 했다. 그녀는 자신을 '민감'하고 '감정적'이라고 소개하며, 오기 전에 CBT에 대해 읽었고 상담과정이 그녀를 '정리'해줄 것이라는 희망을 갖고 있었다. 초기면접은 상담자가 잠정적인 공식화를 위해 충분한 정보를 수집하는 평가였다. 평가가 끝난 후 다섯 차례의 회기와 검토시간이 있을 것을 동의했다.

다음의 대화에서 상담자는 상담자이고, 내담자는 마가렛이다. 비밀 보장과 계약 내용은 앞서 논의된 상태다. 마가렛이 이야기를 시작하면서 회기가 시작된다.

내담자: 글쎄, 1년 전에 시작한 것 같아요. 어느 날 쇼핑을 하러 나갔고, 갑자기 걱정스럽고 불안했어요. 불안은 몇 분 후에 사라졌고, 전 쇼핑을 계속했죠. 약 2주 후 같은 일이 일어났는데, 그 때는 더 심했어요. 정말 제 심장이 빠르게 뛰는 것을 느낄 수 있었고 실신할 것 같은 느낌이 들었어요. 끔찍했죠. 그때 이후로 나갈 때마다 정말 고역이었습니다. 뭔가 그냥 두렵고 때로는 아무 이유없이 눈물이 나요. 그 정도로 상태가 나쁘면 전 그냥 가게에서 나와야 해요 — 음식으로 가득 채운 카트를 두고 그냥 도망쳐요(웃음)... 정말 부끄러운 일이에요.

상담자: 가게에 있었을 때 부끄러우셨어요, 아니면 이곳에서 이야기하는 것이 부끄러우세요?

내담자: 둘 다인 것 같아요.

상담자: 그렇습니다. 때로는 당혹스럽다고 여겨지는 것에 대해 이야기하는 것이 약간 어색하지만, 이야기함으로써 불안이 어떻게 발생하는지에 대해 유용한 정보를 알게 되지요. CBT에서는 우리의 생각, 감정, 행동 및 육체 감각이 어떻게 서로 상호작용하고 문제가 어떤 식으로 진행되는지 이해하려고 해요.

내담자: 예, 책에서 그렇게 읽었던 것 같아요.

상담자: 흥미로운 점은, 두 사람이 모두 쇼핑에 대해 불안을 느껴도 각자 매우 다른 방식으로 불안을 느끼게 될 수 있다는 거에요. 그렇다면 선생님의 방법에 집중해봅시다. 이 일이 가장 최근에 일어났을 때의 사례를 자세히 말해 주시겠어요?

내담자: 네, 일주일 전이에요. 오늘 선생님과 약속을 잡은 지 얼마되지 않아, 주간 쇼핑을 하고 있었어요. 사실 나가기 전에 이미 좀 불안했었던 것 같아요. 어쨌든, 전 가게에 있었고 갑자기 조금 숨이 막히면서 메스꺼운 느낌이 들기 시작했어요. 카트를 꼭 붙잡으면서, 정말 매우 수치스럽다고 생각했죠. 사람들이 나를 보면서 참 웃기다고 생각할 것 아니에요. 그게 저에요, 웃긴 바보.

상담자: 당신이 그 생각을 할 때, 어떤 감정도 느끼셨습니까?

내담자: 네, 그럼요. 가슴에 통증이 있었어요. 먼저 심장마비가 오는 것이라고 생각했었지만, 공황발작에 대해 읽은 것을 기억해냈어요. 공황발작이 있을 때 사람들이 죽을 것 같다고 생각한다고. 그래서 저는 스스로에게 이건 공황상태라고 말했죠. 그건 약 10초 동안 도움이 되었고, 그 후 다시 공포에 질렸어요. 이 모든 것을 혼자 통제할 수 없었기에 가게를 떠났어요. 10분 후에 다시 들어가서 쇼핑을 마쳤죠.

상담자: 다시 들어가시다니, 참 용감하셨던 것 같네요. 다시 들어가는 기분이 어떠셨어요?

내담자: 네, 제 자신이 정말 자랑스러웠어요. 인터넷에서 자조 가이드를 읽었던 것이 도움이 되었나봐요.

상담자: 그리고 다시 들어갈 수 있도록 자신에게 어떤 말을 해주셨어요?

내담자: 그냥 '침착해, 아무도 널 신경쓰지 않아. 모두 자기 일에 너무 바빠서 말이지.' 이렇게 말했어요.

상담자: 선생님은 언제나 이렇게 문제를 잘 해결하세요?

내담자: 음, 아니요. 그게 사실 처음이었어요. 밖으로 나가기 전에 뭔가 불안하면 그냥 집안에 있는 편이에요. 그런 고생을 왜 일부러 사서 하겠어요?

상담자: 때로는 자신에게 불안감을 주는 일을 피하기도 하시는 군요. 회피하는 것은 순간적으로 의미가 있지만, 장기적으로는 불안을 악화시킬 수 있습니다. 문제를 피한다면 자신이 패턴을 깨뜨리도록 절대 도전을 할 수 없기 때문이죠. 하지만 선생님은 지난번에 해내셨고, 그에 따라 정말 기분이 좋으셨네요.

이 대화에서 내담자의 문제가 어떻게 진행되는지 세부설명이 주어졌으니 상담자는 공식화를 시작할 수 있다. 이에 대한 관련정보는:

증상(사고, 감정, 육체적 감각 및 행동)

계기(방아쇠 역할을 하는)

유지과정

대처방안과 가능한 치료에 대한 유용한 정보도 있다.

내담자는 열심히 책을 읽는다.

내담자는 스스로 회피의 패턴을 깨고 자신의 성과에 대해 '자랑스럽다'고 느꼈다.

이는 내담자가 과제를 기꺼이 수행할 것이며 변화과정에서 적극적일 것을 제시한다. 상담자는 다음 몇 회기에서 다른 평가영역을 다루어 사례개념화에 세부사항을 더 추가했다.

1년 전 문제가 처음 시작되었을 때 내담자의 삶에서 어떤 일이 벌어지고 있었는지(유발요인)

내담자의 어린 시절 경험(선행요인)

회기가 마친 후 내담자는 다음을 하기로 동의했다.

1주일 동안 생각기록을 작성하며 생각이 언제 부정적이 되는지 주시하기(빈도, 지속시간, 강도)

매일 마지막 사건이 발생한 슈퍼마켓 방문하기

불안할 때마다 호흡과 긍정적인 자기대화에 집중하기

상담자가 권장하는 자조 가이드 읽기

마가렛은 5번의 회기 후, 훨씬 덜 불안한 마음으로 상담을 마쳤다. 변화에 대한 준비, 그리고 변화를 위한 노력을 할 준비가 되어있는 상태로 상담에 임하는 내담자의 좋은 보기였다.

사례 분석하기

인지행동 치료에 대한 정보를 사용하여 다음 질문에 답해보라.

- 마가렛은 어떤 증상, 계기 및 유지과정을 보고했는가?
- 마가렛을 상담할 때 어떤 인지기술을 사용할 수 있나?
- 마가렛을 상담할 때 어떤 행동기술을 사용할 수 있나?

요약

인지적 및 행동적 접근: 거의 독립적으로 수행되지는 않지만 일반적으로 통합되어 CBT로 쓰여짐.

발달: 1900년대 초반에 개발된 행동치료, 1900년대 중반에 개발된 인지치료, Meichenbaum이 인지행동 수정을 도입한 1900년대 후반에 통합이 시작; 오늘날 매우 널리 퍼져있으며, 영국의 NHS와 NICE에서 권장하는 치료법이다.

인지주도 감정: ABC 모델(선행사건, 신념, 결과); 인지는 후속 감정, 행동 등을 유도한다.

평가 및 공식화: 평가 중 정보수집은 증상, 선행요인, 계기, 유발요인, 신념과 가정, 유지과정에 중점을 둔다. 평가가 초기 공식화의 기초를 형성하고, 공식화는 모든 정보를 모으고 치료계획을 추가하여 완성도있는 계획을 세운다.

인지 및 행동치료 기술: CBT는 심리교육적이고 다양한 인지행동 기술을 포함; 소크라테스식 질문; 사고오류 식별하기; 실험하기; 부정적인 자기대화를 긍정적으로 변화시키기

상담회기의 구조: 이번 회기 토론(5분), 이전 회기 검토(10분), 주요 내용(25분), 다음 회기를 위한 과제설정(5분), 회기 검토(5분)

효과성에 대한 경험적 증거: 우울증과 불안증상을 줄이는 데 CBT가 효과적이라는 증거; 비평가들은 설문조사 방법이 참가자 편향과 내담자 선택편향에 취약하며 연구가 내린 결론들은 논리적인 오류로 인한 것이라 주장; 여러 연구는 치료법 간에 약간의 차이점만을 발견했으며, 관계가 제일 중요한 요소라고 제시; CBT는 긍정적인 효과가 있지만 다른 방법보다 특출하지 않으며, 모든 내담자에게 CBT가 적합하지 않다는 결론을 내림.

전산화 CBT: 가벼운 우울증에 용이; 기법의 장점으로는 치료접근성의 확대, 가성, 사용 편의성; 단점으로는 자기동기의 필요성, 인터넷 접속 필요, 관계성 결여 등이다.

제 3의 동향 CBT: 마음챙김 기반 인지치료MBCT; 수용전념 치료ACT; 변증법적 행동치료DBT

중다양식 치료법

학습목표

이 섹션을 읽고 당신은 다음과 같은 것들을 할 수 있을 것이다:

- 중다양식 치료법multimodal therapy은 여러 접근에서 기술을 채택하는 절충적 방법임을 설명
- Arnold Lazarus의 전기와 중다양식 치료법의 역사를 토론
- 심리적 문제의 기원을 설명
- 초기평가 과정 개요
- BASIC ID의 일곱 가지 양상과 관련된 개입 설명
- 양상과 구조적 프로파일 설명
- 양상의 점화순서를 추적하는 것에 대해 논의하고 내담자가 한 양상에서 다른 양상으로 이동하는 데에 다리놓기가 어떻게 도움이 되는지 설명
- 치료 환경에서 복합 치료의 적용에 감사(사례 연구)

중다양식 치료: 절충주의

중다양식 치료법은 여러 접근에 걸쳐 많은 이론과 기술들의 절충적 혼합이다.

'중다양식 치료법은 인본주의적 통합화, 체계화이며 평가와 치료를 위한 포괄적인 "청사진"을 제공한다. 이론적인 절충주의의 함정을 의도적으로 피하면서 기술적인 절충주의의 덕목

을 강조한다.'(Lazarus, 1981)

중다양식 치료법MMT은 '기술적으로 절충적'인 구조화되고 체계적인 접근법으로 기술될 수 있다.

일반적으로 절충주의는 내담자의 필요를 충족시키기 위해 다양한 치료법의 기술을 사용하되, 그 기술을 뒷받침하는 이론에는 응하지 않는 것을 의미한다.

MMT는 효과적이라고 알려진 모든 기법을 사용할 준비가 되어 있기 때문에 실용적인 접근이다.

명확한 근거와 구조가 있는 한, 치료는 각 내담자를 위해 특별히 개별 디자인 될 수 있다.

Lazarus가 수년 동안 접했던 여러 가지 접근법의 경험을 토대로 개발하였다(Lazarus, 1981).

'중다양식 치료법의 목표는 심리적 고통을 줄이고 개인의 성장을 신속하고 지속성있게 촉진하는 것이다.'(Lazarus, 1981)

중다양식 치료는 긍정적인 관계에 확립된 기술을 더한다.

중다양식 상담자는 Carl Rogers가 증명한 효과적인 치료적 관계를 만드는 기본 원칙을 수용한다.

예를 들어, 상담자는 내담자에게 무조건적 긍정적 존중, 일치성 및 공감을 주어야 한다.

Lazarus(1981)는 모든 사람들이 서로 동등한 존재임을 밝히는 '삶의 방식으로서의 동등함'을 강조했다.

내담자는 종종 상담자를 전문가로 생각하여 '한 단계 낮은' 위치에서 관계를 시작한다.

상담과정 중에 내담자를 동등한 위치에 있도록 만드는 것은 상담자의 몫이다.

상담자는 공유할 지식과 기술을 가지고 있을 수 있지만(선생/학생의 관계와 같이), 근본적으로 관계 자체는 동등해야 한다.

다른 치료법에서 채택되고 내담자에게 개별적으로 맞춰진 다양한 기술들은 이러한 핵심 조건을 보완해야 한다.

상담자는 내담자의 관계적 요구를 충족시키기 위해 유연해야 한다.

내담자가 지지적이고 들어주는 관계를 원하는 경우, 상담자는 이러한 필요에 맞게 상담을 조절할 수 있다.

하지만 내담자가 활동적이고 도전적인 관계 안에서 목표에 집중하고 싶어 한다면 상담자는 이 요구에 맞게 상담을 바꿀 수 있다.

Lazarus(1981)는 개별 내담자의 요구를 충족시키기 위해 유연하고 적응력이 있는 것을 '진정한 카멜레온'과 같다고 묘사했다.

: 중다양식 치료법의 개발

중다양식 치료법의 역사

체계적인 절충적 요법으로, 중다양식 치료법은 하나의 접근법의 기본 원칙만 사용하지 않고 여러 가지 다른 이론을 사용한다.

이 치료법의 창시자인 Lazarus는 정신역동 및 인본주의 접근법에 대해 훈련을 받았고 Wolpe의 행동주의 세미나에 참석했으며, 런던에서 Adlerian 치료 경험을 쌓았고, 사회학습 이론가 Bandura와 함께 스탠포드 대학에서 근무했다.

처음에는 행동기술에만 초점을 맞추었지만 추후에 인지기술을 포함시켰다.

이러한 통합은 내담자와의 성공을 증가시켰고 기존 기술의 다양한 혼합이 가장 효과적인 치료법이 될 수도 있다는 생각을 이끌어 냈다.

사회학습 이론(사람들은 서로에게 영향을 끼치고 받으며, 조건형성 및 모델링을 통해 배움)과 같은 다른 요소를 통합하기 시작했다.

결국에는 많은 치료적 요소를 포함하도록 치료법을 확대하였으며 7가지 차원을 기반으로 한 중다양식 접근법을 개발했다.

Arnold Lazarus(1932–2013)의 전기

'생각하고, 잘 생각하고, 잘 행동하고, 기분을 좋게 하고, 안녕하십시오!' —Lazarus(2010)

아놀드 라자루스는 누구였나?

새로운 심리치료법을 만들기 위해 여러 접근의 성공적인 요소를 함께 모색한 절충주의자

중다양식 치료의 창시자

어린 시절

1932년 남아프리카 요하네스버그에서 태어남.

교 육

Johannesburg의 Witwatersrand University에서 아너스 학사와 심리학 석사를 취득

1960년 박사학위 취득

개인 상담사로 일하며 Witwatersrand Medical School에서 시간강사로 근무

주로 정신역동적, 인본주의적 관점으로 훈련받음.

행동주의자가 진행하는 세미나에 참석

조건형성 이론을 배우기 위해 노력했다.

1957년 런던의 말보로 낮 병원에서 3개월 동안 일했으며, 아들러의 정신치료 접근법을 습득함.

직 업

1963년 스탠포드 대학 심리학과 방문교수로 앨버트 반두라(사회학습 이론에 대한 연구로 유명)와 함께 근무

1966년 캘리포니아 주 소살리토Sausalito에 있는 행동치료 연구소 소장

1958년 *정신치료의 새로운 방법: 사례 연구*발표

학술지에 '행동치료'와 '행동 치료사'라는 용어를 처음 사용

행동치료의 결과를 연구할 때, 많은 내담자들이 일정 기간 후에 재발한다는 것을 발견했으나, 행동치료와 함께 인지치료를 받은 내담자들이 더 성공적인 결과를 보인다는 것을 알게 되었다.

그의 교육, 경력 및 연구에 대한 많은 배경이 그를 심리치료에서 보다 폭넓은 접근방법을 탐구하게 만들었다.

그는 어떤 한 가지 방법도 사람의 발달이나 문제에 대한 포괄적인 이해를 제공해 줄 수 없다고 주장했다.

1966년 *광범위한 행동치료, 그리고 광장공포증 치료법* 발표

광장공포증 환자를 상담하는 다차원적 접근법에 대해 설명함.

1970년대의 인지 및 행동 기술에 기반한 체계적인 치료적 개입 개발

1971년에 발표한 Behavior Therapy and Beyond에서 그는 광범위한 치료적 접근을 주장했다.

인지행동 치료의 개발에 영향을 미침.

1973년 *Multimodal Behavior Therapy: BASIC ID* 발표

BASIC ID의 개념을 소개하고 BASIC ID의 다양한 구성요소를 설명하기 위해 중다양식적 방법을 설명함.

1981년 *중다양식적 치료의 실제*를 발표

중다양식 치료과정을 설명하고 'Behavior'라는 제목없이 치료법을 발표함.

가 족

1955년 결혼

두 아이를 키움

죽 음

2013년 10월 1일, 남아프리카 프린스턴에서 사망

주요 어록

'나는 상담이 치료라기보다 교육이며, 처치가 아닌 성장이라고 굳게 믿는다.'(Lazarus, n.d.)

'상담에 대한 나의 기본적 접근방식은 문제해결의 방식이다. 사람들은 무수하게 다른 문제들로 상담에 오지만, 간단한 문제들을 해결하는 방법조차 모른다는 것을 알게 되었다. 대부

분의 경우, 아주 간단한 해결책이 엄청난 긍정적 파급 효과를 가져올 수 있다.'(Lazarus, n.d.)

'상담자는 내담자에게 급여를 받는 셈이니, 자신이 말하거나 하는 것에 내담자가 만족해 하지 않는 것 같으면 멈춰라.'(Lazarus, 2010)

심리적 문제의 기초

심리적 문제는 수많은 곳에서 유래한다(Lazarus, 1981).

잘못된 정보

부모와 다른 중요한 사람들로부터 내면화 된 잘못된 신념과 가정

예를 들어, '세상은 위험한 곳이다', '내가 하는 모든 일에서 완벽해야 한다', '나는 다른 사람들을 위해야 한다,' '다른 사람들은 나에게 항상 잘 해야 한다.'

다른 사람들이 제공한 특정한 오보

예를 들어, 마약중독이나 알코올 중독을 도와주는 지역기관에 긴 대기자 명단이 있다는 잘못된 정보를 받았을 수 있다.

빠진 정보

주제와 관련된 정보 부족

예를 들어, 우리는 시험준비 방법을 모를 수 있다.

방어적인 반응

부정적인 감정(예: 불안)을 유발하는 상황을 피하는 것

이러한 반응은 이해되지만 불안에 도전하는 데에 도움이 되지 않는다.

예를 들어, 다리에 대한 공포가 있는 사람은 다리를 늘 피해 다닐 것이지만, 이것이 근본적인 불안을 다루는 데에는 도움이 되지 않는다.

자기 수용의 부족

자기 자신에 대한 믿음에 근거하여 경험에 대한 부적절한 결론을 내림.

예를 들어, 한 여성이 취업면접을 보고 취업에 실패한 경우, 그녀는 자신이 쓸모 없는 사람이며 자신이 원하는 직업을 절대 얻지 못할 것이라고 결론 내림.

특정 경험을 돌아볼 때, 어떤 면이 개선될 수 있는지 객관적으로 보지 않고 그 경험이 삶 전체를 대표한다고 가정하는 것

예를 들어, 일자리를 얻지 못한 그 여성은 면접과정의 어떤 면을 개선하여 다음 면접을 준비하는 것이 더 좋을지 고려할 수 있는 것이다.

평가과정

초기 평가는 매우 중요하다

다른 대부분의 접근방식과 유사하다.

관계형성

친밀감 형성

정보수집

평가 및 방향성 결정

Lazarus(1981)는 상담자가 첫 회기에서 알아야 할 12가지 영역을 제시했다.

정신증 징조

호소문제 및 주요 선행사건

자신이나 타인에게 해를 끼칠 위험, 자신에 대한 태도

내담자가 사진을 나타내는 방식(외모, 몸짓 등)

내담자 역사의 핵심 포인트

문제를 계속 유지하게 하는 유지적 요소(예: 행동)

내담자가 달성하고자 하는 목표

내담자에게 적합한 특정 상담 스타일

상담의 적절성 또는 의뢰할 필요성

내담자의 강점과 자원

지금 상담에 온 이유

내담자의 동기와 희망감

중다양식적 생활 인벤토리

첫 회기의 끝부분에서(또는 첫 접촉과 첫 회기 사이에 시간에 있는 경우, 첫 회기 전에) 내담자는 중다양식적 생활 인벤토리를 작성하게 된다.

다음의 사항을 포함하는 상세한 설문지:

내담자의 역사, 어릴 적 관계 등 중요한 점

내담자가 상담에 가져오는 호소문제의 세부 정보

상담에 대한 기대

각 양식에 대한 질문

인벤토리는 또한 상담자에게 BASIC ID에 대한 포괄적인 정보를 제공함(Lazarus, 1973).

BASIC ID

BASIC ID는 인간 경험과 기능의 7가지 양식을 표시하는 약자이다(Lazarus, 1973).

한 개인으로서 우리는 생각하고, 느끼고, 행동하고, 육체적 감각을 가지며, 심상을 만들고, 다른 사람들과 상호작용하고, 생물학적 기능을 갖는데, 이것이 우리들의 양상이다.

약자는 다음의 7가지 핵심 양식을 다룬다.

행동
감정
감각
심상
인지
대인관계
약물/생물학적 요인

행동(Behaviour)

자아, 타인 및 사건과 관련하여 우리는 어떻게 행동하고 반응하는가?

행동은 다른 양식에서의 변화에 대한 반응일 수 있다.

예를 들어, 화가 나서 행동을 취하는 것

감정(Affect)

자신, 다른 사람, 그리고 사건에 대한 우리의 감정

감정은 하나 이상의 양식을 통해 관리된다.

예를 들어, 대처심상을 통해 불안을 줄이는 것

감각(Sensation)

육체적 감정과 감각으로 세상을 경험하는 방식

감각과 감정은 밀접하게 연결되어 있다.

예를 들어, 가슴이 뛰어 흥분을 느끼는 것

감각은 다른 양식에도 영향을 받는다.

예를 들어, 마음집중을 하여 편안함을 느끼는 것

심상(Images)

시각적, 청각적 및 운동적 창작품

심상은 다른 양식에 영향을 준다.

예를 들어, 플래쉬백은 강한 육체적 감각과 공황 반응을 일으킬 수 있다.

인지(Cognition)

생각, 가치, 태도 및 신념

이들은 긍정적이며 삶을 윤택하게 하거나, 부정적이며 삶을 제한시킬 수 있다.

인지는 감정과 행동에 영향을 준다.

예를 들어, '내가 모든 상황을 쥐고 있어야 해'라고 생각하면, 그렇게 되도록 행동할 것

대인관계(Interpersonal)

중요한 사람들과의 관계

대인관계는 우리가 느끼고 행동하는 데에 영향을 준다.

예를 들어, 말다툼을 하다 화가 나서 문을 쾅 닫는 것

약물/생물학적 요인(Drugs / biology)

Biology를 뜻한 B로 하기보다 BASIC ID가 BASIC IB보다 기억하기 좋아 D란 약자로 함.

처방약이나 마약뿐만 아니라 우리가 받는 영양분, 운동, 건강, 위생 등 모든 것을 포함한다.

이 양상은 다른 양상에 영향을 미치고 영향을 받는다.

예를 들어, 더 건강하게 먹게 되면 몸도 편해지고 마음도 행복하게 된다; 건강에 문제가 있게 되면 흡연과 음주를 그만 두게 된다.

이 7가지 양식이 인간 경험의 모든 측면을 다루기 때문에, 문제를 평가할 때 모두 고려해야 한다.

양식 중 하나를 고려하지 않으면, 문제의 중요한 측면을 놓칠 수 있다.

각 양식이 다른 양식에 영향을 주고 또 영향을 받기 때문에, 하나의 양식을 볼 때 다른 양식들의 맥락에서 이해하는 것이 필수적이다.

양식 확인하기

삶에서 경험한 문제를 생각하고 그 사건과 관련된 모든 양식을 생각해보라.
예를 들어, 자동차 사고(행동)가 있어 화가 났으나(감정), 사고를 다시 회상해보며(대인 관계) '살아있다는 것에 감사하다'라고 생각을 하게 되고(인지), 몸이 아프게 되었다(감각).
내일 하루 동안 자신과 다른 사람들에게서 예를 찾아보라 — 연습을 통해 이러한 양식들을 식별하는 데 노련하게 될 것이다.

BASIC ID의 특정 부분을 두고 치료적 개입을 할 수 있다

BASIC ID 안의 문제를 해결하기 위해서는, 내담자의 안녕감을 향상시키는 것으로 밝혀진 모든 기술을 적용할 수 있다.

행동에 대한 개입은 다음을 포함한다.

행동 리허설

상담자는 내담자가 대화할 필요가 있는 사람의 역할을 담당한다.

내담자는 직접 그 사람과 말할 수 있을 자신감이 생길 때까지 대화를 연습한다.

모델링

특정한 상황을 대처하는 방법을 보여주기 위해 상담자가 내담자의 역할을 담당한다.

상담자가 모델링한 행동을 내담자는 연습할 수 있다.

노 출

내담자가 두려운 상황에 직면하도록 장려한다.

내담자가 점진적이고 체계적인 노출을 경험하도록 한다.

예를 들어, 거미공포증이 있는 내담자에게 점차적으로 거미에게 둔감해지도록 하는 것

또한 내담자가 자극에 노출되도록 '홍수법'을 쓸 수 있다.

예를 들어, 다리공포증이 있는 내담자가 불안감이 줄어들 때까지 다리에 서 있도록 하는 것

기록 및 모니터링

내담자가 자신의 생각과 감정을 기록하고 모니터링 하도록 한다.

예를 들어, 자녀에게 분노조절이 안되는 내담자가 자신이 얼마나 자주 화를 내는지, 화를 촉발하는 원인, 그리고 분노의 강도 등을 기록하게 하는 것

정적 강화

내담자가 목표달성을 할 경우 자신에게 상을 주도록 권한다.

감정에 대한 개입은 다음을 포함한다.

감정에 대한 인식 증가

내담자가 가진 감정 어휘력을 확장하고 감정을 정확하게 식별하도록 돕는다.

불안관리

내담자에게 이완기술 및 대처전략에 관한 교육을 한다.

교육 후 내담자가 불안한 실제 상황에서 이를 활용하거나 치료환경 안에서 불안감을 유발하는 상황을 상상하며 연습하도록 할 수 있다.

감각에 대한 개입은 다음을 포함한다.

이완훈련

근육 이완훈련은 내담자가 몸의 주요 근육군을 하나씩 긴장시키고, 긴장 상태로 유지하다 풀 수 있도록 돕는다.

특정 감각을 위해 목과 어깨와 같은 특정 근육군에 집중할 수도 있다.

마음챙김

내담자의 주의를 집중시키고 현재 여기－지금에 대한 인식을 높여준다.

마음챙김과 명상은 같은 맥락의 개입이다.

느끼고 있는 감각에 집중하기

편한 상태에서 신체의 여러 감각에 주의 집중하도록 한다.

그 감각을 유지하며 감각을 묘사하는 적절한 이름을 붙이도록 한다.

심상에 대한 개입은 다음을 포함한다.

대처 심상

감정이 좀 더 건강한 감정(예: 불안에서 우려)으로 바뀔 수 있는 상황을 상상하도록 한다.

심상의 구조 변경하기

심상의 하위양상(심상이 구성된 구조)을 바꾸는 기술

예를 들어, 컬러 영상으로 움직이는 심상을 흑백 사진으로 변경할 수 있다.

심상의 구조가 바뀌면 심상에 대한 감정적 반응도 변한다.

인지에 대한 개입은 다음을 포함한다.

부정적인 자동 사고에 도전하기

부정적인 자동 사고에 도전이 되는 증거를 찾는 것

예를 들어, 내담자는 다른 사람들이 그를 비웃을 것이라고 믿기 때문에 동네 상점에 가는 것을 두려워 할 수 있다. 여기에 대한 도전은 "사람들이 상점에서 당신을 비웃고 있다는 증거는 무엇이 있을까요?"

과거에 그 일이 일어났었던 증거가 있다면, 상담자는 내담자에게 미래에 같은 일이 다시 발생할 가능성에 대해 도전할 수 있다.

부정적인 사고를 대체할 수 있는 긍정적인 생각은, '과거에 그런 일이 일어나긴 했지만, 같은 일이 다시 일어날 확률은 낮다. 만약에 일어난다 해도 세상이 끝나지 않을 것이며 나는 충분히 대처할 수 있을 것이다.'

비합리적인 신념을 논박하기

부정적인 생각은 부정적인 믿음으로 뒷받침 될 수 있다.

이 신념들은 주로 '반드시' 또는 '꼭' 해야 한다는 극단적 내용을 담고있으며, 더 유연하고 합리적인 신념으로 논박되고 대체될 수 있다.

예를 들어, '~를 들어 나에게 항상 잘 대우해 줘야 해'라는 신념을 논박하여 '나는 그들이 나를 잘 대우해줬으면 좋겠지만, 꼭 그렇게 할 필요는 없으며, 대우해 주지 않아도 나는 그것에 대처할 수 있다.'로 대체한다.

긍정적 자기대화

긍정적 자기대화는 스트레스 받는 상황에서 대처방법으로 쓰일 수 있다.

예를 들어, '나는 사랑을 주는 사랑스러운 사람이다.'

잘못된 정보 수정

사람들은 종종 잘못된 정보를 업데이트하고 수정하지 않기 때문에 문제를 유지하게 된다.

자신에 대해 아동기에 처음으로 주입되었던 잘못된 사실이나 정보는 성인이 되었을 때 더 이상 해당되지 않을 때가 많다.

대인관계에 대한 개입은 다음을 포함한다.

자기주장 훈련

다른 사람들과 소통하는 데 있어 수동적인 내담자는 자기주장 훈련이 필요할 수 있다.

자기주장 훈련은 내담자가 거절하고, 원하는 것을 구하고, 권리를 찾는 것을 배울 수 있도록 한다.

역할극을 통한 상황연습은 자기주장 훈련의 일부다.

소통훈련

내담자에게 효과적인 소통방법을 알려준다(예: 교류분석의 자존 상태모델을 통한 교류 탐색하기)

모델링 및 역할극을 통해 내담자가 대화를 시작하고 종결할 수 있도록 돕는다.

약물/생물적인 양상에 대한 개입은 다음을 포함한다.

금연 프로그램

음주/약물 감소 프로그램

영양 프로그램

체중감량 프로그램

운동 프로그램

현실적인 목표 달성과 진보를 향한 동기 부여 및 유지를 위해 고안된 다양한 기술

프로파일링

양식 프로파일링

양식 프로필은 7가지 양식에서 나타나는 문제를 개략적으로 설명하기 위해 작성되는 차트다.

더 많은 정보가 공개되고 상담이 진행되며 프로필이 변경될 수 있다.

프로필은 문제의 각 측면을 다루는 데 사용될 수 있는 개입을 정리해준다.

양식 프로필

아래는 시험 불안이 있는 학생을 위한 양식 프로필의 예시다. 이 양식 프로필은 진행형이며 상담의 진행에 따라 업데이트 될 것이다.

양 식	문 제	개 입
행 동	수정 미루기 수면 문제 교수 회피	현실적인 수정 일정표 이완 기술 행동 연습
감 정	불안 공황 분노	불안 조절 호흡 연습 분노 표현
감 각	메스꺼움 두통 높은 심박수 어깨와 목 경직	식이요법 정보제공 이완 기술 호흡 훈련 근육 이완 훈련
심 상	시험자로서의 부정적인 심상 대처하지 못하는 모습의 심상 글 쓰지 못하는 모습의 심상	긍정적 자기 대화 대처 심상 심상의 구조 변경
인 식	'나는 실패할거야.' '나는 분명 부모님을 실망시킬거야.' '사람들은 내가 바보라고 생각할거야' '나는 쓸모없는 사람이야.'	대처 문장 부정적 생각에 도전 비합리적인 신념에 논박 합리적인 신념 실천
대인 관계	친구 회피 가족에게 분노 표출	사회 기술 훈련 대처 전략
약물 / 생물학	식사 건너뛰기 커피 많이 마시기	영양 교육 카페인 과다섭취에 관한 정보

2차 프로파일링

간혹 내담자가 양식 프로필의 한 영역에 걸려 정체될 때가 있다.

그 경우, 걸려있는 특정 영역을 위해 두 번째 양식 프로필을 작성할 수 있다(Lazarus, 1973).

예를 들어, 위의 내담자는 심장 두근거림에 대해 점점 더 걱정하게 되면서, 두근거림에 대한 2차 프로필은 이 특정 양식과 관련하여 다음과 같은 문제를 나열하게 될 수 있다:

행동	잠시 앉아있음
감정	공황
감각	얕은 호흡
심상	심장 마비가 오는 상상
인지	"나는 이렇게 죽는구나"
대인관계	친구들로부터 고립
약물/생물적	의사의 조언을 구하지 않음

이 경우, 새로운 문제가 발견되어 탐색을 해야할 수 있다. 예를 들어, 의사가 어떤 문제를 발견하여 말해 줄지가 두려워 병원에 가기를 피한다는 것이다.

이 새로운 문제는 그의 본 문제에 분명히 영향을 미치고 있지만, 잘못된 정보를 수정하고 병원 방문을 통하여 옳은 정보를 받으면 쉽게 해결할 수 있을 것이다.

이후 상담은 본래 호소문제로 되돌아 갈 수 있다.

드라마 프로파일링하기

TV 프로그램(드라마는 문제 있는 사람들의 도가니다)의 등장인물을 소재로 삼아 그의 문제에 대한 BASIC ID 양식을 작성해보라. 7가지 양식 각각에 대해 적절한 개입 또한 계획해보라.

구조적 프로파일링

구조적 프로파일링은 내담자가 각 7가지 양상과 자신을 연관지어 인지하는 방법이다(Lazarus, 2005).

어떤 사람들은 스스로를 '사색가'라고 생각하지만 다른 이들은 스스로를 '행동파'라고 한다.

어떤 사람들은 심상을 만드는 데 많은 시간을 보내고(공상 또는 시각적으로 계획하며), 스스로를 감성적이라고 부르는 사람들은 자신의 감정에 집중하며 시간을 많이 보낸다.

내담자가 다음과 같은 질문에 응답함으로 각 양상(Lazarus, 1981)에서 자신을 평가하도록 한다:

B	일을 처리해서 끝내는 데에 얼마나 적극적이신가요? 평소에 일을 미루시나요?
A	얼마나 자신의 감정에 충실하십니까? 얼마나 감정적이십니까?
S	자신의 신체적 감각을 잘 느끼십니까?

지금 여기서 감각을 얼마나 느끼고 계신가요?

I 자신을 공상가로 여기십니까?

자신이 상상력이 풍부한 사람이라고 생각하십니까?

C 사색을 즐기십니까?

행동하기 전에 먼저 생각하는 것을 좋아하세요?

I 인생에서 다른 사람들이 얼마나 중요하신가요?

사회성에서 자신을 어떻게 평가하십니까?

D 얼마나 건강하신가요?

운동량과 영양 섭취량은 얼마 정도이신가요?

내담자가 1에서 10 사이의 척도로 평가하도록 한다(Lazarus, 1981).

예를 들어, 매우 활동적인 내담자는 D에 10점이지만, 자신을 과체중으로 보고 운동을 하지 않는 내담자는 D에 대해 0점을 줄 것이다. 이러한 점수는 각 내담자의 현재 구조적 프로파일을 나타낸다.

또한 내담자에게 희망 프로파일을 작성하도록 하여, 두 프로파일의 차이점을 보고 상담목표를 설정할 수 있다

예를 들어, 내담자가 체중감량, 식이요법, 그리고 전반적인 건강증진을 원한다면 희망 D 점수는 10에 가까울 수 있다. 이로 체중감량과 운동 계획 등, 여러 개입방법을 모색할 수 있다.

현재와 희망 구조 프로파일 사이의 점수 차이는 상담에서 집중할 수 있는 영역을 나타낸다.

내 구조적 프로파일

현재의 구조적 프로파일을 작성하기 위해 BASIC ID의 7가지 양상을 놓고 몇 분 생각해보라. 그 다음 희망 구조적 프로파일을 어떻게 작성할지 생각해보라. 두 프로파일의 차이점을 비교하며 희망 프로필의 방향으로 갈 수 있는 방법을 모색해보라.

추적하기와 연결하기

양상의 점화순서를 추적하기(Lazarus, 2005)

모든 사람은 문제를 진행시키는 특유의 방법을 가지고 있다

이것은 문제 발생 시 특정 양식들이 점화되는 순서로 탐색할 수 있다.

예를 들어, 사회적 상황에 들어가기 전 불안해하는 두 사람은 매우 다른 방식으로 상황에

반응할 수 있다.

한 사람은 메스꺼움(S)을 느끼고, 감각에 '불안감'(A)이라는 이름을 붙이고, '불편한 저녁이 될 것'이라고 생각하고(C), 떠나기 전 와인 두어 잔을 마시며 평안을 취하기로 결정할 수 있다(B); 이 사람은 S－A－C－B 순서로 진행된다.

또다른 사람은 '오늘 저녁에 파티가 있지, 정말 싫다'(C)라고 기억하며, 그곳에 있을 강압적인 사람들이 자신을 몰아세울 것을 상상하고, '불안'을 느끼며(A), 두통이 시작되는 것을 느낀다(S); 이 사람은 C－I－A－S 점화순서로 진행된다고 볼 수 있다.

이러한 각 양식의 대한 개입이 있으며, 개개인에게 상담방법을 맞추기 위해서는 양식 점화순서와 동일한 순서로 기술을 사용하는 것이 가장 좋다.

예를 들어, 위의 사례 같은 경우 두통을 위해 진통제를 먹는 것이 적절할 수도 있지만, 이것이 부정적인 사고와 심상, 그리고 감정을 멈추게 하지는 않는다 — 약 복용은 C－I－A－S 순서의 S만 처리하기 때문이다.

순서를 시작하는 양상(인지적)을 다루는 것이 낫다.

부정적인 생각이 바뀔 수 있다면(예: '오늘 저녁 파티가 있지. 기대되지는 않지만 일찍 나오면 돼'), 문제되는 다른 양식들이 따르지 않을 수 있다(더 긍정적인 심상이 이루어질 것이며, 불안과 그 결과로 인한 두통이 느껴지지 않을 것).

양상 사이를 연결하기(Lazarus, 2005)

앞서 구조적 프로파일에서 언급했듯이, 개인마다 선호하는 양식이 있다.

종종 '나는 사색가이기보다 행동파야', '그 여자는 감정에 너무 충실해', '그는 항상 공상에 잠겨 있어' 같은 종류의 말들을 듣게 된다.

개인마다 또한 제일 낮게 선호하는 양식을 가지고 있다.

많은 사람들이 자신의 감정과 접촉하고 표현하는 것을 어려워하여 감정에 대한 질문에 인지적 대답을 하곤 한다.

그러나 문제의 모든 영역을 탐색하기 위해 상담자는 내담자가 덜 선호하는 양식과도 접촉할 수 있도록 도움 주어야 한다.

예를 들어, 내담자가 종종 감정에 대한 질문을 인지적 대답을 할 수 있다.

'그 때 어떤 느낌이 드셨어요?'(감정에 대한 질문)

'정말 불공평하다고 느꼈어요'('불공평하다'는 생각이지, 느낌이 아니다)

내담자가 감정과 접촉할 수 있도록 돕기 위해 상담자는 내담자가 감정에 이입될 때까지 동일한 질문의 선을 유지할 수 있다.

'그것이 불공평하다고 생각할 때 어떤 감정을 느끼셨습니까?'

'글쎄요, 날 그렇게 대하는 것은 옳지 않다고 느꼈어요.'

'그러면서 남은 기분은요?'

'음, 화난 감정이겠죠.'

이러한 직접적인 질문은 내담자가 인지에서 감정으로 옮겨 갈 수 있도록 돕는다. 연결하기는 내담자가 다른 양식과 접촉할 수 있도록 돕는 대안적 방법으로 쓰일 수도 있다.

예를 들어, 내담자가 감정에 대한 질문에 인지적 대답을 할 경우를 다시 보자.

'그 때 어떤 느낌이 드셨어요?'(감정에 대한 질문)

'정말 불공평하다고 느꼈어요.'('불공평하다'는 생각이지, 느낌이 아니다)

상담자는 내담자의 인지적 대답에 주목하고 감각을 감정으로 가는 다리로 놓아줄 수 있다.

'그 일이 일어나고 있을 때 어떤 감각을 느끼셨습니까?'

'글쎄요, 호흡이 점점 얕아지고 심장이 두근거리기 시작했어요.'

'그 느낌을 어떻게 표현하시겠습니까?'

'분노요.'

여기처럼 감각을 연결다리로 사용하여 인지에서 감정으로 내담자를 옮겨준다.

연결하기는 내담자가 모든 양식과 접촉할 수 있을 뿐만 아니라(따라서 자신의 모든 측면과 더 잘 연결되고) 상담자와 내담자 간의 관계형성에 도움이 된다.

중다양식 치료를 적용한 사례연구

찰스(17세)는 그의 선생님으로부터 상담을 추천 받았다. 그는 훌륭한 학생이지만 모의고사에서 어려움을 겪었으며 기말고사에 대한 불안감이 점점 커져가고 있었다. 그의 최종 수학시험이 2주 뒤 시작될 예정이지만 공부를 아직 전혀 시작하지 않았다고 한다.

첫 번째 회기는 초기평가로, 상담자가 내담자의 호소문제를 찾고 치료적 관계를 수립하고자 하였고, 평가가 끝난 후 세 번의 추가회기를 진행할 것으로 동의했다. 찰스는 상담을 시작하기 전, 양식 및 구조적 프로파일링을 위한 인생 인벤토리를 작성했다.

다음의 대화에서 상담자는 상담자이고, 내담자는 찰스다. 비밀 보장과 계약 내용은 앞서 논의된 상태다. 상담자가 찰스의 양식 프로파일을 구성하며 회기는 시작된다.

상담자: 좋아요, 찰스. 시험공부하는 데 겪는 어려움에 대해 조금 말해 줄 수 있니?

내담자: 정말로 설명하기가 어려워요. 전 항상 학교에서 잘 해왔지만, 왠지 이 시험에서는 고생하고 있어요. 아무 정보도 머릿속에 남지 않는 것 같고, 모든 것에 실패해서 대학도 입학 못할 것 같아요. 전 가족 중 처음으로 대학에 진학할 예정이라 어머니가 너무 흥분되어 계세요. 제가 실패하면 어머니가 너무 화나실 것... 아니, 화는 안 내시겠지

만, 제게 너무 실망 하실 것 같아요. 하지만 전 지금 공부와 대면할 자신이 없어요.

상담자: 그럼, 공부하려고 할 때 어떤 일이 일어나는지 말해 줄래요?

내담자: 글쎄요. 공부하겠다고 결심은 해요. 그런데 갑자기 몸이 뜨거워지면서 제가 실패한 결과를 통보 받았을 때 실망하실 어머니의 얼굴을 상상하게 돼요. 동시에 몸이 안좋아지면서 잠시 동안 책들을 덮어두고 자리에서 일어나야만 해요. 그래서 컴퓨터 게임을 하다 보면 하루가 지나가고 아직도 복습을 시작하지 않았어요.

상담자: 중다양식 치료에서는 내담자의 BASIC ID 프로파일을 작성해요. 찰스의 문제에 관한 프로파일인데, 이것으로 문제를 충분히 탐색하기 시작할 수 있죠. 이미 이 프로파일에 맞는 많은 것을 저한테 이야기 해줬어요. 둘이 함께 볼 수 있도록 각 부분을 작성해 보죠. B는 행동을 뜻하는데, 지금의 행동은 미루는 행동이라고 볼 수 있나요?

내담자: 네. 저는 공부하는 대신에 컴퓨터 게임을 해요.

상담자: S는 감각인데, 몸이 뜨겁고 안 좋아진다고 했나요?

내담자: 네, 맞아요. 피부 전체가 뜨거워지고 땀을 흘리기 시작해요. 배도 불편해지며 메스껍고. 가끔 머리도 아프기 시작해서 잠시 누워 있어야 해요.

상담자: 심상도 언급했는데, 이건 두 I 중 하나에요.

내담자: 저희 어머니의 얼굴이요. 어머니가 제 성적표를 읽을 때의 모습을 자꾸 상상하게 돼요.

상담자: 그리고 또 하나의 I는 대인관계를 뜻하는데, 다른 사람과의 관계를 다루는 항목이죠. 여기서 찰스에게 중요한 사람은 어머니인가요?

내담자: 주로 그래요. 그런데 또 한 분은 제 선생님이세요. 로버츠 선생님은 제게 너무 잘 해주셔서 그분을 실망시키지 않고 싶어요.

상담자: 문제에 대한 당신의 생각은, 자신이 실패할 것이란 것, 그리고 어머니와 선생님이 당신에게 실망하실 것. 맞나요? 이게 인지를 위한 C에 들어가요.

내담자: 전 원래 바보였고 제게 시간 낭비했다고 생각하실 거에요.

상담자: 네, 좋아요. 이제 문제에 대한 BASIC ID를 대강 알게 되었는데, 다시 보니 하나가 빠져있네요. A는 감정이나 느낌에 해당하는 항목입니다. 이 문제에 대해 어떤 감정을 느끼고 있나요?

내담자: 이미 말씀 드렸어요. 저의 실패 때문에 어머니가 실망하실 것처럼 느껴요.

상담자: 그 느낌 때문에 배 안이 요동치고 메스꺼워요?

내담자: 네.

상담자: 그렇다면 그 증상 뒤에 있는 감정에 어떤 이름을 붙일 수 있을까요?

내담자: 음, 모르겠는데요. 걱정?

상담자: 걱정은 꽤나 가볍게 들리는데, 찰스가 느끼는 감정은 아주 강한 것 같아요.

내담자: 네, 맞아요. 걱정보다는 두려움.

상담자: 좋아요. 그럼 감정을 위한 A에서는 두려움으로 할까요?

내담자: 네, 그게 맞아요.

상담자: 알겠습니다. BASIC ID의 마지막 부분은 D 약물입니다.

내담자: (빨리) 전 마약하지 않아요!

상담자: 아, 실제로 그런 의미는 아니에요. 이것은 생리적인 것을 의미해요. 건강하게 먹고 운동하세요?

내담자: 오. 아니요. 전 요즘 그냥 되는 대로 아무거나 먹고 있는 것 같아요. 살이 찌지는 않았지만, 항상 뭔가 몸이 느린 것 같고 쉽게 지쳐요. 주말에 축구를 하곤 했지만 몇 달 동안 한번도 안했어요. 계속 시험공부 때문에 너무 바빠서 시간이 없다고 말하고 있지만. 그냥.

이 대화에서 상담자는 BASIC ID 양식 프로파일 전체를 성공적으로 공식화했다. 다음 단계에서는 상담자가 이 양상들을 다루기 위해 개입을 계획한다. 찰스의 점화순서는 인지에서 시작되기 때문에, 이 영역을 다루기 위한 개입을 고안하기로 결정한다. 상담자는 다음 회기에서 구조적 프로파일 작업을 시작할 생각이었지만, 찰스는 돌아오지 않는다. 그는 이 단 한번의 회기에 참석하고 (전화로 다음 회기를 취소함), 학기 말에 상담자에게 이메일을 보냈다. 자신이 문제를 이해하도록 도와 준 것에 대해 상담자에게 감사를 표하며 첫 회기 후에 곧바로 공부를 시작할 수 있었다고 했다. 공부를 늦게 시작하여 최종 점수는 떨어졌지만 모든 시험에 합격했으며 대학에서 생물학을 공부할 기회도 얻었다고 했다.

사례 분석하기

중다양식 치료에 대한 정보를 사용하여 다음 질문에 답하라.

- 찰스의 BASIC ID 구조적 프로파일은 무엇이며 각 양식에 어떤 개입 방식을 사용할 수 있는가?
- 상담자는 회기 안에서 연결하기를 어떻게 사용했는가?
- 상담자는 양상의 점화순서를 어떻게 추적했는가?
- 찰스의 실제 프로파일 그리고 희망 구조적 프로파일에서 예상되는 것은 무엇인가?

요약

절충주의(Eclecticism): 여러 치료법의 기술적 절충주의, 구조화되고 체계적인 방법, 치료적 관계의 중요성을 강조함과 동시에, 개인에게 맞춘 경험적 근거기반 기술을 추가한다.

발달: Lazarus는 인본주의, 정신역동, 행동주의, 인지주의 등 이 치료법을 형성하기 위해 많은 접근법을 사용했다; 이 치료법은 1973년 Lazarus가 발표한 저서에서 소개되었다.

심리적 문제의 기초: 모든 문제는 잘못된 정보, 누락된 정보, 방어적인 반응 및 자기 수용의 부족으로 인해 발생한다.

평가과정: 초기평가는 치료적 관계를 형성하는 데에 핵심적이다; 중다양식 인생 인벤토리는 BASIC ID에 대한 정보를 제공한다.

BASIC ID: 행동, 감정, 감각, 심상, 인지, 대인관계, 약물/생물적; BASIC ID의 특정 양식에 대한 치료적 개입: 행동(연습, 모델링, 노출, 기록 및 모니터링, 정적 강화), 감정(감정 인식, 불안관리), 감각(이완 훈련, 마음 챙김, 느껴지는 감각에 집중), 심상(대처 심상, 합리적-정서적 심상, 심상 구조의 변화), 인지(부정적인 자동 사고 도전하기, 불합리한 신념 논박하기, 긍정적 자기 주장, 잘못된 정보 수정), 대인관계 훈련(자기주장 훈련, 의사소통 훈련), 마약/생물적(건강 프로그램)

프로파일링: 양상 프로파일은 호소문제와 7가지 양상으로 제안된 개입을 개괄하기 위해 작성되는 차트; 2차 프로파일링은 하나의 양상을 중점으로 7가지 양상을 그 맥락 안에서 프로파일링 한다; 구조적 프로파일은 내담자가 각 7가지 양상들과 연관지어 자신을 인지하는 방법이다.

추적: 모든 사람이 자신만의 문제 '수행' 방식을 가지고 있으며, 문제 발생 시 특정 양상이 점화되는 순서로 탐구할 수 있다; 양상의 점화순서를 추적함으로 나중에 나타나는 증상이 아닌 근본적 문제에 상담을 더 집중할 수 있다.

연결하기: 내담자들은 가장 선호하는 (대부분 인지) 양상과 가장 선호하지 않는 (대부분 감정) 양상을 가지고 있다; 연결하기는 다른 양상을 사용하여 내담자를 선호 양상에서 가장 선호하지 않는 양상으로 옮겨준다.

신경언어 프로그래밍

학습목표

이 섹션을 읽고 당신은 다음과 같은 것들을 할 수 있을 것이다:

- 신경언어 프로그래밍은 여러 접근법에서 기술을 채택한 절충적 치료법임을 설명
- Richard Bandler와 John Grinder의 간략한 전기와 함께 신경언어 프로그래밍의 역사 토론

- 감각양상 및 하위양상들의 관점에서 표상 시스템을 기술하고 평가
- 왜곡, 삭제 및 일반화와 관련된 결함있는 사고패턴에 중점을 두고 메타 모델을 기술하고 평가
- 자극심기와 순간변화(앵커링과 스위싱) 기술
- 신경언어 프로그래밍과 관련된 논쟁에 대해 논의
- 상담환경에서의 신경언어 프로그래밍 적용 이해(사례 연구)

신경언어 프로그래밍: 절충주의

신경언어 프로그래밍NLP은 다양한 치료법을 인용한다.

성공적인 심리변화 방법을 수립하기 위해 다양한 치료법에서의 모든 성공적인 기술과 접근법을 통합하는 것을 목표로 한다.

NLP는 언어를 사용하여 두뇌를 변화시키는 데 중점을 둔다.

심리치료는 '말하기 치료법'으로 알려져 있기 때문에 언어가 치료의 기초가 된다는 것은 논리성이 있으며, 언어가 생각과 감정에 영향을 미친다는 증거가 뒷받침 하고 있음.

그러나 일부 상담자들은 NLP의 잠재력에 대해 과도한 주장을 하기도 하였다.

신경언어 프로그래밍의 발전

신경언어 프로그래밍의 역사

Bandler and Grinder(1975)는 심리적 불편(공포증, 우울증, 불안장애, 등)을 겪는 사람들에게 빠르고 효과적인 변화를 주기 위해 고안된 심리치료법으로 신경언어 프로그래밍을 도입했다.

각종 접근법에서 가장 큰 성공을 거두는 공통적 방법을 찾기 위해 여러 현재 사례들을 검토하여 이 치료법을 확립하였다.

Bandler와 Grinder는 가족 치료, 게슈탈트 치료, 그리고 최면을 아주 성공적인 치료법으로 부각시켰다.

가족 치료

가족 상담자인 Virginia Satir의 업적에 영감을 받아 메타 모델을 개발하였다.

Satir는 현상유지를 깨뜨려야만 변화가 가능하고, 그 후 삶에 혼란을 가져오는 외부요소가 현재의 삶에 효과적으로 통합될 경우에만 개선된 상태로 전환될 수 있다고 논했다.

게슈탈트 치료

Bandler와 Grinder는 Gestalt 상담자인 Fritz Perls의 업적에서도 메타 모델을 개발하는 데에 영감을 받았다.

Perls는 게슈탈트 기도문을 고안할 때 개인의 책임이라는 개념에 고찰했다:

> '나는 내 할 일을 할테니 당신은 당신의 할 일을 하자. 내가 당신의 기대에 부응하기 위해 이 세상에 존재하지 않듯이 당신 또한 나의 기대에 맞추려 태어난 것이 아니다. 너는 너, 나는 나. 그러다 우연히 서로를 발견한다면 그것은 아름다운 일일 것이고, 그렇지 않다면 어쩔 수 없다.'
>
> 이 기도문은 각 개인이 다른 사람들에게 자신의 필요를 투사하거나 그 필요가 다른 사람들의 계획에 영향 받지 않도록 하면서, 자신의 필요에 초점을 맞추어야 한다는 생각을 반영한다.

최면 치료

Bandler와 Grinder는 최면 상담자 Milton Erikson의 업적에서 메타 모델을 개발하는 데에 영감을 받았다.

Erikson은 비전통적인 심리치료 접근방식으로서, 치료적 은유법과 최면술을 사용하여 환자의 행동 및 정서적 변화에 영향을 주었다.

Richard Bandler(1950– 현재)의 전기

"우리는 최고의 기법들을 종합하고, 배울 수 있도록 만들고, 서로 공유하도록 한다. 이것이 NLP의 진정한 미래가 될 것이며, 이 길을 계속 유지할 것이다!" —Bandler

Richard Bandler는 누구인가?

NLP의 공동 설립자

생애 초기

1950년 2월 24일 미국에서 태어났다.

교 육

1973년 캘리포니아 대학에서 철학과 심리학 학위를, 1975년 샌프란시스코의 론 마운틴 컬리지에서 심리학 석사 학위를 받음(Clancy & Yorkshire, 1989).

직 업

산타크루즈 캘리포니아 대학University of California에서 게슈탈트 집단상담 운영

  언어학 교수 John Grinder와 협력

John Grinder와 함께 1975년 "마법의 구조: 제 1권", 그리고 1976년 "제 2권"을 발표

  효과적인 치료적 변화를 위해 NLP 개념을 처음으로 도입

1979년 John Grinder와 함께 "개구리에서 왕자로" 출판

상담치료에서 NLP의 실행을 개괄하는 세미나의 녹취본

Bandler와 Grinder는 1980년대에 결별

소문에 의하면 매끄럽지 않은 분열이었다고(Renton, 2009) 함.

1985년 Steve 그리고 Connirae Andreas와 함께 "변화를 위해 두뇌 사용하기" 출판

긍정적 성격변화를 일으키기 위해 하위양상을 조작하는 개념에 중점을 둠.

2000년 Bandler가 Grinder에 대한 상표권 침해 소송을 제기하며, 자신이 '신경언어 프로그래밍'이라는 용어의 창시자이자 법적 소유자임을 주장(Wong, 2000)

결국 둘 다 그들이 NLP의 공동 창시자임을 인정하고 2000년 모든 소송을 종료함 (Grinder & Bostic St Clair, 2001).

디자인 인간공학이라는 새로운 치료 시스템 개발

2000년 이 새로운 접근방식에 관한 세미나를 열었음.

가 족

평생 술과 코카인을 남용한 것으로 보고됨(Clancy & Yorkshire, 1989).

Corine Christensen의 살해사건에 면죄 받음(Clancy & Yorkshire, 1989).

Corine Christensen은 1986년 그녀의 집에서 총살당함.

그녀는 Bandler의 친구인 James Marino(절도범이자 마약거래사)와 그 당시 동거 중이었음.

총격사건 직후, Bandler의 셔츠가 그녀의 피에 덮인 채 Marino와 함께 집을 나서는 것이 목격됨.

재판소에서 Bandler는 Marino가 살인의 위협을 느껴 자신의 여자친구를 쐈다고 주장했고, 반면 Marino는 Corine이 Bandler의 여자친구와 레즈비언 관계를 맺고 있다고 믿어 그녀를 쐈다고 주장함.

Bandler는 1988년 무죄판결을 받음.

주요 어록

'대부분의 사람들은 재앙을 중점으로 계획한다. 흔히 잘못될 수 있는 것들을 생각한 다음 그것을 극복한다.'(Bandler & Fitzpatrick, 2009)

'그냥 행복할 수는 없을지라도 행복하게 일하는 법을 배울 수 있다. 행복하게 사는 것은 자신이 지금 하고 있는 일에 관심을 기울이고 그 과정을 즐기는 것이다.'(Bandler, 2010)

'간단히 말해서, 삶의 의미는 자신이 스스로 삶에 부여하는 의미다. 자신의 믿음에 따라, 믿는 것이 보이고 들리고 느껴질 것이다. 그러므로 우리는 우리가 가지고 있는 신념에 특별한 주의를 기울여야 하는 게 마땅하다.'(Bandler & Thomson, 2011)

'인생은 순간들로 채워진 가방을 받는 것과 같다. 얼마나 많은 순간들을 가지고 있는지는

모르나, 내 수업은 그 순간들을 극대화하는 방법을 가르쳐준다.'(Bandler, n.d.)

John Grinder(1940–현재)의 전기

'통제는 허구, 또는 매혹적인 환상일 뿐, 선택이 핵심이다.' —Grinder(2001)

John Grinder는 누구인가?

신경언어 프로그래밍의 공동 창업자

생애 초기

1940년 1월 10일 미국에서 출생

교 육

샌프란시스코 대학University of San Francisco에서 심리학 학위를 받았으며 1961년에 언어학 박사학위를 받았다(Preube, 2013).

직 업

특수부대 대령으로 복무(Preube, 2013)

미국 정보국에서 근무(Preube, 2013)

산타 크루즈의 캘리포니아 대학의 언어학 교수

심리학도이자 게슈탈트 상담자인 Richard Bandler와 함께 집단상담을 진행하며 치료 과정에서 언어의 효과적인 사용에 관심을 갖게 되었다.

Richard Bandler와 함께 1975년 "마법의 구조: 제 1권", 그리고 1976년 "제 2권"을 발표

효과적인 치료적 변화를 위해 NLP 개념을 처음으로 도입

1979년 John Grinder와 함께 "개구리에서 왕자들"이란 책 출판함.

상담치료에서 NLP의 실행을 개괄하는 세미나의 녹취본

Bandler와 Grinder는 1980년대에 함께 일하는 것을 중단함.

소문에 의하면 매끄럽지 않은 분열이었다고(Renton, 2009) 함.

1987년 Judith DeLozier와 함께 "내면 깊숙한 곳의 거북이" 출판

NLP의 새로운 코드 개발

2000년 Bandler가 Grinder에 대한 상표권 침해 소송을 제기하며, 자신이 '신경언어 프로그래밍'이라는 용어의 창시자이자 법적 소유자임을 주장(Wong, 2000)

결국 둘 다 그들이 NLP의 공동 창시자임을 인정하고 2000년 모든 소송을 종료함(Grinder & Bostic St Clair, 2001).

2001년 동반자 Carmen Bostic St Clair와 함께 "바람 속의 속삭임" 출간

NLP의 핵심 구성요소로 모델링에 중점을 두는 것과 같은 구체적인 제안들을 포함한, NLP의 새로운 코드에 대한 이론적 가이드북

주요 어록

'NLP로 사람(자신을 포함하여)의 변화를 촉진시키는 경험을 했던 모두가 동의할 수 있는 한 가지가 있다면, 우리가 인간행동에 관하여 무언가를 통제할 수 있다는 생각의 허위성이다.'
(Grinder & Bostic St Clair, 2001)

: 표상 시스템

세 가지의 감각 양상

인간의 마음은 특정한 감각에 따라 정보를 나타낸다.

시각
청각
운동감각

예를 들어, 개인이 정보처리할 때에 내적 표상(시각)을 보거나, 내적 음성(청각)을 듣거나, 또는 내적 감정(운동감각)에 초점을 맞출 수 있다.

이러한 내적 정보의 표상 방법을 감각양상sensory modalities이라 함.

시각적 감각양상

시각적인 사람들은 보이는 것에 집중한다.

이들은 그림 형태로 생각하고 그림으로 나타난 정보를 더 많이 기억할 수 있을 것

이들은 소음에 덜 산만해지지만 구두로 주어지는 지시를 따르는 데에 어려움을 겪을 것

시각적인 사람들은 종종 질서정연하며 외모를 중요하게 생각한다.

청각적 감각양상

청각적 사람들은 소리가 어떻게 나는지에 집중한다.

내적 목소리를 통해 사물에 대해 생각하고, 곰곰이 생각할 때 혼잣말을 하거나 입술을 실룩할 수도 있다.

언어적 정보를 잘 기억하고 소음으로 쉽게 산만해질 수 있다.

청각적 사람들은 보통 순차적인 것을 선호하며 적절한 말과 톤으로 표현되고 전달되는 지시에 잘 반응한다.

운동적 감각양상

운동적인 사람들은 무엇이 어떻게 느껴지는지에 집중한다.

그들은 감정의 측면에서 많은 것을 생각한다.

그들에게는 무언가를 해보면서 배우는 것이 수월하고 실제로 연관된 활동을 체험해야 잘

기억한다.

운동적인 사람들은 촉감을 잘 느끼고 육체적인 보상에 잘 반응한다.

감각양상 선호도 감지하기

대부분의 사람들이 정보를 체계화하고 정리하는 자신만의 선호된 방식과 감각양식을 나타낸다 (Bandler & Grinder, 1979).

언어적 신호를 통해 종종 선호된 감각양상이 드러나게 된다.

좋아하는 양상이 뚜렷한 사람은 자신의 세계를 그런 용어로 기술함으로써 선호를 나타낸다.

시각적 감각양상에 대한 선호

자신이 우리 안에 갇힌 것이 '보인다'거나, 혼란스러울 때 '안개'가 자욱하거나 '흐리'다고 하며 시각적 선호를 표시할 수 있다.

청각적 감각양상에 대한 선호

세상이 자신을 향해 '상이 자신 있는' 것 같다거나 '소리가 에워싸고' 있기 때문에 집중할 수 없다'며 청각적 선호도를 나타낼 수 있다.

감정적/운동적인 감각양상에 대한 선호

자신의 문제에 대해 도저히 '신'이 안잡힌다고 걱정하거나 어깨가 무겁게 느껴진다며 감정적/운동적 선호도를 표시할 수 있다.

언어 매칭하기

유능한 상담자는 내담자가 선호하는 감각양상을 파악하기 위해 힘쓰며, 교감을 형성하기 위해 언어를 일치시키도록 노력해야 한다.

Bandler and Grinder(1979)는 내담자의 표상체계에 따라 언어를 맞추는 것이 중요하다고 설명했다.

언어충돌에서 비롯된 어려움을 보여주기 위해 상담자와 내담자 간에 우스꽝스러운 대화를 예시로 들었다.

예를 들어, 내담자가 "~를 인생의 모든 것들이 무겁게 느껴져요. 감당할 수 없을 것 같아요."를 할 때 상담자가 "~를, 그렇게 보이네요."라고 응답

주의깊은 상담자는 내담자가 운동적인 선호를 보인다는 것을 눈치채고 그에 따라 반응했을 것

상담자들은 내담자의 선호하는 감각양식에 자신의 언어를 맞추어 치료효과를 높일 수 있다.

감각양상 감지하기

대화 중 자신의 음성을 녹음해보라 — 대화내용이 최대한 자연스러워질 수 있도록 녹음기를 오랫동안 켜놓고. 그 다음 자신이 언어를 어떻게 사용하는지 잘 들어보라. 시각적인 용어('어떤

이야기를 하시는지 눈에 선하네요'), 청각적인 용어('알아듣겠습니다'), 혹은 감정적인 용어('그 느낌 알 것 같습니다') 중 어떤 것을 사용하는가? 자신의 선호적 감각양상이 무엇인지 식별해보라. 감각양상을 이렇게 감지해보았다면, 이제 다른 주위 사람들이 선호하는 양상들을 식별해보라. 은유나 유추를 사용할 때 특히 언어 사용에 주의 깊게 들어보라. 그들이 선호하는 감각양상에 자신의 언어를 어떻게 부합시킬 수 있는지 생각하며 의도적으로 언어를 불일치 시킬 때 어떤 일이 일어나는지 보라.

하위양상

인간의 마음은 특정한 감각을 통해 정보를 표상하며, 이러한 정보의 내적 표상 방법을 감각양상이라 부른다.

이러한 감각양상은 각각 특정 표현체계에 따라 하위양상으로 더 세부화 할 수 있다.

시각적 하위양상

틀 / 파노라마

2D / 3D

색상 / 흑백

명도

날카로움

초점

위치

크기

모양

스타일

대조

명쾌함

운동

청각적 하위양상

모노 / 스테레오

음량

피치

음정

변형

위치
범위
명쾌함
목소리

운동적 하위양상

강도
조직
압력
열
무게
위치
운동

하위양상은 감정적 지각과 밀접한 관련이 있다.

기억에 대한 우리의 정서적 반응은 특정 하위 단계와 관련이 있다.

예를 들어, 개인은 어두운 프레임을 사용하여 단색으로 부정적인 이벤트를 시각화 할 수 있다.

Submodalities는 특정 이슈에 대한 감정을 탐구하고, 더 중요한 것은 필요할 경우 감정을 바꾸는 데 사용할 수 있다.

예를 들어, 위의 개인은 어두운 프레임을 밝은 프레임으로 정신적으로 대체하고 메모리에 색상을 추가하여 부정적인 이벤트에 대한 느낌을 향상시킬 수 있다.

메타모델

메타모델로 내담자가 더 깊은 문제를 고찰하도록 도울 수 있다.

내담자의 내적 표상이 확장될 수 있도록 도전을 주는 일련의 질문들(Grinder & Bandler, 1981)

메타모델은 세 가지의 잘못된 생각 패턴 변화에 중점을 둠.

왜곡
삭제
일반화

왜곡은 부정확한 생각 또는 가정들을 가리킨다

독심술적 왜곡

다른 사람의 생각을 알고 있다고 주장하는 것

예를 들어, '그는 나를 증오해.'

이 사실을 어떻게 알 수 있는지 물어 봄으로써 내담자의 왜곡에 도전을 줄 수 있다.

무식별적 왜곡

출처를 식별하지 않고 판단하는 것

예를 들어, '모든 사람들이 날 좋아해야 해.'

이러한 판단을 누가 결정한 것인지 물어 봄으로써 내담자의 왜곡에 도전을 줄 수 있다.

인과관계적 왜곡

한 가지 사건이 어떤 결과를 반드시 초래할 것이라 믿는 것

예를 들어, '그가 떠나면 난 정말 비참할 거야.'

그 사건이 어떻게, 그리고 왜 그 결과를 발생하게 할지 물어 봄으로써 내담자의 왜곡에 도전을 줄 수 있다.

동등적 왜곡

두 가지를 동일시 하는 것

예를 들어, '이 시험을 잘 못보면 난 쓰레기인 거야.'

내담자의 가정에 포착하여 그 두 가지가 동일시 되지 않는 경우가 있는지 물어 봄으로써 이 왜곡에 도전을 줄 수 있다.

전제적 왜곡

무언가가 그냥 사실이라고 가정하는 것

예를 들어, '제 새 남자친구가 옛 남자친구만큼 불통일 것 같아 걱정이에요.'

그 가정의 타당성에 대해 물어 봄으로써 이 왜곡에 도전을 줄 수 있다.

삭제는 특정 정보의 배제를 의미한다

단순 삭제

특정 정보를 생략하는 것

예를 들어, '나는 불행해요.'

추가 정보를 요청함으로써 이 삭제에 도전을 줄 수 있다.

참조색인 삭제

관련자 또는 물건을 지정하지 않는 것

예를 들어, '다들 나에게 못되게 대해요.'

추가 정보를 요청함으로써 이 삭제에 도전을 줄 수 있다.

비교 삭제

'최고', '최악'과 같은 불분명한 용어를 사용하며 애매한 비교를 하는 것

예를 들어, '그가 나보다 더 나은 사람이에요.'

용어의 정의를 요청함으로써 이 삭제에 도전을 줄 수 있다.

불분명한 동사 삭제

동사를 자세히 지정하지 않고 사용하는 것

예를 들어 '그녀는 날 거부했어요.'

이러한 동사를 더 자세히 정의하도록 요청함으로써 이 삭제에 도전을 줄 수 있다.

명사화 삭제

동사를 명사로 변경하듯, 동사를 정의없이 쓰는 것

예를 들어, '그는 그의 자유를 소중히 여겨요.'

동사를 보다 자세히 정의하도록 요청함으로써 이 삭제에 도전할 수 있다.

일반화란 광범위한 절대적 발언의 사용을 말한다

전칭적 수량사

'모두', '모든', '절대' 등과 같은 너무 광범위한 용어를 사용하는 것

예를 들어, '모든 사람이 그를 훌륭하다고 생각해요.'

광범위한 용어를 조명하고 내담자에게 예외와 반례를 고려하도록 함으로써 이 일반화에 도전을 줄 수 있다.

필요성의 법조동사

동사를 설명하기 위해 의무를 암시하는 동사를 사용한다('should', 'must', 'need to' 등)

예를 들어, '반드시 해야 돼요.'

의무를 실행하지 않았을 때의 결과를 내담자가 고려하도록 하여 이 일반화에 도전할 수 있다.

가능성 / 불가능성의 법조동사

가망성을 암시하는 조동사를 동사에 덧붙여 사용하는 것('할 수 있다/없다', '불/가능할 것이다,' '될/되지 않을 것이다')

예를 들어, '난 할 수 없어요'

이러한 가망성들이 왜 존재하는지 설명하도록 함으로써 이 일반화에 도전할 수 있다.

도전의 위험성

이 모델은 잘못된 생각을 조명할 때 이 도움이 될 수 있지만, 내담자에게 도전을 주거나 대면할

때 그가 방어적이 되지 않도록 모든 것을 미묘하게 잘 다루는 것이 중요하다.

내담자와 호의적인 관계를 형성한 상담자는 이러한 어려운 질문을 사용하여 내담자가 자신의 문제에 대해 가지고 있는 깊은 감정들을 이해하도록 도울 수 있지만, 항상 주의를 기울여야 한다.

: 자극심기와 순간변화(앵커링과 스위싱)

자극심기(앵커링; Anchoring)

자극심기는 고전적 조건형성의 원리를 기반으로 한다.

고전적 조건형성은 많은 상호작용에서 자연스럽게 발생한다: 행복한 어린 시절의 가요를 들으면 기분이 좋아지거나, 불행한 십대 때의 선생님이 즐겨 썼던 향수의 냄새를 맡을 때 기분이 나빠질 수 있다.

자극심기는 조건형성에서의 동일한 원칙을 이용하여 육체적 행위(예를 들어, 집게 손가락을 닿는 것)와 원하는 감정(예를 들어, 평안한 감정) 사이를 연결한다(Bandler & Grinder, 1979).

내담자가 원하는 감정을 느끼기 위해 긍정적인 장면을 시각화하도록 한다.

예를 들어, 침착한 느낌을 유발하기 위해 바다에서 휴식을 취하는 상상하기

감정이 절정에 다가갈 때 어떤 동작을 취하도록 한다.

예를 들어, 손의 특정 부분을 터치하기

이 과정에서 특정 핵심 동작이 완료되도록 함으로써 자극을 효과적으로 심을 수 있다(Bandler & Grinder, 1979).

자극심기의 첫 번째 핵심은 원하는 감정적 상태를 높은 강도에 설정해야 한다는 것이다.

깊은 이완은 얕은 이완보다 더 쉽게 고정된다.

자극심기의 두 번째 핵심은 동작이 자극에게만 고유한 것이 되는 것이다.

손을 흔드는 것은 무의식적으로도 너무 자주 발생되어 자극과의 연결을 소멸 시킬 수 있으니, 적절한 행동 선택이 아님.

자극심기의 세 번째 핵심은 동작이 쉽게 반복 가능해야 한다는 것이다.

긍정적인 감정을 이끌어 내기 위해 어렵고 복잡한 행동하기를 기대하는 것은 무리다.

자극심기의 네 번째 핵심은 자극을 설정할 때 상당한 횟수를 반복해야 한다는 것이다.

자극을 설정하는 과정은 처음에 여러 번 반복해야 하며 또 정기적으로 같은 방법으로 설정을 갱신해주어야 한다.

마지막, 그리고 아마도 가장 중요한 자극심기의 핵심은 연결될 동작과 정서적 경험의 절정이 일치되도록 정확하게 타이밍을 맞추어야 한다는 것이다.

자극이 본의 아니게 퇴색되는 감정과 연결되지 않도록, 반드시 절정과 가까워지는 시점에서 설정되어야 한다.

자극이 고정되면 내담자는 단순히 동작을 취함으로 부정적인 상황에서도 원하는 감정을 경험할 수 있다.

예를 들어, 긴장을 잘 하는 학생은 시험 도중에 엄지 손가락을 집게 손가락에 대기만 하여 평온한 느낌을 가질 수 있다.

긍정성 심기

자신을 위해 자극심기 기술을 시도해보라. 긍정적인 감정을 식별한 다음, 그 감정을 느낄 수 있도록 스스로 만들어 보는 것이다. 감정이 최고조에 이를 때쯤, 단순한 손짓을 해보라. 긍정적인 감정이 그 동작에 확실히 고정되었는지 확인하기 위해 이 과정을 여러 번 반복하고, 손짓이 고정된 후, 덜 긍정적인 마음 상태일 그 제스처를 시도해보라—제스처가 긍정적인 감정을 재현하는가?

순간변화 (스위싱; Swishing)

순간변화의 기술은 생각과 행동을 부정적 패턴에서 긍정적 패턴으로 전환하는 데 사용된다(Masters et al., 1991).

내담자에게 문제상태를 시각화하되, 그 이미지의 왼쪽 상단 부분에 해결상태를 함께 시각화하도록 지시한다.

그 두 이미지의 위치를 동시에 전환하여 순간변화를 달성한다: 문제 이미지는 줄어들며 먼 지점으로 후퇴되고 해결 이미지는 앞으로 폭발하듯 나온다.

두 이미지 사이의 순간변화는 하위양상을 통해 향상될 수 있다. 예를 들어, 문제 이미지는 단색으로 희미해지는 반면 해결 이미지는 밝은 색으로 변할 수 있다.

문제 이미지를 시각화하기가 어려워 질 때까지 순간변화를 여러 번 반복한다.

문제 이미지를 더이상 효과적으로 시각화하기 어려워 질 때, 새로운 희망상태가 수립될 수 있도록 순간변화 패턴을 중단해야 한다.

문제 이미지를 다양하게 시각화하는 것과 상관없이, 한 번의 회기에서 10번 이상 순간변화를 반복해서는 안된다.

부정을 순간변화로 없애기

자신을 위해 순간변화 기술을 시도해보라. 부정적인 습관을 지정한 다음, 그 행동을 큰 화면에서 하는 것을 상상해보라. 왼쪽 하단 모서리에 원하는 대체행동을 그려보라. 예를 들어, 손톱을 물어뜯는 것이 나쁜 습관이라면, 당신의 입을 향해 올라오는 거친 손톱을 머리 속에 그려보는 것이다. 이 때, 다른 사람에게 일어나고 있는 것처럼 관찰하는 것이 아니라, 그 이미지에 자신이 완전히 통합되어야 함을 기억하라. 왼쪽 모서리에는 긴 손톱이 달린 한 쌍의 아름다운 손을 상상하고, 문제 이미지를 더이상 상상하기가 어려워 질 때까지 이 두 이미지를 전환시켜라. 이 활동이 당신의 다음 행동에 어떤 영향을 줄 것 같은가?

NLP에 대한 논쟁

NLP는 이 교과서가 다루는 치료법 중 가장 논란이 많은 치료법일 것이다.

일부 상담자들은 이것을 유사과학이라 간주하고 내담자들에게 적용하기엔 비전문가적 방법이라고 생각한다.

일부 연구자들은 주장의 과장된 주장을 약한 이론적 토대의 증거로 강조했다.

선호된 표상체계

선호된 감각양상의 사용을 입증하는 단서는 거의 없다(Sharpley, 1984).
눈 운동은 시각, 청각 및 운동 자극의 회상과 아무런 관련이 없음이 발견되었다(Wertheim et al., 1986).

이론적 기초 또는 증거 없음

Roderique–Davies(2009)는 수천 개의 조직에서 수십 년 동안 사용했음에도 불구하고 NLP 기술을 지원하는 경험적 증거가 거의 없으며 엄격하게 일화가 아닌 NLP에 대한 신뢰할 수 있는 이론적 근거도 없다고 결론 내렸다.
Tosey와 Mathison(2007)은 창립자들의 실용적이고 종종 반 이론적 입장은 실무자와 학계 사이의 약혼의 유산을 남겼다고 주장했다.

표절?

Sharpley(1987)는 NLP의 여러 기법들이 실제로 다른 치료법에서 사용하는 기술들을 가져와 수정한 것이라고 하며, 약간의 효과가 있어도 독창적인 기술이라 할 수 없다고 주장했다.

하지만 진정으로 독창적이라 할 수 있는 치료법이 과연 있을까? 모든 이론들이 단순히 이전의 이론에 바탕하여 발전시키고 있지 않을까?

NLP는 절충적 치료법으로, 다른 접근법들의 성공적인 기술을 차용하고 있음을 항상 인정했다.

이 접근법을 둘러싼 논쟁에도 불구하고, 절충주의적 상담자에게 유용할 흥미롭고 매력적인 기법을 몇 가지 제시하고 있다.

신경언어 프로그래밍을 적용한 사례연구

로라(26세)는 지난 3년간 체중을 줄이기 위해 노력하고 있다. 그녀는 비만에다 여전히 달콤한 음식을 많이 먹고 있기 때문에 당뇨병과 관련된 많은 건강상 어려움을 겪고 있다고 의사가 말했다. 하지만 로라는 항상 달콤한 것들을 갈망하며 정기적으로 설탕 일일 권장량의 6배를 섭취한다. 그녀는 먹는 습관을 조절할 수 있는 기술을 찾기 위해 NLP 상담자를 방문했다. 단 한 회기만 받기를 희망하고 있지만, 추후 보충 회기에 기꺼이 참석할 의향이 있다고 한다.

다음의 대화에서 상담자는 상담자, 내담자는 로라이다. 비밀 보장과 계약 내용은 앞서 논의된 상태다. 로라가 자신의 이야기를 마친 직후 다음 회기가 시작된다.

내담자: 지금 식습관은 제게 정말 해롭다는 걸 알지만 그냥 멈출 수가 없어요. 전 항상 머리 속에 음식을 그리고 있고 다이어트하기에는 너무 비참해요. 그렇게 비참해야 한다면 어차피 인생을 살아갈 이유가 없다는 느낌이 들어요. 샐러드에 행복해하는 내 자신을 절대 상상할 수 없어요.

상담자: 말씀의 요지는 이해하겠습니다만, 타협점이 있을 수 있을까요?

내담자: 어쩌면요. 그렇겠지요? 모든 걸 그저 조금만 먹는다라면요.

상담자: 그게 해답이 될 수도 있겠지만, 조금만 먹은 후에 멈추는 당신의 모습을 상상할 수 있나요?

내담자: (한숨) 아니요. 일단 시작하면 전 멈출 수 없어요.

상담자: 좋습니다. 그럼 다른 각도에서 이 문제를 다루면 어떨까요? 시작한 후에 멈추지 말고, 몇 가지를 아예 완전히 피한다면?

내담자: 잘 모르겠는데요. 어떤 걸 말씀하시는 거예요?

상담자: 좋아하는 음식은 뭐세요? 정말 가장 좋아하는 것?

내담자: 음. 아마도 초콜릿 과자일거에요. 아녜요, 잠깐, 초콜릿 케이크요.

상담자: 그럼 그건 그렇게 두고요. 두 번째로 좋아하는 음식은요?

내담자: 초콜릿 과자.

상담자: 그럼 그걸로 해봅시다. 우리의 목표는 당신이 초콜릿 과자를 전혀 먹지 않는 것입니

다. 우선, 초콜릿 과자가 담긴 한 접시를 머릿 속에 그릴 수 있습니까?

내담자: 네.

상담자: 좋아요. 머릿 속에 정말 생생한 그림을 만들어보세요. 아주 밝고 화려하게요. 이제 제게 설명해주세요 — 접시를 포함해서 전체 그림을 설명하세요.

내담자: 과자가 6개 있는데, 정말 풍미로운 갈색이에요. 아주 빨간 접시 위에 놓여 있어요. 과자 중 하나는 부러져서 속에 들어있는 초콜릿이 녹아 접시로 흘러 나오고 있어요.

상담자: 색깔이 매우 풍미로워요?

내담자: 네, 그리고 정말 저와 가깝게 있어요. 딱 제가 손을 뻗으면 닿을 위치에요. 그리고 과자가 정말로 커요.

상담자: 이런, 정말 맛있겠군요! 배고파지고 있어요!

내담자: (웃음) 정말 맛있어 보여요!

상담자: 좋아요, 이제 그 머리 속 이미지를 바꿔보도록 하겠습니다. 색깔부터 시작해 보죠. 색상을 더 희미하게 만들 수 있으세요? 좀 덜 풍미롭고 더 회색을 띄는 색으로?

내담자: (인상쓰며) 네, 할 수 있어요.

상담자: 별로 행복한 목소리가 아닌 것 같네요?

내담자: 그렇죠, 너무 맛있어 보이는데, 과자를 망치고 싶지 않아요.

상담자: 바로 그거예요. 과자를 망치는 게 우리가 하려는 일입니다. 당신의 머릿 속 이미지를 망칠 경우, 그 과자들을 먹고 싶지 않을 것이에요. 이제 색상을 더 희게 만들어보세요. 그리고 당신에게서 이미지를 멀리 움직이세요. 뒤로 움직여서 조금 줄여보세요. 이제 어때 보이나요?

내담자: 좀 허망하네요. 왜 내가 그 과자에 그렇게 관심있었는지 모르겠어요. 이 작은 잿빛 물체들이 내 건강보다도 더 중요했다는 것이 참 어리석게 느껴지네요.

상담자: 당신의 건강에 대해 조금 더 이야기해 봅시다. 당신에게 건강하다는 것은 어떤 의미가 있나요?

내담자: 전 마라톤을 뛰고 싶어요. (웃음) 정말, 진지하게는 그게 결코 불가능한 일인 것을 알고 있어요. 그러나 아이들과 놀아 줄 수 있다면 좋을 것 같아요. 어쩌면 그건 가능할지도 몰라요.

상담자: 그 이미지에 대해 말해 주세요.

내담자: 글쎄요, 제가 공원에서 있는 모습을 볼 수 있고, Karen을 그네에 밀며, Jay와 공을 차고있을 수도 있다고 봐요. 소진되지 않으며 항상 앉아있을 필요도 없이.

상담자: 만들기 쉬운 이미지입니까?

내담자: 아니요. 지금은 불가능한 것 같아요.

상담자: 이제 전의 과자 이미지로 되돌아가주세요. 첫 번째 이미지는 크고 밝습니다. 이 그림이 당신 바로 앞에 있는 거대한 텔레비전 화면에 있다고 상상해보세요. 되셨어요?

내담자: 네.

상담자: 좋습니다. 이제 화면 왼쪽 하단에 작은 상자가 있음을 상상해보세요. 그 상자 안에는 공원에서 Jay와 함께 뛰어 다니고 Karen을 그네에 밀고 있는 당신의 이미지가 있습니다. 작은 상자 안에 이 이미지를 뿌연 회색으로 작게 만들어보세요.

내담자: 좋아요, 어차피 제가 그렇게 하는 걸 상상하기가 어려우니 그 정도는 쉬워요.

상담자: 그렇죠. 그런데 이제 좀 까다로운 걸 하도록 해볼게요. 제가 "SWISH"라고 지시할 때, 당신은 순간변화란 것을 하실거에요. 그 두 개의 이미지의 위치를 바꾸는 거예요. 과자가 있는 커다랗고 밝은 이미지는 왼쪽 모서리에 있는 뿌연 회색의 작은 이미지로 축소되고, 공원에 있는 작은 회색 이미지가 밝은 색으로 화면을 채웁니다. 그렇게 하실 수 있나요?

내담자: 네, 그럴 것 같아요. 한번 해볼게요.

상담자: 좋습니다. SWISH.

이 대화에서 상담자는 선호양상을 확인하고 개입방법을 소개하기 시작했다. 회기의 나머지 부분은 로라가 가지고 있는 잘못된 생각패턴에 중점을 두었으며, 회기는 순간변화 운동의 반복으로 마친다. 로라는 이 세션이 매우 유용하다는 것을 깨달았고 집에서 이 기술을 반복하여 과자에 대한 갈망을 줄일 수 있었다. 보충회기를 위해 돌아왔을 때, 그녀는 모든 단 음식에 대한 열망에 집중하길 원했고, 그 이후 그녀의 식단에서 단 음식을 모두 제거할 수 있었다.

사례 분석하기

신경언어 프로그래밍에 대한 정보를 사용하여 다음 질문에 답하라.

- 로라가 선호한 감각양상은 무엇이며 상담자는 이를 어떻게 감지했는가?
- 이 세션에서 사용 된 하위양상은 무엇이며 이것이 로라의 음식에 대한 감정에 어떤 영향을 주는가?
- 이 회기에서 어떻게 순간변화가 사용되었나?
- 로라가 음식에 대한 문제를 극복하는 데 자극심기가 도움이 될 수 있는가?
- 이 상담자가 사용하는 방법에서 잠재적인 문제점을 예상할 수 있는가?

요약

절충주의(Eclecticism): 여러 치료법의 기술의 절충; 뇌에서 변화를 만들기 위해 언어 사용에 초점을 맞춤; 매우 논란의 여지가 있고 일부 지지자들은 너무 극단적인 주장을 했다.

발달: Bandler와 Grinder가 1975년에 다양한 치료법에서 최고의 기술을 사용하여 효과적인 효과적인 변화를 주입하는 치료법으로 개발; 가족 치료, 형태치료 및 최면치료의 절충적 혼합

표상 시스템: 감각양상(시각, 청각, 운동적), 선호하는 양상을 감지, 표상체계와 어울리는 언어; 감정적인 지각과 밀접한 관련이 있는 시각적 / 청각 / 운동적 경험의 본질, 하위양상을 변화시킴으로써 감정을 조작

메타모델: 잘못된 생각; 왜곡(마음 읽기, 실패한 성과, 원인과 결과, 복잡한 등가성, 전제); 삭제(단순, 참조색인의 부족, 비교, 불특정 동사, 명목화); 일반화(범용 한정사, 필요성의 모달 연산자, 가능성의 모달 연산자)

자극심기: 고전적 조건형성; 원하는 감정반응(예를 들어, 침착한 느낌)에 육체적 행위(예를 들어, 집게 손가락에 엄지 손가락을 대는 것)를 고정; 성공적인 자극심기의 핵심요소, 원하는 상태는 높은 강도, 육체적 행동은 독특하고 쉽게 복제될 수 있고, 자극은 여러번 설정되어야 하며, 육체적 행동은 감정의 절정과 일치하도록 시간을 맞춘다.

순간변화: 생각과 행동을 부정적인 패턴에서 긍정적인 패턴으로 전환시키는 인지적 시각화; 문제상태의 이미지를 큰 화면에서 생생하게 시각화하고, 같은 화면의 왼쪽 모서리에 해결상태를 시각화한 다음, 두 이미지 사이를 전환한다.

논쟁: 선호된 표상체계에 대한 미심쩍은 경험적 증거; 제한된 이론적 토대; 표절 혐의

결 론

이 책의 목적은 네 가지 심리학적 접근법(인본주의적, 정신역동적, 행동적, 인지적)을 포괄적으로 소개하는 데 있다. 심리학적 접근법과 관련된 주요 치료법에 대해서는 2장부터 5장까지 주로 다루었다.

- 제 3의 세력: 인본주의 접근과 인간중심 치료
  - 인본주의 접근의 발전
  - Rogers와 Maslow의 생애와 학문적 업적
  - 인간 본성과 성격에 대한 인본주의적 이론
  - 인간중심 치료에서 치료적 관계
  - 인간중심 치료에서 치료적 기술
  - 인간중심 치료를 적용한 상담 사례 예시

- 제 2의 세력: 정신역동적 접근과 정신분석적 치료
  - 정신역동적 접근의 발달
  - Freud와 Klein의 생애와 학문적 업적
  - 인간 본성과 성격에 대한 정신역동적 이론
  - 정신분석적 치료에서 치료적 관계
  - 정신분석적 치료에서 치료적 기술
  - 정신분석적 치료를 적용한 상담 사례 예시

- 제 1의 세력: 행동적 접근과 행동 치료
  - 행동적 접근의 발달
  - Pavlov, Watson, Skinner의 생애와 학문적 업적
  - 인간 본성과 성격에 대한 행동적 이론
  - 행동 치료에서 치료적 관계
  - 행동 치료에서 치료적 기술
  - 행동 치료를 적용한 상담 사례 예시

- 인지 혁명: 인지적 접근과 인지 치료
  - 인지적 접근의 발달
  - Neisser와 Beck의 생애와 학문적 업적
  - 인간 본성과 성격에 대한 인지적 이론
  - 인지 치료에서 치료적 관계
  - 인지 치료에서 치료적 기술
  - 인지 치료를 적용한 상담 사례 예시

또한 6장에는 다양한 현대의 통합적, 절충적 치료를 소개하였다.

- 게슈탈트 치료
- 교류 분석
- 합리적－정서적 행동치료(REBT)
- 인지행동 치료(CBT)
- 중다양식 치료(MMT)
- 신경언어 프로그래밍(NLP)

우리는 서론의 말미에서 이 책이 상담과 심리치료의 매력적인 주제들을 여행하기 위한 유용한 안내서가 되길 바란다고 하였다. 이제 이 책의 마지막에 다다랐으니, 잠시 그간 여러분이 배운 내용을 생각해 보는 시간을 가져 보라. 만일 여러분이 이 책에서 논의한 개념에 대한 통찰을 얻어 각 접근법을 이해하고 치료법을 평가할 수 있는 능력이 신장되었다고 한다면, 저자로서 소기의 목적을 이룬 것에 대해 기쁠 것이다. 만약 이를 넘어서서, 당신이 이제 심리치료에 대한 공부를 막 시작하였다는 것을 알게 되었고, 앞으로 이들 접근과 치료법에 대해 더 많은 공부를 하고자 하는 마음을 불어넣었다면, 우리는 원래 기대했던 목표를 넘어섰다는 것과 당신의 여정에 이정표가 되어주었다는 사실에 크게 기뻐할 것이다. 당신이 상담과 심리치료에 대해서 새로 알게 된 내용을 직업과 일상 생활에 적용해 보길 바라며, 당신이 얻은 인간에 대한 보다 깊은 이해는 삶의 모든 측면을 이롭게 할 것이라고 확신한다.

만약 이 책이 당신으로 하여금 더 공부하고자 하는 동기를 불러일으켰다면, 우리의 웹사이트에 방문하여 당신의 학습 경험을 지지하고 강화하기 위해 추가로 제공하는 자료들을 읽어보기 바란다. 홈페이지에서 얻을 수 있는 내용은 다음과 같다.

- 핵심 용어 목록
- 책 내용을 요약하는 핵심 용어 모음
- 개념들 간의 연관성을 볼 수 있는 마인드맵
- 책 내용을 잘 기억하는지 확인할 수 있는 선다형 문제
- 책 내용을 잘 이해하는지 확인할 수 있는 단답형 문제
- 각 심리학적 접근들과 치료법을 비판적으로 이해하는지 확인하기 위한 서술형 문제
- 각 주제에 대한 이해를 높이고 더 잘 이해하도록 돕기 위한 영화, 도서, 문서, 시, 노래, 웹사이트 등을 포함한 자료 목록

이 기회를 빌어 당신의 학문적 여정에 동참할 수 있었던 것에 대해 감사를 표하며, 앞으로의 여정에도 행운이 함께 하기를 빈다.

> 나는 스승이 아니다.
> 그저 당신이 길을 물어보는 길동무일 뿐이다.
>
> -George Bernard Shaw(1856-1950)

찾아보기

참고문헌

본 QR코드를 스캔하시면,
'심리치료와 상담의 핵심접근'의 참고문헌을 참고하실 수 있습니다.

공저자 약력

Fay Short

Fay Short 박사는 Bangor University 교수로 재직 중이며, 영국심리학회(British Psychological Society) 공인 심리치료사이다. Short 박사는 인지 신경심리 분야에서 신체에 관해 연구하였고, 가상세계에서의 신체 재현에 대한 연구로 미국심리학회(American Psychological Association)에서 연구상을 수상했다. 박사 학위 수료 후, 그녀의 연구 관심 분야는 심리치료와 교육 간의 상호작용으로 확장되기 시작했다. Short는 2개의 교사 자격증(성인교육용 교사 자격 인증 석사와 고등교육용 교사 자격 인증 석사)과 학습 현장에서 심리치료의 적용을 연구주제로 교육학 박사 학위를 취득하였다. Bangor Academy of Teaching Fellows와 고등교육학회(Higher Education Academy)의 회원으로 활동하고 있으며, Bangor University에 있으면서 전국 학생교사연합 올해의 교사상(the National Union of Students Teacher of the Year Award)과 고등교육학회의 매우 명망있는 Teaching Fellowship Award를 수상하였다. 학부 심리학과 학과장으로서 상담과 심리치료를 강의하고 학내 상담 센터에서 학생들을 지원하고 있다. 그녀는 공인 최면치료사이고, 신경언어학 프로그래밍(NLP)과 인지정서행동치료 실무가이며, 치료적 대화 기술의 적용에 관한 혁신적인 연구로 전국 각지의 콘퍼런스와 행사에 초청받고 있다.

Phil Thomas

Phil Thomas는 Llandrillo College와 Bangor University에서 교수로 재직 중이다. Bangor University 상담전공 교육학 박사과정의 시간제 책임자이다. 공인된 교사이고 심리치료사이며, 시험불안 극복을 주제로 박사 학위 논문을 작성하였다. 상담자격을 취득한 후, 신경언어학 프로그램(NLP) Master Practitioner 과정의 수련을 마쳤으며, NLP의 교육에의 적용에 관심을 가지고 있다. 그에 따르면 그는 체계적 절충주의 접근법을 취한다. 대학 상담 지원의 일환으로 학생들에게 상담을 지원하고 있으며, 상담사와 학생지원팀 소속 학생 멘토에게 슈퍼비전을 제공하고 있다. 또한 사설 기관에서 상담과 상담 슈퍼비전을 제공하고 있다.

공역자 약력

신 성 만

한동대학교 상담심리사회복지학부 상담심리전공 교수로 재직 중이다. 미국 위스콘신대학교에서 심리학 석사학위, 보스턴대학교에서 재활상담학 박사학위를 받았다. 심리치료 전문가로 일했으며, 하버드 의과대학 정신과 병원에서 교수요원으로 일했다. 주로 중독 관련 학회와 협회에서 활동하고 있으며, 한국상담학회, 한국심리학회, 한국가족상담협회 등에서도 활동 중이다. 미국 심리학회 및 미국상담학회 정회원, 한국중독상담학회 학회장이며 법무부 자문도 하고 있다. 역서로 동기강화상담(공역, 시그마프레스, 2015), 불안장애를 위한 동기강화상담(공역, 시그마프레스, 2017), 집단 동기강화상담(공역, 박학사, 2016), 정신사회재활의 실제(공역, 시그마프레스, 2017), 중독상담(공역, 박학사, 2013) 등 다수가 있다. 중독상담, 인터넷 중독, 정신재활, 동기와 정서, 실존치료에 관심을 두고 연구하고 있다.

남 지 혜

한동대학교 상담심리사회복지학부 상담심리전공 교수로 재직 중이며, 미국 공인 심리전문가(licensed psy-chologist)이다. 유럽과 북미 사이를 오가며 교육을 받았으며, 미국 웰즐리 여자대학교에서 심리학 학사학위를, 하버드대학교에서 상담학 석사학위를, 보스턴 칼리지에서 상담심리학 박사학위를 받았다. 초-중-고등학교, 정신보건센터, 정신병원 그리고 종합병원에서 정신치료 경험을 가지고 있으며, 마지막으로 하버드 의과대학 정신과 병원과 대학 상담센터에서 일했다. 트라우마 및 폭력에 노출된 아동, 청소년, 성인을 대상으로 한 위기개입과 예방, 그리고 일, 건강, 다문화의 접점에 관심을 두고 연구하고 있다.

신 정 미

연세대학교 연합신학대학원 상담코칭학 석사 후 현재 동대학원 박사과정 중이다. 한동대학교와 숭실사이버대학교에서 가르치고 한동대학교 학생상담센터, 한국발명진흥회 차세대영재기업인 전문상담사, 한국정보화진흥원 인터넷중독 상담사 교육 등으로 활동했다. 역서로는 청소년을 위한 동기강화상담(공역, 교보문고, 2014)과 학교에서의 동기강화상담(공역, 박학사, 2015)이 있다.

심리치료와 상담의 핵심접근

초판발행 2017년 8월 31일

지은이 Fay Short · Phil Thomas
옮긴이 신성만 · 남지혜 · 신정미
펴낸이 안상준

편 집 배근하
기획/마케팅 노 현
표지디자인 권효진
제 작 우인도 · 고철민

펴낸곳 ㈜ 피와이메이트
서울특별시 마포구 월드컵북로 400, 5층 2호(상암동, 문화콘텐츠센터)
등록 2014. 2. 12. 제2015-000165호
전 화 02)733-6771
f a x 02)736-4818
e-mail pys@pybook.co.kr
homepage www.pybook.co.kr
ISBN 979-11-88040-05-6 93180

* 잘못된 책은 바꿔드립니다. 본서의 무단복제행위를 금합니다.
* 역자와 협의하여 인지첩부를 생략합니다.

* 책값은 뒤표지에 있습니다.

박영스토리는 박영사와 함께하는 브랜드입니다.